伟人

孙中山

Sun Yat-sen, A Great Man

孙继业 著

团结出版社

©团结出版社，2017 年

图书在版编目（ＣＩＰ）数据

伟人孙中山 / 孙继业著. -- 北京：团结出版社，
2017.10（2026.1 重印）
ISBN 978-7-5126-5501-0

Ⅰ. ①伟… Ⅱ. ①孙… Ⅲ. ①孙中山（1866-1925）
－生平事迹 Ⅳ. ①K827=6

中国版本图书馆 CIP 数据核字(2017)第 201806 号

责任编辑：宋怀芝
封面设计：张　帆

出　版：团结出版社
　　　　（北京市东城区东皇城根南街 84 号　邮编：100006）
电　话：（010）65228880　65244790（出版社）
　　　　（010）65238766　85113874　65133603（发行部）
　　　　（010）65133603（邮购）
网　址：http://www.tjpress.com
E-mail：zb65244790@vip.163.com
　　　　tjcbsfxb@163.com（发行部邮购）
经　销：全国新华书店
印　装：三河市东方印刷有限公司

开　本：170mm×240mm　　　16 开
印　张：28.5　　　　　　　　字　数：462 千字
版　次：2017 年 10 月　第 1 版　　　印　次：2026 年 1 月　　第 9 次印刷

书　号：978-7-5126-5501-0
定　价：78.00 元

孙中山先生是伟大的民族英雄、伟大的爱国主义者、中国民主革命的伟大先驱，一生以革命为己任，立志救国救民，为中华民族作出了彪炳史册的贡献。

——习近平总书记在纪念孙中山先生诞辰 150 周年大会上的讲话（节选）

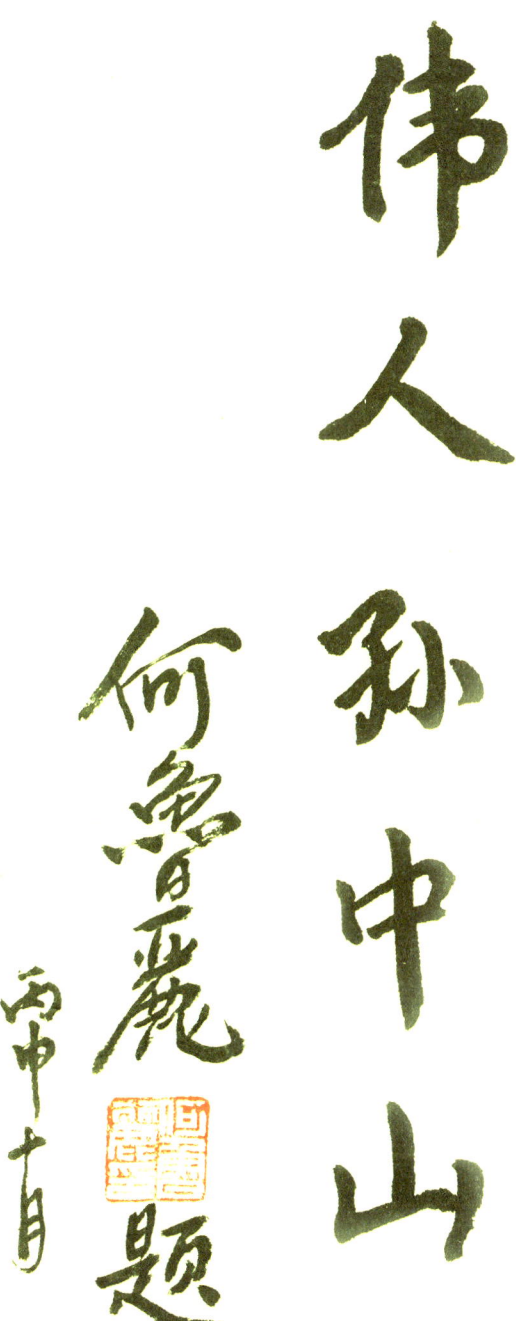

伟人孙中山

何鲁丽 题

丙申十月

全国人大常委会原副委员长、民革中央原主席何鲁丽为本书题写书名

弘扬中山精神
致力振兴中华

郑建邦 题

全国人大常委会副委员长、民革中央主席郑建邦为本书题词

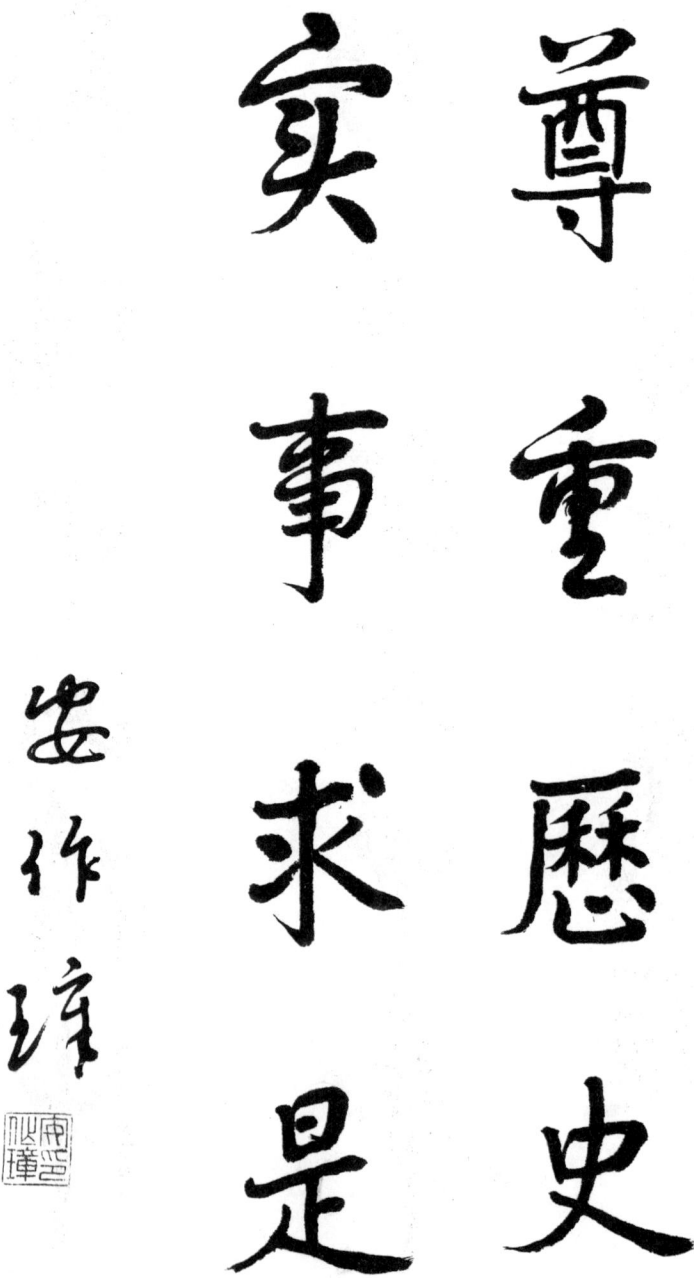

尊重歷史

实事求是

安作璋

历史学家安作璋先生为本书题词

序

周铁农

在纪念孙中山先生诞辰150周年之际，继业同志撰写完成了《伟人孙中山》一书，这是对孙中山先生最好的纪念，也是孙中山研究领域的一项重要成果。

孙中山先生是伟大的民族英雄、伟大的爱国主义者、中国民主革命的伟大先驱。孙中山先生的一生，是为近代中国的民族独立、民主自由、民生幸福而无私奉献的一生，是为实现国家统一、振兴中华而殚精竭虑的一生，也是爱国、革命、不断进步的一生。孙中山先生追求真理的开拓进取精神和矢志不渝的爱国主义情怀，孙中山先生天下为公的博大胸怀和放眼世界的开放心态，孙中山先生生命不息、奋斗不止的坚强意志和鞠躬尽瘁、死而后已的高尚品德，是他留给我们的宝贵精神遗产。继承和弘扬孙中山先生爱国、革命、不断进步的精神，也是民革特色的一个重要体现。在为实现中华民族伟大复兴而奋斗的征程上，这一精神遗产仍然具有重要的启迪和教育意义，值得我们学习、继承和发扬光大。

研究孙中山的论著看过不少，但读了继业同志的新作，仍获益匪浅。该书不仅参考了以往孙中山传记的有关资料，吸纳了近年来学术界的最新研究成果，而且还收集、增加了不少新的珍贵史料，有利于全面反映孙中山先生一生的光辉历程。

一部孙中山，半部近代史。孙中山生活的时代，正是中国历史风云诡谲的年代；孙中山的一生，与许多重大历史事件和重要历史人物有关。该书不仅反映了孙中山的个人生平，而且展现了宏大的时代背景，由此揭示了孙中山先生一生不断革命、不断进步的历史动因。

该书坚持历史唯物主义的观点，尊重历史，实事求是，让历史说话，用事实发言，真实、客观地再现了孙中山的一生，也反映了部分民革老前辈的革命事迹，弘扬了主旋律，是一本难得的爱国主义好教材。

　　继业同志是中国作家协会会员，也是中国辛亥革命研究会副会长、民革中央孙中山研究学会副会长，既是一个有深厚理论功底的研究者，也是一个铁笔老辣的作家。该书读来文风新颖，语言生动，雅俗共赏，可读性强，是一本难得的传记作品。希望本书的出版，有助于读者全面了解孙中山的生平思想，有助于激发大家的爱国热情，有助于促进两岸孙中山研究与文化交流。

　　是为序。

2016 年 10 月 31 日

（周铁农　第十一届全国人大常委会副委员长、第十一届民革中央主席）

目 录

第一章

少年求学

一、出身贫困

1866 年 11 月 12 日凌晨，孙中山诞生在广东省香山县翠亨村一个贫苦农民家庭里。

翠亨村是一个不足百户的小村子，位于香山县东南，背山临海，绿荫苍翠，一条兰溪从村前潺潺流过，风景优美。西靠群山起伏的五桂山脉，东临伶仃洋十余里，南距澳门仅 37 公里，隔珠江口与香港相望。毗邻港澳，领风气之先。

孙中山的故乡——翠亨村

香山孙氏起源于乐安郡望，是兵圣孙子的后裔。远祖辗转迁徙，于乾隆年间，高祖孙殿朝始迁翠亨村，积有薄田十余亩。孙中山的祖父孙敬贤，笃信风水堪舆，为购得一处"龙穴"宝地，不惜变卖田地为先祖迁建坟茔，致使家道中落，成为一个没有土地的佃农。孙敬贤生三子：长子达成，次子学成，三子观成。

孙达成为生计所迫，16 岁时就到澳门一家鞋店做学徒。3 年学徒期满后，在一家葡萄牙人开的鞋店做鞋匠，每月只有 4 元的薪水。其间，孙达成还学过裁缝，在澳门待了 16 年。直到 32 岁时，才攒了点钱回到家乡，与附近隔田乡农民杨胜辉的女儿杨氏结婚，两人相继生下了孙眉、孙妙茜、孙中山、孙秋绮兄弟姐妹 4 人。家中还有祖母黄氏，共 7 口人，挤在村边 3 间简陋的泥砖屋里。孙达成租了六亩半"龙田"，耕种水稻和杂粮。

孙中山的两个叔叔孙学成、孙观成，也因生活贫苦到海外谋生。孙学成不幸在海上遇难；孙观成则死于美国加利福尼亚的淘金区。孙达成夫妇于是又承担起照料弟媳的责任，因此生活更加拮据。

孙中山从 6 岁开始，就经常和姐姐妙茜上山割草、拾柴，或到塘边捞猪饲料，有时随外公驾船出海捕鱼和取蚝；每年还要替人放几个月牛，所得的报酬是得以用牛给家里

少年孙中山

犁地；平时很少吃到米饭，常以番薯充饥；从小光着脚走路，直到 10 多岁才有鞋子穿。"生而为贫困之农家子，早知稼穑之艰难"，孙中山从小就对劳动人民的困苦和封建社会的不平等有着切身的体验。

孙中山的哥哥孙眉比孙中山大 12 岁，在家乡只读了 4 年书，15 岁的时候，就到离翠亨村 3 里路远的地主家当长工。16 岁那年，孙眉跟随舅父杨文纳一起去檀香山谋生。先是在一家华侨菜园做工，每月工资 15 元，他省吃俭用，每月攒下 10 元钱寄回家中。一年后，又转到夏威夷人设立的牧场做工。后来到茂宜岛租地垦荒，逐渐致富。

孙中山出生时，按照族谱排辈，取名"德明"，乳名"帝象"。孙中山 9 岁的时候，哥哥孙眉寄了一笔钱回家，供其读书，孙中山进入本村冯氏宗祠内的私塾，取学名孙文，字载之。后来，在香港拔萃书院读书时，取号"逸仙"。在流亡日本时，化名中山樵，遂以中山名于世。

孙中山自幼聪颖过人，读书过目不忘，只是苦于先生一天到晚地要求死记硬背，却不讲解书上的内容。有一天，在读《大学》时，孙中山不解地问先生："先生，我天天背书，可是不知道书上究竟讲的是什么意思，这样的书读了有什么用呢？"

塾师是一位姓王的先生，他教了一辈子书，平生第一次遇到这样的学生，一时间有点语无伦次："你不好好背书，胡说些什么？你说你都会背了？那背给我听听！"

王先生话音刚落，就听孙文开始熟练地背诵起了《大学》，若不是王先生打断，孙中山还会背更多，而且是只字不差地背诵。这下轮到王先生理屈了，他只好说："古人有言，书读百遍，其义自见。只有多读书，才能领会其意，一通百通。"

后来私塾的老师换了附近南蓢墟的程君海先生，其人博通经史，在传道授业的同时，注意思想启迪与德行培养，常对学生讲授清朝入主中原以及与外国签订丧权辱国条约等史实，激发学生的民族感情。有一次，程先生在上课时曾出"虎豹诚能格"为上联命学生对，孙中山答以"龙蛇未可知"为下联，程先生从此喜欢上了聪明好学的孙中山。

孙中山放学后，还要帮家里挑水、放牛、下地插秧、除草，经常光着脚丫跟父亲一起在田间劳动。程先生主动找孙达成劝说："孙文这孩子天资聪颖，长大后一定大有作为，家里的小事就不要叫他做了，别耽误他上学。"

孙中山从小活泼好动，爬树打鸟、捞鱼摸虾都是常干的事。他喜欢游泳，"入水如蛙，村中儿童，皆不能及"。还练就了一手"绝活儿"——用石子打小鸟，而且打得非常准。乡亲们见他倔强好动，就给他起了一个绰号叫"石头仔"。

孙中山还好打抱不平。孙中山8岁的时候，村里来了户卖豆腐的人家，户主名字叫亚秀，大家都叫他"豆腐秀"。"豆腐秀"有两个儿子，很是顽皮，年龄都比孙中山大，经常合伙欺负村里的小孩。有一次，哥俩暗地里用弹弓装小石子射孙中山，孙中山气愤极了，于是拿起一块石头追赶，一直追到他们的豆腐店里，一石头掷去，"哐啷"一声，豆腐锅被砸破了。"豆腐秀"全家大惊失色，于是赶到孙中山家里理论，孙中山据理力争，说明了事情的原委。孙中山的母亲见"豆腐秀"家生活艰苦，就主动赔偿了损失。"豆腐秀"也自知理亏，把儿子狠揍了一顿，从此，那两个孩子再也不敢欺负人了。

孙中山出生那年，是太平天国时期天京被攻陷的第三年，太平军余部与捻军联合，在遵王赖文光率领下，仍在与清军作战。洪秀全是广东人，太平军的事迹在两广地区广为流传。村里有一个参加过太平军的老战士冯爽观，晚饭后，经常在孙家屋前的榕树下乘凉，常常对孩子们讲太平天国反清革命的故事。孙中山对洪秀全很是敬慕，有一次情不自禁地说："洪秀全灭了清朝就好了！"这位老兵就对他说："你长得很像洪秀全，你长大后也当洪秀全吧！"于是，孩子们都管他叫"洪秀全"，孙中山也以"洪秀全第二"自诩。

当时在广东一带，民间还有地下组织三合会，是反清复明组织洪门天地会的一个分支。孙中山很喜欢到邻村武馆看三合会成员练武，也偷着学了点武艺，回来后，就和小伙伴们比画比画。孙中山经常组织村里的孩子们玩"打仗"的游戏，他扮演天王"洪秀全"，小伙伴有的当"太平军"，有的当"清兵"，大家操着木棒打成一团，经常玩到很晚不回家。孙中山从小养成了一种叛逆精神。

二、走出国门

孙中山的哥哥孙眉到檀香山后，时值当地政府鼓励华人开垦，大规模发展种植业。借着这个机会，孙眉就和几个乡友合资向政府领地开荒，在火奴鲁鲁不远的依华地方开垦了一个农场。孙眉秉性聪颖、勤劳能干，又善于经营，农场逐步有了发展。他又在火奴鲁鲁的京街开了一间商店，推销农场产品，积蓄渐丰。1883 年，孙眉搬往檀香山第三大岛——茂宜岛，向政府租了上千亩的荒地，辟为农牧场，兼营畜牧和种植业。他从家乡雇来大批华工，数年之间，将大片荒山野岭，开辟为良田果园。除了栽种果树、耕作庄稼，还畜养了上万头牛羊，并开起了商店，兼营酿酒、伐木，迅速致富，很快成为檀香山华侨中的富户之一，被当地居民称为"茂宜王"。

1877 年 6 月，孙眉奉父母之命回乡，与同乡姑娘谭氏结婚，在家住了 3 个多月。当时，夏威夷糖业生产发展迅速，急需大批劳动力，孙眉得到夏威夷政府特许状："多招华人来檀香山大兴垦务。"孙眉随即在家乡附近设立了移民事务所，与人合雇一艘远洋轮船，作为移民之用。孙中山希望跟随哥哥到檀香山，但遭到父亲的坚决反对。

第二年，孙眉的同事雇到一条约 2000 吨的英国铁壳汽船"格兰诺克"号，到澳门载运中国侨民。他托同事捎来信，请父母到檀香山养老。孙达成年事已高，无意远行。孙中山再次向父母提出要求，想搭乘此船去檀香山，经再三恳求，父亲终于同意。孙中山从此踏出国门，走向世界。

1879 年 5 月，孙中山随母亲一道登上了英轮"格兰诺克"号，前往檀香山。13 岁的孙中山第一次乘船漂洋过海，"始见轮舟之奇，沧海之阔"，他常常独自伫立在甲板上，久久凝视着浩瀚无边的大海，想起家乡的小木船，隐隐感到了中国的落后，"自是有慕西学之心，穷天地之想"。

3周的海上航行后，孙中山与母亲到达了檀香山。对于母亲和弟弟的到来，孙眉十分高兴，带着他们参观了自己的工厂、牧场和商店，游览了夏威夷的景点。夏威夷群岛地处热带，椰林密布，海水清澈，风光旖旎，美丽富饶，盛产香蕉、甘蔗、菠萝、咖啡以及水稻。城市建筑漂亮、整齐，人们的生活井然有序，孙中山对这里的一切都感到新鲜和好奇。

夏威夷群岛，由太平洋中部的130多个岛屿组成。1000多年前，波利尼西亚人划着独木舟踏海数千公里来到这里定居，直到1795年夏威夷酋长卡美哈梅哈统一了整个群岛，正式建立夏威夷王国，首府位于瓦胡岛上的火奴鲁鲁。因此地盛产檀香木，被华人称为檀香山。

孙中山来到檀香山后，孙眉安排他在茂宜岛自家所开的德隆昌米店里，佐理商务。但孙中山对此毫无兴趣，对盘货、打算盘、记账之类感觉索然无味，很想进学校学习。做了不到一个月，他大哥便送他去火奴鲁鲁最好的英国教会学校——意奥兰尼学校住校就读。

意奥兰尼是夏威夷历史上最早的一所学校，教师几乎全为英国人。学校收费也高于其他学校，每年学杂费需要150美元，在当时是一笔很大的数目。学校刚开始不久招收侨居檀香山的中国儿童入学。当地的外国学生见孙中山脑后拖着长长的辫子，常常嘲弄取笑他。

1879年秋，13岁的孙中山到意奥兰尼学校读书。图为意奥兰尼学校

有一次，几个调皮的同学拽着他的长辫子，一边笑一边喊"猪尾巴"。孙中山不甘受辱，不顾自己的个头比他们小，凭借从小偷学的几下拳脚，扑上去和三四个混血土著打了起来，结果，很快把那几个人打败了。

孙中山自豪地说："让你们见识见识中国功夫，中国人是不好欺负的！"

那几个土著学生一听孙中山会中国功夫，就再也不敢招惹他了。

即便如此，孙中山自己也对留辫子越来越看不惯。有一次放学回家，他拿起剪刀要剪掉辫子，结果被孙眉发现了。大哥训斥说："一丝一发，受之父母，哪能随便剪掉？"

孙中山反问："外国人不蓄辫子，不是也很文明，很好看吗？"

大哥说："蓄发是祖宗传下来的习惯，哪有那么容易改变？你将来回到老家，会被视为大逆不道的。"

孙中山虽然心里不服大哥说的道理，但出于对大哥的尊重，就没有坚持到底。

孙中山在意奥兰尼学校学习了3年，在这里接受了和私塾教育完全不同的西式教育，圣经、文学、历史、生物、地理、数学等丰富多彩的科目，大大开拓了他的视野。起初，孙中山感到最困难的是不懂英语，他默默观察了十余天，开始借助手势和同学们交谈。由于他勤学苦练，不久就学会了朗读英语、书写英文，成为校内进步最快的学生。

1882年7月，孙中山以英语语法二等奖的优异成绩毕业。毕业典礼上，夏威夷国王加拉鸠亲自向他颁发了奖品，孙眉和当地的华侨皆引以为荣。

孙中山毕业后，哥哥孙眉仍令其学习经商，并预备把店铺交给他打理，自己专心于垦牧事业。孙中山志不在此，只做了半年，又提出请求，要继续读书，孙眉便把他送入美国人开办的奥阿厚学院读书。该校是檀岛上的最高学府，也是一所教会学校。浓厚的基督教氛围，使孙中山渐渐对基督教产生了兴趣，并常常参加教堂唱诗班，言谈举止中流露出要加入基督教的愿望，从而引发了他和哥哥的冲突。

当时，檀香山的华侨们大多信奉关公，孙眉农场的职工生了病，经常到场内祠堂去祈祷。有一天，孙中山将孙眉挂在厅堂内的关帝像扯下来，对职工们说："关云长只不过是三国时的一个人物，死后怎能替人消灾治病呢？生了病应该请医生治才是。"

孙眉对此很恼火，气冲冲地赶到意奥兰尼学院，见孙中山和校长韦礼

1882 年，孙中山转入奥阿厚学院读书。图为孙中山在该校读书的校舍

士牧师正在讨论《圣经》，孙眉火上眉梢，大声叫道："谁让你到这儿来了！叫你不要信基督教，你偏不听我的！"

孙中山对哥哥的态度很不满意，便气不打一处来地说："信教是我的自由，你管不着！"

孙眉越发生气了："好啊！我管不了你，从今天起，你就给我停学，给我回去！"

"回去就回去！"

兄弟俩不欢而散后，孙眉决定把弟弟送回老家，由父亲严加管教。1883 年 7 月，17 周岁的孙中山就这样心有不甘地结束了自己第一次海外学习生涯，自檀香山启程回国。

三、香港求学

4 年的海外求学生涯，使孙中山系统地接受了西方民主思想和自然科学的启蒙教育，也逐渐认识到了家乡的落后和愚昧，对他的改良思想的形成产生了很大影响，"改良祖国、拯救同胞之愿于是乎生"。

在回乡途中的第一天，他便领教了清朝官吏的腐败。

孙中山是从檀香山乘船到香港，然后再乘船回香山的。船一靠岸，就上来了一批税吏，为了减少麻烦，乘客们纷纷将一些礼品送给他们，然后收拾行李准备登陆。没想到，接着又来了第二批、第三批检查的人，各自打着收厘金和查鸦片的旗号，大家不得不一次又一次打开行李任其检查。直到来了第四批以"缉私"为名来勒索的官吏，忍无可忍的孙中山挺身抗辩，拒绝检查，并声言要到官府控告他们。恼怒的官吏遂将沙船扣留下来，直到第二天船主向他们行贿后才被放行。

孙中山痛心疾首地向乘客们说道："中国掌握在这些腐败的官吏手中，怎么得了啊！难道就只能任他们胡作非为、坐视不救吗？"接着开始宣传中国政治必须改造的道理，"一个好的政府应该给予人们平等的权利和自由"，乘客们对他的言行投以惊讶的目光。

回到家乡后，孙中山参与了村务的议事工作。当时翠亨村的主事者每月有一次会议，出席者都是村中族长和德高望重的长老。孙中山因见多识广，也被邀出席，对村政改良提出了一些意见，建议设置了更楼，并组织巡逻队防火防盗。看到阔别几年的家乡没有什么变化，村里的人还是那么贫穷落后，孙中山感到要改良的事情太多了。他想为家乡建设多做点改良工作，如修桥、铺路，但是，困难重重。家乡的愚昧落后，尤其是迷信盛行，使孙中山越来越看不惯。没多久，他就干出一件"惊世骇俗"的叛逆事来。

翠亨村有个北帝殿，殿里供奉着北帝君和金花娘娘的神像，村民们遇到个什么事总会来烧香磕头，祈求神灵保佑。孙中山对这些愚昧骗人的迷信活动非常气愤。有一天，他和好友陆皓东等几个伙伴进了村里的北帝庙，见许多人正在烧香磕头，孙中山跳上供台，指着北帝君像大声说："这神像是泥塑木雕的，是来骗人们的香火钱财的。他没有灵性，不可能叫我们倒下或站起来！"然后把"玄天上帝"的中指折断了，接着说："你们看，我把北帝的手指折断了，可它仍然在笑，

1883年，17岁时的孙中山

9

这样的神道，哪能保护我们乡民？"陆皓东又用小刀把"金花娘娘"的脸划成了大花脸。

这些"大逆不道"的行为立即在村里引起轩然大波，村民们认为这些年轻人亵渎了神灵，将给翠亨村带来厄运。乡绅们找到孙、陆两家兴师问罪。为了平息村民们的激愤，孙达成只好拿出10两银子修复神像，又命孙中山暂时离乡去香港，以免再惹是非。

1883年11月，孙中山进入香港基督教圣公会办的拔萃书院读书，国文老师区凤墀是道济会堂长，曾在德国柏林大学教授汉语。区凤墀给孙中山介绍了一位美国牧师喜嘉理。在喜嘉理牧师主持下，孙中山和好友陆皓东正式接受了洗礼。入教时孙中山在受洗登记册上署名为"孙日新"，取自《大学》中的"苟日新，日日新，又日新"之意。区凤墀根据谐音，把"日新"改为"逸仙"，从此成为孙中山的号。

1884年4月，孙中山转学香港中央书院。中央书院是香港第一所由英国当局创办的官立学校，校长、教员均来自英国著名大学，学术自由，思想开放。孙中山除了认真学习各类课程，还积极阅读中外文书籍，尤其喜欢《拿破仑传》《华盛顿传》等书籍，进一步加深了对西方科学、社会以及政治制度的认识，对西方民主共和制度、法国大革命的故事以及十九世纪欧洲的革命等都很了解，同学们给他取了个外号叫"通天晓"。

1884年5月，18岁的孙中山回到翠亨村，与同县卢耀显之女卢慕贞结婚。卢耀显也曾是檀香山侨商，后因病去世。卢慕贞生于1867年7月，比孙中山小一岁，是一位性格内向、勤劳质朴的传统女性。起初，孙中山对这门包办亲事是不满意的，但看到她特别孝顺、勤劳和贤惠，也默然接受了这一事实。孙中山在家里住了3个月，之后又回香港中央书院读书。

1884年，中法战争爆发，加深了日益严重的民族危机。1885年6月，清政府在战争极为有利的情况下，竟然向战败国求和，签订了丧权辱国的《中法新约》，出现了中国不败而败、法国不胜而胜的局面。清政府的腐败无能，引起了孙中山等广大爱国青年的极大愤慨，痛感"中国现状之危，我人当起而自救"，开始产生了革新求变的思想。

1886年夏，孙中山在中央书院毕业后，转入美基督教长老会所办的广州博济医院附设的南华医学堂学医。当时，学校的妇科只许外国男生临床实习，而中国男学生则被拒绝在外。孙中山找到校长嘉约翰建言："学生毕业后行医救人，遇有产科病症也要诊治。为了将来能对病者负责，应当

孙中山（前排右二）与香港西医书院同学合影

改变这种不合理的规定。"嘉约翰是当时著名的外科专家，他认为这个建议有道理，就采纳了这个建议。

　　1887 年 9 月，孙中山转入香港西医书院。该校是留英博士何启创办，有 4 个名誉赞助人，其中一位是北洋大臣李鸿章，一位是香港总督罗便臣，后来该校并入香港大学。学院采用英国医科大学五年学制，教师基本上都是英国人。孙中山英语基础较好，各门功课都名列前茅，教务长康德黎博士对孙中山非常器重，二人结下了很深的友谊。康德黎夫妇去广州的麻风村考察时，特地带着孙中山做随行翻译。香港屈臣药房的老板夏菲士得病，请康德黎诊治，康德黎特意选孙中山为其担任夜间护理，服务得非常周到。夏菲士病愈后，主动捐献助学金给孙中山做学费。

　　1888 年 3 月 24 日，孙达成病逝。在父亲病重至逝世的那段日子里，卢慕贞一直守在父亲病榻前，寸步不离，亲奉汤药，令孙中山非常感动。经过很长一段时间的共同生活，二人相互了解，感情渐生，日渐和睦。结婚 6

年后，生下儿子孙科。

在得知弟弟添丁之后，孙眉非常高兴，从檀香山寄钱回来，要孙中山在老家建新房。孙中山亲自设计和主持，修建了一幢砖木结构、中西结合的两层楼房。楼房外表仿西式建筑，上层各有7个赭红色装饰性的拱门，屋檐正中饰有光环，环下雕绘一只飞鹰。楼房内部设计用中式风格，中间是正厅，左右分两个耳房，并设有一道围墙环绕着庭院。正门两边挂一副孙中山亲笔撰写的对联：一椽得所，五桂安居。原屋至今保存完好。

在香港学习期间，孙中山还注意考察香港社会，见当地市街整齐，建筑宏美，秩序井然，社会进步，与故乡迥异，自念两地相距仅五十余里，何以成为两个世界？他常常扪心自问："外人能在七八十年间在一荒岛上成此伟绩，中国以四千年之文明，乃无一地如香港者，其故安在？"

香港西医书院创办人何启，系广东南海人。早年留学英国，获得医学博士学位及大律师证书。回国后，任香港议政局议员，兼执律师业务，又在香港西医书院教授医学、法律等科目，在报刊上发表过很多批判封建政制的论文，是一个著名的改良主义者，对孙中山的改良思想影响很大。

孙中山在系统学习医学知识的同时，开始思考探索救国救民的道理。

翠亨村孙中山故居

他广泛涉猎西方国家的政治、历史书籍，尤其爱读《法国革命史》和达尔文的《物种起源》，这两本书对他的思想影响很大。他曾写信给同乡先辈，曾任清廷出使美国、西班牙、秘鲁三国大臣，正退休在家的郑藻如提出"鼓励农民、劝戒鸦片、兴办学堂"三条意见。1891 年，孙中山在《万国公报》上发表了第一篇论文《农功》，提倡学习西方的科学技术以改良中国的农业生产。

这段时间，孙中山还结识了几个志同道合的朋友，一位是陈少白，是孙中山西医书院的同学；一位是尤列，曾加入洪门，时任香港华民政务司署书记；另一位是杨鹤龄，是孙中山的同村青年，其父在香港开设了一家杨耀记商店，孙中山经常光顾，二人来往密切；还有一位郑士良，是孙中山博济医校的同学，其为人豪爽仗义，善交江湖绿林之士。他曾对孙中山说已加入当地三合会，如他日有事，可为其罗致会党，听其指挥。

尤其是陈少白、尤列、杨鹤龄，和孙中山交往甚密，4 个人经常聚在一起畅谈革命，抨击时政，探求改革途径。"每于学课余暇，皆致力于革命之鼓吹，常往来于香港、澳门之间，大放厥词，无所忌讳"，时人称他们为"四大寇"。

1892 年"四大寇"合影。前排自左至右：杨鹤龄、孙中山、陈少白、尤列，后立者为孙中山的同学关景良

四、行医澳穗

　　1892 年 7 月，孙中山以第一名的优异成绩从香港西医书院毕业。西医书院成绩簿显示，从创办到并入香港大学为止，在统考的 12 门科目中，获得 10 门以上荣誉成绩的只有两位，孙中山即是其中之一，而综合成绩最优异的就是孙中山。香港总督罗便臣爵士亲临毕业典礼，并给孙中山颁发了奖品。

　　孙中山毕业后，虽然成绩很好，但没有在香港行医的资格。香港总督罗便臣乃驰书北京英公使，托其转荐于北洋大臣李鸿章，谓孙文与江英华两人识优学良，能耐劳苦，请予任用。李鸿章回复：可来京候缺，暂给月俸 50 元，并授五品军牌。但在孙中山到两广总督衙门领取进京牌时，却遭到了衙门胥吏的为难，非要他填写三代履历等一些烦琐、苛刻的手续，才能领取进京牌。孙中山一怒之下返回香港，从此对清朝的官吏更加不满。

　　孙中山想改行开药房，但遭到了康德黎的反对，康德黎特地去劝他说："你不应该做这种事情，因为你是我们学校第一届毕业、又是最优秀的学生。在英国，医生的地位很高，药房如同做买卖，是有失体面的。"孙中山只好改变初衷，决定悬壶济世，治病救人。

　　1892 年 9 月，应澳门镜湖医院邀请，孙中山到该院挂牌行医。妻子卢慕贞也带着 1 岁多的孙科到澳门一起生活。同年 12 月，孙中山在澳门大街仁慈堂附近开设中西药局，单独行医，悬壶济世。由于孙中山医术高明，待人亲切，无论门诊或出诊，诊费一律随意而付，加上他特别擅长外科手术和治疗肺病，因此在澳门行医不满 3 个月就声名鹊起，"就诊者户限为穿"，因而引起了原在澳门行医的葡萄牙人的嫉妒和排挤，他们借口孙中山无葡国文凭，无资格在澳门行医，煽动葡萄牙当局拒绝给孙中山换发行医执照，孙中山不得已愤然离开澳门。

　　1893 年春，孙中山来到广州行医，在双门底圣教书楼开设诊所，又在冼基开设东西药局。曾在《中西日报》登过《东西药局启事》：

　　　　本药局诚恳邀请大医生孙君逸仙来省济世……每天十点至十二点在药局免费诊病，不受分文，以惠贫之。求医的人，须在十点钟以前来局挂号，午后出外诊症，只收取到西关的乘轿费用一元，而到城内南关西门河南等处也是如数收取轿金，诊费随意。凡是复诊的患者请

1892年秋，孙中山被聘为澳门镜湖医院西医师。图为镜湖医院旧址

提前到药局挂号，先生素以济人利物为心，若有意外与妇难产、服毒药症，报名危急，无论贫富俱可立时邀至，设法施救，千万不要贻误了治疗时间，特此布告。

有一次，孙中山回到老家翠亨村。村民陆坛生的妻子难产，接生婆不懂医术，大人孩子面临生命危险。陆坛生十分焦急，知道孙中山是个医生，可能会接生，但想到男人为女人接生很为难。孙中山听说后，不顾村里的风俗和忌讳，毅然去帮忙接生，很快使婴儿顺利降生，母子安然无恙。

有一天，街上来了个走江湖卖狗皮膏药的人，手上拿着竹筒，"咚，咚，咚"地敲着走过来。有一个工人，腿上长了个疮，走路困难，就找他问询。那个江湖郎中故弄玄虚地说："你这是毒疮，很难治疗。要不是今天遇上我，你这腿很快就会烂掉的。我有灵丹妙药，只收五个银圆，包准治好。"

刚好孙中山和陈少白从这里路过，看了一下病情，就对那个工人说："为什么不去找医生，何必听信这些骗人的'江湖郎中'的话呢？"

这个"江湖佬"见有人砸他的台，大怒，立刻从身上拔出一个飞砣，恶狠狠地指着孙中山说："你是干什么吃的？信不信我一飞砣打断你的腿，也能医好。"

孙中山见他如此凶狠可恶，立即把穿着长袍的手往兜里一摸，然后把大拇指和食指翘起来，用长袖遮着，毫不示弱地对"江湖佬"喝道："信不信我用'对面笑'一枪打死你，也能医活。"

"江湖佬"一看情况不妙，赶紧收起行头，在众人的嘲笑中溜走了。

陈少白不解地问孙中山："你的手枪是哪来的？拿出来看一看。"

孙中山伸出手指，比画了一下，笑着说："这不是手枪吗？"众人见了，皆哄然大笑。

孙中山用自己研制的拔毒生肌膏，为那个工人免费疗伤，没过几天，那个工人的腿就好了。

由于医术精湛，孙中山的名声很快传遍省城。当时的《中西日报》曾登载过患者武泌的鸣谢信：

> 孙逸仙先生学贯中西医学精髓，针灸和手术全都擅长。他平生医学精纯，事迹一直被人称颂。我患牙痛病，从早到晚疼痛不止，到处寻医问药，却都没有效。多亏遇到孙先生略施小技，手术、用药兼施，妙手回春，几个月的病痛源头，一天就顿时消失了。感谢先生济世为怀，轻财重义，治病的诊费和药钱分文不收，礼物也辞去不要。我心中充满了感激，却无从报答，便将这件事的始末，刊登到报纸上，不特意表现先生医学的高超，也要表现先生人品的高雅。
>
> 武泌谨启

孙中山一面行医，一面广交社会各层人物，交结会党，联络有志之士，结识了一些具有爱国思想和对清朝不满的新朋友，如书店经理左斗山、教师魏友琴、基督教牧师王质甫等志同道合之士，还有广东水师管带程璧光、程奎光兄弟二人，常在南园抗风轩密谈时政，酝酿成立秘密组织，为日后从事革命活动打下了基础。

五、上书李鸿章

十九世纪九十年代初，以广州、香港等地为中心，一些进步的知识分子，开始倡导改良主义和维新变法。康有为、梁启超、王韬、郑观应、何启、胡礼垣、陈虬等，公开主张向西方学习，宣传维新变法。郑观应出版了《盛世危言》，何启出版了《新政真诠》，康有为也在广州设立了"万木草堂"，宣讲维新思想，他们把希望寄托在清朝统治阶级上层人物身上。这种盛行一时的改良思潮，对孙中山产生了很大的影响。

孙中山在澳门、广州等地行医，虽然生意很红火，医好了不少病人，但是广大人民的生活仍是那么困苦，清政府的统治仍是那么黑暗。他终于体会到司马迁说的"上医医国，其次医人"的道理，因此，决心弃医从政，走上"医国"的道路。他想起了香港西医书院的名誉赞助人李鸿章曾经答应让他候缺的事，认为正在推行"自强新政"的直隶总督兼北洋大臣李鸿章，是朝廷中一个思想开明和头脑清醒的人物，向他上书，或可能有助于改良朝政。

1894年春节期间，孙中山的密友陆皓东从上海回到翠亨老家结婚，二人见面，谈论起上海的见闻和全国的形势，心潮难抑。回到家里，孙中山就闭门谢客，奋笔疾书，埋头十余天，满怀激情地写就了《上李傅相书》。

在给李鸿章的信中，孙中山首先做了自我介绍："窃文籍隶粤东，世居香邑，曾于香港考授英国医士。幼尝游学外洋，于泰西之语言文字，政治礼俗，与夫天算地舆之学，格物化学之理，皆略有所窥；而尤留心于其富国强兵之道，化民成俗之规；至于时局变迁之故，睦邻交际之宜，辄能洞其阃奥。"

接着，他写了上书的目的："当今风气日开，四方毕集，正值国家励精图治之时，朝廷勤求政理之日，每欲以管见所知，指陈时事，上诸当道，以备刍荛之采。""然而犹有所言者，正欲于乘可为之时，以竭其愚夫之千虑，仰赞高深于万一也。"

然后，孙中山提出并阐述了四条治国之道："窃尝深维欧洲富强之本，不尽在于船坚炮利、垒固兵强，而在于人能尽其才，地能尽其利，物能尽其用，货能畅其流；此四事者，富强之大经，治国之大本也。我国家欲恢扩宏图，勤求远略，仿行西法以筹自强，而不急于此四者，徒惟坚船利炮之是务，是舍本而图末也。"

孙中山还满怀信心地认为："夫人能尽其才则百事兴，地能尽其利则民食足，物能尽其用则材力丰，货能畅其流则财源裕。故曰：此四者，富强之大经，治国之大本也。四者既得，然后修我政理，宏我规模，治我军实，保我藩邦，欧洲其能匹哉！""窃以中国之人民财力，而能步武泰西，参行新法，其时不过二十年，必能驾欧洲而上之。"

全文洋洋洒洒几千字，文采飞扬，满怀豪情，表现了孙中山的抱负和改良思想的主张，孙中山希望以此获得李鸿章的知遇，以便寻求施展抱负的机会。但是，书稿如何才能送到李鸿章手里呢？

他与陆皓东、陈少白等人商议，决定去找已经卸任、正赋闲广州的同乡——原澳门海防同知魏恒想办法。魏恒曾因帮盛宙怀办过广东海防捐而与盛氏兄弟相识。他对孙文的医术早有所闻，看了《上李傅相书》后对孙中山的才华也很赏识，因此愉快地作书盛宙怀，希望其能赐书给堂兄盛宣怀，介绍孙与之相见。魏函云："香山县医士孙生，名文号逸仙，人极纯道，精熟欧洲掌故，政治、语言、文字均皆精通，并善中西医术，知者甚多，妒者亦复不少。现拟远游京师，然后仍作欧洲之游。久仰令兄观察公德望，欲求一见。知侄与世丈处，既有年谊世好，又蒙青照有素，特属函恳赏赐书函于令兄观察公前先容，感激之情，不啻身受者矣。"

1894 年 3 月，孙中山毅然关掉诊所，偕同陆皓东离粤赴沪。到达上海后，孙中山携魏恒函见到了盛宙怀。盛宙怀果然写了致堂兄盛宣怀的引荐信："孙逸仙兄，系广东香山县人，精熟欧洲医理；并由广东前山同知魏直牧函托转求吾哥俯赐吹植。附呈原信，祈阅，特此禀达。"

陆皓东与孙中山是幼年同窗，时任上海电报局译电生，对上海的情况比较熟悉。陆皓东首先偕孙中山拜访了广东同乡宋耀如。宋耀如早年留学美国范德堡大学神学院，毕业后回国，在上海一带传教，受到美国传教士排挤，转而经商致富。先后创办华美印书馆、福丰面粉厂，并用经商所得举办公益事业，创办了一所教会学校、一个儿童乐园和一间大众医药所，组织创立了中华基督教青年会，成为上海滩有名望的实业家。由于同样在国外读过书，又同为广东老乡，志趣相投，二人一见如故。孙中山应邀住到宋耀如家中，见到了其活泼可爱的女儿宋庆龄。

宋耀如邀请孙中山到他的印刷厂参观，印刷厂正在印刷郑观应的《盛世危言》一书，其中收录了孙中山的《农功》一文，但并没有注明原作者。孙中山说："这篇文章是我写的。"

宋耀如惊讶地说："怎么会是你写的呢？我还以为是郑观应写的呢！"

孙中山十分肯定地说："是我写的，不信我背给你听。"

宋耀如对照着原文，孙中山倒背如流，果然基本一样。孙中山解释说，他曾寄文章请郑观应指导，郑可能感到满意，收入了自己的书中。

宋耀如说："那应该注明出处呀！"

孙中山说："我不介意，郑先生是做了一些修改，但修改得更好。"他很高兴自己的文章能被郑观应引用。

宋耀如说："既然如此，你何不请郑先生替你看看《上李傅相书》呢？

或许他能给你出更好的主意。"

第二天，宋耀如带着孙中山去拜访了同乡郑观应。郑观应是当时著名的改良主义思想家，也是广东香山县人。他在上海任招商局总办，曾经做过盛宣怀的幕僚，与李鸿章也有交往。郑观应正在编纂出版其代表作《盛世危言》，其中把孙中山当年写的文章《农功》也辑入书内。他对这位小老乡的才学很赏识，彼此谈得很投机，慨然应允致函盛宣怀，为孙中山做引见。郑函云："孙逸仙医士拟自备资斧，先游泰西各国，学习农务，艺成而后返中国，与同志集资设书院教人；并拟游历新疆、琼州、台湾，招人开垦，嘱弟恳我公代求傅相，转请总署给予游历泰西各国护照一纸，俾到外国向该国外部发给游学执照，以利遄行。"

在郑观应的寓所，孙中山还结识了另一位著名的改良主义者王韬。王韬是香港《循环日报》的创办人，曾于1875年发表著名的《变法自强》政论，在中国历史上首次提出"变法"的口号。他对孙中山的上书也深为赞许，并为其修订数语，还给在李鸿章身边当幕僚的朋友罗丰禄写了信，让他们帮助引见李鸿章。

6月下旬，孙中山携带着盛宣怀、郑观应和王韬的几封书信，同陆皓东一起到达天津，先后投谒盛宣怀、罗丰禄。两人都乐意帮忙，答应为之疏通关节，应允将孙中山的书稿转呈李鸿章。

李鸿章，1823年生于安徽合肥仕宦之家。道光二十七年（1847年）进士。历任江苏巡抚、两江总督、湖广总督、直隶总督兼北洋大臣、文华殿大学士，是洋务运动的主要代表人物之一。

孙中山和陆皓东寄寓法国租界佛满楼客栈，满怀希望地等待李鸿章接见。时值朝鲜东学党起义，清政府应朝鲜国王的请求，派兵协助镇压起义。日军也趁机出兵朝鲜，占领了从仁川到汉城一带的战略要地，并包围了驻守牙山的清军，中日战争的导火索已经点燃，甲午海战即将爆发。李鸿章正在芦台督师，借口军务繁忙，拒绝接见孙中山，只冷冷地敷衍说："眼下军机吃紧，等仗打完了以后再说吧。"

孙中山听了罗丰禄的转达后，好像当头被泼了一盆冷水，便失望地和陆皓东拜辞而去。途经上海，在宋耀如家住了几天。宋耀如帮忙联系《万国公报》编辑部，将他的《上李傅相书》连续刊载于该公报的第九、第十月号上发表，引起了上海各界的注意，扩大了孙中山的影响。

孙中山乘兴而来，败兴而归，改良主义幻想彻底破灭了，使他清醒地

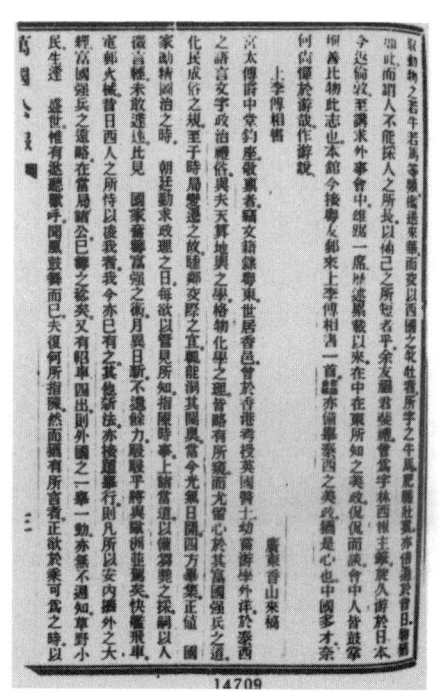

1894 年 10 月《万国公报》刊登的孙中山《上李傅相书》

认识到清廷腐败已无可救药，非彻底改造，不足以救亡，从此由"医人"走向"医国"，开始了他职业革命家的政治生涯。

六、甲午之殇

两次鸦片战争失败的教训，使闭关锁国、盲目自大的清政府开始睁开眼睛看世界。从十九世纪六七十年代起，以曾国藩、李鸿章、张之洞、左宗棠等为代表的洋务派掀起了一场以"自强""求富"为目标的洋务运动，在不伤及清廷政治体制下，"师夷长技以制夷"，创建新式海军，发展军用、民用工业，使近代工商业获得较快发展。

至 1890 年，已建成北洋、南洋、福建、广东 4 支舰队，拥有大小舰艇 75 艘，总吨位达 69843 吨，暂居亚洲第一。其中北洋海军拥有英、德制的当时世界上最先进的七千吨位的巡洋舰 2 艘、两千吨位以上的战舰 6 艘，总吨位 36708 吨，号称"亚洲第一舰队"。而日本海军两千吨位以上的战舰仅有 5 艘，总吨位约 17000 吨。

1868 年，日本开始明治维新，资本主义得到较快发展，与封建武士道结合，产生了极具扩张性的军国主义。明治天皇睦仁登基伊始，即在《天皇御笔信》中宣称"开拓万里波涛，宣布国威于四方"，蓄意向海外扩张，确定了以中国和朝鲜为主要目标的"大陆政策"。

日本的明治维新，不但在军工、航运、铁路、电信等方面引进西方先进技术，而且在政治、经济、文化、教育、国防等方面也励行改革，实施了富国强兵、殖产兴业和文明开化三大政策。先后实行军制改革，开放党禁、颁布宪法，成立国会，实行君主立宪制，各方面显示出蓬勃朝气。为赶超清政府，日本自 1890 年开始，就以国家财政收入的 60% 发展海陆军。明治天皇带头节衣缩食，每年从宫廷预算中挤出 30 万元，文武百官从薪金中捐出十分之一，全国富豪亦纷纷捐款，补充造船费用。至甲午战前，建立起一支拥有 12 万名常备军和 25 万预备役的陆军，包括 6 个野战师团和 1 个近卫师团。海军有军舰 32 艘、鱼雷艇 24 艘，总排水量 72000 吨，超过了北洋海军。

但清政府对日本的认识还停留在"蕞尔小邦"的阶段，"不以倭人为意"。在日本倾全国之力扩充军备，战争危险日益迫近的紧要关头，反而放松了国防建设。户部尚书翁同龢迭次以"部库空虚，海疆无事"为由，奏明停购船炮，削减军费预算，从 1888 年开始停止购进军舰，1891 年停止拨付海军器械弹药经费。为筹备慈禧太后六十大寿，竟挪用海军军费修建颐和园。

慈禧太后，原名叶赫那拉·杏贞，1835 年生于镶蓝旗军功世家，自幼慧黠。咸丰二年（1852 年）通过选秀入宫，赐号兰贵人，次年晋封懿嫔，因生下咸丰帝唯一的皇子载淳，册封懿贵妃。咸丰帝体弱多病，略通文墨的懿贵妃时常代笔批阅奏章。

咸丰十年（1860 年）10 月，英、法联军 18000 人长驱直入，攻入北京。咸丰帝携懿贵妃仓皇逃往避暑山庄。英法联军疯狂抢掠近 50 天，将圆明园、清漪园、静明园、静宜园、畅春园珍宝抢劫一空，然后纵火付之一炬。清政府被迫签订《天津条约》《北京条约》等一系列丧权辱国的不平等条约。沙俄亦趁火打劫，先后胁迫清政府割让 150 多万平方公里的领土。

咸丰十一年（1861 年）七月十七日，沉迷酒色的咸丰帝在热河行宫驾崩。年仅 6 岁的载淳即位。慈禧太后合谋慈安太后和恭亲王奕䜣发动辛酉政变，顾命八大臣肃顺被斩首，怡亲王载垣、郑亲王端华赐令自尽，其他 5 人遭革

大清國慈禧皇太后

慈禧太后

职遣戍。两宫太后"垂帘听政"，将年号定为"同治"，表示临朝同治之意。

同治十三年（1874年）十二月初五，年仅19岁的同治帝载淳染上天花驾崩。慈禧当即宣布懿旨，让自己胞妹婉贞的儿子载湉继位，年号光绪，慈禧又一次垂帘听政。

光绪七年（1881年）三月初十，慈安太后猝然病逝于钟粹宫。不久，慈禧太后罢免了集内政外交大权于一身的奕䜣议政王、军机大臣等职。从此，慈禧太后得以独掌大权，独断专行更加肆无忌惮，前后统治大清帝国近半个世纪。

光绪十五年（1889年）正月，由慈禧做主，将自己胞弟桂祥之女静芬立为光绪帝皇后，侍郎长叙的两个女儿封瑾嫔、珍嫔。慈禧一度撤帘训政，

慈禧太后（中）和瑾妃（左一）、隆裕皇后（右一）

但朝内一切用人行政，仍出慈禧之手，"上事太后谨，朝廷大政，必请命乃行"。

光绪二十年十月初十（1894年11月7日）是慈禧六十大寿，诏令颐和园举行盛大庆典。自紫禁城西华门至颐和园东宫门沿途所经，分设六十段点景，建造各种不同形式的龙棚、经坛、戏台、牌楼和亭座。令全国各地贡献圣寿礼品，江南、杭州、苏州三个织造衙门，特造彩绸十万匹，以供庆典之需。

颐和园前身为清漪园，第二次鸦片战争期间被英法联军焚毁。为迎接慈禧六十大寿，自光绪十四年（1888年）开始重建，作为慈禧太后休养的离宫。园内有万寿山、昆明湖、仁寿殿、乐寿堂、佛香阁、四大部洲等景点3555处，有亭、台、楼、阁、殿、堂、廊、榭等建筑3000余间，依山傍水，富丽堂皇。

当时，清政府财政状况岁入库银8000万余两，岁出7700余万两。由于颐和园大兴土木耗费巨大，导致国库空虚，借口在颐和园昆明湖内操练水军，公然挪用海军经费。颐和园工程耗银达800余万两，其中挪用海军衙门经费达737万两之多，致使北洋舰队多年未购置新舰，缺乏先进武器和弹药，使一度领先亚洲的海军又落后于日本。

1894年，朝鲜爆发东学党起义，政府军节节败退，被迫向宗主国清政府请求出兵帮助镇压。直隶提督叶志超和太原镇总兵聂士成奉命率淮军2000人，于 6 月 6 日在朝鲜牙山登陆。在大兵压境之下，6 月 10 日，朝鲜义军和政府达成和议。但日本仍乘机派兵到朝鲜，先后派先遣队 1200 余人，以保护使馆和侨民为借口进入朝鲜首都汉城。

朝鲜政府和义军达成和议后，要求中日两国撤兵。日本驻朝公使大鸟圭介抛出了"中日两国共同协助朝鲜改革内政"的方案，遭清廷拒绝。但日军仍继续增兵，蓄意挑起战争。6 月 16 日，大岛义昌少将率领第九混成旅团在仁川登陆，侵朝日军达到 8000 余人，比驻朝清军占绝对优势。

1894 年 7 月，清军驻朝将领和国内舆论纷纷请求清廷增兵备战，朝廷形成了以光绪皇帝、户部尚书翁同龢为首的主战派和以北洋大臣兼直隶总督李鸿章为首的主和派。直到 7 月中旬，中日谈判破裂后，李鸿章才开始派兵增援朝鲜。孙中山正是在此前后上书李鸿章遭拒的。

1894 年 7 月 17 日，日本大本营作出开战决定。7 月 23 日凌晨，侵朝日军突袭汉城王宫，击溃朝鲜守军，挟持朝鲜国王高宗李熙，解散朝鲜亲华政府，扶植国王生父兴宣大院君李昰应上台摄政。

1894 年 7 月 25 日，日本不宣而战，日军联合舰队第一游击队在朝鲜丰岛海面，突然袭击了增援朝鲜的清军"济远"和"广乙"号军舰，并击沉了清军借来运兵的英国商轮"高升"号，871 名清兵及英国船员殉难。1894 年 8 月 1 日，中日双方正式宣战，甲午战争爆发。

日军在丰岛偷袭的同时，大岛义昌少将率第九混成旅团向驻牙山、成欢驿的清军发起了进攻，激战一天。叶志超、聂士成谎报大捷，率部北撤到朝鲜北部平安道首府平壤，与国内前来增援的部队会师。

1894 年 9 月 15 日，日军兵分四路围攻平壤，高州总兵左宝贵壮烈殉国，战局处于胶着状态。总指挥叶志超却下令全军连夜撤退，日军趁机在清兵退路上设伏截击。清军死伤 2500 余人，余部狂奔五百余里，一路逃至鸭绿江边，日军占领朝鲜全境。

9 月 16 日，北洋海军提督丁汝昌率舰艇 12 艘，护送 5 艘运兵船 4000 余援军到达朝鲜。17 日中午，北洋舰队在鸭绿江口大东沟返航时遭遇日军阻截，丁汝昌毅然下令迎战，黄海海战由此爆发。日本联合舰队司令官伊东佑亨亲率战舰 12 艘，其中有 8 艘 5000 马力以上的主力舰和巡洋舰投入战斗。霎时间，双方舰队百炮齐放，硝烟弥漫，海水沸腾。

交战初始，日舰炮火即击毁了北洋舰队旗舰"定远"号上的信旗桅杆

黄海海战

及瞭望台，在瞭望台上督战的丁汝昌坠落到甲板上受伤。右翼总兵兼"定远"旗舰管带刘步蟾代行指挥，先后击伤日旗舰"松岛"号、"比睿"号和"赤城"号。

"致远"舰在日舰围攻下多处受伤，全舰燃起大火，船身倾斜。管带邓世昌遂命大副开足马力撞向日军主力舰"吉野"，决意与敌同归于尽。日舰官兵见状大惊失色，集中炮火向"致远"舰射击，"致远"舰鱼雷发射管不幸被炮弹击中，引发鱼雷爆炸，导致"致远"舰沉没，邓世昌及全舰250余名官兵壮烈殉国。"经远"舰亦中弹起火，管带林永升及全舰官兵200余人阵亡。

黄海海战历时5个小时，北洋舰队损失军舰5艘，死伤官兵千余人；日本舰队"松岛""吉野""比睿""赤城""西京丸"5舰亦受重创，官兵死伤600余人，率先逃逸战场。李鸿章为保存实力，命令北洋舰队躲入威海港"保船制敌"，不准巡海迎战，日军夺取了黄海制海权。

战争之初，朝野舆论皆认为大清必胜。光绪帝主战，慈禧亦主战，希望赢得战争为大寿添彩，因而"不准有示弱语"。平壤战役失败后，中方集中兵力加强对辽东地区的防御，募集30营3万大军，分左右两翼防线，形成绵亘数十里的鸭绿江防线。

10月25日凌晨，曾任日本首相、陆军大臣的山县有朋大将亲自挂帅第一军司令官，统率第三师团和第五师团3万余人，趁夜越过浮桥，向清军

"致远"舰管带邓世昌（二排左三）与官兵合影

阵地发起攻击。清军伤亡重大，被迫撤出虎山阵地，其他清军不战而逃。日军不费一枪一弹占领了九连城和丹东，3万重兵驻守的鸭绿江防线全线崩溃。

　　就在兵临城下的危急时刻，慈禧太后的六十大寿庆典筹备工作仍未停止，"所有庆辰典礼，著仍在宫中举行"。为生日准备的首饰花费黄金1万余两，置办衣服合白银23万两，从颐和园回紫禁城所经道路209处景点形象工程费银240万辆。因园工用款不敷，竟以海防名义驰书各省集资260万两；向京内外臣工摊派，宗室王公、京内各衙门、各省督抚将军等上贡报效银298万两。

　　11月7日，正在慈禧太后六十大寿，满朝文武歌舞升平的当天，日军兵分三路向大连湾发起进攻，大连守将赵怀业闻风溃逃。日军不战而得大连湾，然后向旅顺进逼。

　　旅顺地区清军有7位统领，辖33个营14700人，但互不隶属，有将无帅。捐纳道员的北洋海军水陆营务处总办龚照玙与黄仕林、赵怀业、卫汝成三统领先后潜逃，出身捻军、目不识丁的总兵姜桂题被推为统帅。11月21日，日军第十二旅团向旅顺口发起总攻，当晚，旅顺陷落。日军在城内连续屠杀4天，滥杀手无寸铁的无辜平民两万余人，制造了骇人听闻的旅顺大屠杀惨案。

旅顺失陷后，日本海军在渤海湾获得重要基地，从此北洋门户洞开，北洋舰队深藏威海港湾内，时刻处于日本海军威胁之下。

威海卫位于山东半岛东北段，与辽东半岛遥相对峙，共扼渤海门户，素有"渤海锁钥"之称。为防御倭寇侵扰，自明洪武三十一年（1398年）设立威海卫，屯兵驻守，成为海防重地。卫城背倚群山，前临海湾，地势险要。威海湾位于两岬之间，呈半圆形，海岸线长30余公里，是天然深水良港。海拔153.5米的刘公岛雄踞海湾出口中央，成为海上天然屏障。

光绪十四年（1888年）12月，北洋海军正式成军，刘公岛成为北洋海军基地和提督署驻地，拥有战舰22艘，另有练舰、鱼雷艇等20余艘。岛上有海防炮台6座，与威海湾南北两岸6座炮台遥相呼应，控扼威海湾南北两个海口。北洋海军提督丁汝昌，早年曾参加太平军，后投李鸿章的淮军，任马队营官，累官至直隶天津镇总兵。旅顺陷落后，丁汝昌被革职留任。

李鸿章调派绥、巩军各4营2000余兵力分别驻守南、北帮炮台，配备新式大炮100余门。威海卫港内尚有北洋海军各种舰艇26艘，同时在刘公岛上驻扎北洋护军，并在海港南北两口布设防材和敷设水雷。整个山东半岛约有步兵40个营、骑兵8营、水雷2营，共3万余兵力。但陆地步兵并

威海湾内的北洋舰队

不受北洋舰队节制，为制衡李鸿章，朝廷调来捐官出身的安徽巡抚李秉衡出任山东巡抚。

光绪二十一年（1895年）1月18日凌晨，日联合舰队第一游击队采取声西击东战术，派出"吉野""秋津湖"和"浪速"舰到蓬莱海域，佯攻炮击登州城。1月20日拂晓，大雪纷飞，雾海茫茫，日本陆军大将大山岩司令官指挥"山东作战军"第二师团、第六师团和第十二混成旅团34600余兵力，在联合舰队25艘军舰、16艘鱼雷艇的掩护下，乘50艘运兵船，在荣成湾冒雪抢滩登陆。

山东巡抚李秉衡弄不清日军在何处登陆，只好分兵把守，驻守荣成湾的300名河防军一击即溃，荣成县城竟无军队防守，日军兵不血刃地占领荣成。1月23日，日军全部登陆完毕，然后分南北两路向威海挺进，沿途仅遇微弱抵抗。

1月30日凌晨，日军对威海南帮炮台发起总攻，炮台统带刘超佩稍战即逃。不到一天时间，南帮陆路炮台和海岸炮台陆续失守，其中摩天岭炮台被日军占领后，用缴获的大口径克虏伯大炮居高临下调头轰击停泊在威海湾里的北洋舰队。日本海军联合舰队也从海上封锁港口，从东面炮击威海卫舰队。丁汝昌率舰队向炮台发射排炮，日本陆军左翼司令官大寺安纯少将旅团长被炮火击毙。

2月2日上午，日军第六师团在进攻威海卫城时发现，守城清军早已不战而溃，便兵不血刃占领威海城，随后占领北帮炮台，威海卫陆地全失，刘公岛成为孤岛，北洋舰队处于日本海陆军的合围之中。

日本海陆两军配合，利用原清军陆路炮台，连日攻击北洋舰队，威海湾内外，炮声隆隆，硝烟弥漫，水烟四溅，"来远""威远""宝筏"等舰相继沉没。2月5日凌晨，日军8艘鱼雷艇趁夜偷袭，"定远"旗舰中雷搁浅，右翼总兵兼"定远"舰管带刘步蟾自杀报国。丁汝昌移督旗于"镇远"舰迎战，先后打退日军八次进攻，击伤两艘日本军舰和5艘鱼雷艇，日旗舰"松岛"遭受重创。

2月11日，北洋舰队弹尽援绝。北洋海军提督帮办英人马格禄和洋员浩威等，勾结部分贪生怕死清军将领，公开威胁海军提督丁汝昌投降，各舰水手亦下跪求生。丁汝昌在得到陆路增援无望电报后悲愤自杀。

2月12日，威海营务处候选道牛昶昞与外国顾问盗用丁汝昌名义起草降书，向日军乞降。14日，牛昶昞与伊东佑亨签订《威海降约》。2月17日，日舰队开进威海港，北洋海军残余舰船"镇远""济远"等 10 艘舰艇被掠。日军占领北洋海军司令部，北洋海军全军覆没。

日军攻占威海卫后，直接威胁到京津安全。慈禧太后为求得停战，决心不惜代价议和。1895 年 3 月，李鸿章被任命为头等全权大臣，以美国前任国务卿科士达为顾问，前往日本山口县马关与日本首相伊藤博文、外务大臣陆奥宗光进行议和谈判。

3 月 24 日下午，第三轮谈判结束，李鸿章走出春帆楼，乘轿返回驿馆。日本刺客小山丰太郎突然朝他头部开了一枪。李鸿章左颊中弹，当场昏厥。世界舆论哗然，纷纷谴责日本。在国际舆论压力下，伊藤博文同意减少赔款一亿两白银。

4 月 10 日，伊藤博文提出日方最后通牒案，并对李鸿章说："中堂见我此次节略，但有允、不允两句话而已。"继以增兵再战进行恫吓。李鸿章发电报请示，光绪帝电谕"如竟无可商改，即遵前旨，与之定约"。

4 月 17 日，李鸿章代表清政府与伊藤博文签订丧权辱国的《马关条约》。条约主要内容为：中国承认朝鲜"完全无缺之独立自主"，割让辽东半岛、台湾岛及所有附属各岛屿、澎湖列岛给日本，赔偿日本军费两亿两白银，开放沙市、重庆、苏州、杭州四地为通商口岸，允许日本人在通商口岸开

马关议和

设工厂。

《马关条约》是继《南京条约》以来最严重的不平等条约，进一步破坏了中国主权的完整，加速了中国半殖民地化进程。同时，甲午战争的失败，充分暴露了清政府的腐败无能，宣告了洋务运动的失败，从而掀起了维新变法运动和民主革命运动的高潮，也促使孙中山彻底放弃改良主义的幻想，从而走向了推翻清政府的革命道路。

第二章

创建政党

一、创立兴中会

1894 年 8 月，中日甲午海战爆发。在清军惨败、举国震恸的情况下，慈禧太后却置国家安危于不顾，竟挪用海军军费大修颐和园，庆祝六十大寿。孙中山进一步认识到清政府积弊之深，已无可救药，"怃然长叹，知和平之方法，无可复施。然望治之心愈坚，要求之念愈切，积渐而知和平之手段，不得不稍易以强迫"，从此走上了以"暴力"手段武装推翻清王朝统治的革命道路。

1894 年 10 月，孙中山前往檀香山。这次距他上次离开檀香山，已经有 10 年时间，此时当地也发生了很大的变化。1894 年 7 月，夏威夷王国发生政变，夏威夷女王退位，君主制被废除，建立了共和政府，这对当地华侨的民主思想也产生了很大的影响。在甲午战争中，清王朝惨败的消息传到檀香山，也激发了华侨的爱国热情，"感于祖国危亡，知非驱除满虏，无以刷新图治"，"慨然有澄清之志"。

孙中山先到茂宜岛会见了孙眉，向大哥说明来意，欲成立革命团体，推翻腐败的清政府。孙眉首先被孙中山说服，称赞孙中山"志大言大，首赞成之，且划拨财物一部为助"，还亲自给檀香山的亲友写信，介绍胞弟的抱负。孙中山在夏威夷群岛奔走了一个多月，在华侨中揭露清王朝的腐朽，倡议集结团体，共谋救国大计，积极开展革命宣传和组织工作。经多方游说，终于有 20 多人表示愿意投身反对清王朝的斗争。

1894 年 11 月 24 日，在卑涉银行华人经理何宽家里，召开了兴中会成立会议，参加会议的有孙中山、何宽、李昌、刘祥、程蔚南、邓荫南、郑金、黄亮、黄华恢、钟木贤、许直臣、卓海、李禄、李多马、林鉴泉、郑照、刘寿、钟工宇、曹采、刘卓、宋居仁、陈南、夏百子、李杞、侯艾泉等 20 多人。孙中山被推举为会议主席，他提议将这个以反清为目的的组织定名为"兴中会"。

会议讨论通过了孙中山亲自起草的兴中会章程，章程首先分析了国内形势，指出了民族面临的危机："方今强邻环列，虎视鹰瞵，久垂涎于中华五金之富、物产之饶。蚕食鲸吞，已效尤于接踵；瓜分豆剖，是堪虑于目前。"接着阐明了兴中会成立的目的："有心人不禁大声疾呼，亟拯斯民于水火，切扶大厦之将倾。""是会之设，专为振兴中华，维持国体起见。"明确提出了"驱除鞑虏，恢复中国、建立合众政府"的革命纲领，标志着中国资产阶级革命派的正式形成。

孙中山主持了庄重的入会仪式，会员们将左手放在《圣经》上，右手高举起誓："联盟人×省×县人××，驱除鞑虏，恢复中国，建立合众政府。倘有二心，神明鉴察！"根据《章程》规定，会议选出刘祥、何宽为檀香山兴中会正副主席，程蔚南、许直臣为正副文案，黄华恢为管库，李昌、郑金、黄亮、

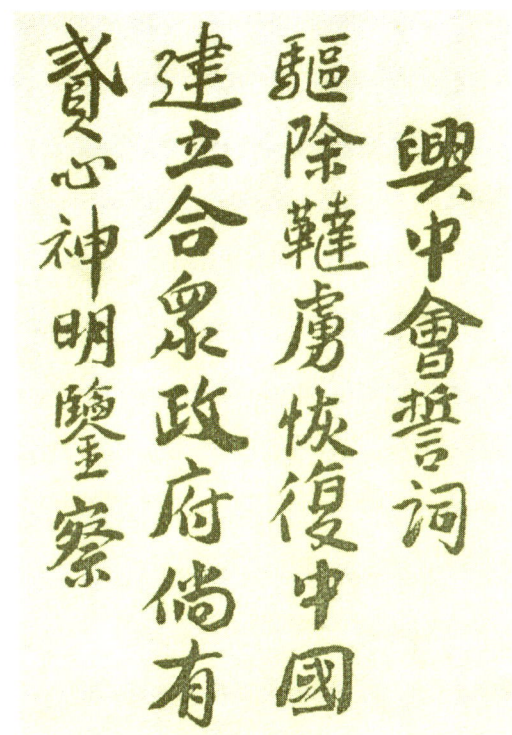

兴中会誓词

李禄、李多马、邓荫南、林鉴泉等8人为值理，会址设在"华人消防所"二楼。

孙眉虽然没有参加成立仪式，但他积极支持兴中会的活动，以低价卖掉了一部分牲畜捐助革命，并担任了茄荷雷分会主席。会员们也四处联络，会员很快发展到126人。

兴中会成立后，一面发展会员，一面募捐经费，还组织了"华侨兵操队"，请了一位丹麦人为教练，进行军事训练，以便回国起义。

二、广州起义

甲午海战失败后，清政府签订了丧权辱国的《马关条约》，割让辽东半岛、台湾、澎湖列岛给日本，赔偿白银两亿两，开放沙市、重庆、苏州、杭州为商埠，大大加深了中国社会的半殖民地化。消息传来，群情激愤，正在北京会试的康有为、梁启超约集18省举人1300人集会上书，反对议和，

请求变法，遭到清政府拒绝，更加激起了广大爱国者的不满。全国各地掀起了反对割让台湾、反对投降的斗争。

此时，孙中山接到了宋耀如敦促其回国的函。宋耀如认为，甲午战争失败后，"清廷之腐败尽露，人心愤激"，这是开展反清斗争的好机会，所以致函孙中山，劝其迅速回国。

1895 年 1 月，孙中山从檀香山乘船回国。抵达香港后，他立即把当年志同道合的几位朋友郑士良、陆皓东、陈少白、杨鹤龄、区凤墀等人组织起来，商议扩大兴中会组织，并伺机发动武装起义。

经过一番紧张的筹备活动，他们租下香港中环士丹顿街 13 号为总会所，以乾亨行的名义为掩护，于 1895 年 2 月 21 日举行了兴中会总会成立大会，通过了修订过的《兴中会章程》。陈少白、陆皓东、郑士良、尤列、杨鹤龄、黄咏襄、朱贵全、余育之等数十人参加了兴中会，香港辅仁文社社长杨衢云也加入了兴中会，并将辅仁文社合并到兴中会。

成立大会之后，各人分头行动。孙中山同陆皓东、郑士良、邓荫南分赴广州秘密城串联，建立兴中会广州分会。程奎光、程壁光、程耀哀、朱淇、左斗山、王质甫、魏友琴等数百人陆续参加。随后派郑士良往北江，联络英德、清远、花县一带会党；派李杞、侯艾泉联络香山、顺德等县绿林；又派人联系潮汕、惠州的会党和广州三元里的乡团，积极筹备起义。

孙中山在广州东门外张公馆、双门底圣教书楼后礼拜堂设立了机关和接待站，接纳往来同志，储藏文件、武器；还在广州河南洲头嘴设置了炸弹制造所，组成了由陈清负责的炸弹队；另外还购置了两只小火轮作为运输工具。经过半年多的努力，联络省城附近会党、绿林和防营、水师数千人，起义筹备工作基本就绪。

10 月 10 日，兴中会总会在香港召开会员大会，讨论起义计划，决定将广州作为起义地点，起义时间定在 1895 年 10 月 26 日，即农历九月初九重阳节。定于九月初八晚上，由杨衢云带领三合会 3000 人搭夜船到广州，天亮到岸，便立即发动起义；各路队伍同时响应，一举而下广东。会议选举孙中山为会长，领导起义。

第二天，孙中山决定偕陈少白、郑士良等返回广州，主持起义。他把银行里的存款和在香港的所有军械都交给了杨衢云，让他起义时带往广州。

这时，杨衢云忽然对孙中山说："昨天商议的办法，都很好。但我在香港主持一切，不能没有一个名分。否则，名不正，则言不顺；言不顺，则事不成。你能不能把会长的名义让给我，以后到省城把事情办好了再让给你，你看如何？"

孙中山听了很不高兴，沉思了片刻，回道："这有什么不可以的。可是，这个会长是大家推举的，所以还得请大家来商量才行。"

当天晚上，兴中会再一次召开联席会议。孙中山从革命大局出发，主动提出把会长让

孙中山与陈少白（右）、郑士良（左）合影

给杨衢云，经过事前做工作，大家勉强通过了。随后，分头开始行动。

10 月 25 日晚，广州附近各路队伍，悄悄地云集广州。陈清率领的炸弹队，在城内要道埋伏。他们准备在各要点施放炸弹，各路人马听到炮声即同时发动。

10 月 26 日，天刚蒙蒙亮，好几路会党、绿林、民团首领已经在起义总机关等候命令，准备以陆皓东设计的青天白日旗为旗帜，以"除暴安民"作口号，以红带缠臂做标志，大举进攻。卫队的 100 多名战士身藏利器，在起义总机关的四周待命。

这时，忽然接到汕头、西江两军报告，道是"官军戒备，无法前进"。这一突变情况使孙中山预感到可能出了问题。大家正在紧张地商议对策，又接到杨衢云电报："货不能来，延期两日。"

陈少白看了电报，连忙说："凡事过了期，必然走漏风声。假如还硬要发动起义，是一定要失败的。我们只能暂时把事情压下去，等待以后的机会了。"

孙中山觉得陈少白说得有道理，便当机立断，把钱分发给各路首领，叫他们回去等候命令。接着，又发急电给杨衢云，称"货不要来，以待后命"。

孙中山意识到形势十分危险，立即同郑士良赶到咸虾栏张公馆焚毁文件，储藏枪械弹药，布置同志转移。

原来事情出在朱淇的哥哥朱湘身上。朱湘是清朝举人，主持西关清平局事务。朱淇负责起草起义的《讨满檄文》，朱湘得知后，生怕连累到自己，便悄悄地向两广总督谭钟麟告发。与此同时，又接到香港总督密电：有人从香港私运武器进入广州，请留神。谭钟麟连忙调兵遣将，加强了广州防卫，派兵把守各处关口和码头，并派缉捕统带李家焯领兵搜索双门底王家祠和咸虾栏张公馆。

这时，孙中山和陆皓东正在河南一个秘密机关里，听到清兵出动搜索的消息，连忙布置转移。陆皓东自告奋勇，要去云岗别墅焚毁兴中会名册，以免落入敌人之手。孙中山同意他前往处理，并与陆皓东约定：事完之后，黄昏在水鬼潭埠头会合，然后一同离开广州。

陆皓东立即渡江赶到北岸的云岗别墅，焚毁了兴中会名册。正要撤离，清兵已把云岗别墅重重包围了，陆皓东不幸被捕。被捕的还有程耀高、程奎光、程怀、刘次、梁荣等人。

当日黄昏，化装成商人的孙中山到了水鬼潭埠头。他等了很久，仍不见陆皓东的影子，只好独自登上一只事先备好的小汽艇，在弯弯曲曲的小水道里拐来拐去，终于躲过敌人的盘查，朝香山县唐家湾方向驶去。然后改坐轿子化装赶到澳门，又从澳门乘船去了香港。

两广总督府查出造反的首领是孙中山，就派兵到香山翠亨村捉拿孙中山。远道而来的清兵见翠亨村是个小村子，不可能产生能领导起义的领袖人物，就改道包围了附近的翠微村，查无此人后收兵而去，孙中山故居从而幸免浩劫。孙中山的妻子卢慕贞和母亲杨氏闻讯，连夜离开老家，逃往澳门。随后，乘船去了檀香山。

在香港主持工作的杨衢云，虽然接到孙中山"货不要来"的电报，但七箱军械早已交给"保安"号轮船，若是起回，又怕事情败露，于是只好硬着头皮，仍派朱贵全、丘四带领200人随船赶往广州，同时复电孙中山："接电太迟，货已下船，请接。"

28日清晨，"保安"号轮船刚刚抵达广州，等候多时的南海县令李征府及缉捕统带李家焯即挥兵上前截缉。起义用的7箱枪支，全被杂货积压在下面，临时根本无法拿出，朱贵全、丘四等40多人无奈，束手就擒；木箱内的200多支手枪和弹药，也尽被查获。

陆皓东等人被捕后，被押到南海县衙，遭到严刑拷打，但始终坚强不屈。11月7日，谭钟麟令营务处将陆皓东、朱贵全、丘四3人绑赴刑场杀害。广东水师统带程奎光，受责600军棍，后病死狱中。

接着，清王朝下令对孙文、陈少白、杨衢云、朱浩、汤才、王质甫、李杞、侯艾泉、夏百子、莫亨、吴子材等十余人悬赏捉捕。孙中山悬赏最高，为花红银1000两。清朝总理衙门还向各国清使馆发电，通缉孙文。广州起义至此失败。

三、流亡海外

到了香港之后，孙中山与陈少白、郑士良会合，立即搭乘"广岛丸"号客船前往日本。由于风浪太大，"广岛丸"号在海上颠簸了将近半月，直到11月12日，才在日本神户港靠岸。一下船，孙中山就买了一份当地报纸，定眼一看，报上的一条大标题赫然写着：支那革命党首领孙逸仙抵日。

孙中山击掌叫道："好！好！从今以后，我们就说'革命'，不说'造反'。"

郑士良不解地问："为什么？"

孙中山说："'革命'二字，出于《易经》'汤武革命，顺乎天而应乎人'，意义甚佳，吾党以后即称革命党。"这便是中国近代史上"革命"一词的由来。

为了防止清政府间谍的追踪，孙中山毅然断发易装，剪掉了象征清朝遗民的长辫子，还在上嘴唇留起了小胡子，再穿上和服，看起来像个日本人。他们在神户住了几天，就搭船到横滨去。

在当地华侨谭发的陪同下，到横滨山下五十三番地文经商店，拜访了倾向革命的商店主人冯镜如，商量组织兴中会横滨分会。冯镜如就是同盟会元老冯自由的父亲，"生平行侠好义，热心爱国，愤清政不纲，毅然剪除辫发，国人皆以'无辫仔'称之"。二人相见，畅谈革命，冯镜如对孙中山大为倾倒，毅然加入兴中会，并担任兴中会横滨分会会长，会员有冯紫珊、赵明乐、赵峰琴、谭发等20余人。

孙中山在横滨住了一段时间，便和陈少白、郑士良商量，决定郑士良归国收拾余众，重整旗鼓，以待卷土重来；陈少白留在日本，继续联络华侨，考察东邦国情；而孙中山则重游檀香山，到美洲开展革命宣传工作。

　　这时候，孙中山已身无分文，不得不向横滨兴中会会员们商借旅费。但会员多以"有心无力"为由，不肯借与。冯镜如的妹妹冯紫珊慷慨地拿出 500 元交给孙中山。孙中山给陈少白、郑士良各留下 100 元的费用，自己则乘轮船前往檀香山。一到檀香山，孙中山就把 500 元借款寄还回来，这种言而有信的品行，令当地华侨更加敬佩孙中山的为人。

　　孙中山到了檀香山，立刻往茂宜岛探望大哥孙眉，告诉广州起义失败的经过。孙眉慰勉孙中山："革命哪能一帆风顺，不要气馁，大不了从头再来。"

　　这时，陆皓东的侄儿陆文灿已奉孙眉之命，护送孙中山的母亲杨氏、妻卢慕贞、儿子孙科、女儿孙娫到了檀香山，与孙眉共同生活，解除了孙中山的后顾之忧。

　　有一天，孙中山正漫步火奴鲁鲁街头，突然，一辆马车朝着孙中山方向驶来，孙中山抬头一看，车上坐着的竟是康德黎夫妇！他高兴得不顾一切，纵身一跃，跳上了马车，把康德黎夫妇吓了一跳。

　　车夫警惕地问道："先生，你要干什么？"

　　"我是孙逸仙！"孙中山高兴地操着英语问候，"老师，师母，你们好！"

　　康德黎夫妇定睛一看，果然是孙逸仙！只不过剪掉了发辫，留起了胡须，穿上了西装。

　　康德黎博士惊喜地说："有人说你在日本，真没想到在这里相遇。"

　　原来康德黎夫妇是归国路经这里，顺路游览一下夏威夷的风光。孙中山高兴地给他们做向导，陪同康德黎夫妇游览了夏威夷名胜。在分别时，康德黎将自己在伦敦的地址告诉了孙中山，邀请他到英国去，并欢迎他务必到其家中做客。

　　1896 年 6 月 18 日，孙中山抵达旧金山，成立了旧金山兴中会分会之后，接着横越大陆，经芝加哥抵纽约，在华侨中宣传革命。但是，孙中山的美国之行，虽说播下了革命的种子，却没有达到预期的效果。

　　当时，美洲华侨之风气闭塞，较檀岛尤甚。孙中山由太平洋东岸之旧金山登陆，横过美洲大陆，至大西洋西岸之纽约市，沿途所过多处，或留数日，或十数日。所至皆说以祖国危亡，清政腐败，非从民族根本改革无以救亡，而改革之任人人有责。然而劝者谆谆，听者藐藐，其欢迎革命主义者，每埠不过数人或十余人而已。

　　孙中山的宣传活动，也引起了清政府驻美公使馆的注意和跟踪。早在1896 年 4 月 8 日，清总理衙门就致函驻美国公使杨儒："本月二十三日，准粤督电称'嗣据线报，孙文、杨衢云逃窜新加坡，腊底回香港，正月至澳门。线人亲见孙文已断发洋服，出入必与洋人偕行。近闻又至上海。请与英使商办'等语……正月初七日朗西函称'前数日孙文乘公司船经横滨往檀香山，伊弟在檀，故相就'等语。计算时日，该犯于年前已往美国，与粤线所云正月尚在澳门之说两歧。檀香山三合会党最盛，与美之金山纽约声息相通，不难得其踪迹。拟请台端密饬领事商董访查该犯孙文，暨其弟确耗，即行示复，当再筹商办法。"

孙中山抵达旧金山几天后，清驻旧金山总领事冯咏蘅就将孙中山的行动详报杨儒："孙文……由檀香山行抵金山。同伴有二洋人，一名卑涉，亦美国金山人，素系檀岛银行副买办；一名威陆，亦美国人，向在檀岛服官……是否孙文同党，尚难臆断。惟见同船偕来，交情甚洽。孙文借寓金山沙加冕度街第706号门牌华商联胜杂货铺内，闻不日往施家谷转纽约，前赴英法，再到新加坡，并闻有沿途联合各会党，购买军火，欲图报复之说。"

杨儒接到冯咏蘅的报告后，于6月27日致密电总理衙门："金山领事访悉孙文现偕二洋人到金，日内将往欧洲，乞筹办法。"

翌日，总理衙门复电杨儒："孙文将往欧洲何国？偕行洋人系何国人？附搭某船？希确查密电龚使酌办。英能援香港、缅甸交犯约代拿固妙；否则，该匪若由新加坡潜结党恶内渡，应先电粤预防。新加坡领事果认真查访，当有实际。"

四、伦敦蒙难

9月23日，孙中山在纽约登上"麦竭斯的"号轮船赴英国。孙中山还在浩瀚的大西洋上航行，清驻美公使馆的密电就到了伦敦清驻英公使馆。25日夜间，杨儒已经密电清驻英公使龚照援："现据纽约领事施肇曾探悉，孙文于9月23号，礼拜三，搭White Star Line，Miestic轮船至英国黎花埠（利物浦）登岸。"

龚照援接到密电后即派遣英人、二等参赞马格里爵士前往英国外交部婉言试探："可否依照香港、缅甸引渡条款，协助缉拿孙中山。"英国外交部答复说，香港、缅甸引渡条款不适用于英国本土。龚照援只好让马格里委托司赖特侦探社窥探孙中山行踪，然后再做决定。

9月30日中午，孙中山到达利物浦。当晚9时50分，孙中山乘火车到达伦敦，住在赫胥旅馆。他左右看了一下，注意是否有人盯梢，没有看到形迹可疑的中国人，就放松了警惕；但他没有料想到，他的一举一动，早就被一位碧眼高鼻的英国侦探尽收眼底。

10月1日，司赖特侦探社给马格里的第一个报告已经送到清驻英公使馆，内称：依照你的指示，我们派了一个代表到利物浦去侦查一个从白星轮船公司的来客，名叫孙文。我们现在报告你，这个中国人合于所说的形状的，已于昨日中午12时在利物浦王子码头上岸……他带了一件行李，上火车站设备的公共汽车，到利物浦密德兰车站，坐下午2点50分的快车上伦敦，但是他没有赶上火车。等到下午4点45分方才动身，于晚间9点50分到伦敦圣班克拉司车站。于是他从行李房里取出行李，雇了12616号马车到斯屈朗赫胥旅馆……他现在在我们的监视之下。若是工作有结果的话，我们再告诉你。

龚照援接到报告后，马上召集使馆英文翻译邓廷铿等数人，向他们宣读了总理衙门关于相机缉拿"逃犯"孙文的电示。与此同时，龚照援密电总理衙门："粤犯孙文到英，英外部无在本国交犯约，不能代拿，现派人密尾行踪。"

第二天一早，孙中山便匆匆前往波德兰区覃文省街46号，拜访康德黎博士。师生重逢，分外亲热。康德黎夫妇特地为孙中山租了靠近自己寓所的葛兰旅店。孙中山移居这家旅店。随后，又去拜访了香港西医书院第一任教务长孟生博士。然后，开始考察伦敦市容、博物院和社会情况。

葛兰旅店与位于波德兰区的清公使馆相距不远，孙中山经常从这里路过，没有发生过什么意外，从而放松了警惕。

10月11日上午，孙中山从葛兰旅店出来，准备随同康德黎夫妇赴教堂做礼拜。路经清使馆附近时，一个中国人从身边经过，用英语搭讪："先

孙中山的老师、原香港西医书院教务长康德黎博士

生是日本人，还是中国人？"

孙中山说："我是中国人。"

那个人又问："先生贵姓，老家是哪个省？"

孙中山毫无戒备，说："免贵姓陈，祖籍广东，你老家是哪里？"

那个人高兴地说："太好了，没想到在这里遇上老乡，敝人姓邓，也是广东人。"

两人遂以乡音交谈，且行且语。这时，又来了一个老乡，二人一左一右，把孙中山夹在中间。他们热情地邀请孙中山到家里坐坐，略叙乡谊。正推托间，至一大门，孙中山被半推半拉地拥进门内。这时，孙中山突然警觉起来，但为时已晚，他被挟持着走进了清政府驻英公使馆。

孙中山被关进三楼的一个小屋，两个大汉随即堵住了门口。这时候，马格里参赞进来了，他趾高气扬地对孙中山说："对你来说，这里就是中国。你到了这里，等于到了中国。"

马格里坐了下来，又问："你是孙文吗？"

这时候，孙中山知道隐瞒已经没有什么意义了。他干脆地回答："是的，我是孙文。"

马格里有点得意地说："中国驻华盛顿公使来电，说你乘'麦竭斯的'号轮船来英国，要求我们扣留你。"

"为什么？"孙中山沉着地问。

"不久前，你曾经上书总理衙门。现在总理衙门正需要你，你必须留在这里，等待总理衙门的复电。"

孙中山明白了自己的处境。他灵机一动，问："我被扣留在这里，能不能让我的朋友知道？"

"不能！不过你可以写封信，让这里的人为你取来旅馆里的行李。"马格里非常狡猾，妄图趁机搜索孙中山的行李，取得机密文件。

孙中山看穿了他的诡计："我并不住在旅店。"

马格里马上追问："你住在哪里？"

孙中山将计就计："孟生博士知道我的住处。你可以为我交一封信给孟生博士吗？他会把我的行李捎来的。"

马格里眨眨眼睛："行，我们可以为你办这件事。"他吩咐仆人把纸、笔取来，交给孙中山。

孙中山写道："我被监禁在中国使馆里，请转告康德黎君，把我的行李送来。"

马格里看后连连摇头："不！我不喜欢'监禁'这个字眼。"

"那我该怎么写？"

"简单地写上'把我的行李送来'就行。"

"他们不知道我在什么地方，是不会把行李送来的。"

孙中山又用一张纸条写道："我在中国使馆，乞告康德黎君，将我的行李送来。"

狡猾的马格里明白，孙中山实际上是要给孟生、康德黎通消息。他又改口了："你可以写信通知旅馆，不必托友代取。"

孙中山仍坚持说："我没住在旅馆，除了孟生、康德黎博士，没有人知道我的住址。"

"发出这信之前，我必须请示公使。"马格里拿着孙中山的信走了。自然，他不可能为孙中山送出这封信。

驻英公使龚照瑗"计擒"了孙中山，马上责成英文翻译邓廷铿连同兵勇和英仆二人轮流看管，"毋任漏露消息，乘间遁逸"。紧接着，他又密电总理衙门："孙文到英，前已电达。顷刻犯来使馆，洋装，改姓陈。按公法，使馆即中国地，应即扣留。暗解粤颇不易，当相机设法办理。祈速示复，勿令窦使知，并请电粤督。"

总理衙门立即复电："能按公法扣留，英不问固好。解粤应设何法？能免英阻，且必到粤。望详商律师，谋定后动。毋令援英例反噬，英又从而庇之，为害滋大，切望详慎。"

龚照瑗开始考虑押解孙中山回国之策，委托马格里和他熟悉的格来轮船公司商讨，包租一艘轮船押送孙中山回中国去。

失去自由的孙中山，仔细察看了所处的环境：房子不临街道，窗子上装有铁栅，门外有人把守，看来逃走是不可能的，重获自由的关键是如何把消息送出去。他试着用纸条裹着硬币，悄悄地朝窗外的街道掷去，企望路人捡到，按纸条的字去通知康德黎博士。但这些纸团太轻了，有的抛到了邻舍的屋顶，有的却落在使馆墙里边的地面上，被使馆的人发现后，反而招来了更加严密的防卫，他们干脆将三楼的窗户关闭。

过了两天，那个诱迫孙中山进使馆的邓廷铿又出面了。他说："前几天扣留你，公事公办，不得不这样做。今天我来看你，却是尽朋友的私情。你在这里，正处于生死关头，你知道吗？"

"为什么？"孙中山问他，"这里是英国，不是中国。按国际交犯条例，你们必须将逮捕我的事告诉英国政府；我想英国政府未必肯速从你们的做法。"

"我们不必告诉英国政府。现在一切事情都已安排妥当，轮船也已经雇定。届时堵住你的嘴，把你捆绑起来，装入箱子或袋子里，在夜间运上船。一到香港口外，将你移交给停泊在那里的中国炮舰，再送到广州审讯。"

孙中山倔强地说："那是一个重大的谋害事件，对英国也是一种严重的违法行为。我在船上也许能得到一个机会将消息传出去，让人们知道这件事。"

邓廷铿自信地说："你不会有机会这样做。我们在船上就像在这里一样把你锁在房里，更不会让你在船上和任何人交谈。"

"船中人员未必都与你们串通一气，也许有人同情我，援助我。"

邓廷铿摇摇头："那个轮船公司和马格里爵士交谊很深，当然会遵从他的嘱咐，绝不会帮助你的。这星期，未必启程。等到下星期，就会把你解回中国。"

"你们的计划，恐怕办不到吧。"孙中山还是很镇静。

"使馆就相当于中国的领地，在这里英国人无权干涉。"邓廷铿恐吓说，"如果使馆不能把你运走，就会在这里杀死你，将尸体加以防腐，再送回中国。"

孙中山强忍着愤怒质问："为什么要这般残忍？"

"这是皇上的命令。皇上要不惜任何代价捉拿你，不论是死，是活。"

孙中山毫不畏惧地说："你们把我囚禁在这里，或许招致外交交涉，也未可知。你与我有桑梓之谊，我的同党在广东很多，将来他们会替我报仇，不单是你危险，就是你的家人也跑不掉。"

邓廷铿语气变得缓和了："我只是按着公使的命令行事，这次来也不过为彼此私情，使你知道前途危险而已。如果有机会，我也会像朋友一样帮助你的。"

孙中山问："还有一线希望吗？"

邓廷铿假装沉思，过了一会儿，才慢吞吞地说道："生机还未尽绝，你可以致书公使，请求宽容，或许还有通融的余地。"

"这信该怎样写？"

邓廷铿踱步沉思，又是好一会儿才轻轻说道："你必须极力表白，说你本人系良民，并非逆党，只因地方官诬陷，致被嫌疑，故亲至使馆，意在吁求申雪。"

孙中山觉得已别无他法，不妨按他说的一试。于是，按邓廷铿说的意思写了信，折叠之后，又按照邓廷铿的意见，写上收信人马格里的英文姓名。

邓廷铿拿着这封信兴冲冲地走下楼后，并无回音。孙中山猛然醒悟过来——他在信中说自己"亲至使馆"，中了邓廷铿的奸计，这使他懊悔不已。

孙中山又开始想其他办法，经过几天的观察，他认为英仆柯尔是一个可信之人。当柯尔走进囚室，给孙中山送水和食物时，孙中山悄悄地请求他帮助送信。柯尔为难地回答："我不能随便出入公使馆，不方便为你寄信。"孙中山又悄悄地做英仆霍维太太的工作，请她帮忙想办法告诉康德黎博士。霍维太太每天来囚室给孙中山铺床褥，但她是一个谨慎之人，只是悄悄地朝孙中山打量了几眼，并没有表态可否。

与此同时，清使馆以7000英镑的价钱，雇了一艘2000余吨的轮船，并密电总理衙门，请速指示。16日，总理衙门复电："购商船径解粤，系上策，即照行。7000镑不足惜，即在汇丰暂拨，本署再与划扣。惟登舟便应镣铐，管解亦须加慎。望甚筹周备，起解电闻，以便电粤。"

10月16日上午，柯尔又来囚室送煤和食物。孙中山再一次真诚地问他："先生能为我尽力吗？"

"你到底是一个什么人？"柯尔直盯着孙中山，仿佛要把他看个透彻。

孙中山平静地说："我并不是疯子。我是中国的国事犯，被迫流亡海外。"

"什么是国事犯？到底犯了什么罪？"柯尔疑惑地问。

孙中山循循善诱地问他："你听过亚美尼亚人的事吗？"

柯尔点点头。

当时，土耳其苏丹国王大量屠杀信仰基督教的亚美尼亚人，英国人纷纷谴责土耳其苏丹的野蛮行径。孙中山因势利导，慢慢向他解释："现在中国皇帝要杀我，正如土耳其苏丹要杀亚美尼亚人一样。土耳其苏丹仇视亚美尼亚人的基督教徒，所以要杀害他们。中国皇帝仇视中国的基督教徒，也要杀害我们。我是一个中国基督教徒，而且曾经尽力谋求改革中国。凡是英国人都同情亚美尼亚人，所以像我这样的情况，如果让英国人民知道，也一定会被同情的。"

柯尔也是一个基督徒，他被孙中山的话语感动了，自言自语道："不知道英国政府能不能帮助你。"

孙中山很有把握地说："英国政府一定乐于相助，这是不用说的。不然中国使馆只需要求英国政府逮捕我，交给中国政府便可以，又何必幽禁我在这里，而且害怕外人知道，加以封锁呢！"

柯尔点点头，认为孙中山说的话有道理。孙中山满怀热情地说下去："我的生命，实是在先生手里。先生如果能让外界知道这件事，我的生命就能保存；否则，只能任其杀害。请先生再三想想：救人于死和置人于死，哪个更符合基督教的行善呢？我们尽职上帝重要，还是尽职雇主重要？是维护英国政府的正义重要，还是袒助腐败的清政府重要？请先生再三深思。"

柯尔默默无言，离开了囚室。他要仔细考虑考虑，再做决定，弄不好，甚至连饭碗都要丢。他遇见霍维太太，便把孙中山求援的事告诉了她。正直、善良的霍维太太，很同情孙中山的不幸遭遇，她回答得很干脆："乔治！假如我是你，我就会帮助他。"

柯尔得到鼓励，便决定帮助孙中山。17日早晨，他拿着煤箩走进囚室，用手指指煤箩，示意孙中山注意。

孙中山待柯尔走出，马上拨开煤炭，发现一个纸团。他匆匆打开，只见上面写着："我将为你送信。但你切勿在桌子上写，因监守者伺察甚严，会从钥匙孔中窥见你的行动。你伏在床上写信，门外看不到。"

孙中山十分激动，赶紧掏出两张名片作为信纸，伏在床上写着："致覃文街46号詹姆斯·康德黎博士：我在星期天被绑架到中国公使馆，将要从英国偷偷运回中国处死。祈尽快营救我！请照顾目前这个帮我送信的人。"

中午，柯尔来拿信。孙中山拿出暗藏的仅有的20英镑，塞给柯尔。柯尔一声不吭，接了过去。

此时，康德黎夫妇正坐立不安，好几天未见孙中山来访，到葛兰旅店去找他，也没见踪影。他们开始感到情况不妙，十分焦急地盼望孙中山出现。

17日晚上11点多，康德黎博士刚刚就寝，忽然听到门铃声，连忙披衣起身，打开门来，不见人影，地上却有一封信。他连忙捡起来看，见上面写着："你有一个朋友，从上个星期日起，被囚在中国使馆。他们打算把他送回中国，到中国他们一定会把他杀了的。这个可怜的人，真是惨极了。除非立刻有办法，他是要被解走，并且不会有人知道的。我不敢签我的名字，但是这件事是真的，请你相信我所说的话。你能尽什么力就立刻尽，不然

康德黎提交英国警探辨认的孙中山照片

来不及了。他的名字，可能是叫孙逸仙。"

这封匿名信是从门缝里塞进来的。直到若干年之后，人们才知道，送信人是霍维太太。

康德黎博士大惊失色，不顾夜深，立即投入营救工作。他首先去找马格里参赞求助，家中无人应答。然后到梅尔蓬巷警署报案，又从那里到苏格兰场总警察厅去。侦探长说此事涉及外交，关系重大，他们无权管辖。

18 日是礼拜天，政府机关不办公。康德黎夫妇分头开展营救行动。康德黎夫人到葛兰旅店，将孙中山的书札文牍之类全部取来，付之一炬。康德黎赶去孟生博士家商量办法。刚到孟生家门口，恰巧遇见柯尔。

原来，柯尔刚才到康德黎家里，知道康德黎博士走访孟生博士去了，便又匆匆赶来。他向两位博士说明了情况，交给了孙中山手书的名片，并将孙中山赠予的 20 英镑转交康德黎博士："这是孙逸仙先生的钱，我不能要，但又担心他怀疑我不尽心，请你代为收存转给他。"

孟生博士当即表示协助营救工作。康德黎博士叹了口气，说："假如马格里爵士未下乡，这事会好办些；不幸他又不在，我们应该向哪里求援？"

柯尔听后，大吃一惊，连忙告诉他们："马格里根本没有远出，千万不要去找他。幽禁孙逸仙，正是他的主意；让我严密看管孙逸仙，也是他的要求；他不会真心帮忙的。"

两人听后大为惊愕，马格里既是主谋，营救更加困难，势非英国政府出面干涉不可。他们开始四处奔走，设法营救孙中山，并让柯尔带给孙中山一回信："勉之，毋丧气！政府方为君尽力，不日即可见释。"

康德黎和孟生博士一同到苏格兰场警署报案，警署不相信会有这么一回事。他们又到外交部报告，外交部也不予重视。他们决计分头营救。康德黎博士到《泰晤士报》报馆去，争取舆论界的声援。孟生博士前往中国使馆，单刀直入地警告中国使馆孙逸仙被使馆拘留的事，英国政府和伦敦警署已经洞悉，企图使他们有所畏惧而不敢行动。狡猾的邓廷铿礼貌地接待了孟生博士，但却竭力否认说："此种消息，纯属谬妄。"

康德黎博士担心使馆连夜押解孙中山上船，决定当夜守候在使馆门口，同时雇用私家侦探，监视使馆的举动，防止他们连夜把孙中山转移。同时，想方设法请求政府进行干涉。

英国外交部经过查询，得悉清使馆确有订雇轮船之事，他们才大吃一惊，一面请康德黎将此案始末写成文字，一面派了六个侦探在清使馆四周守候，并密饬警署加意防守。

22日，《地球报》特派记者根据康德黎博士的口述，用《可惊可愕之新闻》《革命家之被诱于伦敦》《公使馆之拘囚》的醒目标题，出版号外，公布了孙中山伦敦蒙难事件。伦敦各报记者蜂拥前往清公使馆采访，《泰晤士报》等其他各报也接连刊载。消息震动了伦敦舆论界，引起了英国市民对清使馆的极大不满，使馆门前，聚集着数以百计的记者和群众，不断挥拳高呼"释放孙逸仙！"

群众的抗议、社会舆论的压力，使龚照瑗、马格里十分恐慌，他们也不敢贸然行事。23日，英国首相兼外交大臣索尔兹伯里向清公使馆发出照会，要求按国际公法和国际惯例，迅速释放私捕人犯。

23日下午4点30分，囚室的门打开了。两个人走进来，毫无表情地通知孙中山下楼去："马格里爵士在楼下等你。"

孙中山忐忑不安地走到楼下，当他看见康德黎博士和英国外交部一位官员及苏格兰场的侦探长的时候，知道自己已获释了，高兴得几乎要跳起来。康德黎博士上前紧紧握住孙中山的双手，轻轻说道："你恢复自由了！"

马格里当着众人的面，将搜去的各种物件、便条和硬币交还给孙中山，又对外交部官员和侦探长说："今天我将孙逸仙交付你们。我这样做，是使本公使馆的特别主权及外交权利两不受损。"然后，又苦笑着对孙中山说："你现在恢复自由了！"

孙中山终于走出了囚禁他12天的清使馆，热情洋溢的英国市民向他挥手致意，记者们纷纷涌向前来采访。孙中山有问必答，借机宣传革命主张，公开揭露清政府的腐败和公使馆的阴谋。美国的《纽约时报》、香港的《德臣西报》、上海的《万国时报》《时务报》等都以显赫的位置刊载了他伦敦脱险的新闻。

10月24日，孙中山在伦敦各报上发表致谢英国政府及报界书表示："我对立宪政府和文明国民意义的认识和感受愈加坚定，促使我更积极地投身于我那可爱而受压迫之祖国的进步、教育和文明事业。"11月初，孙中山复函英国汉学家翟理斯，同意为其编纂的《中国人名辞典》撰写自传。他在复函中指出"驱除残贼，再造中华"乃"应天顺人之作"；表示自己"出万死一生之计，以拯斯民于水火之中，而扶华夏于分崩之际"的革命决心。

1897年初，孙中山用英文撰写出版了《孙逸仙伦敦被难记》一书，记述了自己的早期经历和伦敦蒙难经过。该书被翻译成中、日、俄等多国文字出版，孙中山从此名声大振，一跃而成为蜚声中外的革命家。

1897年，孙中山撰写出版《孙逸仙伦敦被难记》一书

孙中山脱险后，决定暂留伦敦，研究考察英国社会政治制度，并结交其朝野贤豪。从1896年9月到1897年7月，孙中山旅居英国达9个月之久，仔细考察了英国社会风俗和政治制度。除了实地考察，他的大部分时间都是在大英博物馆图书馆里度过，广泛阅读社会科学著作，集中精力研究世界各派政治、经济学说，如饥似渴地探求救国救民的真理。他的革命理论日臻成熟，并先后发表了《中国的现在和未来》《中国的司法改革》等文章。

在旅英之前，孙中山心中的理想王国，完全是英美资本主义模式，这次游历，开阔了他的视野，不仅亲眼看到了西方工业革命的发达和民主共和的文明，同时也发现了资本主义社会贫富悬殊的现象和不可克服的弊端，看到了日益蓬勃的无产阶级运动和社会革命的趋势，对他的思想产生了极大的震动。当时英国正是国际无产阶级运动的中心，《资本论》第三卷已正式出版，第二国际第四次代表大会正在伦敦召开，无产阶级运动和社会主义学说正风起云涌，一直关注社会问题的孙中山也开始接触马克思学说，并与俄国社会党人柯鲁泡特金及苏格兰工党创始人克尔哈第、爱尔兰恢复党人摩根等各国革命党人进行过一些接触和探讨，对他的思想产生了很大的影响。"所见所闻，殊多心得。始知徒致国家富强、民权发达如欧洲列强者，犹未能登斯民于极乐之乡也；是以欧洲志士，犹有社会革命之运动也。予欲为一劳永逸之计，乃采取民生主义，以与民族、民权问题同时解决。"三民主义思想的萌芽初步形成。

五、戊戌变法

甲午战争失败后，以康有为、梁启超为代表的维新派，通过著书立说、上书请愿、开学会、办报刊等方式，广造舆论，积极鼓动维新变法。

康有为，字广厦，号长素，1858 年 3 月生于广东省南海县官宦世家。自幼随任广州府教授的祖父康赞修读书，19 岁中秀才，此后连续六次乡试不第。1879 年，开始接触西学，游历香港后眼界大开，认识到西方民主制度比大清专制制度先进，遂立志向西方学习，逐步形成了维新变法的思想。1891 年在广州设立万木草堂，收徒讲学，宣传变法。

康有为的学生梁启超，字卓如，号任公，1873 年生于广东省新会县书香之家。自幼聪慧过人，11 岁中秀才，16 岁乡试中举，以神童闻名乡里。1885 年，进入两广总督阮元创建的广州学海堂，从师汉学家段玉裁、王念孙研读国学。1890 年春，梁启超赴京会试不中。返程上海时，看到《瀛环志略》和一些西方书籍，开阔了视野，励志改良。转投康有为门下，协助康有为编写《新学伪经考》《孔子改制考》《大同书》等著作，宣传变法。

1894 年，36 岁的康有为中举。翌年春天，与梁启超一同赴京会试，正值清廷与日本签订丧权辱国的《马关条约》。消息传出，群情激愤。梁启超联合十八省举人于松筠庵会议，共推康有为起草《上皇帝书》，集合1300 多名举人联名"公车上书"，齐集都察院门前请愿，请求"拒和、迁都、练兵、变法"，从而揭开了维新运动的序幕。

1898 年 11 月康有为（左）和梁启超（右）在日本合影

　　这一年的会试主考官是体仁阁大学士徐桐，是晚清保守派的代表人物之一，思想守旧，嫉恶西学。徐桐探知公车上书的发起者乃康有为与梁启超，于是向副考官们通气，凡是考生中文章出色、倡言变法者，无疑康、梁所为，见到此卷绝不录取。为防作弊，科举试卷皆隐考生姓名。考官们看到一份气势磅礴、文笔出彩的答卷，怀疑是康、梁之作，乃弃置一旁。

　　不久榜发，会试中规中矩的康有为金榜题名，殿试二甲第四十六名，赐进士出身，授工部主事，有"神童"之誉的梁启超名落孙山。但康有为志不在此，迄未就职。先后在北京、上海等地创建维新团体强学会，宣传"自强之学"。创办《万国公报》，由梁启超主笔，宣传西学，鼓吹变法。

　　梁启超先后应邀上海《时务报》主笔和长沙时务学堂总教习，以新颖犀利的议论和通俗流畅的文风，撰写了《变法通议》《论中国积弱由于防弊》等著作文章，系统阐述维新变法理论。深刻指出："法者，天下之公器也；变者，天下之公理也。大势相迫，非可阏制。变亦变，不变亦变。变而变者，变之权操诸己，可以保国，可以保种。不变而变者，变之权让诸人，束缚之，驰骤之，呜呼，则非吾之所敢言矣！"梁启超才思敏捷，文笔犀利，针砭时弊，振聋发聩，一时产生广泛影响，被誉为"一纸风行海内，观听为之一耸"。

1897 年 11 月，德国借口山东巨野两名德国传教士被杀，派 3 艘军舰及 500 人的海军陆战队，登陆青岛栈桥，清军三个营兵力竟毫无戒备。德军未费一枪一弹，占领军械库和青岛炮台，悍然霸占胶州湾，强行租借胶澳九十九年。俄国亦趁火打劫，于 11 月 22 日派太平洋舰队强占旅顺口、大连湾。英国以牵制俄国为借口，强行租借威海卫，大清帝国陷入被列强瓜分的危机之中。

1897 年 12 月，康有为第五次上书请求变法，直陈再不变法，将面临亡国之祸："职恐自尔之后，皇上与诸臣，虽欲苟安旦夕，歌舞湖山而不可得矣，且恐皇上与诸臣求为长安布衣而不可得矣。"

1898 年 1 月，光绪帝下令康有为条陈变法意见。康有为呈上《应诏统筹全局折》，请求大誓臣工、开制度局，又进呈所著《日本明治变政考》《俄罗斯大彼得变政记》两书。4 月，康有为与梁启超在北京发起成立保国会，内阁中书林旭、监察御史杨深秀等维新人士参加了保国会。

光绪帝从甲午之败惨痛教训中认识到，"徒练兵制械，不足以图强。治国之道，宜重根本"。再不变法恐怕会有亡国危险。光绪赴颐和园征求慈禧意见，慈禧严肃地说："凡所施行之新政，但不违背祖宗大法，无损满洲权势，苟可致富强者，儿自为之，吾不内制也。"

1898 年 6 月 11 日，光绪帝颁发《明定国是》诏书，开始推行新政，"欲兴庶政而图自强"，诏令四品以上官员荐举人才，征召"通达中外能周济时用之才"。礼部尚书李端棻、翰林院侍读学士徐致靖、湖南巡抚陈宝箴等奏《保荐人才折》，保荐康有为、梁启超、谭嗣同、刘光第、林旭等维新人士。

6 月 16 日，光绪帝在颐和园勤政殿召见康有为，关切地询问了康有为的年岁出身。康有为简要回答后便切入主题："外国侵略者进逼蚕食疆域领土，如不变法，灭亡就不远了。"

光绪帝说："这都是顽固守旧派造成的。"

康有为说："上之圣明，洞悉病源。既知病源，则药即在此。既知守旧之致祸败，则非尽变旧法与维新，不能自强。"

光绪帝点头称是："确非变法不可。"

康有为分析道："近岁非不言变法，然少变而不全变，举其一而不改

51

光绪皇帝画像

其二，连类并败，必至无功。譬如一殿，材既坏败，势将倾覆，若弥缝补漏，风雨既至，终至倾压。须拆而更筑，乃可庇托。"

光绪帝认为言之有理。康有为接着说："诸臣所言变法者，皆略变其一端，而未尝筹及全体。所谓变法者，须自制度法律先为改定，乃谓之变法。今所言变者，是变事耳，非变法也。臣请皇上变法，须先统筹全局而全变之，又请先开制度局而变法律，乃有益也。"

光绪帝对康有为的说法十分赞赏。康有为继续说："臣于变法之事，尝辑考各国变法之故，择其可施行于中国者，斟酌而损益之，令其可施行。日本施行三十年而强。吾中国国土之大，人民之众，变法三年，可以自立，此后则蒸蒸日上，富强可驾万国。"

光绪帝肯定道："是的，你讲得有道理。"

康有为问道："皇上圣明，既然已经看到了这一点，为何不早日变法，而导致领土割让呢？"

光绪帝闻听，胆怯地瞅瞅帘外，长叹一声，无可奈何地说："有人掣肘，怎么办？"

康有为知道光绪帝畏惧慈禧，只好退一步进言："就皇上现在之权，行可变之事，虽不能尽变，而扼要以图，亦足以救中国矣。唯方今大臣，皆老耄守旧，不通外国之故，皇上欲倚以变法，犹缘木以求鱼也。"

光绪帝无奈地说："这帮老臣都不留心办事。"

康有为说："大臣并非不想留心办事。故累奉旨办学堂，办商务，彼等所学皆无之，实不知所办也。皇上欲变法，唯有擢用小臣。广其登荐，予之召对，察其才否，皇上亲拔之，不吝爵赏，破格擢用。"

光绪帝回应："是的。"

康有为又说："今日之患，在吾民智不开，故虽多而不可用。而民智不开之故，皆以八股试士为之。学八股者，不读秦汉以后之书，更不考地球各国之事，然可以通籍累致大官。今群臣济济，然无以任事变者，皆由八股致大位之故。"

光绪帝赞同道："是的，西方人学的都是有用的学问，而国人学的都是没用的学问，所以才导致这样。"

康有为建言："皇上既然深知八股取士的危害，废掉它可以吗？"

光绪帝表示："可以。"

康有为建议："皇上既然认为可以废掉八股取士，那就请皇上发下明诏，不要交给各部大臣讨论了。如果交给各部大臣讨论，他们一定要反驳的。"

光绪帝还就铁路、矿务、练兵、游学、译书等问题征求了康有为的意见，当即授予康有为专折直奏权，如有奏言不必由大臣代转，并任命康有为在总理衙门章京上行走，筹备变法事宜。

光绪帝命礼部大臣速拟章程，开办学堂。诸大臣皆为旧学出身，不知学堂为何物，亦无现成模式仿效，仓皇不知所出，便请梁启超代为草拟章程。梁启超参考日本学堂情形，结合中国实际，拟成八十余条规则上奏，得到光绪帝批准。

7月3日，光绪帝召见梁启超。梁启超不会官话，一口广东方言光绪帝听不太懂。但光绪对其进呈所著《变法通议》大加赞赏，破格赏梁启超六品卿衔，办理译书局事务。

从6月11日至9月21日，光绪帝先后发布184道谕旨诏令，除旧布新，在政治、经济、教育、文化、军事等各方面进行了一系列改革措施。其主要内容有：精简机构，撤并詹事府、通政司、光禄寺、鸿胪寺、太常寺、太仆寺、大理寺等衙门；裁撤冗官，任用维新人士；设铁路矿务总局、农工商总局，鼓励私人兴办工矿企业；废除八股文，开办新式学堂，创办京师大学堂；开放言论，创办报刊；设译书局，翻译西方书籍，传播新思想，奖励科学著作和发明；裁减绿营，武科停试骑射，改试枪炮，筹设武备大学堂，训练新式陆海军等，出现了史称"戊戌变法"的"百日维新"运动。

变法受到维新派拥护的同时，也遭到慈禧太后及顽固派的阻挠反对，各部堂官及各省督抚等守旧派多观望、敷衍。在"明定国是"诏颁布第四天，负责起草上谕的帝师翁同龢即被慈禧太后"开缺回籍"。同时，迫使光绪帝任命亲信兵部尚书荣禄为直隶总督兼北洋大臣，统领北洋三军，把京畿地区的军事力量完全掌握在自己手中。

9月1日，礼部主事王照疏请光绪帝游历日本等国考察，礼部尚书怀塔布不肯代送。9月4日，光绪下令将怀塔布、许应骙等阻碍变法的礼部六堂官革职。王照赏三品顶戴，以四品京堂候补。9月5日，破格提拔维新派杨锐、谭嗣同、刘光第、林旭为四品衔军机章京参与新政，守旧派为之震惊。叶赫那拉·怀塔布与慈禧太后同族，慈禧太后在颐和园召见怀塔布，令其暂且忍耐，并赴天津与荣禄共谋对策。

变法损害到守旧派的利益而遭到强烈抵制，尤其是撤并衙门、裁撤冗官，引起群臣惶骇。京师闲散衙门被裁者，不下十余处，因之失职者将及万人。被罢黜的礼部尚书怀塔布和内务府总管大臣立山等，率属僚数十人环跪慈禧太后，哭诉皇上之变祖法，跪请慈禧太后临朝训政。庆亲王奕劻、御史杨崇伊、二品太监李莲英等顽固派亦奏请慈禧太后垂帘听政。

光绪帝赴颐和园请安，慈禧太后面色阴沉，语气冰冷地责备道："九列重臣，非有大故，不可弃；今以远间亲，新间旧，徇一人而乱家法，祖宗其谓我何？"

光绪帝痛哭流涕地谏道："祖宗而在今日，其法必不若是；儿宁忍坏祖宗之法，不忍弃祖宗之民，失祖宗之地，为天下后世笑也。"

光绪帝当面顶撞，引起慈禧太后的极大恼怒，随即任命顽固派崇礼为步军统领，怀塔布掌管圆明园八旗及鸟枪营，刚毅掌管健锐营，牢牢掌握军权。9月初，荣禄调兵聚集天津、长辛店，威震朝廷。宫廷内外传言将废除光绪，另立皇帝。

9月13日，光绪拟效仿康熙、乾隆旧制，在紫禁城开"懋勤殿"，作为皇帝与维新派议政机构，慈禧太后不允。

9月14日，光绪赴颐和园请安，慈禧没有答话，怒形于色，神色异常。光绪虑其有变，便于当日召见杨锐，授以密谕："近来仰窥皇太后圣意，不愿将法尽变，并不欲将此辈荒谬昏庸之大臣罢黜，而用通达英勇之人令其议政……果使如此，则朕位且不保，何况其他？尔其与林旭、谭嗣同、刘光第及诸同志等妥速筹商，密缮封奏。朕实不胜紧急翘盼之至。"

康有为与谭嗣同等见到密诏抱头痛哭。当时朝中所有将领之中，只有袁世凯支持变法，并且是强学会会员。于是，康有为写了一道密折交谭嗣同，上奏光绪帝"抚袁以备不测"。又请礼部右侍郎徐致靖上疏保荐袁世凯："特予召对，加以恩意，并予破格之擢，使之独当一面，永镇疆畿。"

9月16日至18日，光绪帝连续三次召见统率新建陆军的直隶按察使袁世凯，授其兵部侍郎候补，面谕："此后可与荣禄各办各事。"

袁世凯被破格擢升兵部侍郎候补，举朝惊骇。荣禄对此"颇觉骇异"，马上调兵遣将预为防备，即调聂士成守天津，以断袁军入京之路；调董福军密入京师，以防他变。

9月18日夜，谭嗣同赴袁世凯所居法华寺拜访。寒暄之后，开门见山地问："以将军看，皇上是怎样之人？"

袁世凯答："旷代之圣主也。"

谭嗣同请求："公受此破格特恩，必将有以图报，上方有大难，非公莫能救。"

袁世凯道："予世受国恩，本应力图报称，况己身又受不次之赏，敢不肝脑涂地，图报天恩，但不知难在何处？"

谭嗣同问："天津阅兵之阴谋，君知之乎？"

袁世凯答："固有所闻。"

谭嗣同建议："若奸贼变乱，望将军辅保皇上，清君侧，肃宫廷！"

袁世凯迟疑地说："青天在上，袁某断不敢辜负天恩。但恐累及皇上，必须妥筹详商，以期万全。"接着又说："若皇上于阅兵时疾驰入仆营，传号令以诛奸贼，则仆必能从诸君子之后，竭死力以补救，诛荣禄如杀一狗耳。"

谭嗣同慷慨陈词："报君恩，救君难，立奇功大业，在于公；如贪图富贵，告变封侯，害及天子，亦在公，惟公自裁。"

袁世凯正色厉声说："足下以我袁某为何如人？世凯三世受国恩深重，断不至丧心病狂，贻误大事，但能有益于君国，必当死生以之。"

没想到，谭嗣同刚刚离开法门寺，袁世凯就赶回天津，连夜去见荣禄告密。袁世凯不以为耻，反以为功，在其《自书戊戌纪略后》中自述："八月初五日请训后，即赴车站，抵津，日已落，即诣院谒荣相，略述内情，并称皇上圣孝，实无他意，但有群小结党煽惑，谋危宗社，罪实在下，必须保全皇上，以安天下。"

荣禄闻听失色，大呼冤曰："荣某若有丝毫犯上心，天必诛我，近来屡有人来津通告内情，但不及今谈之详。"当即连夜乘专车向太后告密，并下令封锁进京的主要道路。

9月21日晨，慈禧太后突然从颐和园赶回紫禁城，将光绪帝痛责一番："汝之变法维新，本予所许，但不料汝昏昧糊涂，胆大妄为，以至于此。汝自四岁入宫，继立为帝，抚养成人，以至归政，予何负于汝？而汝无福承受大业，听人拨弄，如木偶然。朝中亲贵重臣，无一爱戴汝者，皆请予训政。"

当日，光绪帝被迫发布"吁恳训政"诏："慈禧太后两次垂帘听政，办理朝政，宏济时艰，无不尽美尽善。因念社稷为重，再三吁恳慈恩训政，仰蒙俯如所请，此乃天下臣民之福。由今日始，在便殿办事。"

与此同时，慈禧太后密令关闭北京各城门，封锁交通，拿办"结党营私，莠言乱政"的康有为等维新派人士。速调荣禄留京，提拔袁世凯代署直隶总督。密谕："张荫桓、徐致靖、杨深秀、杨锐、林旭、谭嗣同、刘光第均着先行革职，交步军统领衙门，拿解刑部治罪。"

康有为在英国领事保护下，乘英轮转赴日本。梁启超闻知事情败露，劝谭嗣同一同到日本使馆避难，谭嗣同从容回答："不有行者，无以图将来；不有死者，无以酬圣主。各国变法，无不从流血而成。今中国未闻有因变法而流血者，此国之所以不昌也。有之，请自嗣同始！"第二天，谭嗣同在浏阳会馆被捕，在狱中墙壁上题诗一首："望门投宿思张俭，忍死须臾待杜根。我自横刀向天笑，去留肝胆两昆仑。"

1898年9月25日，慈禧太后以光绪帝名义发布上谕："朕躬自四月以来，屡有不适，调治日久，尚无大效。京外如有精通医理之人，即著内外臣工，切实保荐候旨。其现在外省者，即日驰送来京，勿稍延缓。"

慈禧太后传谕天下，为光绪帝选名医治病，旨在为训政和废黜光绪皇帝制造舆论；并封慈禧外孙、端郡王载漪之子溥儁以继承同治帝为子的名义封为大阿哥，以备承继大统，引发中外关注，一时议论纷纷。

英、法大使一同来到清廷总理各国事务衙门，推荐法国医生给光绪帝看病。总署大臣上奏慈禧，慈禧不准。两国大使明言："荐医者非为治病吃药，缘贵国此番举动离奇，颇骇听闻。各国商定验看大皇帝病症，为释群疑。"

慈禧只得同意外国医生为光绪帝治病。经法国驻京使馆医官多德福为光绪帝听诊、化验，光绪帝虽然体弱多病，但并无不治之症。光绪帝虽然保住了皇位，但从此被软禁于四面环水的中南海瀛台涵元殿中。

光绪二十四年八月十三日（1898年9月28日），岁在戊戌，谭嗣同、杨锐、刘光第、林旭、杨深秀、康广仁等6人，未经刑部审讯，即以"纠约乱党谋围颐和园，劫制皇太后"之名，押赴宣武门外菜市口开刀问斩。临刑时，曾任刑部主事的刘光第抗议："未讯而诛，何哉？祖制虽强盗临刑呼冤，当复讯。吾辈纵不足惜，如国体何？如祖制何？吾属死，正气尽！"监斩官兵部尚书、协办大学士刚毅无言以对。谭嗣同仰天长啸："有心杀贼，无力回天！死得其所，快哉快哉！"六君子大义凛然，英勇就义，史称"戊戌六君子"。

慈禧太后重新临朝训政，光绪成为傀儡皇帝，随后罢免、监禁、流放数十名支持维新派的官员，大部分新政被推翻、废止。重行禁止士民上书；查封全国报馆；禁止集会结社；所裁闲散衙门予以恢复，废农工商总局；恢复马步刀箭武试和八股取士制度，停止各省、府、州、县设立中、小学堂。除京师大学堂外，新政均被废除，历时103天的戊戌变法宣告失败。

血的教训证明，改良主义的道路在当时是行不通的，孙中山的革命主张愈来愈深入人心。

六、惠州起义

1897年7月，孙中山由英国经加拿大转回日本，就近策动中国革命，广泛结交日本朝野贤豪，争取他们赞助中国革命。民党领袖犬养毅、退职军人山田良政和日本志士宫崎寅藏、平山周、梅屋庄吉等友人，对他在日本的活动支持很大，有的还参加了兴中会追随孙中山革命，甚至牺牲在中国战场。

有一次，孙中山和日本友人平山周去拜访民党领袖犬养毅，回来时路过日比谷中山侯爵官邸前，投宿寄屋桥外对鹤馆，掌柜拿出住宿登记簿要孙中山签名。平山周出于安全考虑，想到中山侯爵封号，就执笔代签中山之名。孙中山接过笔来，又加一"樵"字，说："是中国山樵之意也。"自此以中山化名行于世。

1897 年秋，孙中山（二排左二）与日本友人宫崎寅藏（后排左三）等在东京合影

　　1899 年秋，孙中山赋诗《咏志》："万象阴霾扫不开，红羊劫运日相催。顶天立地奇男子，要把乾坤扭转来。"表达了推翻清王朝的革命志向，曾用作兴中会的联络暗号。

　　1900 年 6 月，义和团运动在京津一带形成高潮。英国海军中将西摩尔率联军 2000 余人，以保护使者、打击义和团为借口，由天津进犯北京。8 月 14 日，英、美、法、德、意、日、俄、奥八国联军一万八千余兵力兵临北京城下，慈禧太后挟光绪帝化装成老百姓仓皇出逃至西安。八国联军占领北京，联军总司令德国陆军元帅瓦德西将司令部设在慈禧太后的寝宫仪鸾殿，纵兵抢掠三天，皇宫和颐和园里的宝物被劫掠一空。

　　慈禧太后派庆亲王奕劻和李鸿章为全权特使与各国和谈，电谕"量中华之物力，结与国之欢心。"签订了丧权辱国的《辛丑条约》，赔款 4.5 亿两白银，允许列强派兵驻扎北京到山海关铁路沿线要地等，标志着中国完全沦为半殖民地半封建社会，清政府成为帝国主义统治中国的傀儡和工具。

　　慈禧太后挟光绪帝逃离北京后，孙中山"以为机不可失"，决定"乘

签订《辛丑条约》

时而起"，派杨衢云、郑士良到香港、惠州等地准备发动起义；另以邓荫楠与史坚如等到广州城内部署偷袭，以牵制清军。

郑士良是广东归善的客家人，有很深的三合会背景，他在三洲田一带招募了大约600人的义军，多为惠州的客家人和三合会会员；并购买了300支来复枪，控制了周围所有山口，起义准备基本就绪。

革命党人在惠州地区的活动引起了两广总督府的注意，代理两广总督德寿立即调兵遣将，采取步步为营战术迂回"围剿"，企图对义军形成包围后再一举歼灭。水师提督何长清率4000名士兵从虎门出发，进驻位于三洲田西南30多公里处的深圳，切断义军与香港方面的联系。在西北面，一支陆军部队占据了归善和东莞之间的交界处，另一支部队则从潮州调到义军以东的海丰一带。陆路提督邓万林坐镇惠州指挥，派兵在镇隆和淡水封锁了义军向东北方向的退路。

发现清军步步进逼的动向后，郑士良急电正在台湾的孙中山，要求赶紧把军火运来。因孙中山在台湾的各项准备还未就绪，于是电令郑士良："如机密已泄，应暂行解散以避敌锋。"郑士良接电后不愿放弃，再度请求速运弹药。

孙、郑还在电报往返时，水师提督何长清的先头部队约200人占领了距三洲田约12公里的沙湾集镇，派出的轻骑侦察兵甚至到了义军营地附近。郑士良的副将黄福不知道孙中山有让部队先行分散的命令，眼见敌人逼近，决定先下手为强，率领80人的队伍对沙湾发动了攻击，惠州起义就此爆发。义军虽然人数不多，却攻势如虹，把清军打得落花流水，毙敌 40 人，俘敌 30 人，缴获了他们的枪支和几箱子弹，还将俘虏们的辫子统统剪掉。

战斗一经打响，孙中山立即批准了起义计划并加紧筹措军火。此前不久，为支持菲律宾解放运动，孙中山曾为菲律宾独立军代买过一批军火，后事未成，军火也没用上。惠州起义爆发后，孙中山征得菲律宾独立军同意，先借这批军火应急。没想到，派去提取军火的人在仓库里只看到一堆无法使用的废旧枪支。原来，日本军火代理商中村弥六，从中舞弊私吞了独立军购买军火的专款，用废枪支冒充了军火。

1900 年 10 月 6 日，义军占领沙湾后，得到了从邻近城镇来的士兵补充，然后挥师北上，向离惠州城约 24 公里的镇隆推进，一举击溃了据此防守的清军，并占领了该城，缴枪 700 余条。在博罗和惠州城的义军支持者也投入了战斗，从甘蔗地里向南援的清军发动攻击，并围困了这两个城镇。如惠州城陷落，通向广州的门户就打开了，因此清军倾全力防守惠州和博罗。义军因武器弹药不足，放弃了向西进攻广州的计划，按照孙中山的新命令，调头向东北 250 里外的厦门前进。厦门与台湾隔海相望，从那里更易得到来自台湾的支援。

义军纪律严明，一路上秋毫无犯。因此，得到了人民群众的拥护和支持，沿途有几千农民加入了队伍。义军且战且走，一路连败清军。在从永湖向白芒花开进时，只有 1000 支枪的义军，却打败了五六千人的清军部队，俘敌数百人，缴获了五六百支枪及大批弹药，并占领了白芒花。归善的农民热烈响应，义军很快人数过万，沿着东江的支流西江流域向东推进。

义军高举青天白日旗，向闽粤交界艰苦跋涉，在崩岗墟击溃了 7000 人清军的围堵，但由于缺乏子弹，无法全歼敌人。粤东山脉人烟稀少，穿越不易，清军以逸待劳节节阻击。10 月 20 日，义军抵达归善东面的三多祝，离遥远的厦门还有 380 多公里，但已经弹尽粮绝，两万多人的队伍，缺乏粮食弹药的补充给养。坐镇台湾的孙中山几乎想尽了一切办法，但由于日本驻台总督的阻挠，各种筹措粮饷和军火的方案功亏一篑。日本志士山田良政由香港经海丰赶来，传达孙中山命令："情势突生变化，外援难期，既至厦门，亦恐徒劳。军中之事，由司令官自决行止。"弹尽粮绝的义军遭到了越来越多清军的围攻，郑士良无奈下令部队就地解散。山田良政因迷路被捕遇难。

在广州配合行动的史坚如不知道惠州起义已经失败，还在想办法配合义军的行动。他和哥哥变卖了继承的全部家产，购买了几百磅德国甘油炸药。这些炸药都是邓荫南和其他几位同志从澳门或香港偷偷运来的。史坚如与另外 3 个同志夜以继日地挖掘地道，直通德寿的卧室。挖毕地道，他们又埋炸药，设引线，10 月 27 日凌晨，点燃了引线末端的香火后，就迅速撤离，赶到了开往香港的轮船上。但过了预定的爆炸时间仍不见动静，史坚如让其他同志先转移到香港避难，自己重新回到地道查明原因，才发现导火索因为受潮熄灭了。于是，史坚如忍着饥饿守在地道内，一直等到第二天凌晨，估计德寿已回到卧室安歇，又点燃了导火索。眼看着导火索吐着火舌燃向地道的那一端，史坚如才迅速撤离。

10 月 28 日凌晨，一声巨响从总督府传来，顿时墙倒屋塌，6 个人被当场炸死，总督德寿被从床上震坠落地，吓得魂飞魄散，总督府内一片慌乱。史坚如在逃往香港的路上不幸被捕。清吏软硬兼施，想让出身仕宦之家的史坚如供出同党。他们对史坚如严刑拷打，施以烙刑，甚至拔去了他的手指甲和脚指甲，但他毫不动摇，拒绝在嫌疑人中指认同党。

11 月 9 日，史坚如在珠江天字码头英勇就义。行刑前，清朝官员问他有什么话要说，史坚如一声慨叹："我好后悔啊！"清朝官员以为他屈服了，问道："悔什么？"史坚如仰天大笑："我恨我没有炸死德寿！"随后被砍头杀害，牺牲时年仅 21 岁。

七、维新与革命

戊戌变法开始后，孙中山虽然远在日本，却十分密切地关注着国内这场政治运动的发展和命运，和日本的朋友们经常聚会议论局势。有一天晚上，他和陈少白、宫崎寅藏、平山周等人一直聊到深夜，孙中山不无忧虑地说："光绪皇帝是个傀儡，维新派把希望完全寄托于他肯定不行！"

果然，刚出百日，戊戌变法便告失败。孙中山听到这些消息后，便和日本朋友宫崎寅藏、平山周商量，请他们助一臂之力，帮助康有为和梁启超脱险。宫崎寅藏悄悄来到香港，找到康有为，并掩护他到了东京。平山周则到了北京，在公使馆见了梁启超。梁启超换了一身和服，贴上络腮胡子，乔装打扮后，先到天津，再乘船到了东京。

康有为、梁启超都是广东人，与孙中山是同乡。当年，孙中山在广州圣教书楼挂牌行医的时候，康有为在万木草堂讲学，相隔不过几条马路。有一次，孙中山听书楼的一个伙计说康有为常来书楼买书，就托他转告康有为，说想和康氏见面结交，但当时的康有为自视甚高，竟对那个伙计说："要他写一个拜见老师的帖子，称自己为门生才行。"孙中山认为康有为妄自尊大，也就不再理会他了。

康有为和梁启超抵达东京后，孙中山考虑到，如果双方能够合作，对壮大反清革命力量是有利的，便不计前嫌，决定在合适的时候亲自去看望、慰问，以示诚意。孙中山委托宫崎寅藏、平山周二人去转达他的意向，但遭到了康有为的拒绝。

宫崎寅藏对康有为说："你们同在日本流亡，应该联合为好，可以坐在一起谈谈。"

康有为十分傲慢地回答："我是钦差大臣，他是著名钦犯，不便与见。"

日本立宪国民党领袖、内阁文部大臣犬养毅得知此事，便出面周旋，约定康有为、梁启超与孙中山、陈少白四人，一同前往他在早稻田的寓所晤面会谈。当孙中山带着陈少白来到寓所时，康、梁二人尚未到。等了一会儿，梁启超才匆匆赶来，吞吞吐吐地解释说："康先生因有其他事情不

　　　　　1900 年，孙中山与日本友人平山周、宫崎寅藏、内田良平等合影

能亲自前来，实在抱歉。"

孙中山十分大度地说："既然康先生有事，我们先谈谈也行。"

双方就合作救国的问题，进行了非常细致的交谈，初步达成"彼此宜相助，勿相拒"的共识。孙中山说："倘康先生废弃保皇成见，不独两党可以联合救国，我更可以使各同志奉其为首领。"

梁启超对孙中山言论异常倾倒，大有相见恨晚之慨，谈至翌日天明始散。临别时，梁启超说："今天所谈内容，关系甚大，必须与康先生商量后，再为答复。"

孙中山紧紧抓住梁启超的手，动情地说："此事不宜久拖，盼尽快答复。"

几天时间过去了，康、梁方面毫无回音。孙中山吩咐陈少白："你再去拜访一次，听听他们的想法。"

陈少白即邀平山周同往康的住处拜访，对康有为谈了他的来意，说道："清王朝已经不可救药。今日中国的局面，不经过革命，国家不会出现生机。"他见康有为沉默不语，继续说道："先生以前于清王朝，不可谓不尽力，但是他们现在要杀害你，你又何苦死心塌地帮助他们呢？"

康有为听后，摆出一副忠臣的姿态说："当今皇上圣明，必有复辟之日。余受恩深重，无论如何不能忘记，惟有鞠躬尽瘁，力谋起兵勤王，脱其禁锢瀛台之厄。其他非余所知，只知冬裘夏葛而已。"

陈少白又劝他说："孙先生想请你出面，与维新变法之士联合，希望共同奋斗，救亡图存。"

康有为拒绝了孙中山的合作要求，不愿在革命团体内担任领导。陈少白和他谈了3个多小时，康有为主旨不变，谈判毫无结果。

1899年3月，康有为离开日本到了加拿大。梁启超与孙中山等人仍然保持联系，每个星期都要聚会几次。在孙中山的影响下，梁启超渐渐倾向革命，表示双方可以"合作"，甚至讨论了两派联合组

1899年的孙中山

党的计划，由孙中山任会长，梁启超为副会长。当时，梁启超问孙中山：
"如果这样安排，那康先生将置于何地呢？"

孙中山答道："他的弟子是领导人，作为老师，地位不是更加受尊重吗？"

梁启超觉得有理，便推荐由陈少白和徐勤共同起草联合章程。至于联合后的名称问题，没有形成一致的意见。

1899年7月，康有为在加拿大维多利亚创立了"保救大清光绪皇帝会"，并抛出了《答南北美洲诸华商论中国只可行立宪不可行革命书》，鼓吹君主立宪，公开反对革命，在华侨中造成了一定影响。同时，他假借奉光绪皇帝衣带诏之名到处招摇撞骗，蒙蔽了不少人，募捐了巨额经费。他听说梁启超要与孙中山合作之事，非常恼火，便回信骂梁启超"没有志气，跟在他人的尾巴后面，实属无耻"，责令梁启超"痛改前非"。

康有为还不放心，又派叶觉专程到日本，勒令梁启超到檀香山去发展保皇会组织，不许稽延。梁启超不敢抗命，立即起程。动身前，他还请孙中山给他写几封介绍信，以便到檀香山与兴中会的人联系。孙中山给他哥哥孙眉和其他兴中会干事写了信，要他们热情接待梁启超。

1899年12月，梁启超离开日本到了檀香山，由于孙中山的引荐，受到了兴中会会员们的热烈欢迎。他拿着孙中山的亲笔信，到处宣传"名为保皇，

　　　1900年冬，孙中山与参加长沙起义的自立军骨干人物在日本东京合影

1901 年 1 月,孙中山与尤列(右坐)、侄儿孙昌(左坐)等在日本东京合影

实则革命"的主张、鼓动侨商加入保皇会。他还到茂宜岛去访问孙眉,孙眉殷勤招待,留他住在自己家里,并叫他的儿子孙昌、侄儿孙科拜梁启超

1901 年孙中山在檀香山与家人合影,前排坐者为孙中山的母亲杨氏,后排左四为孙眉、左五为孙中山、左六为卢慕贞

为老师。在梁启超的宣传下，很多兴中会会员也加入了保皇会，连兴中会的主要干事，还有孙中山的哥哥孙眉也误入圈套，仅半年时间，募款达 10 万元之多。

孙中山在日本听到这些消息，非常气愤。他先写信给檀香山的兴中会会员和孙眉，劝他们不要受骗。但会员们不以为然，兴中会面临着被瓦解的危险。1902 年 2 月至 7 月，梁启超在《新民丛报》上连续发表长达 10 万言的《新民说》，把清朝的腐败昏庸归结为人民的愚昧。同年 9 月，康有为在报纸发表《辩革命书》，大肆鼓吹保皇，攻击反清革命。"保皇党"的舆论进攻，蛊惑性极大，对革命力量的发展构成一种威胁。孙中山逐渐看清了保皇党人的真面目，他在总结这段时间和康有为、梁启超的交往时，十分痛切地说："保皇党的出现和破坏，他们反对革命，反对共和甚至比清廷更难对付。"

孙中山决心和保皇党人分道扬镳，他一方面准备策动新的武装起义，以实际行动与保皇党人划清界限；另一方面，他认为要彻底揭穿保皇派的真面目，还必须要从政治上、理论上和保皇派决裂。为此，孙中山号召国内外各地的革命派组织，大力创办报刊，利用舆论工具与保皇派进行斗争。陈少白奉命回到香港创办兴中会机关报《中国日报》，并联合哥老会和三合会，在香港成立兴汉会，公推孙中山为总会长。

孙中山随后转赴檀香山、日本、越南、中国香港等地宣传革命，还与日本平民社领导人幸德秋水交往，就社会主义实行问题交换意见。1903 年 8 月，在东京青山练兵场附近创办军校，聘请日本退役军人任教练，教授军事知识和枪炮、火药的制造方法，为革命培养军事人才。

1903 年 9 月，孙中山由日本再赴檀香山，连续在戏院演讲多次，批驳保皇谬论，"有人说我们需要君主立宪政体，这是不可能的。观于昏昧之清朝，断难行其君主立宪政体，故非实行革命，建立共和国家不可也。""革命为唯一法门，可以拯救中国出于国际交涉之现时危惨地位。"孙中山演说时博古论今，雄辩滔滔，富于激情和号召力。每次演说，到听者数千人，无容足之地。

"保皇党"人为挽回颓势，便在《新中国报》撰写《敬告保皇会同志书》，大肆攻击革命。1903 年 12 月下旬，孙中山在《檀山新报》发表了《敬告同乡书》和《驳保皇报》等文，强调"革命、保皇二事决分两途，如黑白之不能混淆，如东西之不能易位。革命者志在扑满而兴汉，保皇者志在扶满而臣清，事理相反，背道而驰。""夫革命与保皇，理不相容，势不两立。"号召侨胞同改良思想"划清界限，不使混淆"，对革命思想的传播起到了启蒙、鼓动作用。自是以后，华侨始知革命与保皇，名殊途异，曾误入保皇者纷纷退出。

在与保皇派论战期间，孙中山还为侨胞义务诊治疾病，"就诊者莫不著手回春，众咸惊为神奇"，孙中山因此深得侨胞的敬仰和信任。

孙中山的母亲杨氏看到这样的情形，便对儿子说："革命目的在救人，行医的目的亦在救人，同是救人，何必东奔西跑，自寻烦恼？"

孙中山理解母亲的心意，抬头望着大哥。孙眉对母亲说："行医只能救少数人，革命则能救多数人，弟弟奔走革命多年，自应始终一贯，岂可轻易变更，前功尽弃！"杨氏觉得儿子的话有道理，也就不再劝阻孙中山了。

当时，孙中山在檀香山发行债券，筹集革命经费。为了支持孙中山革命事业，孙眉将一千多头牛变卖，带头认购革命债券。

经过孙中山的宣传，许多误投保皇会的兴中会会员和华侨，纷纷脱离保皇党，转而"深信革命真理，多趋向之"。孙中山着手重建和发展革命组织，建立起来的新团体，不再叫兴中会，而是改名为中华革命军。

檀香山的论战取得了胜利，孙中山决定前往保皇党大本营——美国宣传革命。出发之前，母舅杨文纳估计到孙中山此行必然困难重重，便建议他向茂宜岛当局领取了一份出生证书和一个美国岛属居民护照，并在檀香山正埠国安会馆加入了洪门致公堂。

洪门，又称天地会，起源于明末清初的一个反清复明的地下秘密组织，其后形成天地会、哥老会、三合会、红帮、致公堂等不同支派。在美洲则称致公堂，总部设在旧金山，各地设有分堂。檀香山致公堂专门为孙中山举行"开台"仪式，欢迎孙中山加入洪门，并封为"洪棍"（元帅之意），位居第三把交椅，掌管执法之职。

1904年3月31日，孙中山搭乘"高丽"号，离开檀香山前往旧金山。经过一周的海上漂泊，4月6日，"高丽"号到达旧金山。檀香山的保皇党担心孙中山一旦抵达美国，会给那里的同党带来麻烦，便预先通知了旧金山保皇党。康有为密令其女康同璧："此人不除，必为大害……汝可与岳、文合谋勉力之，穷我财力，必除之。如不在纽，则跟踪追剿，务以必除为主，皇上与我乃得安。"

旧金山保皇党接到通知后，担心在美国行刺引起外交纠纷，就暗中向

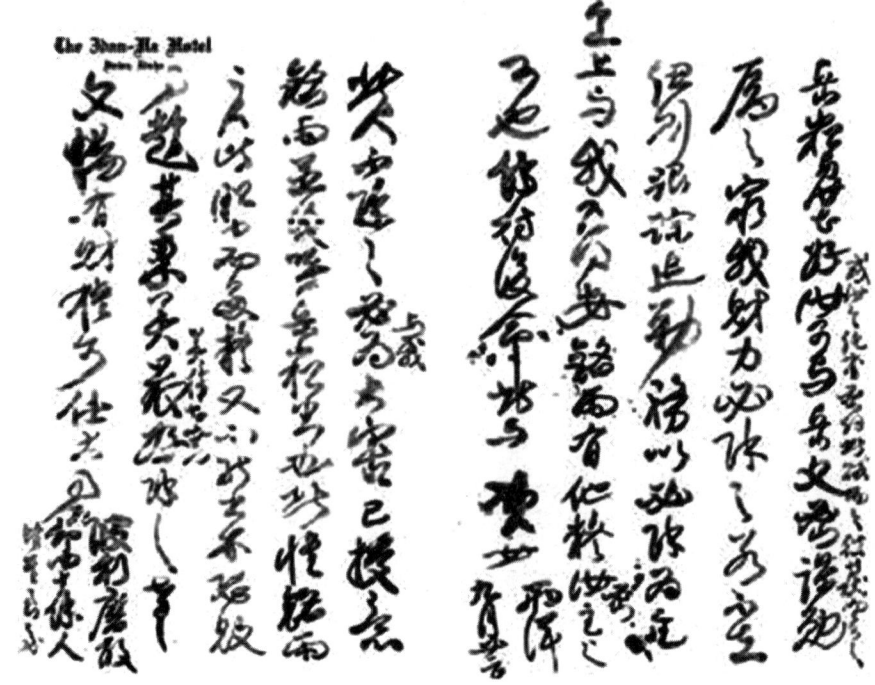

康有为致康同璧密信

清廷驻旧金山领事何祐告密。此时恰逢清朝皇室贝子爱新觉罗·溥伦率团在美国参加圣路易斯世博会，何祐担心孙中山"闹事"，立即照会美国海关当局：以保全清、美两国邦交，请禁止中国乱党孙文入境。

孙中山一上岸，便被美国海关以手续不符等理由扣留，被送至码头附近移民局附设的木屋拘禁，等待处理。囚禁数日后，经移民局询问，被判令出境，候原船返回檀香山。

孙中山正焦灼地想办法，忽然看到同室被禁华人所阅《中西日报》上写有"总经理伍盘照"字样，猛然想起基督教教友杨襄甫、左斗山两人，曾特地写信给旧金山《中西日报》总经理伍盘照，请他念及同教友谊，对孙中山予以照顾。孙中山立刻根据报上的地址写了个便条："现有十万火急要事待商，请即来木屋相见，勿延！"托一位美国报童送到《中西日报》。

伍盘照收到信后，马上按信封地址赶到海关小木屋，与孙中山相见。孙中山将左斗山等致伍盘照介绍信拿出，上写"携此信之人忠心为国，请尽力相助"。伍盘照对孙中山慕名已久，遂设法营救。他一方面正告何祐：孙中山系革命党，不能指为乱贼，请勿激起众怒；另一方面，又去拜访旧金山致公堂大佬黄三德，请他想办法解救。

旧金山致公堂是全美各埠洪门分堂的总部，爱国华侨黄三德担任旧金山致公堂总会长。黄三德得知孙中山被困的消息，当即"全力以赴救孙"，以其名义拿出 500 美元保证金，先保释孙中山出来，又花 5000 美元聘请当时著名律师何利为孙中山上诉。官司一直打到华盛顿最高法院，经过 17 天的审理，最终获胜。美国政府工商部电告旧金山海关，批准孙中山在美居留。孙中山索性甩开各种顾忌，在美国公开从事革命活动，并用英文发表了《中国问题的真解决》一文。

孙中山还应邀协助对致公堂组织进行整顿和改造，亲自为其编写了新章程，明文规定"本堂以驱除鞑虏、恢复中华、创立民国、平均地权为宗旨"，"以协力助成祖国同志施行宗旨为目的"，把致公堂改组成为一个带有革命倾向的会党组织。

黄三德亲自陪同孙中山从旧金山出发，开始赴美国各地对洪门会众进行注册和宣传活动。途经 30 多个大中城市，历时半年有余。每到一处，都介绍孙中山与各埠的华侨领袖相识，以扩大革命影响。其中，著名爱国侨领司徒美堂，就是在黄三德的介绍下认识孙中山的。孙中山每到一城市，都公开发表演说，阐扬反清革命宗旨，驳斥保皇谬论，使民主革命思想在华侨中广泛传播。

1904 年 12 月 14 日，孙中山离开纽约赴伦敦。欧洲留学生闻知，立即邀请孙中山去欧洲大陆。1905 年春，孙中山从英国渡海到比利时，欧洲留学生代表贺之才、朱和中和李藩昌，前往海港俄斯敦迎接，随后乘车抵达首都布鲁塞尔，与留学生们连续讨论了三天三夜革命方略和依靠对象等问题，并建立了兴中会分会。随后，孙中山又到德国、法国去开展工作，又有德国留学生 20 多人，法国留学生 10 多人加盟兴中会。

1905 年 5 月中旬，孙中山第二次来到布鲁塞尔，在贺之才陪同下，专程访问了第二国际执行局书记处，会见了第二国际主席王德威尔得和书记胡斯曼，在场的还有比利时社会党机关报《人民报》记者桑德。

第二国际是无产阶级革命导师恩格斯于 1889 年亲手创立的，在指导各国无产阶级政党和国际工人运动方面起过重大作用。孙中山以社会主义者自许，要求加入第二国际，"请求接纳他的党为成员"，并"解释了中国社会主义者的目标"，在土地问题上主张"土地全部或大部分为公共所有……由公社按一定章程租给农民"；在工业问题上主张"采用欧洲的生产方式，

1905 年春，孙中山在巴黎与中国留学生合影

使用机器，但要避免其种种弊端"，"防止往往一个阶级剥夺另一个阶级"，使中国由"中世纪的生产方式直接过渡到社会主义的新阶段，而工人不必经受被资本家剥削的痛苦"。

孙中山还满怀希望地说："几年内，我们将实现我们梦寐以求的理想，因为届时我们所有的行会都是社会主义的了。那时，当你们还在为实现你们的计划而努力的时候，我们将已生活在最纯正的集体主义制度之中了。这对你们将同样是有利的，因为除了这种范例所具有的吸引力外，全世界也会相信，完整的集体主义制度并不是虚无缥缈的梦想或乌托邦。这种办法所取得的转变，将比许多年的著作或成百次的会议所取得的还要多。"

孙中山的这次来访，1905 年 5 月 18 日的比利时工人党机关报——《人民报》做了详细报道，产生了一定的影响。但遗憾的是，由于恩格斯逝世后第二国际的领导人在伯恩斯坦思潮的影响下已越来越深地陷入修正主义，认为当时落后的中国还不具备社会主义革命的条件，而没有给予孙中山以及时的指导和帮助，同时也促使孙中山在革命的实践和探索中逐渐形成了自己的思想——三民主义。

孙中山在布鲁塞尔与中国留学生合影

八、创建同盟会

　　1905 年 6 月 11 日，孙中山自法国马赛登上"东京"号轮船赴日。旅途中，结识了清驻法使馆商务随员兼巴黎通运公司经理张静江。张静江获悉孙中山同船，便跛足走访孙中山。张静江自报家门后问："先生就是要实行革命的孙逸仙？"

　　孙中山点头微笑，请教他的来意。张静江说："闻名久矣，我是深信非革命不能挽救中国。近数年间，我在法经商，获资数万，十分愿意助先生一臂之力。先生如果需要，请随时来电通知。"

孙中山

孙中山十分高兴，与张静江约定了通电的暗号：以A、B、C、D、E为顺序：A为1万元，B为2万元，C为3万元，D为4万元，E为5万元。张静江表示，只要孙中山来电指出暗号，不必说出原因，他会如数汇去。后来果然应验。

孙中山在海上航行了一个多月，途经新加坡、越南，稍事停留，1905年7月19日，抵达日本横滨。离开日本两年多，此时，国内和日本的形势都发生了很大变化。

《辛丑条约》签订后，中国正式沦入半殖民地半封建社会，民族矛盾进一步加深，阶级矛盾进一步深化，社会经济愈加凋敝，清政府割地赔款的卖国行径，使广大爱国知识分子越来越看清了清王朝腐朽无能的反动本质，逐步走向了民主革命的道路，革命团体纷纷成立。

1904年2月，黄兴、陈天华、宋教仁等人在长沙成立了"华兴会"；1904年7月，吕大森、刘静庵等人在武汉成立了科学补习所；1904年冬，蔡元培、陶成章等人在上海成立了光复会。各种进步刊物和书籍也如雨后春笋般出现，宣传民主革命思想。邹容的《革命军》、章太炎的《驳康有为论革命书》和陈天华的《警世钟》《猛回头》等著作影响很大，起到了宣传鼓动作用。

到了1905年夏季，在清政府的迫害下，革命团体的主要负责人大都流亡日本。这时在日本的中国留学生也达到一万多人，多数都倾向革命。随着革命形势的发展，迫切需要建立一个全国统一的革命政党来领导革命。

孙中山从法国回到日本后，首先到宫崎寅藏家访问，没寒暄几句，就迫不及待地问："近来增加这么多留学生，当中有没有比较杰出的留学生，有没有可以加入我党的志士？"

宫崎寅藏说："有一个叫黄兴的，是个非常的人物，将来可以做你的助手。"

孙中山高兴地说："那我们就去看看他。"

宫崎寅藏说："你是他的前辈，还是我去将他带来见你好了。"

孙中山说："现在是求贤若渴，没有什么前后辈之分。"

孙中山坚持要和宫崎寅藏一起去看望黄兴，于是，两人就一起到神乐坂附近黄兴的寓所访问，畅谈革命形势的发展。二人一见如故，足足谈了两个多小时，大有相见恨晚之意，遂成为志同道合的挚友。

黄兴，字克强，1874 年 10 月生于湖南省长沙府善化县的一个书香之家。1896 年中秀才，被保送到武昌两湖书院深造，初步接触到西方民主学说。1902 年春，被湖广总督张之洞选派赴日本东京宏文学院速成师范科留学，创办《游学译编》杂志，宣传民主革命。1903 年回国，与陈天华、张继、刘揆一、宋教仁、章士钊等人创立华兴会并任会长，以"驱除鞑虏，复兴中华"为革命口号。随后联络会党，拟乘慈禧七十大寿时在长沙起义，事泄逃亡日本。

7 月 28 日，孙中山又到华兴会机关报《20 世纪之支那》杂志社与宋教仁、

黄兴（前排居中）、陈天华（前排右二）、宋教仁（后排左一）在日本留影

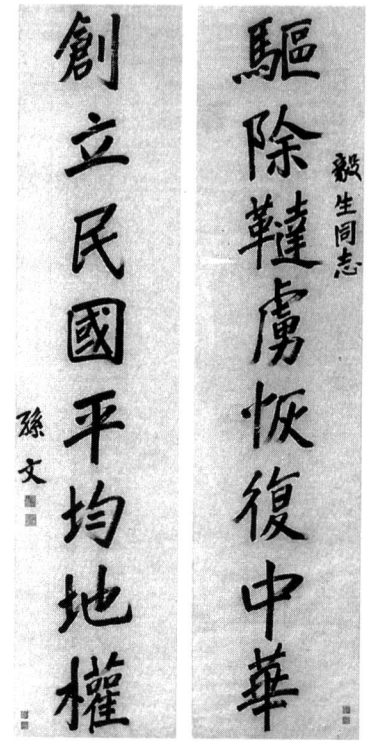

創立民國平均地權

孫文

驅除韃虜恢復中華

毅生同志

孙中山题写的同盟会纲领

陈天华等华兴会骨干会晤，讨论成立联合组织的问题。孙中山强调了革命力量联合的重要性，他说："中国现在不必忧各国之瓜分，但忧自己之内讧。此一省欲起事，彼一省亦欲起事，不相联络，各自号召，终必成秦末二十余国之争，元末朱（元璋）、陈（友谅）、张（士诚）、明（玉珍）之乱。此时各国乘而干涉之，则中国必亡无疑矣！故现今之主义，总以互相联络为要！"

大家也感到成立联合组织的必要，宋教仁、陈天华等当即表示赞成。湖北、四川、广东以及其他各省的留学生，也先后拜会孙中山，拥护他组织统一的革命团体的主张。

7月30日下午，孙中山和黄兴邀集有志革命的留日学生和旅日华侨70余人，在内田良平住所、东京黑龙会会址集会，召开组织全国性革命团体的筹备会议。与会者包括兴中会、华兴会、光复会、科学补习所的代表，除甘肃省没有留日学生之外，全国17个省都有代表到会。孙中山首先做了一个小时的演说，之后被公推为会议主席，主持讨论新团体的名称和宗旨。

孙中山提议："新的革命组织，就称为中国革命同盟会，怎样？"

大伙还在沉思着，黄兴首先发言说："我们现在侨居日本，行动还须隐蔽，'革命'二字太敏感，恐活动不便。从有利革命出发，建议把'革命'二字删去。"

大家觉得黄兴的建议有道理。经过讨论，最后定名为中国同盟会。接着讨论同盟会宗旨，孙中山建议以"驱除鞑虏，恢复中华，创立民国，平均地权"作为同盟会的革命宗旨。有些人赞成孙中山的提议；有些人却表示，宗旨的前三句好接受，最后一句太激进，建议不要。顿时议论纷纷，莫衷一是。当时留学生多数出身于地主或富商家庭，家中都有一定的田产，不少人反对把"平均地权"列为政纲，"不主张'平均地权'者十居八九"。

孙中山对此做了详细的解释和说明，指出"欧美各国，善果被富人享受，贫民反食恶果，总由少数人把持文明幸福，故成此不平等的世界。欧美为什么不能解决社会问题？因为没有解决土地问题。社会问题在欧美是积重难返，在中国却还在幼稚时代，但是将来总会发生的。到那时候收拾不来，又要弄成大革命了。"他又苦口婆心地说，"现代文明国家最难解决者，即为社会问题，实较种族、政治二大问题同一重要"，"欲解决社会问题，则平均地权之方法，乃实行之第一步。本会系世界最新之革命党，应立志远大，必须将种族、政治、社会三大革命，毕其功于一役"。

在孙中山的坚持和一再解释下，政纲最终获得会议通过。孙中山即席起草了盟书。黄兴提议："请诸君自愿签名。"

从湖南来的曹亚伯率先站起，边走边说："大家主张革命，才来这里；如果不主张革命，何必来呢！"他走到桌旁，执笔蘸满墨水，爽朗地说道："我凭良心签名。"说罢，写上"曹亚伯"3个大字。

"我亦凭我良心签名。"程家柽跟着前来。大家拥到桌边，依次签名。日本朋友平山周、宫崎寅藏、内田良平、萱野长知等8人亦加入同盟会。

大家签署了盟书，然后，孙中山举起右手，领导大家宣誓：联盟人×××，当天发誓，驱除鞑虏，恢复中华，创立民国，平均地权。矢信矢忠，有始有卒，如或渝此，任众处罚。

宣誓完毕，孙中山与会员一一握手，兴高采烈地说道："为诸君庆贺，自今日起，诸君已非清朝的人了！"说罢，又告诉今后同志间联络的暗号：

问：何处人？

答：汉人。

问：何物？

答：中国物。

问：何事？

答：天下事。

最后，会员推举黄兴、宋教仁、陈天华、马君武等共8人起草同盟会章程，准备召开成立大会。

这时，突然"轰"的一声巨响，把大家吓了一跳。原来，由于楼上人太多，陈旧的地板承受不住压力，压塌了几段，令大家虚惊一场。

内田良平从楼下上来，弄清状况后，连忙鞠躬道歉："房屋破旧，让大家受惊了，请多多包涵，多多包涵。"

孙中山笑着说："这是颠覆清廷的预兆，清朝的大厦马上就要倒塌了，值得诸君高兴才对啊！"他的风趣和机智，引得大家哄堂大笑起来。

8月13日下午，留日学生和爱国华侨在清朝留学生会馆富士见楼召开欢迎孙中山大会，到会的有1300多人。会场挤满了人，后到的挤不进去，只好站在外边。何香凝也跟着廖仲恺去了，第一次见到了慕名已久的孙中山。

身着白色西装的孙中山，由宫崎滔天陪同，从容步入会场，登上主席台。会场内外，顿时掌声雷动。宋教仁主持会议，首先致欢迎词。掌声过后，孙中山打着手势，徐徐说道："兄弟此次东来，承蒙诸君如此热心欢迎，兄弟实是感佩莫名。我实在担心没有什么能够不辜负诸君欢迎的盛意，但不得不献兄弟见闻所及，与诸君商定救国的方针，想也是诸君所高兴听闻的。"

孙中山首先回顾了近两年来的经历，然后分析了当时的形势。他说："离东二年，论时不久，见东方一切事皆大变局，兄弟料不到如此……近来我中国人的思想议论，都是大声疾呼，怕中国沦为非、澳。前两年还没有这等的风潮，从此看来，我们中国不是亡国了。这都是由我国民文明的进步日进一日、民族的思想日长一日，所以有这样的影响。从此看来，我们中国一定没有沦亡的道理。"

孙中山说到动情处，不断挥动着拳头，慷慨激昂地说道："日本维新须经营三十余年，我们中国不过二十年就可以。"孙中山的激情感染了听众，大家报以热烈的掌声。

当时，还有不少留学生崇拜康有为的维新思想，孙中山借此机会，用形象的比喻深入浅出地揭示了维新与革命的不同："有说欧美共和的政治，我们中国此时尚不能合用的。他们说由野蛮而专制，由专制而立宪，由立宪而共和，这是天然的顺序，不可躁进的；我们中国的改革最宜于君主立宪，万不能共和。殊不知此说大谬。我们中国的前途如修铁路，然此时若修铁路，还是用最初发明的汽车，还是用近日改良最利便的汽车，这个道理虽是妇孺亦能懂得。所以君主立宪之不合用于中国，不待智者而后决。"

"说得有理！"不知谁大声喊道。紧跟着，全场又是热烈的掌声。

接着，孙中山又慷慨激昂地继续说道："所以我们绝不能说我们同胞不能共和，如说不能，是不知世界的进步，不知世界的真文明，不知享这共和幸福的蠢动物了。""我们绝不要随天演的变更，定要为人事的变更，

孙中山与同盟会书记马君武在日本合影

这样进步才快。兄弟愿诸君救中国，要从高尚的下手，万莫取法乎中，以贻我四万万同胞子子孙孙的后祸。"

最后，孙中山鼓动大家振兴中国，他希望在座诸君"将振兴中国之责任，置之于自身之肩上"；呼吁"现在中国要由我们四万万国民兴起。今天我们是最先兴起一日，从今后要用尽我们的力量，提起这件改革的事情来。我们放下精神说要中国兴，中国断断乎没有不兴的道理"。

孙中山热情洋溢地做了两小时的演说。多数留学生都是首次见到大名鼎鼎的孙中山，亲耳聆听到孙中山激情澎湃的演讲，兴奋之情难以言表，演讲不断被掌声打断。结束时，掌声阵阵，经久不息。陈天华禁不住站起来欢呼孙中山"是吾四万万人之代表也，是中国英雄中之英雄也！"会后，不少人慕名拜访孙中山，要求加入同盟会。不到一周，同盟会会员已经发展到100多人。

8 月 20 日，在东京赤坂区一处民房，中国同盟会召开正式成立大会，有 17 省代表 300 多人出席，讨论通过了大会章程。《章程》规定："本会以驱除鞑虏，恢复中华，创立民国，平均地权为宗旨。"规定："本会设总理一人，由全体会员投票公举。四年更选一次，但得连举连任。"

在讨论选举的时候，黄兴首先倡议："建议公推孙先生为本党总理，不必经选举手续。"

大家一致举手赞成，鼓掌通过。孙中山众望所归，被推举为同盟会总理。总理之下设执行、评议和司法三部，黄兴任执行部庶务，汪精卫是评议部议长，司法部判事长为邓家彦、检事长为宋教仁。其中，执行部是权力最重的机关，负责组织革命活动。庶务是该部负责人，总理他适时，可代行总理职权。执行部下设庶务科、书记科、会计科、内务科、外务科、调查科，以及暗杀部等。暗杀部由黄兴亲自负责，女同盟会会员方君瑛担任暗杀部部长。

会议决定在国内外建立支部和分会。设立本部于东京，国内分东（上海）、西（重庆）、南（香港）、北（烟台）、中（汉口）5 个支部，支部下按省设立分会，推定了各省的主盟人。海外华侨分南洋、欧洲、美洲、檀香山 4 个支部，支部下按国别、地区设立分会。

中国同盟会是中国历史上第一个革命政党，它的成立，使中国革命运动有了一个统一的领导核心，从而把资产阶级民主革命推进到一个新阶段。同盟会成立不到一年，会员很快发展到一万多人。

同盟会"驱除鞑虏，恢复中华，建立民国，平均地权"的革命宗旨，是比较完整的资产阶级民主革命的政治纲领。1905 年 11 月，孙中山在《民报发刊词》中，将这十六字纲领阐发为"民族""民权""民生"三大主义，即所谓"三民主义"。

民族主义的主要内容是"驱除鞑虏，恢复中华"，即以革命的手段推翻清王朝的统治，解除满洲贵族的民族压迫，变半殖民地的中国为民族独立的中国。

民权主义的主要内容是"建立民国"，就是要进行政治革命，推翻封建君主专制政体，建立民主共和国，实行五权宪法。除了借鉴欧美行政权、立法权、司法权三权分立之外，孙中山又增加了两项：考选权和监察权。

民生主义的主要内容是"平均地权"。主张核定全国地价，"其现有

孙中山在日本东京与部分同盟会会员合影

之地价，仍属原主所有；其革命后社会改良进步之增价，则归于国家，为国民所共享"。同时逐步向地主收买土地，实行"土地国有"政策。

在随后颁布的《中国同盟会革命方略》中宣告："今者由平民革命以建国民政府，凡为国民皆平等以有参政权。大总统由国民公举。议会以国民公举之议员构成之。制定中华民国宪法，人人共守。敢有帝制自为者，天下共击之！"

三民主义不仅反映了资产阶级在政治、经济上的要求，同时也反映了当时广大中国人民要求民族独立、民主权利、民生幸福的愿望，因此受到了包括广大劳动人民在内的一切民主派的拥护，成为革命党人战斗的口号和团结的旗帜，对中国民主革命运动的发展起到了指导思想的作用。

同盟会成立后，以孙中山为首的革命派，与以康有为、梁启超为首的改良派展开了理论上的斗争。革命派以同盟会机关报《民报》为阵地，保皇派以《新民丛报》为喉舌，双方就要不要革命、要不要实行民主政治、要不要改变封建土地制度等问题展开了激烈的论战。1907 年 8 月，《新民丛报》不得不宣布停刊，承认在论战中失败。革命派获得胜利，使民主革命思想得到了广泛的传播，为迎接革命高潮的到来做了理论上的准备。

在与改良派进行理论斗争的同时，同盟会还开始了对社会主义的研究

1905 年的孙中山

和探讨。早在 1900 年，孙中山就同日本社会民主党领袖幸德秋水探讨过"社会主义"的实行问题。在复友人的信中说："所询社会主义，乃弟所极思不能须臾忘者。"梁启超曾被誉为中国最早探讨社会主义的，根据是梁氏在 1902 年《新民丛报》第 18 期中提到"麦喀士，社会主义之泰斗也"。但梁启超也不得不承认："孙逸仙，他不是个学者，他眼光极锐敏，提倡社会主义，以他为最先。"

在孙中山的带动和影响下，一部分激进的同盟会会员开始了对社会主义的研究和宣传。朱执信发表了《德意志社会革命家小传》，介绍了马克思生平和学说，阐述了《共产党宣言》的十大要旨，简介了《资本论》的主要内容。廖仲恺也翻译了《社会主义史大纲》，宋教仁译述了《万国社会党大会小史》，介绍了国际共运简史。张继、刘师培等人还成立了"社会主义讲习会"；《民报》成为传播社会主义的主要阵地。截至 1908 年之前翻译出版的论述和论及社会主义的著作已达 30 余种，形成了中国历史上第一次探索社会主义的浪潮。

第三章

武装斗争

同盟会成立后，积极开展武装斗争，连续在国内发动了一系列武装起义。1906 年夏，首先发动了萍浏醴起义。

一、萍浏醴起义

萍乡、浏阳、醴陵一带，向来会党众多，且和华兴会有过密切联系。1904 年春天，华兴会成立不久，黄兴派刘揆一去醴陵策动哥老会闽、赣、湘、鄂四省首领马福益参加了华兴会，决定于 9 月 30 日乘慈禧太后七十大寿之际举行长沙起义。后因事机不密，官方严加戒备，华兴会机关被破坏，黄兴、刘揆一逃往上海，马福益被清政府杀害，起义宣告失败。

马福益遇害后，萍浏醴一带的会党群龙无首，分成了几支。在醴陵的哥老会以龚春台为首领，萍乡安源一带以肖克昌为首领，浏阳一带以冯乃古、姜守且为首领，各有党众数千人。1906 年夏，长江中下游地区连降暴雨，洪水泛滥，长达数月之久，萍浏醴地区灾情严重，官僚豪绅乘机哄抬米价，饥民载道，阶级矛盾激化。龚春台、肖克昌等召集各路头目会商，决定发动起义，为马福益报仇。

黄兴得知湖南革命党人正酝酿再举义旗，而会党报仇发难亦迫在眉睫，认为机不可失，乃派刘道一、蔡绍南、彭帮栋、成帮杰等回湖南运动军队，联络会党，以图再举。离行之际，黄兴特别指示他们："欲规取省城，宜集合会党于省城附近之萍、浏、醴各县，与运动成熟之军队联合，方可举事。"

刘道一、蔡绍南等回到湖南，随即在长沙水陆洲附近的一只船上，召集在长沙的革命党人蒋翊武、覃振等及部分会党首领共 38 人举行会议，分析了湖南的革命形势，传达了黄兴关于起义的指示，制定了起义的策略方针，决定发动萍乡、浏阳、醴陵一带的会党，联合省城同情和支持革命的士兵同时举义，然后分兵进取长沙、南昌、武汉。会议之后，刘道一留驻长沙主持全局，并负责与同盟会东京本部及各方面的联系。蔡绍南则回到家乡萍乡县的上栗地区，与原来在这一带从事会党工作的魏宗铨一起，负责发动和组织会党。

蔡绍南化装成留日归来的富商，首先与上栗的同盟会会员魏宗铨接头，利用魏家开设的全胜纸笔店做秘密机关，通过魏宗铨与龚春台结识。蔡绍南向他宣传同盟会的革命思想和政纲，龚春台欣然接受，并邀萍浏醴各地哥老会头目与蔡会晤。蔡绍南主张哥老会各派应联合起来，团结一致反对清朝，得到了各派哥老会首领的赞成，决定组成一个统一的会党组织——洪江会，推举龚春台作大哥。

哥老会各派首领在萍乡蕉源举行了开山堂大典。魏宗铨以做冥寿为掩护，在其纸笔店打道场三天，实则集各派头目，由大哥龚春台主持开山典礼，公议设立六龙山，号洪江会，以忠孝仁义堂为最高机关，下设文案、钱库、总管、训练、执法、交通、武库、巡查为内八堂；又设八路码头为外八堂；再下则设红旗、跑风各职；活动机关设在萍浏醴交界的麻石。然后众头领歃血为盟："誓遵中华民国宗旨，服从大哥命令，同心同德，灭满兴汉，如渝此盟，人神共殛。"

洪江会成立后，发展迅速，会员很快增加到10多万人。各地会党常在晚上利用庙宇、祠堂聚集会员开会，扬言要攻打县衙，为马福益报仇；还利用道士、算卦先生等类人到处散布"天下即将大乱，洪江会有天神保佑，百事其昌"等舆论。地方豪绅惶恐万分，纷纷逃往醴陵城避难，以致引起醴陵知县汪文溥的警惕。汪一面指挥巡防营加强戒备，一面向湖南巡抚告急，请求增派巡防营来醴陵"进剿"。

麻石附近民风强悍，多习武术，每年秋收前后庙会必打醮酬神唱台戏，萍浏醴三县数十里内群众前来赶会，哥老会成员亦利用此机来麻石聚会。来者日逾万人，一时谣言四起，顿成"山雨欲来风满楼"之势。官府大为惊恐，于是令巡防营配地方团勇百余人，于10月6日晚，突然夜袭麻石。洪江会第三路码头官李金奇遇难，被清兵割头示众。

李金奇殉难后，更加激起了会党群众的义愤，清军也进而加紧防范与搜捕。萍、浏、醴三县知事严令所属各区团防局跨县联防，配合清军巡防营严密缉捕会党头目。洪江会各路头目和党徒，异常愤慨，纷纷要求暗杀富豪、保甲长、团练，为李金奇报仇，大有剑拔弩张之势。

此时，蔡绍南偕魏宗铨拟去日本向同盟会本部汇报起义准备事宜，行至上海，遽闻麻石之变，乃立即赶回。12月3日晚，龚春台、蔡绍南在麻石附近的高家台召开各路首领紧急会议，商讨起义日期与进军方略。与会者对起义时间问题意见分歧，争论不休。龚春台、蔡绍南、魏宗铨认为同盟会总部尚无命令，军械又不足，力主稍缓，以待外援。但各路码头官则力主乘清军尚未准备之时，急速发动，争论到天明未决。原武教师会的首领廖叔保便独自跑至麻石，召集两三千人，头系白布包巾，高举"汉"字白旗，宣布起义。至此，龚春台、蔡绍南等已无回旋余地，只得回麻石以总机关名义传檄各路义军宣布起义，并派人分赴浏阳约洪福会首领姜守旦、哥老会头目冯乃古同时宣布起义。

起义军定名为"中华国民军南军革命先锋队"，公推龚春台为都督，蔡绍南为左卫都统领兼文案司，魏宗铨为右卫都统领兼钱库都粮司，廖叔保为前营统带，沈益古为后营统带。其军制600人为一营，3000人为一军。军旗上缀有圆形白底黑字，分别为："革命先锋""后军汉勇""革命左军汉勇""革命右军汉勇"等数种。各军均有"随兵"，旗号"汉军"。还以"中华民国政府"名义檄告天下，以"黄帝纪元四千六百零四年"为年号。檄文明确提出：中华民国政府是共和国体，破千年之专制政体，建自由平等之社会制度。主张平均地权，研究新宪法，为同胞谋幸福。檄文体现了民族、民主革命思想。

12月4日，起义军宣布起义后，立即进占浏阳的高家头、萍乡的高家台，然后占领了浏阳南乡重镇金刚头，旋调各路大军于20日浩浩荡荡直扑上栗，将驻防的清军巡防营二哨歼灭，12月6日，占领了上栗。起义军得到群众的支持，很快发展到3万多人，交战20余次，屡次击败清军，震动长江中下游。清政府急忙调集湖南、湖北、江西、江苏等省军队5万多人四面"围剿"。

12月8日，龚春台率义军主力攻占浏阳文家市，并在此整军誓师，然后分左、右两路向浏阳县城进发。左路由蔡绍南率领，经澄碧江到达枫林铺；右路由龚、魏率顿，经山枣潭、大圣庙，出吾田市，然后在枫林铺与左路军会师。两路会合后，直指县城，途中与清兵先后接战于牛石岭、南流桥，进至浏阳城南的南市街，时已黄昏，又于暮色中重创清军梁国桢部。

姜守旦义军于12月7日在浏阳永和市举义后，击溃前来"进剿"的清军蒋兴桂部，也于8日结集大旗山、大光洞、九鸡洞等地会众共万余人，拟按计划会攻县城。9日，在洗药桥与清军大战，作战失利，退守大溪山的天岩寨，后在沙铺一带被清军打散。醴陵东路军总统瞿光炆，奉命率所部3000余众进攻浏阳牛石岭，战斗失利，瞿光炆牺牲。

龚春台一面率主力进攻浏阳，一面檄令西路军总统李香阁、北路军码头官谭石基率西、北两路军合攻醴陵城。12月6日晚，李香阁将所部左、右两军数千人在易家洲集结后，涉过渌江，浩浩荡荡向醴陵北郊的石子岭做攻城准备。这时敌人早有戒备，巡防营清兵在城郊燃起大火，照得如同白昼。起义军全是大刀、长矛及少数鸟铳，对清军洋枪洋炮心存恐惧。李香阁令队伍停下来侦察敌情，"跑风"回报不见友军，预伏城内的内应也无讯息。清军不断朝石子岭放炮，李香阁料孤军难以取胜，便率队回撤。清军乘胜追击，义军大败溃逃。

北路军谭石基因起义准备未绪，推迟了行动。西路义军已然失败，北路军还在抢造大刀、长矛。清军巡防营骑兵驰袭官庄，擒杀了北路分统王开兵等。谭石基率残部逃往浏阳投奔龚春台。至此，醴陵东、西、北三路义军全部瓦解。

醴陵、萍乡义军失败后，清军集中兵力于浏阳。12月11日，清军乘夜突袭南市街义军，酣战之中，义军火药堆中弹爆炸，清军乘机猛攻，义军因寡不敌众溃败。蔡绍南、肖克昌、廖叔保等首领数十人死难。

萍浏醴起义的消息传到日本，黄兴与孙中山闻讯后，立即选派醴陵籍的同盟会会员宁调元、杨卓霖、李发群等先行回国筹运军械接济。宁调元在岳阳被捕，囚禁于长沙。杨卓霖被两江总督端方杀害于南京。

萍浏醴起义爆发的时候，刘道一正在衡山，闻讯后即赶到长沙，准备发动新军举旗响应，不幸被清军逮捕，于12月31日在长沙浏阳门外英勇就义，年仅22岁。其未婚妻曹庄时在城内周南女校读书，闻此噩耗，不胜悲恸，即在学校宿舍自缢殉情。

萍浏醴起义失败和刘道一牺牲的消息传到日本后，其兄刘揆一与黄兴哀恸至极，泪如雨下，大家都为之感到无限的悲痛。孙中山也挥毫赋诗，表示深切的哀悼：

半壁东南三楚雄，
刘郎死去霸图空。
尚余遗业艰难甚，
谁与斯人慷慨同。
塞上秋风悲战马，
神州落日泣哀鸿。
几时痛饮黄龙酒，
横揽江流一奠公。

二、安庆起义

1906 年，在日本留学的光复会会员徐锡麟归国，为打入清政府内部以发动革命，纳粟捐官，以道员分发安徽候补，充任巡警学堂及巡警会办，并受到安徽巡抚恩铭的赏识。

徐锡麟一边在武备学堂经营校务，一边暗中联络会党，准备起义。经过秘密联系，计划在本年 7 月 8 日乘巡警学堂举行毕业典礼时进行突然袭击，杀掉出席典礼的文武大员，占领安庆，然后与秋瑾的浙东起义军共同攻打南京。

不料，在起义前夕，党人叶仰高被捕。叶仰高被抓后不堪酷刑折磨，将所知党人名单供出，于是安庆全城搜捕。幸好，徐锡麟他们的往来联络全用化名。恩铭命令巡警处会办徐锡麟立即按名单抓人，而徐锡麟的化名"光汉子"竟列名单之首。同时，恩铭将巡警学堂的毕业典礼提前两日举行。

1907 年 7 月 6 日，徐锡麟利用恩铭参加巡警学堂毕业典礼的机会，仓促举事，用短枪击毙恩铭，会场哗然，其余文武官员慌忙逃走。徐锡麟与马宗汉、陈伯平率领学生军占领了安庆军械所，后被前来镇压的清军包围，激战四小时失败。陈伯平战死，徐锡麟、马宗汉被捕。恩铭的卫队竟然将徐锡麟的心肝挖出来炒食。

安庆起义失败后，徐锡麟之弟徐伟供词牵连出大通学堂督办秋瑾。秋瑾，浙江绍兴人，1904 年夏，她冲破封建家庭的束缚，自费东渡日本留学，先后参加过光复会、同盟会等革命组织，自称"鉴湖女侠"。1907 年 1 月，在上海创办《中国女报》，不久又任大通学堂督办。萍浏醴起义爆发后，拟联络会党计划响应未果。1907 年，她与徐锡麟等组织光复军，拟于 7 月 8 日在浙江、安徽同时起义。

徐锡麟仓促起事失败后，使秋瑾主持的浙江地区起义计划泄露。形势危急，

同盟会浙江主盟人秋瑾

同志们劝她暂避一时，她决心做中国妇女界为革命牺牲的第一人，坚持留在大通学堂与前来包围的清军做殊死战斗。因寡不敌众，秋瑾不幸被捕，7月 15 日凌晨，于绍兴古轩亭口被处斩刑，英勇牺牲。

三、黄冈、七女湖起义

清政府在镇压萍浏醴起义时，发现领导总机关在日本，便屡电驻日公使杨枢，令其向日本政府交涉，将孙中山驱逐出境。日本当局迫于清政府的压力，由内务大臣内田康成出面会见孙中山，并赠其 5000 日元，礼送出境。

1907 年 3 月 4 日，孙中山被迫离开日本，偕胡汉民、汪精卫、萱野长知等乘船离开横滨前往越南，在河内甘必达街 61 号设置了同盟会越南分会领导机关，就近指挥广东、广西、云南边境的武装斗争，决定首先在广东的潮州和惠州一带发动起义。

1906 年 5 月，孙中山在新加坡时，发展华侨富商许雪秋加入同盟会，并委任他为中华国民军东军都督，主持岭东一带军务，准备在潮州一带发难。许雪秋接受孙中山命令后，即由新加坡返回汕头，联络"三合会"会党数百人，

孙中山与新加坡同盟会会员在晚晴园合影

孙中山在新加坡与黄冈起义筹备人员合影

准备在春节期间发动起义。

1906年底，许雪秋电告东京同盟会总部，请派同志回国支持。孙中山接电后，即派廖仲恺、乔义生、方汉城、方瑞麟、李思唐、郭公接、张煊、方次石、谢良牧等先后赴香港协助。许雪秋在其家乡宏安召集各路首领开会，商讨发难日期，最后定于正月初七，拟乘清军过节疏于防务，分头大举，然后齐聚饶平、揭阳，会合会党攻潮州府城。

正月初七到了，不料是夜风雨大作。按原定计划，由饶平的丘松召集所部于浮山圩发难，进攻潮城；以黄冈、惠来、丰顺等处为响应；许雪秋居中策应。由于浮山圩一路将正月初七4时起兵误听为10时起兵，加之风雨之故，未能按时行动，其他各路亦未能按时行动。起义风声走漏，潮州总兵黄金福增兵黄冈，浮山一路召集人薛金福等数人被捕遇害。

1907年3月，孙中山偕胡汉民等前往越南，途经香港，即约见许雪秋，面商潮州发难之事。许雪秋抵港时，船已开走，汪精卫和萱野长知等留港联络起义之事。孙中山抵越南后，香港分会的冯自由电告孙中山，不久得孙中山复电："此后起事时期须与惠州及钦廉义师，约定同举，以便牵制清军，令雪秋万勿草率从事，致伤元气。"

于是，许雪秋留在香港，一面等待惠州、钦州、廉州方面的消息，一面积极筹备黄冈起义。不料黄冈举事风声又走漏，黄冈都司隆启要求潮州镇台总兵黄金福派兵缉捕。黄金福即派守备蔡河宗带兵进驻黄冈，捕去会众2人，并搜查了起义机关——余通所开的泰兴杂货店。

黄冈一带会党首领余既成、陈涌波等见事态暴露，拟克日举事，便前往香港报告许雪秋。许雪秋以孙中山之电相告，嘱勿轻举。此时，胡汉民奉孙中山之命自越南返抵香港，闻余既成、陈涌波之言，亦加相劝，嘱其静候孙中山之命，务必与惠州、钦州、廉州三处同时发动。余既成、陈涌波等只得再回黄冈候命。

不料至5月20日，各报纷传革命党人将在潮州饶平县黄冈起事之消息。总兵黄金福大惊，又增兵黄冈。陈涌波、余通、余既成等人商议，若不先发制人，则为人所制，不能坐以待毙，决定立即发难。于是聚众700余人，于5月22日晚直扑协署，血战一夜，占领黄冈，擒获守备蔡河宗及都司隆启，缴枪千余支。5月23日，起义者在旧都司衙门成立军政府，推举陈涌波为司令，余既成为副司令，以"广东国民军大都督孙"名义布告安民。起义军纪律严明，秋毫无犯，因此受到群众拥护，附近贫民纷纷参加义军，队伍很快发展到五六千人。

许雪秋得知起义军占领黄冈，立即率十余人赶赴汕头，由于清军将路口封锁，无法及时赶到黄冈。此时，黄金福部清军已抵离黄冈20里的浤州。起义军决定采取围魏救赵战术，兵分两路破敌，一路由陈涌波率领，直趋潮州、汕头，目标是乘黄金福带兵外出之时，攻占其巢穴；一路由余既成率领，直奔浤州，迎击黄金福部。

5月25日，两路义军同时出发。余部抵达浤州时，天已黎明。清军早有准备，据险而守。义军久攻不下，初战失利。进攻潮汕之义军，转援浤州。两路会攻黄金福部清军，敌势危急。恰于此时，广东水师提督李准所派援

黄冈起义军起义誓师的情景

军到来，双方夹攻义军。义军腹背受敌，伤亡惨重，退至黄冈。陈、余认为粮弹奇缺，久守无益，决定解散队伍，以图后举，起义遂告失败。

黄冈起义失败后，许雪秋来到河内，向孙中山报告失败原因："土炮不敌洋炮，为黄冈失败之主因。倘若从国外购运新式军械，可在海陆丰大举发难。"

孙中山点头说："君言极是。洋枪炮事，我当设法。"

于是，孙中山派萱野长知回日本购买新式枪炮，命许雪秋赴汕头汕尾运动会党。到了8月间，许雪秋电告孙中山：准备就绪，一待武器运到，即可组织万人发难。孙中山即令冯自由汇款万元与萱野，要萱野速购新式枪炮。

10月7日，萱野来电："械已购妥，村田式快枪2000支，短枪30支，军刀20具，民党领袖犬养毅赠古刀三具以壮军威。"冯自由即派邓慕韩、陈二九赴日，协助萱野押运军火；又通知许雪秋赴汕尾做好接械准备。

10月12日夜，"幸运丸"抵汕尾，但未见有船接应。停泊了3个多小时，才见许雪秋驾一舢板来探看。萱野责其准备不周，急命速备大船卸械。

天亮之后，岸上忽有众多围观之人。附近的清兵巡逻船见日轮停留半日，颇生疑窦，就向日轮靠近，侦察行迹。萱野见势不妙，与日轮船主商议，将"幸运丸"驶往外海，待夜间再至。船主说船上还装有三井洋行的煤，先赴香港卸煤后再说。当许雪秋率大船来卸货时，"幸运丸"已驶往香港。

"幸运丸"抵香港后，邓慕韩等即往《中国日报》社香港分会机关向胡汉民、冯自由报告情况。胡汉民急召萱野及惠州同志相商补救之法，决定将该轮所装煤卸下后，即开赴惠州海丰洋面，把枪械交该地党人。不料此时粤督照会港府，说日轮私运军火，要求扣留。日本领事得知后，即令该船速离香港，"幸运丸"来不及卸完存煤，匆忙返航。抵日后，枪械为日方扣留，致使海陆丰起义计划落空。

按照孙中山原定战略，潮州、惠州起义与钦州、廉州起义同时并举，以便互相策应，分散清军的兵力。潮州黄冈起义猝发后，孙中山即命同盟会会员、惠州会党首领邓子瑜在惠州发动起义，以策应黄冈起义。

6月2日，邓子瑜、陈纯等人在距惠州20里的七女湖聚会，发动起义。邓子瑜率100余名三合会党在七女湖附近截获清军防营枪械，击毙巡勇及水师哨弁多人。6月5日，进攻泰尾，清守兵溃逃，起义军乘胜连克杨村、三达、柏塘等地，旋在八子爷打败清营管带洪兆麟。归善、博罗、龙门各地会党纷起响应，队伍增至200余人。

广东水师提督李准调兵镇压，起义军声东击西，来去飘忽，使清军疲于奔命。鏖战十余日，至6月19日，因黄冈起义已失败，义军得不到声援，遂在梁化墟解散。部分起义军流亡香港，大部分退入罗浮山区。

四、钦州防城起义

广东钦州、廉州（今属广西）一带，盛产蔗糖，清政府对此课以重税，当地人民苦不堪言。1907年4月，钦州三那乡民因官府无理关押要求减免粮捐的请愿代表，组织"万人会"，推刘思裕为首领，举行抗捐斗争，官军开枪打死数十人，激起民愤。两广总督周馥即派统领郭人漳、标统赵声率兵前往镇压。当地群众派代表赴河内，请求孙中山给予支持。

孙中山即派邝敬川到钦州调查联络，面见了刘思裕、黄世钦等首领，晓以革命大义，劝说他们与革命党合作，他们欣然赞同。邝敬川返回河内，向孙中山报告了游说情况。孙中山于是派胡毅生往同盟会会员赵声处，约赵声、郭人漳同时举义。

邝敬川返回钦州后，向刘思裕传达了孙中山的命令。当即任命刘思裕为元帅，黄世钦为副元帅，邝敬川为参军。孙中山又派陈油持其亲笔信给胡毅生，令他转告郭人漳和赵声，谓"钦、廉团兵已与党人联，勿相杀"。

不料陈油抵赵声部驻地北海时，郭人漳与赵声两部均已开拔，信未送到，郭人漳、赵声不知乡团已与革命党人取得联系。郭部管带林虎率队抵米仔村后，即向乡团发动攻击。刘思裕以为革命党已与清军联系好，因而没有防备，乡团损失惨重。郭人漳又指挥所部入那思、木兰唐，以炮队攻击那彭、那黎。刘思裕死于乱军之中，黄世钦、邝敬川率众迎战，不支而退入山中。

钦州起义失败后，孙中山又派王和顺主持钦、廉军务。王和顺原为提督刘永福部哨官，后参加反清会党，1906 年冬在西贡参加同盟会。王和顺接受孙中山的命令后，即动身由河内回国，与胡毅生一起先至廉州赵声军中。黄兴、谭人凤等也奉命到郭人漳军中，策动反正。郭人漳表示："若有堂堂正正革命军起，必反戈相应。"黄兴随郭人漳营在钦州，胡毅生随赵声军在廉州，王和顺则深入各乡团联络，拉起了一支数百人的队伍，准备一致行动。

此时，驻防城的清军哨官刘辉廷、李辉堂二人亦有反正之意，派人与王和顺联络，王和顺即向孙中山报告。孙中山听了大喜，因防城位于白龙江口，可从海上予以接济，于是立即委任王和顺为"中华国民军南军都督"，梁建葵、梁少廷为副都督。由于历次起义均因枪械不足而失败，孙中山即电香港的冯自由和日本长崎的萱野长知，速运枪械于白龙江口，以便发动起义。

当萱野购妥枪支正待启运之际，发生了章太炎大闹东京同盟会总部的事。章太炎说"萱野所购军火是村田式，这种武器在日本已经不用了，运到中国去不是让革命同志白白送命吗？可见孙某实在是不讲道理"，并以《民报》名义向香港同盟会支部发电，要求另行订购。

其实章太炎说萱野所购军火不能用不过是其借口，当时萱野所购武器为村田式，在中日甲午战争之际，日军就是用这种武器打败清军的，实际上章太炎是对孙中山有意见。章太炎时任《民报》主编，由于办报经费紧张，曾多次向孙中山索要经费。在孙中山被日本政府驱逐时，日商人铃木久五郎曾送给孙中山川资一万元，孙中山留给《民报》社 2000 元作为补充经费，其余备作起义军费。章太炎嫌少，对此极为不满。孙中山离开日本后，接受赠款之事马上就传开了，张继、章太炎、刘师培等纷纷责难孙中山。正在这个时候，黄冈起义、七女湖起义失败的消息陆续传到东京。同盟会内部的矛盾，犹如火上浇油，终于掀起了第一次"倒孙"风潮。

章太炎与原光复会陶成章等，鼓动原华兴会宋教仁、谭人凤和张继等人，找到代理同盟会总理职务的刘揆一，要求罢免孙中山总理之职，欲由黄兴取代孙中山的同盟会总理之位。刘揆一不从，说黄兴正与孙中山共谋钦廉起义，此时内讧对革命不利，不同意召开特别会议罢免孙中山。张继脾气暴躁，竟和刘揆一在同盟会总部扭打起来。刘揆一将此事报告了黄兴，黄兴便致函同盟会总部："革命为党员生死问题，而非个人名位问题。孙总理德高望重，诸君如求革命能获成功，乞勿误会而倾心拥护，且免陷兴于不义。"

冯自由将购买军火之事转告孙中山。孙中山非常气恼，购买军火事属军事秘密，章太炎竟以明码泄露，便令胡汉民写信给东京同盟会本部，谴责章太炎。接着，又派林文返回东京，禁止章太炎、宋教仁再干预军事，同盟会矛盾进一步加剧。

由于同盟会出现内讧，萱野所办军火迟迟不到，打乱了原来的起义计划。王和顺认为错过时机对起义不利，便率众宣布起义。7月24日，王和顺率200余乡团从三那王光山举起义旗，然后率部袭取防城。驻防防城的清军左营哨官刘辉廷、右营哨官李辉堂等先后反正为内应，防城被一举攻克，擒杀知县宋鼎元。以"中华国民军都督王"的名义，发布《告粤省同胞文》《告海外同胞书》和《招降满洲将士布告》，宣传同盟会纲领。

起义军占领防城后，王和顺即率人马向钦州府城进发。郭人漳派人出城抵王和顺处，说钦州道王瑚及驻钦宋安枢部已戒备，所部不能发动，请党军勿来。其实，郭人漳见起义军仅数百人，且枪械不足，遂改变前意。黄兴见郭人漳猜忌叵测，无意反正，便离开郭军。

王和顺遂率义军改道攻打灵山，激战终日，攻城未克。此时有清兵千余来援，王和顺率部退至狮子山，又与清军宋安枢部相遇，双方大战二日，义军伤亡惨重。王和顺率残部退至罗蒙小洞，已是弹尽粮绝。经孙中山同意，王和顺率20余同盟会会员转入越南，梁建葵率余部退入十万大山。

当王和顺率队进攻灵山之际，赵声见郭人漳按兵不动，也没敢动。后受命前往镇压义军，赵声不愿与义军开火，故意绕道避之。因其"剿围"不利，被调往广州，降职使用。赵声愤而辞职，赴南洋从事革命活动。

五、镇南关起义

镇南关位于广西与越南交界处，是中越边境的关隘要塞，附近各山顶均筑有炮台，地势险要，雄镇边陲。防守这一带的清兵为左江镇总兵陆荣廷部，其帮统陈炳焜驻守镇南关一带隘口，帮带黄福廷驻镇南关，黄部哨官李福南、姚子安分别驻守镇北、镇中、镇南等险要炮台。

防城起义失败后，孙中山又开始着手镇南关举事，任命黄明堂、关仁甫、李佑卿为南军正、副都督；同时，令梁蓝泉、梁亚珠和李佑卿一起到镇南关策反。镇南关上3个炮台的哨官李福南和姚子安，均是二梁旧部；李佑卿是凭祥土司，与李福南、姚子安亦有旧谊。二梁与李佑卿秘密抵关后，与李福南、姚子安等相商，李福南愿意参加革命，并当即加入同盟会。而姚子安态度暧昧，但其部下大多拥护革命。

孙中山得到二梁报告后，亲自到靠近镇南关的文登、文渊，将一笔现款银圆交与二梁等，嘱其发与起义的士兵，每人30元，以备起义之用，并召集在镇南关一带活动的党人黄明堂、李佑卿、刘梅卿、何伍、李辉堂等做好接应准备。梁亚珠暗中召集了黑旗军余部，越南光复会的领导人潘佩珠也与越南光复会的同志做好了协助中国革命党起义的准备。

孙中山从文登回到河内后，即与黄兴、胡汉民、王和顺等商量了起义大计。计划分水陆两路，进军南宁：水路由龙州沿左江下达太平府至三江口；陆路由镇南关、凭祥、宁明、上思至宣化的大塘，会合十万大山、钦州各地民军，会攻南宁。南宁取得后，即以孙中山、黄兴为中华国民军军政府正副元帅，广招民兵入伍，迅速扩大军队。然后，分兵三路进军湖南、江西、广东，与各地革命力量会合，一举推翻清政府。中越交界的镇南关成为义军的必经之路和必争之地。

1907年12月1日深夜，黄明堂、关仁甫、李佑卿等率领革命军100多人，携带快枪42杆，身佩短枪、马刀及绳索等，星夜抄小路从越南同登赶到镇南关附近的弄怀，在镇南关附近的山冲里埋伏，迂回偷袭镇南关。黄明堂与守炮台的清军取得联系，约定2日由山背间缒绳直入，直取第三炮台。

12月2日凌晨，革命军沿着山背小道，披蒙茸，拨钩藤，悄悄接近右辅山炮台。右辅山炮台，海拔590米，四面陡壁，居高临下，易守难攻。

革命军首先翻墙攻入镇北炮台，守炮台的官兵立即响应起义，顺利占领了镇北炮台，接着分兵进攻镇中台和镇南台。守炮台的清兵有的响应起义，有的落荒而逃。下午2时，3座炮台全部被革命军所占领。革命军占领炮台的消息传出后，附近的农民群众和散兵游勇纷纷前来投靠，队伍迅速发展到四五百人。

孙中山得知占领炮台的消息后，欣喜异常，当即带领黄兴、胡汉民、胡毅生和法国退职炮兵上尉男爵狄氏等十余人，由河内乘火车北上抵达镇南关。当晚点着火把登上右辅山，到炮台犒赏起义部队，黄明堂率队欢迎，全军深受鼓舞。

孙中山与官兵一一握手，随即发表了简短的讲话："非常感谢同志们奋勇高举义旗，同四万万同胞一起推翻清朝皇帝，建立新的共和国。到那时，我们每个公民都成为国家的主人，享受独立自由之幸福，外国人再也不敢欺侮我们了。同志们，我们就要向南宁、广州进军，北出长江，和全国同胞打到北京去，我们革命军是救国救民的军队，是最得民心的军队，到处都有人民的帮助，我们的力量是无敌的。兄弟此次入关是和大家一起参加战斗，革命一定成功！"

接着，孙中山又到镇中、镇南两炮台视察，发现每炮台有炮11门，炮口多数对着越南方向，只有镇北炮台对着清军可能进犯的方向。当即调整部署，由何伍守镇南炮台，李佑卿守镇中炮台，黄明堂守镇北炮台，孙中山、黄兴等回到镇北炮台坐镇指挥。

第二天上午，大队清军开到，向炮台发起攻击。其中一炮击中北炮台，在孙中山身边不远处爆炸，大家立刻卧倒，有5人受伤，孙中山亲自为他们包扎伤口。孙中山一面用望远镜观察敌情，一面下令还击。台上巨炮一齐轰鸣，敌营顿时浓烟滚滚，毙伤清兵60余人。孙中山也亲自点炮发射，并击中敌营，兴奋地说："反对清政府二十余年，今日始得亲发炮击清军耳！"

镇南关炮台被革命军占领，清政府极为惊恐，急电广西巡抚张鸣岐、边防督办龙济光、统领陆荣廷等，限七日内夺回炮台，否则革职查办。龙济光、陆荣廷连忙督率清兵20多个营堵截龙州、宁明、凭祥等地，加紧围攻右辅山炮台。

12月4日，各处清军向镇南关开进。驻凭祥统领陆荣廷、驻隘口帮统陈炳昆、镇南关大本营黄福廷和驻大连城管带曾绍辉等，率各路清军杀向镇南关，包围了右辅山炮台。镇南关附近的摩沙、卡凤、渠力等各村山头都被清军占领。陆荣廷又在凤尾山、大青山、小青山、马鞍山等处架起大炮，向右辅山炮台轰击并亲自督战，命黄福廷率队进攻。革命军奋力还击，击毁左辅山炮台一角。法国退职炮兵上尉男爵狄氏也亲自发炮，向清军营垒轰击，清营起火，清兵死伤60余人。

黄福廷向右辅山连攻数日，未能攻下，大腿负重伤，士兵也死了不少。曾绍辉包抄炮台后路，抢占了革命军据守的弄尧屯。陈炳昆听说孙中山和黄兴都在炮台督战，也不敢轻举妄动，固守阵地等待增援。陆荣廷加紧调兵遣将，向镇南关增加兵力。由于清军大量增兵，加上革命军武器弹药缺少，补充困难，后援跟不上，形势十分危急。

这时，黄明堂劝孙中山道："先生，以我个人之见，你等且下山，速筹军需接济。再说，先生为革命统帅，革命大局没有你不行；这里一切由我应付。"

黄兴和胡汉民等也极力相劝："先生，明堂的意见是对的，你应该立即下山！"

孙中山激动地说："我不愿意下去！我十多年没有踏过中国的土地，现在踏在这座山上，觉得很高兴，我可舍不得下去。我认为我们在这里总是有办法的。"

正在这时，越南光复会的刘岐山送来急信，说运来的粮械被文登的法军扣留，交涉无效。孙中山听后，遂决定率胡汉民、黄兴等去文登与法军交涉，留下黄明堂、胡毅生、梁蓝泉等坚守炮台。

孙中山离开镇南关后，清军进行反扑。12月6日、7日，龙济光、陆荣廷数千人马开赴前线。龙济光率所部3个营，陆荣廷率荣军3个营会同陈炳昆、曾绍辉等部共5000人，兵分四路，从青山炮台、南关闸、摩沙、左弼山和四方岭及尖山等处，包围炮台上的起义军。当夜，陆荣廷向镇北炮台猛扑。黄明堂坚持数日，枪弹告罄，留守炮台的革命军战士浴血奋战，击退了清军的多次进攻。

经过七昼夜的激烈血战，终因众寡悬殊，弹尽粮绝，起义军被迫撤退。为保存革命力量，凌晨，从镇南关炮台拆一缺口，抄小路退至越南境内的燕子大山。

黄明堂、李福南等到河内向孙中山报告失败经过，孙中山勉励他们说："此次起义，我们以少数同志占领了三炮台，显示了我们革命军人的大无畏精神。此次起义已震撼了清王朝，中国专制政体不久一定会被我们革命党推翻。"鼓励他们不要气馁、继续战斗，命黄明堂窥取河口，以图进取云南。

为鼓舞大家士气，孙中山即兴吟诗一首："咸来意气不论功，魂梦忽惊征马中。漠漠东南云万叠，铁鞭叱咤厉天风。"表达了其百折不挠的革命意志。

孙中山在河内领导革命，使清政府忧惧难安，便向驻北京的法国公使交涉，声明孙文现居安南东京甘必达街61号，指挥滇桂边境造反，大碍清法两国邦交，要求把孙中山驱逐出境；并悬赏20万金缉拿孙中山。法驻京公使即向巴黎政府报

1907 年，孙中山与陈粹芬在南洋合影

告。法国殖民当局也担心中国革命党人的活动会促进越南人民的独立斗争，便对清政府的要求，顺水推舟。

1908 年 2 月，孙中山被迫离开越南，去了新加坡，并在新加坡成立同盟会南洋支部，领导南洋各地同盟会革命斗争。

六、钦廉上思起义

孙中山在离开越南前，将经营粤、桂、滇三省军事托付黄兴、胡汉民二人代理。任命黄兴为总司令，再次在钦、廉地区举事，以为革命党之根据地。黄兴等积极做好发动军事的准备，一面于河内向法商购买盒子炮 100 余支，一面派人赴钦州劝说反复无常的清军统领郭人漳接济弹药，响应起义。

1908 年 3 月，黄兴组织同盟会会员及越南华侨 200 余人，组成了"中华国民军南路军"，自任总司令，准备进入钦州马笃山举行起义。3 月 28 日，黄兴率军越过中越边界，革命军高举青天白日旗，吹着军号直奔钦州，沿途张贴印有"中华国民南军总司令黄"的告示，乡民们燃放鞭炮欢迎。

3 月 29 日下午，黄兴率人马抵小峰，清兵管带杨某以为郭人漳率人马至，

遂派 30 余名清兵列队欢迎。双方见面后，清兵问何营，革命军答第 20 营。正当清兵疑惑之际，黄兴下令开枪，清兵猝不及防，当即有 5 人被打死，3 人逃走，余皆投降。

逃走的 3 名清兵跑回小峰，向管带报告了实情。杨管带即倾营而出，抢占有利地形，依山布阵，抵御革命军。黄兴将人马分为三队，令一队于正面佯攻，一队于田陇间埋伏，一队绕到清兵背后。清兵只顾正面迎敌，没顾身后，待革命军攻到近前，方知腹背受攻，清军大骇，顷刻大溃四散。革命军奋勇夹击，清兵死伤惨重，杨管带在护兵保卫下，仓皇逃遁。

当革命军与清军激战之际，郭人漳得报，亲率人马支援。途中，得知杨管带兵败，便下令人马偃旗息鼓以避革命军耳目。正行之间，与杨管带的败军相遇，败军遥见郭人漳人马没有旗帜，以为是革命军在此埋伏，慌忙向山中逃窜。郭人漳见了，又把这些败军当成革命军，便下令追赶。败军见状，愈加慌乱，边逃边还击。郭人漳亦令兵丁还击，将败军中一哨官击毙后，见其非革命军，始知双方误打。

4 月 1 日，黄兴率人马抵大桥。适有两营清兵前来增援，双方于大桥激战。革命军英勇冲杀，清军不支，一名营官被击毙。清兵大骇，两营人马顿时四散逃命。

4 月 2 日，黄兴率人马抵马笃山。郭人漳派一龙姓管带前来迎战，黄兴便于马笃山列阵，抢占了居高临下的有利地形。当龙管带率清兵抵阵前时，黄兴举枪瞄准龙管带，一枪将其击落马下。清兵见主将身亡，无不大骇，纷纷后退。黄兴率队乘势掩杀，清兵溃退，有哨官二人被擒，士兵降者数十人。

黄兴率人马向桂边开进。郭人漳率部与参将王有宏人马会师后，即合兵尾追，两支人马计有 3000 余人。黄兴见敌众我寡，决定出奇制胜，乘夜袭敌。派敢死队于黑夜摸至清营附近，投掷炸弹。一时间，炸火冲天，清兵顿时大乱，自相惊扰，不战而逃。革命军乘胜追击，清兵大败。郭人漳狼狈逃窜，军旗和战马为革命军所获。

革命军自出兵以来，五战五捷，声势日盛。沿途有许多民众加入，队伍增至 600 余人。黄兴率人马纵横出没于钦州、廉州、上思一带，转战游击，大小数十战，先后破清兵逾万。郭人漳频电粤督告急，粤督电请桂抚协同"围剿"。

革命军虽然屡屡得胜，因没有后援、弹药告罄，官兵染疾者甚多，黄兴在率部转战 40 余天后，只得下令将人马解散。黄兴带部分人马回越南，余部退入十万大山之中。

七、河口起义

当黄兴返回越南之际，黄明堂等于 4 月 29 日在河口发动了起义。孙中山即电令黄兴速赴河口督师。

河口是云南边陲重镇，隔红河与越南老街相对，滇越铁路由此经过，上通蒙自、昆明，战略地位非常重要。清政府在此设重兵布防，驻有 4 个巡防营，建有炮台 4 座，守备熊通率部驻守。革命军欲图云南，必先取河口，

1908 年的孙中山

99

然后可长驱直入。

孙中山在离开河内抵新加坡时，河口军事指挥权即委任黄明堂，并要王和顺、关仁甫佐之。胡汉民又派了部分同盟会会员前往老街，做好准备接应工作。黄明堂、王和顺等人将在镇南关起义失败后撤出的革命军100多人秘密移至云南边境，在孟坝寨设置了临时起义指挥部，会合河口一带会党、游勇，积极准备举事。关仁甫悄悄潜入境内，与同情革命的河口守备熊通及巡防营管带黄元贞秘密接头，二人答应作为内应，响应起义。

1908年4月29日深夜，黄明堂、王和顺、关仁甫等率200余人从越南边界悄悄渡河，与清军反正部队会合，约500人，向城中发起进攻。城内警察听到城外攻打的枪声，即相率反正，并杀死了警察局局长蔡某。当时黄元贞率一营清兵守山上南营，督办王玉藩率两营守半山的炮台，管带岑德桂率一营守城内。由于革命军攻势甚猛，岑德桂部人马不支，败退炮台，与王玉藩人马相会一处，于是河口为革命军所占领。

天明之后，黄明堂率革命军向炮台猛攻，黄元贞率众反正。王督办下令固守，负隅顽抗。守备熊通举枪打死王督办，喝令清兵投降。革命军迅速占领了炮台，缴获毛瑟枪1000余支，子弹20万发。黄明堂给每个起义战士发了一块大洋作为犒赏。接着，起义军分兵北上，连克新街、南溪。随后成立云贵都督府，黄明堂以"中华国民军南军都督"名义出榜安民，远近归附者络绎不绝，数日内增至千余人。

清云贵总督锡良闻报，大惊失色，急令道员方宏纶、提督白金柱率兵10余营前往"围剿"，并向四川、广西、广东三省求援，同时向清政府发电告急。白金柱首先率4营清兵到八寨，另一路清兵也到了距开化城80里处。关仁甫闻清兵至，即令王和顺率一支人马袭取了与八寨相近的古林菁，以此牵制白部；关仁甫率部攻占了蛮耗。

孙中山在新加坡闻革命军占领河口，甚喜，发电奖励各将士。得知黄兴已至越南，当即委任黄兴为"云南国民军总司令"，节制各军。5月7日，黄兴乘火车抵老街，旋至河口。他见黄明堂屯兵不进，力主乘势沿铁路进攻昆明，黄明堂恐粮弹不继，犹豫不决。黄兴决意亲率人马行进，黄明堂拨其士兵100余人，但士兵不听其指挥，路上纷纷走散。黄兴无奈，只得转回河口，派人约王和顺、关仁甫至河口，共商进取之策。

这时河口粮米奇缺，革命军已达3000余人，每日仅用粮一项即需几千元开支，而就地征收之义捐，与所需相差极远，军心开始动摇。由于清廷与法国政府不断交涉，于是越南殖民当局封锁边关，禁阻起义人员和武器、粮食从越南增援云南。在河内的胡汉民虽然购得了粮弹，曾派侨商黄隆生、甄吉亭等数次往河口解运粮弹，均为老街法警所禁，河口面临粮绝之虞。黄兴欲亲率人马攻取蒙自，但投诚将士不听其指挥。黄兴遂回河内召集旧部，刚到老街，即为法国警兵所捕，将其遣送到新加坡。

到了五月下旬，驻桂、川之清军赶到。一时间，清军各路援军云集，白金柱下令向王和顺大营发动攻击，双方在泥巴黑附近大战20余日，革命军终因弹药告罄而不支，王和顺率部退守河口。关仁甫部亦丢掉蛮耗，退至河口。

黄明堂召开紧急军事会议，商讨对策。王和顺主张背城一战，胜则直捣蒙自、昆明，败则退入越南。黄明堂、关仁甫都力主保存实力，伺机再做后图。当下做出决议，黄明堂、王和顺、关仁甫等首领赴越南，革命军大队人马由何护廷、马大等率领东去，取道镇边八角山等处转移广西境内。

当革命军大队人马行至马白之际，与广西提督龙济光部相遇，而清军王正雅部亦尾随而至。革命军腹背受敌，与龙济光部打了一仗，退至一个叫马角寨的地方驻下。不料是夜为清军偷袭，纷纷退入越南境内。

革命军进入越南境内后，欲假道开往桂边，而驻越南边境的法兵却勒令革命军缴械，革命军不从，与法兵打了起来。革命军多为游勇出身，善打游击，结果法兵与革命军交战数月，搞得疲惫不堪，也没能把革命军制优。最后，驻该地的法国军官请知名乡绅梁正礼出面调停，双方达成停战协议，法国殖民当局负责旅费，遣送600余名起义战士出境，转至南洋安置。

八、同盟会分裂

河口起义的失败，是同盟会成立后第七次武装斗争的失败。连续的失败和保皇党的乘势攻击，使革命党人斗志低落，悲观失望，有的开始对孙中山不满，又掀起了第二次"倒孙"风潮。

1908年9月，《民报》经费困难，编辑部同人几乎断炊，章太炎派陶成章到南洋募捐。陶成章化名唐继高，带着章太炎所印的《民报》股票数百张，来到南洋筹款。他到了新加坡，向孙中山提出拨款3000元作为《民报》印刷费及增加维持费等要求。

1908 年 3 月，孙中山在新加坡与印度尼西亚华侨黄甲元等合影

　　这时候，也是孙中山革命经费最困难的时刻，就连他自己也常常陷入衣食难济的窘境。河口起义失败后，被越南法国殖民当局解送到新加坡的600 多名战士的衣食住行问题，成了孙中山和新加坡华侨难以承受的负担。这些人当中，有要款想回香港、大陆的，有伤病不起需要医治的，有闹事招致警察干涉的，有聚众到中兴日报社和孙中山住宅讨伙食的，把孙中山弄得焦头烂额。直到孙中山和陈楚楠、张永福等华侨同志创办了中兴石场，才把这 600 多人暂时安置下来。

　　陶成章来后，向孙中山提出索款要求，孙中山自顾不暇，只得将自己的手表、衣物交给陶成章去变卖，以救燃眉之急。陶成章因此产生误会，与孙中山争执不休，又要求孙中山为他筹款 5 万元，作为其筹备中的五省革命协会经费。孙中山摇头叹气地向他解释："近日南洋经济危机，为这里数百名同志的生计，已经碰得焦头烂额。5 万元巨款，实在难以办到。"但表示可以为其介绍南洋华侨，让其亲自去各地募捐。

　　陶成章带着孙中山的介绍信到缅甸仰光、槟榔屿等地，以江、浙、皖、赣、闽五省革命军的名义筹饷，并在各地发展光复会组织。但那些地方的华侨捐款都很少，每地仅数百元而已。陶成章怀疑是孙中山暗中掣肘，就把怒火喷向孙中山，声称河口起义所用军费不过 1000 多元，孙中山将各地同志的捐款攫为己有，家中发了大财。接着，陶成章跑到槟港，纠合南洋李燮和等五六人，以川、粤、湘、鄂、苏、浙、闽七省同志的名义起草了《孙文罪状》，声言"罄南山之竹，书罪无穷；决东海之波，流言无尽"，指责孙中山在汇丰银行储款 20 万元，其兄孙眉在九龙建造豪华住宅，是由孙中山汇款助建。罗列孙中山"谎骗营私"，有"残贼同志""蒙蔽同志""败坏全体名誉"等"罪状"12 项，要求"开除孙文总理之名，发表罪状，遍告海内外"。

陶成章带着这份《孙文罪状》，跑回东京，找到了黄兴，要求同盟会本部开会讨论。黄兴断然拒绝了陶成章的无理要求，还写信给李燮和，替孙中山辩解。陶成章恼羞成怒，便动员章太炎刊印传单，分送南洋、美洲等地，攻击孙中山"怀挟巨资，而用之公务者十不及一"。在法国的张继，也要求孙中山退隐，或"布告天下，辞退同盟会总理"。

对同盟会的又一次内讧，孙中山既恼火又痛心。他复函张继，拒绝其无理要求："此时为革命最衰微之时，非成功兴盛之候，是为弟冒艰危、茹困苦以进取之时代，非退隐之时代也……弟被举为总理，未有布告天下始受之，辞退亦断未有布告天下之理。弟之退总理已在要求同盟会及章太炎认不是之时，同盟会及太炎至今未有认过，则弟已不承为彼等之总理者久矣。"

孙中山又致函主办《新世纪》的吴稚晖："所攻者，以我'得名'，以我'攫利'为言。而不知我之经营革命在甲午以前，此时固无留学生为我吹嘘也。而乙未广州之事失败，则中国举国之人，无不以我为大逆不道，为乱臣贼子，为匪徒海盗。当时如有陶成章，想亦不欲得此等之名辞也！今日风气渐开，留学之士以革命为大光荣之事业，而陶辈始妒人之得名。然我之初意只在赴大义、行宗旨，而与共事之同志亦无不如此……自我一人于此两年之内，除住食旅费之外，几无一钱之花费，此同事之人所共知共见也。而此期之内，我名下之钱拨于公用者一万四千元，家人私蓄及首饰之拨入公用者亦在千数百元。此我'攫利'之实迹，固可昭示于天下也！"

孙中山还针对九龙的房屋和胞兄孙眉多年来对自己革命的支持，也做了公开说明："当日图广州之革命，以资助者，因无几人也，所得助者，香港一二人出资数千，檀香山人亦出资数千，合计不过万余耳。而数年之经营，数省之联络，及于羊城失事时所发现之实迹，已非万余金所能者也，则人皆知之。其余之财，来自何乎？皆我兄及我所出也……自此，我一人之财力已尽，而缓急皆赖家兄之接济，而妻子俯畜，亦家兄任之。是从事革命十余年来，所费资财，多我兄弟二人行之。所得自国人及日本人之资助者，前后共不过四五万元耳。……若为图利计，我亦何乐于革命，而致失我固有之地位，失我固有之资财，折我兄之恒产耶？（两年前家兄在檀已艰穷破产。其原因皆以资助革命运动之用，浮财已尽，则以恒产抵借贷，到期无偿，为债主拍卖其产业，今迁居香港，寄人篱下，以耕种为活，而近因租价未定，又将为地主所逐……）此庚子以前，我从事革命事业，关于一人得失之结果也。"

这时，在日本的黄兴致书孙中山，表示"陶等虽悍，弟当以身力拒之"。接着，又亲自撰写《致美洲各埠中文日报同志书》，说明"本处风闻于孙君未抵美以前，有人自东京发函美洲各埠华字日报，对于孙君为种种排挤之词，用心险毒，殊为可愤，故特飞函奉白"，"望我各位同志，乘孙君此次来美，相与同心协力，以谋团体之进步，致大业于成功，是所盼祷"。

越南的革命党人也发表了《河内公函》，详述发动广西、云南起义的经过，以大量确凿事实验斥了陶成章的诽谤。在南洋的革命党人，还派人调查了孙中山的经济状况，发现"先生九龙的家里，只有母亲，自己的夫人和女儿，几间旧房子，此外别无所有。还有先生的哥哥，是自己修了草房子，在那里耕种。假使先生为革命发了财，把钱寄到家里去，为什么家里的房子，家里的人，还是这样蹩脚呢？"南洋同志经实地调查后，把实情公开宣布，使真相大白，打消了大家对孙中山的质疑。

1910 年 2 月，章太炎、陶成章等公开从同盟会分裂出来，在东京成立光复会总部，章太炎任会长，陶成章为副会长，李燮和为南部执行员，使同盟会走上了分裂的道路。

九、广州新军起义

粤桂滇边系列起义失败后，黄兴自越南到新加坡与孙中山会面，二人曾有一番长谈，总结失败教训，讨论今后革命方略。黄兴说："观以往之教训，革命成功，会党人力量不足为恃，非建立由革命干部训练之武装不可，目前当注全力于清廷新军。"

胡汉民在向孙中山汇报工作时，也提出了类似的观点，建议倾全力运动新军。孙中山深以为然，也感到会党组织涣散，难以节制。自此，同盟

1909 年 5 月，孙中山在巴黎从事革命活动时留影

会把军事活动重点转向策动新军方面，首先把视线转向驻扎在广州的新军，集中力量在此策划起义。

1909 年 6 月，广州同盟会骨干赵声、朱执信、倪映典、张碌村、胡毅生、陈炯明等人在白云山能云寺开会，研究部署发动新军起义，决定由倪映典联系新军各营，张碌村联系巡防各营，胡毅生联系农村会党，赵声负责总指挥，并在天官里寄园五号设立联络机关。经过几个月的努力，同盟会在广州新军中的力量有了长足的增长。当时广东新军计有步兵第一、二两个标（团），炮兵第一、二两个营，辎重兵一营，工程兵一营，学兵营一营，除第二标和学兵营驻北校场外，余均驻在广州东北郊的燕塘；另有巡防新军七营。

到这年冬，广州新军已有 3000 余人加入同盟会。为适应形势的发展，同盟会在香港建立了南方支部，作为指挥南方革命的总机关，以胡汉民为支部长，汪精卫为书记，林直勉为会计，倪映典为运动新军总主任，下设

1909 年 11 月，在美国筹款的孙中山与友人在汽车上留影

筹饷、军事、民事、宣传各组。不久，倪映典自广州至香港，报告运动新军情况。南方支部电告在美国筹款的孙中山，要求速汇 2 万元应急，并电邀黄兴、谭人凤、赵声来港，共图大举。

1910 年 1 月 29 日，黄兴抵达香港，主持起义大计。为保证起义的胜利，除倪映典加紧在新军中开展工作外，又命姚雨平、张磩村动员省会附近之巡防营，朱执信、胡毅生联络番禺、南海、顺德之民军。当时，湖北共进会的领导人孙武亦在香港，表示如广东起义，湖北一定响应。

2 月 5 日，倪映典到香港向南方支部报告工作，共同商定于 2 月 24 日农历元宵节发动起义。不料，农历除夕这天，突然发生了一个意外事件。二标二营士兵胡英元原先在城隍庙前绣文斋定刻图章、名片，托同营士兵华宸忠代取，因为争论价格，发生口角。老城第一局警察前来干涉，以致动武互殴，警察拘押了 8 名新军士兵。消息传到军营，士兵们怒不可遏，百余人持械包围了警署，索回被押士兵。

当晚，倪映典知事态严重，即赴港向南方支部报告，要求提前发难。黄兴、胡汉民、赵声等紧急商议后，决定将起义日期提前，定于正月初六举义。但倪离广州后，新军处于群龙无首状态，被押士兵回营后大讲警察如何蛮横无理，凌辱新军弟兄等情事。士兵闻言大愤，于正月初一自动携械入城，逢警察即打，并捣毁几处警署。

两广总督袁树勋闻讯，立令教练处长吴晋、新军协统张培爵弹压。当日，张率宪兵至二标，集合兵士训话，暗中派宪兵会同官长将二标各营的枪机拆卸、子弹收回，从后门运至城内；并下令初二不放假，禁止士兵外出。一标及炮营党人得知二标枪机、子弹被缴消息，十分愤怒，于初二晨，纷纷夺门而出，往司令部、军械房、讲武堂等处取枪械及子弹，准备立即起义。

正月初二夜，倪映典从香港赶回广州燕塘时，发现士兵情绪高涨，局势难以控制，于是当机立断，击毙炮一营管带齐汝汉，率炮兵第一营首先起义。接着步兵、辎重、工程各营士兵纷起响应，共集合 3000 余人，公推倪映典为总司令。倪与义军对天宣誓："愿为革命战死"，随即分三路向广州城进军。

义军主力抵达牛王庙时，巡防营统领吴宗禹已率部三营在此扼守，居高临下，发炮轰击，起义军伤亡较大。倪映典指挥突围，进至横枝冈时，巡防营帮带童常标、管带李景濂等人到阵地前，以商谈为名，传呼请见。倪映典与童常标是安徽同乡，而李景濂又曾加入同盟会，以为他们是想磋商反正问题的，遂释然不疑，单刀赴会进入清营做工作。当倪映典从清营返回时，清军突然从身后开枪，倪映典中弹身亡。

倪映典牺牲后，义军失去了领袖，造成很大混乱，不得已向燕塘退却。余部坚持战斗至深夜，后因"子弹罄竭，无法抵御"，终至溃散，新军起义遂告失败。

十、谋刺摄政王

广州新军起义失败后，同盟会会员中间出现了悲观失望的情绪。一直反对暴力革命的梁启超，借革命党人屡战屡败之际，在《新民丛报》上撰文冷嘲热讽，批评革命党领袖们"徒骗人于死，己则安享高楼华屋，不过'远距离革命家'而已"。汪精卫激于义愤，与黄复生、喻培伦等人组织了"暗杀团"，慨然入京谋刺摄政王载沣。

黄复生、喻培伦先期到了北京，在琉璃厂火神庙西夹道开了一家照相馆，作为活动据点，秘密侦查摄政王载沣的行踪。汪精卫入京与两位会合后，决定在摄政王载沣上下朝必经的什刹海旁甘水桥下埋设炸弹。

1910 年 4 月 2 日深夜，黄复生、喻培伦在甘水桥下埋设炸弹，不料，却被附近的一个市民发现报了案，摄政王载沣幸免一死。第二天的报纸上虽然全是有人想刺杀摄政王的大新闻，但是却把它归结为宫廷内斗的结果，警察宣布已将案犯缉拿归案。汪精卫松了口气，放下心来准备下一次的暗杀行动。

原来警察发现炸弹后，立即明白是革命党所为。报纸上关于炸弹起因于宫廷争斗，以及案犯已被捕，是清政府故意放出的烟幕弹，就是为了麻痹行刺者，使其安心，不致逃走。他们仔细检查了炸弹，发现炸弹中几颗螺丝钉是新近制作的。于是警探拿着螺丝钉顺藤摸瓜，到京城各铁匠铺核对，找到了它的出处。经鸿泰永铁匠铺老板回忆，想起这是"守真照相馆"要求做的。于是，汪精卫等人的活动已处于清廷的严密监视之下，而他自己还浑然不觉。

4 月 16 日，大批警察突然包围守真照相馆，将汪精卫和黄复生一并抓获。本来摄政王准备将他们立即处死。审讯中，汪、黄争当"主谋"，连肃亲王善耆也被感动，遂将二人判为终身监禁。

汪精卫在狱中的诗作曾广为流传："慷慨歌燕市，从容做楚囚。引刀成一快，不负少年头。"

第四章

辛亥革命

一、立宪运动

革命党的武装斗争，沉重打击了清政府反动势力，在全国引起了较大的反响。为了对付日益高涨的革命洪流，清政府在国内外压力之下不得不重启变法，从 1901 年起陆续推行新政，兴办学堂，鼓励留学，编练新军，发展实业，倡言变法，企图保住大清王朝摇摇欲坠的统治地位。

1904 年 2 月，日本与沙俄为争夺在中国东北地区的利益，爆发了日俄战争。1905 年 5 月，以俄国战败而告终。实行君主立宪制的小国日本竟然战胜了沙俄帝国，给中国社会各界以强烈的刺激，人们普遍认为："日俄之役，非军队之竞争，乃政治之竞争。卒之日胜而俄败，专制立宪，得失皎然。"一时哄传立宪政体战胜了专制政体。尤其日俄战争后不久，俄国宣布预备立宪，进一步激起中国要求立宪的社会舆论，立宪改革已渐成共识。

1905 年 6 月 4 日，直隶总督兼北洋大臣袁世凯联合两江总督兼南洋大臣周馥与湖广总督张之洞联名上奏，请求立宪，并请派亲贵大臣赴各国考察政治。一时间，立宪成为人们关注的话题，朝野随之掀起了一场"立宪运动"。

7 月 16 日，慈禧太后在御前会议上表示："立宪一事，可使我满洲朝基永久确固，而在外革命党亦可因此涡灭，候调查结果后，若果无妨碍，则必决意实行。"并决定派辅国公载泽、兵部侍郎徐世昌、户部侍郎戴鸿慈、湖南巡抚端方、商部右丞绍英为考察政治大臣，考察日、英、美、德、法、奥、意、俄、比九国政治。随后，清廷发布上谕："方今时局艰难，百端待理，朝廷屡下明诏，力图变法，锐意振兴……兹特简载泽、戴鸿慈、徐世昌、端方等随带人员，分赴东西洋各国考求一切政治，以期择善而从。"

考察团原定 9 月 24 日出发，因临行前光复会会员吴樾在北京正阳门火车站炸弹行刺，载泽、绍英受伤，行程被迫推迟。后徐世昌另有他任，绍英受伤未愈，乃改派李盛铎、尚其亨代之，随员有施肇基、夏曾佑、熊希龄、伍光建等人。考察团兵分两路：辅国公载泽、布政使尚其亨、顺天府丞李盛铎等，前往日本、英国、法国、比利时等国；户部侍郎戴鸿慈、湖南巡抚端方等，前往美国、德国、奥匈帝国、俄国、意大利等国，分别于 12 月初出发。

在出发之前，慈禧太后特意召见了端方，并赏赐了一些宫廷御用点心

慈禧太后

以示鼓励。慈禧太后问端方："新政已经实行了几年，你看还有什么该办但还没有办的？"端方回奏："尚未立宪。"慈禧太后问："立宪有什么好处？"端方说："立宪后，皇位可以世袭罔替。"慈禧太后听后，若有所思。

1905年9月2日，袁世凯、赵尔巽、张之洞、周馥、岑春煊、端方等封疆大吏上《奏请废科举折》。同日，清廷下令"著即自丙午科开始，所有乡会试一律停止，各省岁科考试亦即停止"。并出台政策，兴办新式学堂，鼓励出洋留学，促进了新式学堂的设立和发展。

五大臣考察出访约半年，先后考察了14个国家。其间参观议院、机关、学校、监狱、工厂、农场、银行、商会、邮局乃至博物馆、戏院、浴池、教会、动植物园等，拜会政治家、学者，调查各项政治制度，收集各类图书和参考资料等。

1906年夏秋之间，出洋考察的大臣先后回国，上朝复命。8月26日，载泽上奏《奏请以五年为期改行立宪政体折》，阐述立宪有三利：一曰"皇位永固"，二曰"外患较轻"，三曰"内乱可弭"。建议清廷宣布立宪，以五年为期，改行立宪政体，编写大清"宪法"，颁行天下，并公布地方自治，制定集会、言论、出版的有关法律。

考察团另一路领队端方亦上奏《请定国是以安大计折》，力主以日本明治维新为蓝本，尽速制定宪法。同一天，北洋大臣兼直隶总督袁世凯也趁机上奏：宣使中央五品以上官员参与政务，为上议院基础；使各州县有名望的绅商参与地方政务，为地方自治基础。

各大臣奏报完毕，慈禧即令王公大臣将奏折传阅讨论，结果公议立宪有利，应该实行，只是在时限缓急上各有分歧。8月29日，庆亲王奕劻等"面奏两宫，请行宪政"。

9月1日，经过王公大臣一番辩论之后，慈禧发布懿旨，宣示预备立宪。懿旨说："我朝自开国以来，列圣相承，谟烈昭垂，无不因时损益，著为宪典。现在各国交通，政治法度，皆有彼此相因之势，而我国政令积久相仍，日处阽危，忧患迫切。非广求智识，更订法制，上无以承祖宗缔造之心，下无以慰臣庶治平之望……各国之所以富强者，实由于实现宪法，取决公论，君民一体，呼吸相通，博采众长，明定权限，以及筹备财用，经画政务，无不公之于黎庶。又兼各国相师，变通尽利，政通民和，有由来矣。时处今日，惟有及时详晰甄核，仿行宪政，大权统于朝廷，庶政公诸舆论，以立国家万年有道之基。"

慈禧太后在宣布仿行宪政的同时，又强调："目前规制未备，民智未开，若操切从事，徒饰空文，何以对国民而昭大信？故廓清积弊，明定责成，必从官制入手。亟应先将官制分别议定，次第更张，并将各项法律详慎厘定，而又广兴教育，清理财政，整饬武备，普设巡警，使绅民明悉国政，以预备立宪基础。"

1907年，清政府宣布在中央筹设资政院，各省设咨议局，作为中央和地方的咨询机关，准备将来改为国会或地方议会。随后各地立宪公会纷纷建立，张謇、汤寿潜、郑孝胥等人在上海成立"预备立宪公会"，汤化龙等在武昌成立"宪政筹备会"，谭延闿在湖南成立"宪政公会"，杨度、熊范舆等人在日本创立"宪政讲习会"，康有为、梁启超为首的保皇会改名为"国民宪政会"。主张立宪的团体陆续发表宣言，鼓吹实行君主立宪政体，同时发起国会请愿运动，提出速开国会、颁布宪法、缩短预备立宪期限、开放党禁等诉求。

从1908年3月起，各省陆续有代表到北京，呈递请愿书要求尽早开国会。到1908年夏，国内产生了一股强大的请愿速开国会的舆论，请开国会的折呈连连不断，终于形成了一个全国性的大规模的请愿运动。

面对这一局面，清廷不得不于8月27日颁布《钦定宪法大纲》和"九年筹备立宪清单"。《钦定宪法大纲》共23条，其中关于"君上大权"的内容有14条。规定皇帝有颁行法律、黜陟百司、设官制禄、宣战议和、解散议院、统帅陆海军、总揽司法权等至高无上的权力。关于人民义务的有9条，除了纳税、当兵等项义务外，还规定了一些在法律许可范围内的言论、出版、集会、结社等项权利和自由，实际上把皇帝至高无上的权力用宪法的形式固定了下来。

二、光绪驾崩

　　光绪三十四年十月十日（1908年11月3日），是慈禧太后73岁寿诞，风烛残年的慈禧已病入膏肓。光绪欲率文武百官为慈禧贺寿并探病，慈禧传懿旨拒见。

　　自戊戌变法失败后，光绪帝被幽禁于中南海瀛台，珍妃被慈禧打入冷宫北三所。八国联军入侵时，慈禧太后让太监将珍妃推入井中，从此光绪帝在瀛台郁郁寡欢。瀛台位处南海仙岛皇宫，四周环水，只能在涵元殿和小岛上活动。光绪对其英文教师御前女官德龄哀叹："朕有意振兴大清帝国，但不能作主。"虽然每天早上要去金銮殿上朝，但形同傀儡，沉默寡言，只有在慈禧太后要求他表态时，才说一两句话。他在诗中写道："我生何太晚，生当复何年？一朝失权势，万事随风烟。瀛台空幽闭，紫禁徒往还。人生如寄客，何处是家园？"

　　听闻慈禧病重的消息，光绪暗自高兴，盼望已久的亲政指日可待，禁不住喜形于色。总管太监李莲英向慈禧密报："帝闻太后病，有喜色。"慈禧听后大怒："予不能先尔死。"

　　光绪三十四年十月十七日（1908年11月10日），光绪按例上完早朝，下午批阅奏折，晚膳用了太监送来的膳食。餐后不久，光绪忽然感到身体强烈不适，随后传上谕紧急延医。当晚，慈禧太后命人将棺椁抬到乾清宫，准备后事。

　　慈禧召见庆亲王奕劻、军机大臣兼外务部尚书袁世凯等亲信，宣称皇帝病重，面谕荐医治疗。袁世凯极力保荐私交甚厚的屈桂庭："屈桂庭是北洋出身，医术颇为高明。臣全家有事都请他诊治。"慈禧大喜。屈桂庭奉旨赶到京师，先后觐见慈禧、光绪。经诊视发现，光绪患有高血压、胃炎等症，当即开了药方，然后向慈禧奏云："臣之所开药方，可去医院或药房配制，而个人不便进药。"慈禧亲自安排人抓药配制。

11月13日，慈禧太后在病榻上召见醇亲王载沣、庆亲王奕劻等人，面授懿旨："醇亲王载沣之子溥仪着在宫内教养为嗣"。当时，溥仪只是个乳臭未干的3岁孩童，载沣"叩辞至再"。

慈禧当众斥责："此何时而讲谦让，真奴才也！"然后派庆亲王奕劻去通报光绪。

光绪沉默半晌方说："找一个年岁大些的岂不更好吗？"然后喃喃道："不过太后的旨意，谁敢违抗呢？"

此时，慈禧太后已到弥留之际，礼部尚书兼管宴大臣溥良等王公大臣守候在慈禧寝宫之外。这时，一太监端着个盖碗从寝宫出来，溥良便上前问端的什么。太监说："这是老佛爷赏给万岁爷的塌喇（满语"酸奶"之意）。"光绪喝了酸奶没多久，就突然连呼腹疼，接着便捂着肚子在龙床上乱滚。

慈禧太后得知光绪的病情加剧后，却没有表现出任何焦虑，只是命令不要让外人知道。多次问身边太监："皇帝现在如何？"当太监们告诉她："皇帝已经奄奄一息，不能进药了。"慈禧听后，似乎安心多了。

光绪帝两次传召御医，都被人挡了回去。最后，屈桂庭被传去给光绪看病，发现光绪脸色发黑、舌头焦黄，似有中毒迹象，和前期病症没有什么关系，但亦不敢多言，只能用吗啡暂时缓解痛苦。至11月14日晚上酉时，太监小德张向太医院宣布光绪皇帝驾崩了。

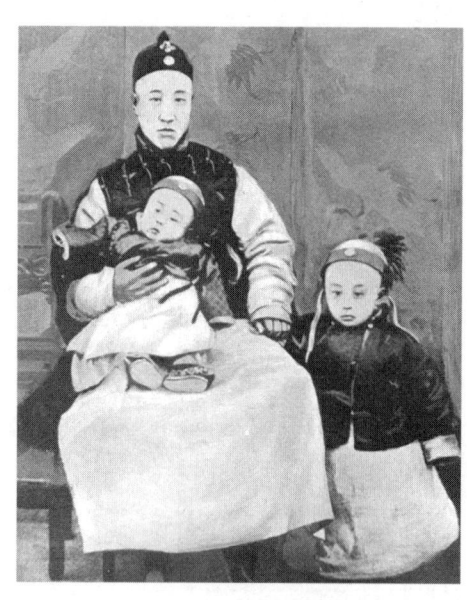

摄政王载沣和末代皇帝溥仪（右一）

光绪驾崩后，没有按照清朝祖制由内务府收殓，再让王公大臣瞻仰遗容的规矩，而是全程由太监收殓，整个过程非常神秘。对于光绪帝死因，一直众说纷纭。为解开光绪死因之谜，后经法医对光绪遗体头发、骨骼、衣物等进行检验，显示头发中剧毒砷含量高达2404微克／克，比正常人高出2400多倍；衣物残片中的砒霜高达201.5毫克，而普通人只要服用60毫克砒霜就会中毒死亡。检验鉴定结论是："光绪帝系砒霜中毒死亡。"

慈禧闻报光绪已死，当即宣布懿旨："醇亲王载沣之子溥仪着入继大统为嗣皇帝"，"以醇亲王载沣为监国摄政王，秉承予之训示处理国事。现予病势危机，自知不起，此后国政即完全交付监国摄政王"。

1908 年 11 月 15 日，光绪帝驾崩的第二天，掌控大清王朝长达 47 年的慈禧太后，于中南海仪鸾殿一命呜呼。

载沣是道光帝之孙，光绪帝之弟，8 岁袭封醇亲王。已经订婚的载沣被慈禧太后赐婚荣禄之女瓜尔佳氏，1906 年 2 月生下溥仪，载沣被任命为正红旗都统。1908 年初，25 岁的载沣被任命为军机大臣。

1908 年 12 月 2 日，不到 3 岁的溥仪由载沣抱着在太和殿即位，年号宣统。当众大臣跪地高呼"吾皇万岁！万万岁！"时，没见过如此场面的溥仪一下子吓哭了，载沣赶紧哄孩子："不哭，不哭，快完了，很快就完了！"这句不吉利的谶语，令众大臣哭笑不得。

三、预备立宪

1909 年 1 月 2 日，清廷诏谕军机大臣、外务部尚书袁世凯现患"足疾"，命其"回籍养疴"。此外，袁的重要党羽唐绍仪、赵秉钧、陈璧等均遭贬斥，雷震春、倪嗣冲、段芝贵等被参革，曹锟要求保住一品顶戴而退休，段祺瑞调充江北提督。7 月 15 日，清廷又诏谕，皇帝亲自兼任海陆军大元帅，亲政前由摄政王载沣暂行代理；并任命载沣之弟载洵为海军大臣，载涛为管理军谘处事务大臣，统帅禁卫军。如此一来，军权完全掌握在皇族手里，遭到了各地立宪派的反对和抗议。

1909 年 11 月，由预备立宪公会副会长、江苏咨议局局长张謇带头发起了第一次请愿国会运动。中旬，先后有 16 个省咨议局的代表 55 人到达上海，举行"请愿国会代表团谈话会"，决定即时进京向都察院呈递请愿书。11 月 12 日发表通电，要求速开国会设立责任内阁。

1910 年 1 月 16 日，"请愿国会代表团"33 人，由直隶议员孙洪伊领衔署名，向都察院递交请愿书，要求"期以一年之内，召集国会"。各代表还到处拜访朝廷中的亲贵大臣，进行游说，以期达到速开国会的目的。请愿书递上去 10 多天后，清廷于 1 月 30 日发下谕旨，称请愿代表"具见爱国热忱，朝廷深为嘉悦"，但仍坚持原定的 9 年预备立宪期，拒绝了这次请愿。

2月7日，各省咨议局在北京代表请愿速开国会的要求被朝廷拒绝后，召开会议，一致决议将"请愿速开国会同志会"改为"请愿即开国会同志会"。这一天，请愿即开国会同志会又通告各省，指出此次被拒是由于"请有未诚，诚有未至"，呼吁国人"以法律之行动，为和平之请求"，迅速推举代表来京上书，当日，各省绅商学界各团体复电表示赞成。

6月16日，各省请愿速开国会代表孙洪伊等80余人，齐集都察院，再次呈递请愿书，发动第二次国会请愿运动。此次请愿，签名国民达20余万人，共有10多个社会团体同时向都察院呈递请愿书。

6月22日，代表们要求晋谒摄政王载沣，载沣拒不接见。6月27日，载沣召集会议政务处会议，面询各大臣意见，"皆奏称按期次第筹备，一切尚未安全"。同日，清政府颁布谕旨，称："仍俟九年筹备完全，再行降旨定期召集议会。尔等忠爱之忱，朕所深感。惟兹事体大，宜有秩序。宣谕甚明，毋得再行渎情"。再次拒绝请开国会，第二次国会请愿运动宣告失败。

10月3日，资政院举行开院典礼，宣布开院。参加开院典礼的有议员154人，以及摄政王、军机大臣和各部尚书等。资政院议员，分为钦定与民选两大类，各占一半，王公贵族等议员由皇帝选定，民选议员由各省咨议局推选。

国会请愿代表团孙洪伊等，利用资政院开会的时机发动了第三次国会大请愿。代表团通告国民，因"时势逼人"，决定"抵死请愿，无论如何危险，皆所不计"，并请全国各团体同时开会，"邀集大多数国民速赴各督抚衙门，泣恳代奏速开国会，以救国亡，或联电政府代奏"。

10月7日上午，代表团正准备上书，忽有学生赵振清、牛广生等17人整队而入，并交代表一封信。信中"痛陈国家瓜分在即，东三省土地必先沦亡，非速开国会不能挽救"；"二次请愿既然无效，今作第三次之请愿，势不能再如以前之和平，与其亡国后死于异族之手，不如以死谢诸代表之行"。言毕，赵、牛二人即从袖中抽出利刃，"欲自绝以明心迹"。各代表惊骇万分，奋力解救。牛广生乘机在左腿割肉一脔，赵振清亦在右臂割肉一块，"各持肉在其请愿书上摩擦，血涔涔滴，肉跃纸上"。代表们潸然泪下，答谢学生，誓死请愿到底。

10月9日，资政院接受国会请愿代表孙洪伊等的上书和咨议局联合会请速开国会的提案。10月22日，资政院开会通过速开国会奏稿。10月28日，资政院再上书政务处大臣，恳请速开国会。

资政院开议前后，国会请愿运动也进入高潮，各省先后召开请愿大会响应。直隶、山西、河南、四川、福建等省出现数千人集会，要求督抚代奏请愿呈稿。湖北集会倡议"不开国会，不承认新捐"。在声势浩大的请愿运动压力下，18个督抚、将军、都统由东三省总督锡良领衔联名奏请立即组织内阁、翌年开设国会。

11月3日，摄政王载沣召集会议政务处王大臣，讨论资政院提出的速开国会案。次日，清政府宣布缩短预备立宪期限为五年，在国会开设之前先设责任内阁。11月4日，清政府又专门发布谕旨，下令解散请愿速开国会代表团，"令其即日散归，各安职业，静候朝廷详定一切，次第施行"。

全国各界对朝廷拒开国会、解散请愿代表团深表不满。11月7日，资政院开会讨论，先后通过弹劾军机大臣案、请赦国事犯、预算、新刑律、著作权律、报律、修订结社集会律、统一国库章程、整理边事、裁厘加税、地方学务章程等大量议案，但均不为清政府所采纳。

12月4日，奉天省城5000余名学生举行集会，旋至督署请愿，哭诉东三省"非即开国会不能保存"。12月6日，省咨议局、教育总会、商务总会、国会请愿同志会等8个团体和全省46个州县代表共1万余人，再次列队往督署请愿，并公推董之威、刘焕文、舒继祖等15人为赴京请愿代表。12月20日，奉天代表到京，向资政院呈递请愿书，各地签名自愿进京者多达1万余人。12月25日，奉天请愿代表被军警押解回籍。

1911年5月8日，清政府宣布成立责任内阁，废除军机处，发布内阁官制与任命总理、诸大臣。庆亲王奕劻为第一届内阁总理大臣，负责组织责任内阁。在内阁总理、协理大臣和各部尚书13名国务大臣中，满族就有9人，其中7名是皇族，汉族只有4人，军政大权为皇室贵族掌握，被朝野讽为"皇族内阁"。

消息一出，举国哗然。立宪派对此彻底失望，终于认清了清政府并无诚意推行宪政，于是不少人从坚持和平改良开始走向支持革命，为辛亥革命的全面爆发奠定了社会基础。

四、黄花岗起义

广州新军起义失败后，孙中山由美洲经檀香山、日本，于同年秋来到马来亚槟榔屿，约集黄兴、赵声、胡汉民等同盟会骨干举行秘密会议，商量卷土重来的计划。其兄孙眉，时任同盟会南方支部的副支部长，也参加了会议。当讨论到革命前途和下一步起义计划时，大家心情沮丧，莫不唏嘘叹息，相视无言。

孙中山见大家灰心丧气，首先分析了国内外有利形势，认为国内立宪运动请愿迭起，民心大变，清政府已成破屋漏舟，应当再接再厉，发动武装起义，毕其功于一役，并鼓励大家说："一败何足馁，吾之失败，几为举世所弃，比之今日，其困难实百倍。今日吾辈虽穷，而革命之风潮已盛，华侨之思想已开，从今而后，只虑吾人之无计划无勇气耳！如果众志不衰，则财用一层，予当力任设法。"

孙中山的一番话，打破了会议的沉闷气氛，黄兴首先表示支持孙中山再举起义的倡议，并提出继续选择广州作为发难地点的意见，因为赵声曾任标统的新军第二标此时驻扎广州，巡防队中也有较好的基础。经过讨论，大家一致同意。会议决定，以新军为骨干，同时联络防营与会党，再次在广州发难。占领广州后，由黄兴率一军出湖南趋湖北；由赵声率一军出江西趋南京；长江流域各省由谭人凤、焦达峰等率兵响应，会师南京，再行北伐。

会后，黄兴回香港主持军事，孙中山则到各地募款。孙眉积极召集南洋同志，开会商议举行筹款。在一次秘密的筹款会上，孙中山做了一次令人感动的演说，指出这次起义的重要性，表示要"尽倾吾党人、财、物力以赴之"，"无论如何险阻，破釜沉舟，成败利钝，在此一举"，号召大家"踊跃输将"，以尽"救国之责任"。与会者被他的演讲所感动，大家当即捐出8000元港币做准备活动的费用。

随后，孙中山只身前往美洲筹款，将南洋一带事务委托给胡汉民等人。1911年2月17日，孙中山到达纽约，随后又到了旧金山、加拿大的温哥华等地。每到一地，都进行演说，积极说服华侨们为国内革命起义捐款，一共募集了7万多元，全部汇到了香港。在南洋，邓泽如也募集到了5万多元，第二次广州起义经费基本筹足。

1911年1月底，同盟会在香港跑马地成立统筹部，以黄兴、赵声为正副部长，下设调度、储备、交通、秘书、编辑、出纳、总务、调查8课，各司其职。并陆续在广州设立秘密机关38处，作为办事和储藏军械的地点。又从南洋华侨革命青年和闽、桂、粤等省抽调800余名革命党人组成"选锋"

1911 年 2 月，孙中山在温哥华为广州起义筹款时与致公堂部分成员合影

敢死队。林觉民、喻培伦、方声洞、熊克武等同盟会会员都自告奋勇地充当先锋队。起义前夕，先锋队员陆续集结到广州，黄兴、林觉民等许多人都写下了悲壮的绝笔书。

4 月 8 日，省城内外及各省革命力量大体联络就绪。统筹部召集会议，决定 13 日起义，分兵十路进攻，赵声为总指挥，黄兴为副总指挥。"先锋"之外，加设放火委员，预备临时放火，扰乱清军军心。

但是，就在统筹部开会这一天，发生了南洋同盟会会员温生才刺杀广州副都统署理广州将军孚琦事件，广州全城戒严，一时间侦骑四出，全城布控，并将新军枪机全部卸缴；加上美洲的款项和由日本购买的军械也未到，因此，发难日期不得不推迟。黄兴电告胡汉民："省城疫发，儿女勿回家。"并由赵声率先锋 300 余人离省赴港暂避，以保存实力。

4 月 23 日，黄兴由香港潜入广州，在两广总督衙门附近的小东营五号设立起义指挥部。当时，广州革命党人已决定于 26 日举义。因日本、越南方面的枪械稍迟方能运到，而准备响应起义的新军第二标将于 5 月 3 日退伍，使起义陷于进退两难的境地，指挥机关的意见出现严重分歧。这时，林文、喻培伦突然赶到黄兴那里汇报："起义风声已经外露，非速发无以自救。"

119

广州起义副总指挥黄兴

黄兴随即决定于 4 月 27 日（三月二十九日）下午 5 点 30 分起义，并电告香港："母病稍痊，须购通草来。"

赵声以及在香港和广州附近各县隐蔽待命的数百名"先锋队"，在起义前一天下午才得到最后确定起义日期的通知，因而未能赶到广州集中，黄兴便将原计划十路进攻改为四路进攻：黄兴率一路攻总督衙门；姚雨平率军攻小北门，占飞来庙，迎接新军和防营入城；陈炯明带队攻巡警教练所；胡毅生带队守南大门。但胡毅生、陈炯明等认为清军已有防范，提议改期。

下午 4 点多，黄兴集众动员，每人发毛巾一方和枪械炸弹。这时李文甫、朱执信、谭人凤等人也悉数到来，谭人凤将香港情况告诉黄兴，请求延缓一日。黄兴说："老先生，毋乱军心！我不击人，人将击我矣！"随后作战前动员，他阐述了 4 条理由：一、吾党荟萃全力而谋此举，稍存畏惧何以起事？二、一部分军火历经艰难险阻已运抵城南，不但不能运返，倘一不慎，足以殃及无辜；三、华侨捐献，寄希望于广州发难，如有始无终，形同欺骗，不能见谅；四、一切作战计划业已完成，时间迫急，不战而退，何以立威信于将来？对革命影响至大且巨！

4 月 27 日黄昏，黄兴率领"先锋"120 余人，臂缠白巾，手执枪械炸弹，吹响海螺，直扑督署。督署卫兵进行顽抗，革命军枪弹齐发，击毙卫队管带金振邦，冲入督署内堂，准备活捉两广总督张鸣岐，迫使他号令两广清军反正。但张鸣岐已闻声越墙逃遁，逃往水师提督衙门。

黄兴等找不到张鸣岐，便放火焚烧督署衙门，然后冲杀出来，正碰上水师提督李准的亲兵大队。林文听说李部内有同志，便上前高呼："我等皆汉人，当同心勠力，共除异族，恢复汉疆，不用打！不用打！"话未讲完，被敌人一枪击中，当场牺牲。刘元栋、林尹发等 5 人也相继中弹，林觉民被俘牺牲。

黄兴被打断右手中食二指第一节，便以左手继续射击。随后，黄兴将所部分为三路：川、闽及南洋党人往攻督练公所；徐维扬率花县党人 40 人攻小北门；黄兴自率方声洞、朱执信等出南大门，接应防营。

攻督练公所的一路途遇防勇，绕路攻龙王庙。炸弹大王喻培伦胸前挂着满满一筐炸弹，左手执号筒，右手拿手枪，奋勇当先，投掷炸弹。战至半夜，终因众寡不敌，全身多处受伤，率众退至高阳里盟源米店，以米袋做垒，向敌射击。后因敌放火，他们才被迫突围，喻培伦被俘遇害。

往小北门的一路也很快遭遇清军。经过一夜作战，打死打伤敌人多名。最后，张鸣岐放火烧街，徐维扬率部突围，被敌逮捕。

黄兴所率一部行至双门底后，与温带雄所率计划进攻水师行台的巡防营相遇。温部为入城方便，没有缠带白巾，方声洞见无记号，便开枪射击，温带雄应声倒下。对方立即发枪还击，方声洞不幸牺牲。战至最后，只剩黄兴一人，避入河南女同志徐宗汉家改装出城。4 月 30 日回到香港。

香港总部在接到黄兴仍决定起义的来电后，赵声、胡汉民立刻率 200 余名"先锋"队员乘夜轮赶来，于 28 日凌晨抵达广州城外，见广州城门紧闭，无法进入城内，知大势已去，遂分别返回。

起义前夕，曾通知惠州等地会党于 4 月 28 日响应。届时，顺德会党数百人树旗响应，夺占乐同团练分局。4 月 30 日，在李准进逼下，会党解散。

在黄花岗起义中被捕的部分革命党人

广州城内的各路义军，除黄兴一部按期发难外，其余各路均未行动。原来准备响应起义并作为起义军主力的部分新军和巡防营等，因起义前被收缴了武器，没有参加起义；胡毅生、陈炯明事先逃出了广州城；姚雨平因未能领到枪械，起义爆发后没有行动。这样，起义成为黄兴一路的孤军作战。

起义失败后，被残杀的革命党人，遗体血肉模糊，陈尸于街头示众，惨不忍睹。广州革命志士潘达微冒险挺身而出，不顾清政府当局禁令，以《平民日报》记者的公开身份，组织善堂收殓牺牲的革命党人遗骸72具，葬于广州郊外的黄花岗，史称"黄花岗七十二烈士"。这次起义因而也称为黄花岗起义。

1911年4月28日晚6点，孙中山在致公堂大佬朱卓文陪同下，由温哥华抵达芝加哥。西方报纸纷纷登载这次起义的消息，孙中山立刻用密电码发电报给香港的胡汉民："行抵芝加哥，闻败，同志如何？善后如何？"

孙中山在一周之内连续发出3封电报给胡汉民，均无消息，不禁为之忧形于色。直到5月3日晚上，孙中山终于收到了胡汉民的回电，电文的

　　　　1911年5月3日，孙中山在芝加哥召开会议讨论黄花岗起义善后事宜

第一句话是"克伯展归"四字，克是黄克强，伯是指赵声的字伯先，展是胡展堂。得知黄兴等人安然无恙的消息，孙中山才放下心来。当即将芝加哥同盟会捐赠的 3000 元，电汇香港以应抚恤急需。

5 月 8 日，孙中山在当地报纸发表通电，赞扬此役义军的"勇敢英烈"，为世界各国所"未曾有"，"革命之声威从此愈振，而人心更奋发矣"。在《〈黄花岗烈士事略〉序》中，他用饱含激情的笔墨赞扬说："是役也，碧血横飞，浩气四塞，草木为之含悲，风云因而变色，全国久蛰之人心，乃大兴奋，怨愤所积，如怒涛排壑，不可遏抑，不半载而武昌之大革命以成。则斯役之价值，直可惊天地、泣鬼神，与武昌革命之役并寿。"

五、保路运动

粤汉、川汉铁路是沟通南北和深入内地的两条重要干线，广东、四川、湖南、湖北 4 省人民，在 1905 年收回路权运动中从美国侵略者手中赎回了粤汉铁路和川汉铁路的修筑权，采用征集"民股"的办法，由地方政府在税收项下附加租股、米捐股、盐捐股、房捐股等，来筹集筑路的资金。经过几年的筹集，不仅 4 省的绅商、地主成了股东，连一些农民也握有股票，而且农民购买的股份占很大比例。

1911 年 5 月，清政府"责任内阁"成立。这个皇族内阁一出场，就在 5 月 9 日颁发"上谕"，实行所谓"铁路国有"政策，宣布各省原已准交商办的铁路干线一律"收归国有"，准备以"国有"为名，出卖铁路主权借债。5 月 18 日，清政府任命满族贵族端方为"督办粤汉、川汉铁路大臣"，欲强行接收湖南、湖北、广东、四川 4 省的商办铁路公司。

5 月 20 日，清政府邮传部尚书盛宣怀同英、美、德、法四国银行团签订了 600 万英镑的《湖北湖南两省境内粤汉铁路、湖北境内川汉铁路借款合同》，把粤汉铁路和川汉铁路的修筑权，又重新出卖给帝国主义。清政府的这种卖国政策，既严重地出卖了民族利益，又极大地损害了商办铁路各省绅商和广大人民群众的经济利益，激起了全国人民尤其是与铁路关系密切的省份各阶层人民的强烈愤慨和反抗。

6 月 17 日，川汉铁路公司在成都召开铁路股东代表大会，会场群情激昂，大骂盛宣怀卖路卖国，决心为争回路权奋斗到底。会上宣布成立"保路同

清政府派端方为铁路大臣到四川查办保路风潮

志会",推举咨议局议长蒲殿俊为会长,副议长罗纶为副会长。大会还发表宣言,确定了"破约保路"宗旨,并通电全国,痛斥清政府的卖国政策。会后还派人到全省各地进行广泛宣传,通知各州县成立分会。工人、农民、学生和市民纷纷投身于保路运动之中,保路同志会的会员不到10天就发展到10万人。

　　与此同时,在湖南、湖北、广东等省也掀起了轰轰烈烈的"保路运动"。5月14日,长沙举行了各阶层人士参加的万人大会,接着又举行了长沙至株洲的万余铁路工人游行示威,号召商人罢市,学生罢课,拒交租税以示抗议。在湖北,清政府迫令川汉铁路停工,筑路工人和商人立即聚集起来与之抗争。清政府调兵前来镇压,数千筑路工人抡起铁锤,挥动棍棒,同前来镇压的清军展开激烈搏斗,当场打死清军20多人。在广东,粤汉铁路股东召开万人大会,一致抗议清政府的"铁路国有"政策。在很短的时间内,四川、湖南、湖北、广东的"保路"风潮连成一片,声势浩大。全国各地以及海外侨胞、留学生,也纷纷集会,并通电、写信予以声援。

　　清政府对"保路运动"采取严厉的高压政策,责令各省官吏对参加"保路运动"的人"严行惩办";各省派到北京请愿的代表,也被"押解回籍"。

清政府的高压政策，加剧了人民的仇恨和反抗。四川同盟会会员龙鸣剑与王天杰等认为革命时机已到，邀请哥老会首领秦载赓、罗梓舟、胡重义、孙泽沛和张达三等在资州召开秘密会议，决定武装起义。他们把"保路同志会"改称为"保路同志军"，在新津和华阳设立总部，并推定秦载赓和张达三分别负责川东南与川西北的起义工作。在同盟会员的宣传、组织下，使这场保路运动转向反清的武装斗争。

9月6日，新任四川总督赵尔丰以谈判为名，诱捕了咨议局正、副议长蒲殿俊、罗纶以及川路股东会会长颜楷、副会长张澜和保路同志会代表。消息传开，数万群众前来请愿，要求放人。赵尔丰竟下令军警向手无寸铁的群众开枪，当场打死30多人，造成骇人听闻的"成都血案"。当晚，同盟会会员曹笃和朱国琛等人裁截木板数百块，上写"赵尔丰先捕蒲罗，后剿四川，各地同志速起自保自救"字样，然后将木板涂上桐油，投入江中，顺流而下，这些被称为"水电报"的木板把消息传遍川南、川东各地，更进一步掀起了各地群众揭竿而起的革命形势。

"成都血案"的第二天，来自成都附近各县的保路同志军开始包围成都，附近州县群起响应，纷纷成立保路同志军，数日之内，队伍发展到20多万人，形成了群众大起义的局面。同志军围攻成都十几天，由于缺乏统一的组织指挥和作战经验，武器装备又不足，没能攻下成都，他们就分散进入地方各州县。

9月25日，同盟会会员吴玉章、王天杰等在荣县城召集各界开会，宣布荣县独立，建立了革命政权，成为成都东南反清武装斗争的中心。继川西的同志军起义后，川东地区的群众也纷起响应，占领城口县城以及大足县城。这时，西昌地区的彝族和川西北的藏族与羌族群众，也都加入同志军的行列，同清军作战。到10月上旬，同志军起义的烽火燃遍了四川全省。

清政府获知成都被围和四川各地同志军起义的消息后，吓得手忙脚乱，在不到半个月的时间里先后调派端方从湖北带新军日夜兼程入川，并命令曾担任四川总督的岑春煊前往四川，会同赵尔丰办理"剿抚"事宜，还从湖南、广东、陕西、甘肃、贵州、云南等省派兵前往四川增援。但是，湖北新军被调入川，却造成了武昌空虚，给武昌革命党人发动起义提供了一个绝好的机会，使保路运动成为武昌起义的导火索，直接导致了辛亥革命的爆发。

六、武昌起义

黄花岗起义失败后，同盟会将活动重心转移到以武汉为中心的长江流域。1911 年 7 月 31 日，宋教仁、谭人凤、陈其美等在上海成立"同盟会中部总会"，任命居正主持成立湖北分会，准备在武汉一带发动起义。

武汉地处长江中游，向有"九省通衢"之称，当时已经成为仅次于上海的中国近代第二大工商业中心，战略位置非常重要。洋务派代表人物张之洞调任湖广总督后，在大兴实业的同时，编练了两镇湖北新军，计有步队 28 营、马队 1 营、炮队 1 营、工程队 1 营。1906 年，按全国陆军统一整编序列，第一镇改称新建陆军第八镇，张彪任统制；第二镇改称新建陆军第二十一混成协，黎元洪任协统。两部共有官兵 17000 余人，成为与北洋新军齐名的一支新式武装，且新军官兵文化素养较高，思想较为激进。革命党人在这里进行了长期、深入的革命宣传和组织工作，广泛联络新军和会党，成立了共进会和文学社两大革命团体，积极在新军中发展会员。

共进会是湖北、湖南省籍的一些同盟会会员，联络哥老会、孝义会、三合会、三点会等会党首领，于 1907 年 8 月在日本成立的，同盟会会员刘公任会长，居正为参谋，孙武任军务部长，焦达峰任参谋部长。会员多数是同盟会会员，主要任务是联络会党，伺机发动起义。1908 年秋，共进会的主要成员分别回国活动。湖北分会负责人孙武、焦达峰等抵达汉口，在汉口法租界设立鄂部总会，并设分机关于武昌，把工作的重点转向新军。孙武原名孙葆仁，为扩大影响，改名孙武，假称孙中山之弟，入会的新军官兵马上多了起来。又派邓玉麟在武昌开设同兴酒楼，作为联络新军的据点。到 1911 年，在新军中发展会员已有 2000 余人。

当时，在武汉还有一个重要革命团体——文学社，是由湖北的科学补习所、日知会、军队同盟会、群治学会、振武学社等几个革命团体嬗变发展而来的。由于振武学社发展较快，引起官府注意。同盟会会员蒋翊武等为掩蔽革命目标，于 1911 年 1 月 30 日借春节团拜名义，邀集各标、营士兵代表在武昌黄鹤楼开会，议决将振武学社改组为文学社。选举蒋翊武为社长，詹大悲为文书部长，刘复基为评议部长。稍后又陆续推举王宪章为副社长，张廷辅为总务部长，总机关设于武昌小朝街 85 号。文学社对外自称"以联合同志研究文学"为旨趣，实际上却是以"兴汉排满，推翻专制，驱逐满奴，夺回汉室江山"为宗旨。会员绝大多数为趋向革命的士兵和青年学生，也吸收少数进步的下级军官参加。社员很快发展到两三千人，几乎遍及湖北各标营队。

文学社成立不久，就与同盟会中部总会取得联系。在黄兴的鼓励和中部总会的促进下，经过刘复基、孙武等人反复磋商，确定双方进行联合行动，建立统一的起义领导机构，组织筹划武装起义。

1911年9月，湖北、湖南、四川、广东等地爆发了轰轰烈烈的"保路运动"，清政府急忙派川汉粤汉铁路督办大臣端方署理四川总督，率湖北新军第八镇第十六协第三十一标及第三十二标一部到四川镇压农民起义，致使清军在湖北的防御力量减弱，省城兵力仅剩7000余人。此时，共进会和文学社在新军中已发展会员5000多人，约占新军总数的1/3，起义时机已近成熟。

1911年9月14日，共进会和文学社两个革命团体领导人孙武、刘复基、刘公、蒋翊武、王宪章、居正等人在雄楚楼10号刘公寓所集会，大家一致认为湖北新军主力调走后，武昌空虚，起义最佳时机已到。刘复基建议文学社、共进会的名义一律不用，大家都以武昌革命党人的身份和清朝决一死战，同心协力，争取胜利。大家一致同意联合组织武装起义，并邀请黄兴、宋教仁、谭人凤等到武汉来主持大计。

9月16日，居正、杨玉如乘舟东下，到上海霍路德福里1号同盟会中部总会机关，汇报了武汉一带起义的准备情况，并把给黄兴的信请中部总会转交。中部总会立即派人到香港向黄兴汇报，黄兴表示极愿前往主持起义工作，但因军费尚待解决，便急电在美洲的孙中山设法筹汇。孙中山接到电报后，在美洲各地积极奔走筹款。

9月24日，共进会和文学社两个革命团体召开联席会议，决定10月6日农历中秋节发动起义。各标营党人代表100多人参加会议，通过了"人事草案"和"起义计划"，确定了各参战部队行动方案和联络方式。决定成立起义临时总指挥部，推举文学社社长蒋翊武任总指挥，同盟会会员、共进会军事部长孙武任参谋长，共进会会长刘公为总理，蔡济民为起义军事筹备员，邓玉麟为军事常驻筹备员，并联络湖南革命党人配合起义。

9月28日，湖南党人焦达峰函告武昌起义指挥部，10月6日起义湖南准备未足，请展期10天，再加上同盟会的重要领导人黄兴、宋教仁等未能赶到武汉，起义指挥部决定 10 月 16 日在湘鄂两省同时发难。

1911 年 10 月 9 日，孙武等人在汉口俄租界宝善里机关制造炸弹，不慎爆炸，孙武头部受伤，立即被送往医院治疗。临走时，准备将文件和名册带走，但钥匙不在，无法打开柜锁。很快，俄国巡捕从四面八方赶来，刘公的弟弟刘同被抓，准备起义的旗帜、文告、印信、名册等被搜走，并移送武昌官署，"起义计划"泄露。情急之下，蒋翊武以临时总司令的名义发布命令，通知革命党人于当晚 12 时，以南湖鸣炮为号，发动起义。

刘同被捕后，供出了他所知道的小朝街总指挥部机关地址。湖广总督瑞澂下令关闭城门，实行戒严，四处搜捕革命党人。负责到南湖传送起义通知的邓玉麟因城内戒备森严，沿途受到军警盘查，命令送到南湖炮营时已过子夜，士兵早已入睡，致使当晚的起义计划流产。

到了半夜 12 点，蒋翊武等人仍在机关等候炮声起义，忽然大队军警来到，开始"砰砰"地砸门。刘复基开门扔出一枚炸弹，不料炸弹未响，刘复基被捕。蒋翊武、彭楚藩等从后窗口跳下，翻墙而出。彭楚藩因身着军装被抓，蒋翊武乘乱混入人群，逃离武汉，武昌起义指挥机关顿时瘫痪。

10 月 10 日凌晨，瑞澂下令将刘复基、彭楚藩、杨洪胜等人杀害，将他们的头颅挂在督署辕门外的旗杆上，并拟按名册捉拿革命党人，新军各营士兵的子弹也被收缴，武昌城笼罩在一片山雨欲来风满楼的气氛之中。新军中的革命党人便自行联络，约定以枪声为号于当晚发动起义。

第八镇工程第八营后队正目（相当于班长）、该营党人总代表熊秉坤，利用早餐机会集中各队党人代表，悄声说："我们的名册已落入敌手，被捕杀头只是早晚的事。与其坐而待毙，不如造反起义。大丈夫能惊天动地，虽死犹烈！"代表们一致赞成，当即决定于晚间第一次点名后、第二次点名前起义，以三声枪响为号，先杀掉敢于抵抗的反动长官，再攻占楚望台军械库，行动口号是"同心协力"。

是日夜间工程营戒严，官长均领弹携枪守各排出口，并武装巡查各棚。晚上 8 点多，二排长陶启胜带 2 名护兵闯进一排来巡查，看见程正瀛、金兆龙等人正在换枪装子弹，大声呵斥："想造反吗？"

二排正目、共进会支队长金兆龙回答："造反怎么样？"

陶启胜猛扑过来，抓住金兆龙双手抢夺枪弹。金兆龙大声喊："同志们，再不动手，更待何时？"

共进会会员程正瀛举枪射击，陶启胜受伤逃跑，震惊中外的武昌起义第一枪就这样打响了。

顿时，营中人声鼎沸，枪声大作，革命党人与前来镇压的敌人展开了激烈的枪战，击毙代理营长阮荣发、右队队官黄坤荣及司务长张文涛等反抗军官，纷纷冲出营房。熊秉坤在操场上吹响了集合警笛，带着起义队伍直奔楚望台而去。

楚望台设有军械库，里面藏有从德国、日本购买和汉阳兵工厂制造的大量军火，由工程第八营左队派兵守卫。楚望台距营区1000余米，营内起义的枪声传到了楚望台。派来监视的原管带李克果听到枪声，立即集合队伍训话："如果有不法匪徒来抢武器，你们要坚决抵抗。"

左队党人代表罗炳顺说："我们没有子弹，怎么抵抗？"

李克果便令军械所将库门打开，取出两箱子弹。士兵们得到子弹后，罗炳顺即向空中放了一枪，李克果吓得连忙逃走，军械库遂为革命军占领，缴获德式毛瑟枪及汉阳造步枪数万支，子弹数十万发，各式大炮数十门，为起义的胜利奠定了基础。

熊秉坤和工程第八营的周定原等率队到达军械库，众人取了枪弹。熊秉坤集合队伍动员说："同志们，现在我们已经发难了，我以总代表身份下达命令如下：一、本军称湖北革命军，兵种队号，暂袭用旧制。今夜作战，应以破坏湖北行政机关，完成武昌独立为原则。作战目标，消灭瑞澂、铁忠、张彪等。作战地点在大小都司巷、恤孤巷、吴家巷、望山门正街、水陆街、豹头堤等处。楚望台暂为本军大本营。命金兆龙率后队第二排及右队第一、二排出中和门，往南湖接应炮队八标，并掩护第八标进城；命林振邦带左队第三排占千家街，向铁佛寺、伏龙寺方向警戒；命徐少斌带前队第三排占领中和门高地，向津水闸方面布防；其余部队作为总预备队，原地待命。"

这时，汪长林等将工程第八营左队队官（相当于连长）吴兆麟找来。吴兆麟，原为日知会会员，素为士兵所拥戴。众人见吴兆麟至，欲推他为总指挥。熊秉坤与各代表相商，遵从了大家的意见，推举吴兆麟为革命军临时总指挥，熊秉坤为副总指挥。

吴兆麟对大家说："你们推举我为总指挥，我的命令你们愿听吗？"

众皆答愿听。于是，吴兆麟下令："命令伍正林带前队第一、二两排，经津水闸向保安门正街搜索前进，攻督署前；命右队排长邝名功带第一、二两排，攻督署后；命马荣带兵一排，向宪兵队东南端进攻；命黄楚楠带兵一排，攻宪兵队西南；命周占奎率兵两排固守楚望台；命徐少斌带兵两

1911年10月10日晚，湖北革命党人发动武昌起义，占领楚望台军械库

排，夺取中和门，策应金兆龙接应炮队；命张伟率一小队，出中和门掩护炮队；命陈有辉带兵一班，往中和门附近侦察；命罗炳顺、程正瀛、刘定基、杨云开等破坏楚望台一带交通；命熊秉坤率总预备队在楚望台北端待命。口号是'兴汉'。"

此时，驻守武昌城外的黎元洪部第二十一混成协辎重队、炮兵营、工程队的革命党人亦举火为号，发动了起义，并向城内进军。武昌城内第二十九标的蔡济民、胡效骞和第三十标的方维、吴醒汉等各带100余人来会，测绘学堂的方兴、李翊东也率100余人来会。尔后，武昌城内外各标营的革命党人亦纷纷率众起义，一时间，革命军力量大增。各路人马至后，吴兆麟又分配了任务，各路首领即带队出发。

金兆龙带队离开楚望台，首先抢占中和门。出城之后，在长虹桥与旗人楚英所率人马相遇，双方激战数分钟，楚英见兵无斗志而退。金兆龙率队继续前进，在南湖阅兵亭，与马队哨兵接火，马队不敌后退。金兆龙率部抵炮队后门，这时炮队已闻枪响应了。

革命党人邓玉麟曾在炮八标当过正目，经过几年的工作，全标士兵几乎都加入了革命党，公推徐万年为共进会炮八标总代表，胡兴胜为第一营代表，王鹤年为第二营代表，陈天宣为第三营代表。当天下午，邓玉麟乘一小舟经鹦鹉洲渡江，在白沙洲垂岸，赶至炮八标，与同志们商定：城内枪起，一致出动。

晚 9 时，城内枪声大作，炮八标中的革命党人知道城内已动手，立即行动，不料一营、三营的党人被官长所拦，均未得动，唯二营四五十人集会。革命党人王鹤年、蔡汉卿拖出山炮一尊，往空中放了一炮。炮响之后，孟华臣枪杀了排长刘步云，大呼道："革命党军起事了，各同志同心协力，推炮进城。"

炮声一响，全标革命党人，立即斗志昂扬，第一营右队队官尚安帮、第二营左队队官蔡德懋、右队队官张文鼎等各率领本部官兵，拖山炮 6 门；第二营党人代表徐万年、王鹤年、蔡汉卿等拖炮 2 尊；第三营中队正目黄得胜、黄志强等拖炮 4 尊，右队正目谢增佑、陈国桢等拖炮 2 尊，相继出发。第一营右队马枪队，由胡兴胜指挥，第二营左队马枪队，由排长帅保华指挥，掩护着炮队前进。

炮队刚刚行进，即与前来接应的金兆龙等相遇。双方会合后进了中和门，直向湖广总督衙门前进，参加会攻督署之战。

武昌城东西长约 5 里，南北长约 6 里，周长约 22 里。蛇山横亘其中，将城区分隔为山南山北两部分。武昌督署位于山南西部文昌门城墙附近，同第八镇司令部隔街相邻，周围全是一丈多高的围墙，正面巷道狭窄，进攻兵力难以展开。此时守卫督署的兵力有教练队一营、机关枪一队、武装消防队一队、巡防队一营、督署卫队及部分马队；张彪的司令部也有若干人。

革命军分三路向督署进击后，23 时左右，熊秉坤所率第三路从保安街方面攻保安门，保安门正街直通督署大门；第一路攻抵紫阳桥；第二路停于金龙巷。三路人马均遇到清军顽强阻击。原来，枪声骤响后，湖广总督瑞澂、督练公所总办铁忠、第八镇统制张彪等已有所警备，急饬各协标、营长官，一面制止内部响应，一面指挥可靠队伍"会剿"。

于是，双方展开激战。第一路邝名功、蔡济民部攻到紫阳桥西边，即遭到猛烈火力阻击，只得退回，改道王府口，转攻督署后面的第八镇司令部；马荣率第二路受阻于金龙巷口。第三路进攻到保安门时，与张彪亲自指挥的大队人马相遇，双方展开激烈枪战。

这时候，武汉城内一片大乱，新军群起响应，各标、营以上的军官，纷纷离营逃命。只有第三十标第一营管带郜翔宸将营门堵住，负隅顽抗；第三十二标标统孙国安，派旗兵向革命军攻击。

革命军第一次进攻虽未得手，但此时新军反正加入革命军行列的人越来越多，且纷纷参加战斗。到了午夜 12 时，炮队人马赶来，加入攻击行列。

一时间，革命军士气大振，发起了第二次攻击。第一路蔡济民得到四十一标王世龙、三十一标阙龙所率的人马支援，向王府再次攻击。第二路马荣得到三十标吴醒汉和第二十九标高尚志部的支持，向保安门挺进；第三路熊秉坤在二十九标、三十标的胡效骞、徐达明等部支持下，奋勇迎战。

这时，天空飘起了小雨，由于天黑，炮弹难以打准。各路进攻队伍，虽然攻抵督署城墙下，由于督署城墙高大，防御严密，难以攻克。吴兆麟亲临前线，组织了100人的敢死队，到督署前放火。一时间，火光冲天，督署旗杆在火光中映得很清，于是，炮兵向火光处射击，炮弹准确地命中督署目标。蛇山炮台上的重炮也开始向督署和司令部发起轰击。第二十一混成协所属之炮、工、辎各营队同志，亦举兵来会，革命军顿时士气大振。督署守兵见密集的炮火不停地在身边轰炸，顿起恐慌。瑞澂、铁忠慌忙把城墙打开一个小洞，从墙内钻出，悄悄从文昌门出城，逃上了停泊在长江上的兵舰。

督署士兵知瑞澂逃遁，立时树倒猢狲散，纷纷越墙而逃；唯有教练队士兵仍固守城垣，负隅顽抗。吴兆麟大怒，令炮队集中向此处发射。教练队退守督署大堂，以机枪的猛烈火力，阻止革命军的进击。熊秉坤组织了数十人敢死队，携带煤油等引火之物，冒着弹雨，在大堂附近放火。大火燃着了大堂，教练队官兵纷纷逃走，革命军占领了督署。张彪见大势已去，率辎重营残卒渡江，退到了汉口刘家庙车站，第八镇司令部遂被革命军占领。

其他各路也进展顺利，义军所到之处，革命党人纷纷响应起义。经过一夜激战，天将破晓时，武昌完全被革命军所控制，革命党的十八星旗帜高高飘扬在黄鹤楼上。

七、湖北独立

武昌起义胜利后，革命党人面临的急迫任务是建立革命政权。当时，孙中山远在美国，黄兴等人还没赶到，而组织武昌起义的领导成员，孙武负伤，刘公患病，刘复基牺牲，蒋翊武逃离武汉后失去联络，参加起义的都是下级军官和士兵，亟须一位有名望的人出来充当首领，以稳定时局。

10月11日黎明，各路义军首领，陆续赶到武昌蛇山南麓、阅马场北端的湖北咨议局开会，商讨组建军政府和推举都督人选。在这座西式二层红色楼房大门铁栅栏前，悬挂起两面红底黑色九角旗，上缀黄色 18 星，这是革命党人事先准备好的象征关内十八行省共谋革命的铁血旗，12 名起义士兵持枪护卫于门前旗下。

前来参加会议的主要有：蔡济民、张振武、吴醒汉、徐达明、李作栋、高尚志、陈宏浩、邢伯谦、苏成章、黄元吉、朱树烈、高震霄、王文锦、陈磊等革命党人。同盟会湖北分会参议部部长、新军二十九标党代表蔡济民对大家说："起义已初步成功，目前最要紧的是重新组织政府，不能这样群龙无首；光武昌起义是不行的，必须马上通电全国，呼吁响应；安民告示更非马上发出不可。我们一定要找一个德高望重、为全国所知的人，才能号召天下，免得别人说我们是兵变闹事。"

这时，有人插言说："我们不是已经推定了总理和总指挥吗？"

蔡济民说："原来推定的诸人，目下都不在武昌，缓不济急。"

蔡济民建议，总司令部十人具名发出请帖，广召官绅议政。与会党人提议，通知咨议局正副议长和驻会议员前来开会商讨。当即责成咨议局秘书长石山俨派人分头去请。驻会议员胡瑞霖陪同共进会成员陈磊亲往议长汤化龙寓所敦请，劝其出山，汤化龙随同前来咨议局参会。

10 月 11 日中午，在咨议局楼下会议厅举行的联席会议上，先有军人推举咨议局议长汤化龙出任都督，汤氏未置可否，并无完全拒绝之意。这时，

湖北军政府成立时的情景

汤的儿女亲家胡瑞霖考虑到革命成败尚未可知，忙替他婉辞："现在是军队起来革命，汤议长不便领导，最好在军队中推一有声望之人。"

汤化龙随即发言说："革命事业，兄弟一向赞成。现在武昌起义，各省还无所知，须先通电各省，吁请一致响应，革命大功才能告成。再者瑞澂逃走后，必有电报到京，派兵来打湖北，同我们为难。兄弟一介书生，军事非所长，其他行政事务，兄弟一定尽力帮忙。"

关于都督人选，有军队同志提议推举黎元洪，黄陂籍议员刘赓藻马上说："黎元洪现在城中，我知道他隐藏的地方，如果大家要找他，我愿前往劝其出山。"

当时，湖北新军除张彪的第八镇外，还有一支劲旅，就是陆军第二十一混成协。协统黎元洪，湖北黄陂人，毕业于北洋水师学堂，曾参加甲午海战，先后三次到日本考察军事。后得张之洞赏识，调湖北编练新军，历任帮带、管带、督带，由千总而守备，由守备而督司，复晋为副将，1906年开始任第二十一混成协协统，兼管马炮、工、辎各队事务。平日治军有方，在处理革命党人的活动时亦比较宽容。"保路"风潮期间，黎元洪以军界代表身份参加铁路协会，并支持入京请愿，赢得一定名声。

会议决定，推举黎元洪为都督，并派刘赓藻代表咨议局，蔡济民代表革命党，前往敦请黎元洪。得知黎已被新军士兵寻出拥至楚望台，蔡济民、刘赓藻等人即赶赴楚望台。

原来，工程第八营起义时，黎元洪正在第二十一混成协司令部，闻所部直属工程、辎重各队及炮队一部亦参加兵变，遂躲入第四十一标兵营，集合官佐于会议厅内，下令关闭营门，禁止出入。午夜时分，革命党人的大炮开始向四十一标营地轰击，黎元洪知大势不可挽回，令官佐各自回营，自行其便。黎元洪也悄悄地离开营房，避入参谋刘文吉家，更换便衣后，又到管带谢国超寓所避匿。

黎元洪忆及平日积蓄，派伙夫回家搬运。该伙夫肩挑皮箱刚出府门，恰与前来巡查的马荣、程正瀛等相遇，被疑为趁火打劫的盗匪。伙夫不得已，吐出真情。马荣等随伙夫同往谢宅，黎见众至，知难再匿，从里屋走出来紧张地说："黎某一向待兵不薄，你们为何要难为我？"

马荣说："我等来此，特请黎公出来主持大计，非恶意也。"

黎元洪说："革命党人才济济，要我何为？"

马荣劝说："黎将军平昔极得士心，今之革命党员，均属同袍。众望所孚，无如公者，请即出领导一切。"

黎元洪问："到何处、与何人商谈？"

马荣回答："到楚望台与吴兆麟商谈。"

黎元洪推托说："吴畏三是我的学生，富有军事学识，有他一人足矣。"

众知黎无诚意，程正瀛厉声说："从则生，不从则死；何去何从，统领自己选择吧！"

黎元洪知不可抗，遂由众拥至楚望台。吴兆麟派兵一排，夹道鸣号欢迎。黎服青呢马褂，灰呢长袍，瓜皮小帽走来，见到吴兆麟说："汝辈事闹大了。"

吴兆麟引黎元洪至中和门城楼观战。黎闻督署攻下，即与党人代表座谈，探听义军状况。黎首发问："事已至此，督署虽克，而瑞澂、张彪未获，你们如何善后？"

吴兆麟说："请统领主持。"

黎复问："武昌是一座孤城，你们恃何为援？钱粮多少？军需如何？"

邓玉麟为打消黎元洪的顾虑，就虚张声势地说："统领勿忧，京山刘英已聚众十万，三日可到。孙逸仙即可汇到亿万军饷，黄兴即派大批军舰赴汉。"

熊秉坤又补充说："现在，鄂省官钱局、银币铜币两局及藩库所存银币亦不下三十万，粮款军需无忧。"

黎元洪还是不放心地问："瑞澂、张彪统清兵水陆并进，何以抵御？海军炮火尤犀利，吾服役海军多年，故悉知，不需十弹，此城将粉碎矣，汝等将退往何处？"

邓玉麟以退湖南答之。黎问："有何把握？"邓答："湖南焦达峰已约近期举事。"

黎试探地说："以吾观测，殊无把握。依我之见，你们不如暂且回营，待我往说瑞、张，使不追究，怎样？"

何竹山大声抗议说："吾人革命，原不计生死利害，但尽心力而行之，虽肝胆涂地，亦甘之如饴也。统领意见，绝对不可行。"

黎元洪摇头叹息，下令各标、营、队暂回营舍，架枪休息。但没人听他的话，大家都兴奋地枕戈待旦。

蔡济民、刘赓藻等人赶到楚望台后，与吴兆麟等共拥黎元洪到咨议局与会。黎元洪骑马抵达咨议局，革命党人再次举行会议。会场从一楼大会议厅改在咨议局二楼小会议室，咨议局议员未邀请与会。出席会议的人员，除参加中午会议的起义军人外，增加了黎元洪、吴兆麟，以及邓玉麟、李翊东、方兴等起义军人，另有胡瑛、张廷辅、牟鸿勋等刚从监狱解救出狱的革命党人。

在咨议局二楼会议室，蔡济民先同吴兆麟交换了意见，正式提议说："经上午咨议局开会研究，决定推举黎统领任都督，汤议长负责民事。两公为湖北人望，革命一定容易成功。"

大家都鼓掌赞成，但黎元洪却推辞说："此事体太大，务要慎重，我不能胜都督之任，请你们另举贤能。"

黎元洪不顾革命党人苦苦相劝，连声推辞，执意不从。众皆愤然，黎元洪暂退会场。会议继续讨论，张振武说："黎如此不识抬举，干脆另外找人。"

吴兆麟、蔡济民二人坚持不可。邓玉麟主张耐心等待，并说："都督名义归他，事情我们来做，以后再不让他自由行动就是。"

于是，将黎元洪安置在楼上议长室，由测绘学堂学兵负责监视。革命党人为了行使领导权，便由蔡济民等15人组成谋略处，实际负起领导责任。

这时，革命军将预先拟好的安民告示拿来要黎元洪签字，黎元洪连忙摆手拒绝："莫害我！莫害我！"

在场的李翊东大怒，举枪对着黎元洪吼道："你是大汉子民，却当清廷奴才，罪不容诛！我们不杀你，举你做都督，你还不愿意，难道还要效忠于敌人吗？干脆枪毙了你，另选都督。"

李翊东说罢就要扣动扳机，吓得黎元洪面无人色，出了一身冷汗。蔡济民急忙拉住李翊东的手说："千万不要开枪。"

李翊东拿起笔来在"布告中华民国军政府鄂军都督"后面代签一"黎"字，对黎元洪说："我替你签了，木已成舟，看你还能否认不成？"

黎元洪无可奈何地叹道："余命为尔等所玩矣！"

当第一份《中华民国军政府鄂军都督黎布告》张贴于武汉街头时，到处挤满了观众。武昌街头，群情兴奋。随后，又以鄂军都督黎元洪名义迅速发布了一系列通电，宣布改国号为中华民国，成立中华民国湖北军政府，号召各省民众起义响应；并致电黄兴、宋教仁等，促其来鄂；电请孙中山"从速回国，主持大计"；还以都督黎元洪名义《照会各国领事》，迅速送达驻汉口各国领事馆，使各国了解湖北革命党人的对外政策。

勉强当上都督的黎元洪，终日正襟危坐，不言不语，静观事态发展。他担心革命党人力量太小，难以应付清军的反扑，可革命形势的发展大大

革命军占领汉口的情景

出乎他的意料。在武昌起义胜利消息的鼓舞下，11日夜，第二十一混成协第四十二标的革命党人胡玉珍、邱文彬、赵承武等在汉阳发动起义，迅速占领汉阳兵工厂；12日上午，赵承武率起义军攻占汉口。至此，武汉三镇全部"光复"。

13日清晨，湖广总督瑞澂率舰队前来进犯，民军在蛇山、龟山上的大炮向清舰发起炮击，双方激烈炮战达两小时之久，终将清舰击退。这时，不少官僚政客，闻风依附；再加上黎元洪的亲信人等，也纷纷劝进；黎元洪对此不能不有所抉择，当他得知革命军炮队击退清军兵舰的消息后，终于下定了决心，同意接受革命军的要求。

当天下午，黎元洪在革命党人的劝说下剪掉了辫子，以示参加革命之心意已决。吴兆麟还特地买回一挂鞭炮，以示庆贺。接着大家请黎元洪训话，黎元洪说道："元洪不德，受各位抬举，众意难辞，自应受命。我前天未下决心，昨天也未下决心，今天上午也未下决心，现在是已下决心了。无论如何，我总算军政府的人了。成败利钝，生死以之。"黎元洪的表态，赢得了与会者的热烈掌声。

13日下午，美、法两国领事到湖北军政府司令部拜访黎元洪，黎元洪在汤化龙陪同下接见了外宾。法国领事问："贵政府对清政府所欠债务态度如何？"

黎元洪回答："10月10日以前的一切外债，民军政府当承认之；此后清政府若有债务关系，恕不负责。"

美国领事又问："贵国此次革命，关系种族问题，自不待言，惟不知将来采取何种政体？"

黎元洪回答："共和政体。"

外国领事很关心战乱之际的侨民保护问题，黎元洪回答："此次武昌起义，对外侨民，自当尽力保护。"

随后，英、美、法、德、日五国领事发表声明，承认民军为交战团体，宣布各国在清国政府与中国民军战事中严守中立，从而避免了帝国主义对武昌起义的武力干涉。

13日晚，黎元洪主持了革命党人的军事会议，发表了任职后的首次演说："今日革命军起义，是推翻清朝、恢复汉土、废除专制、建立共和的开始。承党人及军、学界多数同志推戴兄弟为都督，我无德无学，何能担此大任。但众意难辞，自应受命。我等身为军人，从此须抱破釜沉舟的精神，扫除一切顾虑，坚决去干。但革命必须有充分武力，同事中多不明宗旨，临时走避，各位赶快通知他们，急速前来，以便扩充军队，准备战争。"

辛亥革命时期的黎元洪

为了鼓舞士气，坚定大家的信心，他又分析了一下当时的形势："我认为革命成功，有十分的把握，理由有以下几点：一、我鄂军出差驻防各部队，闻义帜飘扬江汉，必立时响应，前来归附。二、各省党人联络已有成效，响应成约自无问题。三、长江下游及云贵等省军队中之军官，多为鄂军出身，北洋军中，由吴禄贞统领带去的军官不在少数。东三省的上中级军官由湖北军界调升去的亦有50余人，下级军官自不待言。这些人平素即有革命志向，定能响应革命。因此，革命事业成功，绝无疑问。"

为了保卫武汉和推进革命，10 月 14 日，湖北军政府决定扩编革命军，在参加起义的 3000 人基础上，扩编成步兵 4 个协、骑兵 1 个标、炮兵 2 个标、工程和辎重各 1 个营。军政府贴出招兵布告后，广大工人、农民、学生和退伍士兵踊跃参军，四五天内即招足了约 2 万人的新兵，而四乡农民前来报名的仍源源不绝。后来，随着战事的发展，又先后成立步兵 4 个协，骑兵、炮兵各 1 个标，工程、辎重各 1 个营，机关枪 1 队，以及将校决死团、学生军、宪兵队等。此外，还集中部分老兵组织了 4 个敢死队，并编组了荆襄、长江水师。总兵力约 6 万人。

军政府在扩军的同时，还部署了武汉三镇的防务：吴兆麟的步兵第一协防守汉阳；何锡藩的第二协防守汉口；成炳荣的第三协防守武昌武胜门外两望山至青山一带；张廷辅的第四协防守武昌；熊秉坤的第五协为预备队，驻武昌。

10 月 17 日上午，湖北革命军在武昌阅马场筑坛举行祭天誓师大会，坛前设燎火，坛上设黄帝灵位，灵前设香案，两边树"湖北军政府都督黎"大旗。在鼓乐声中，黎元洪戎装佩剑，乘高头大马入场，在祭坛前下马，由汤化龙和胡瑞霖引导行礼，由谭人凤授旗、授剑。

黎元洪先读《祭告天地文》，再读《祭告黄帝文》，慷慨激昂地宣读了誓词："……义声一动，万众同心，兵不血刃，克复武昌，我天地、山川、河海、祖宗之灵，实凭临之！元洪投袂而起，以承天麻，以数十年群策群力呼号流血所不得者，得于一旦，此岂人力所能及哉！日来搜集整备，即当传檄四方，长驱漠北，吊我汉族，歼彼满夷，以我五洲各国立于同等，用顺天心，建设共和大业！"

起义军阵营整齐，士气高昂，待宣誓毕，三军举枪，山呼万岁，武昌首义后的第一个革命政府和第一支革命军队诞生了。

八、全国响应

武昌首义打响了辛亥革命第一枪，点燃了全国革命的烈火，革命党人在各省积极发动起义，迅速掀起了一个全国性的革命高潮。

首先响应起义的是湖南。10 月 22 日，革命党人焦达峰、陈作新发动新军和会党攻入长沙，先后占领军装局、咨议局和抚台衙门。湖南巡抚余诚格逃走，巡防营统领黄忠浩被杀。起义军宣布成立中华民国湖南军政府，推举焦达峰为都督，陈作新为副都督。随即派兵赶赴湖北，支援武昌起义。10月30日，以师长梅馨为首的部分新军发动政变，将焦达峰、陈作新杀害，推选咨议局议长谭延闿任湖南都督。正在长沙求学的毛泽东，毅然弃笔投戎参加了起义新军。

同日，陕西同盟会会员井勿幕、钱鼎、景定成等人同陕西哥老会联合，发动新军中的革命党人和哥老会同时起义，经两天激战，消灭满城旗兵3000余人，占领省城西安。陕甘总督升允和陕西巡抚钱能训逃跑，西安将军文瑞投井自杀。起义军成立秦陇复汉军政府，同盟会会员、新军管带张凤翙被推举为秦陇复汉军大统领兼民政长，后改称都督。

10月23日，江西同盟会会员林森、蒋群、蔡蕙等人策动九江新军举行起义，次日攻占湖口及马当炮台，解除了长江下游清军对武汉的威胁。起义军占领九江道署后宣告独立，成立九江军政分府，推举新军第五十三标标统马毓宝为九江都督。10月30日，南昌同盟会会员蔡公时等人率领新军发动起义，占领南昌城，建立江西军政府，推举新军第二十七混成协协统吴介璋为都督。不久，由同盟会会员李烈钧取代都督。

10月29日，山西同盟会会员、新军八十六标标统阎锡山联合姚以阶、黄国梁、温寿泉、南桂馨等人发动新军起义，很快占领了太原，杀死山西巡抚陆钟琦和新军协统谭振德，宣布成立山西军政府，推选阎锡山为都督，温寿泉为副都督。

10月30日，云南同盟会会员李根源联合新军第十九镇第三十七协协统蔡锷及管带唐继尧等人，率领新军发动重九起义，次日占领昆明，成立云南军政府，将云贵总督李经羲礼送出境，推举蔡锷为都督。

11月3日，上海同盟会负责人陈其美，联合光复会的李燮和及上海商团的李平书等在上海发动武装起义，主要力量有刘福标等人组织的青帮敢死队，李平书的上海商团武装，李燮和联络的吴淞地区起义军警，朱家骅、徐雾生等人组织的中国敢死团。4日，攻占江南制造局，上海"光复"。8日，成立中华民国军政府沪军都督府，陈其美被推举为都督，黄郛任参谋长，蒋介石任沪军第一师副师长兼第一团团长。

11月4日，贵州革命党人张百麟等发动新军和贵州陆军小学堂学生举行起义，随即攻占贵阳，成立大汉贵州军政府，推举贵州讲武堂堂长及贵州陆军小学堂总办杨荩诚为都督，赵德全为副都督。

11月4日，浙江光复会会员、新军八十一标标统朱瑞，同盟会会员、新军八十二标标统周承菼及所部军官吴思豫、吕公望、蒋百里、杨廷栋等，在蒋介石率领的100余名敢死队员配合下发动起义，从笕桥、南星桥出发进攻省城杭州。朱瑞、吴思豫、吕公望等率八十一标及王金发部敢死队攻占军械局。周承菼统八十二标和蒋介石率领的敢死队攻打抚台衙门。蒋介石任敢死队总指挥，亲率敢死队员手持炸弹冲锋在前，率先冲入抚署，击溃抚署卫队，巡抚增韫被擒。5日，杭州"光复"。浙江咨议局议长陈黻宸、副议长沈钧儒及马叙伦等人，推举立宪派首领、前咨议局议长汤寿潜为都督，周承菼任浙军总司令。

11月5日，上海"光复"后，派出50多人组成的民军乘专列赶至江苏省巡抚驻地苏州，会同枫桥新军营代表前往巡抚衙门，争取程德全反正。程德全当即宣告："当此无可如何之际，此举未始不赞成，务必秋毫无犯，勿扰百姓。"

为了表示革命的决心，程德全一面剪去发辫，一面当众销毁院司印信，又到大堂屋檐下举竿挑落几块檐瓦，然后，在巡抚衙门前挂起"民国军政府江苏都督府"的牌子，正式宣布江苏独立。程德全被推举为都督，江苏省咨议局议长张謇为民政长。

11月5日，安徽同盟会会员吴旸谷等率炮营等起义，并向省城安庆进攻。立宪派劝说安徽巡抚朱家宝独立，11月8日，安徽咨议局宣布安徽独立，成立安徽军政府，推举朱家宝为都督，王天培为副都督。后来，朱家宝逃离安徽，同盟会会员孙毓筠、柏文蔚先后出任都督。

11月6日，在各省纷纷独立的形势下，广西咨议局与巡抚沈秉堃、布政使王芝祥商量决定，与清政府脱离关系，宣布广西独立，原广西巡抚沈秉堃担任都督，王芝祥、陆荣廷为副都督。不久，原广西提督陆荣廷发动兵变，出任都督。

11月9日，福建同盟会会员、新军第十镇第二十协协统许崇智和福建提督、新军第十镇统制孙道仁率部在福州起义，向清军旗兵发起进攻，擒杀福州将军朴寿，闽浙总督松寿吞金自杀。11月11日，福建宣告"光复"，成立福建军政府，孙道仁被推举为都督，许崇智为闽军总司令。

10月底，广东同盟会会员陈炯明、邓铿和彭瑞海等人先后在广东化州、南海、顺德、三水、惠州等地组织民军起义，进逼广州。11月8日，在胡汉民劝说下，广东水师提督李准和新军第二十五镇统制龙济光同意反正，两广总督张鸣岐被迫召集各界代表在广东咨议局讨论广东独立问题。11月9日，广东省咨议局宣布独立，成立中华民国粤省军政府，推举胡汉民为都督，陈炯明为副都督。

11月12日，山东烟台同盟会会员栾钟尧、宫锡德等"十八豪杰"发动起义，占领烟台海防营，宣布烟台独立，成立山东军政府。11月13日，在山东同盟会领导人丁惟汾的劝说和新军第五镇部分军官的胁迫下，山东巡抚孙宝琦同意山东独立，推举孙宝琦为都督。孙宝琦和袁世凯是儿女亲家，在袁世凯的软硬兼施逼迫下，11月24日，孙宝琦又取消独立。

11月22日，四川成都召开官绅代表大会，决定独立，并派出蒲殿俊等11人与四川总督赵尔丰的代表进行谈判。11月27日，四川咨议局宣布独立，成立大汉四川军政府。赵尔丰发表四川自治文告，将权力交给新政府。立宪党人、咨议局议长蒲殿俊被推举为都督，新军第十七镇统制朱庆澜任副都督。同日，进入四川镇压保路运动的湖北新军在资中反正，杀死上任途中的代理四川总督端方。

至此，在武昌起义爆发后的一个多月内，全国已有鄂、湘、陕、赣、晋、滇、浙、苏、贵、皖、桂、闽、粤、鲁、川等15省及上海，先后宣布脱离清廷独立。在其他省的许多州县，也纷纷爆发了起义。内地十八省，只剩直隶、河南、甘肃三省效忠朝廷。在革命洪流的冲击下，清廷的反动统治陷于土崩瓦解的局面。

第五章

建立民国

一、袁世凯出山

武昌起义爆发后，清政府极为惶恐，急命河南巡抚宝棻就近派兵一协，星夜驰援武汉；速调北洋陆军两镇"赴鄂'剿办'"；派海军提督萨镇冰、长江水师提督程允和率两舰队即日赴援；任陆军大臣荫昌为钦差大臣，所有军队归其节制调遣。但北洋军将领多系袁世凯的亲信，荫昌指挥不灵，摄政王载沣不得不下谕重新起用回籍"养疴"的袁世凯为湖广总督，督办"剿抚"事宜。

袁世凯，字慰庭，1859年生于河南项城的一个官僚地主家庭，叔祖袁甲三因镇压捻军有功官拜漕运总督，堂叔袁保恒官至吏部侍郎。生父袁保中捐纳同知，为本县豪绅。胞叔袁保庆曾任济南知府，官至江南盐运道，因膝下无子，将袁世凯过继为嗣，从小为其延师课读，企图通过科举博取功名。袁世凯曾两次参加乡试，均名落孙山，只好捐纳了个"中书科中书"。他一怒之下把诗文付之一炬，愤然说道："大丈夫当效命疆场，安内攘外，乌能龌龊久困笔砚间，自误光阴耶？"当时曾赋诗言志："眼前龙虎斗不了，杀气直上干云霄。我欲向天张巨口，一口吞尽胡天骄。"

1881年，袁世凯弃笔从军，前往山东登州投奔与嗣父袁保庆有交情的淮军将领吴长庆，任营务处帮办。1882年7月，朝鲜发生壬午兵变，袁世凯随吴长庆赴朝鲜平叛，设计"鸿门宴"将国王李熙之父大院君抓起来，送回河北保定软禁，迅速平息了叛乱。袁世凯因功授以同知，赏戴花翎，协助朝鲜编练新军。

1884年12月4日，朝鲜亲日派在日本的支持下发动"甲申政变"，大肆屠杀亲华派，夺取了政权。"庆"字营统领袁世凯先斩后奏，率部200余人用排枪开路，冲进朝鲜王宫，打败了叛军和日军，扶持高宗李熙组成以亲华派为首的朝鲜新政府。年仅26岁的袁世凯由此受到直隶总督兼北洋大臣李鸿章的赏识，被封为"驻扎朝鲜总理交涉通商事宜大臣"，位同三品道员。

甲午战争结束后，掀起了维新变法的浪潮，袁世凯以新政万言书上奏光绪帝，建议创建新军，在奕䜣、荣禄、李鸿章等王公大臣保荐下，得到光绪皇帝召见，被派往天津小站督练新军。

以定武军 4750 名兵力为基础，又从鲁、苏、豫等地招募 2500 名新兵，改建为新建陆军，采取近代德国陆军制度，组建步、马、炮、工、辎等兵种，全部采用国外新式武器，聘请德国军官 10 余人担任教习，委派天津武备学堂毕业的冯国璋、段祺瑞、王士珍等"北洋三杰"分任各处总办或统带；派曹锟、张勋、卢永祥、张怀芝、王占元、段芝贵、陆建章、刘承恩等分任各级军官；并派旧友徐世昌、唐绍仪办理文案，用西法编练了中国首支新式陆军。这支军队后来发展成为北洋六镇，成为清末新军主力，也是后来北洋军阀的渊源，出了 4 位总统、9 名总理以及 30 多个将军。

1897 年，袁世凯擢升直隶按察使，主持小站练兵。1898 年，升任兵部右侍郎，其间，加入了康有为、梁启超等发起的强学会。因在戊戌政变中向荣禄告密，得到慈禧太后的信任。1899 年冬，升任山东巡抚，其间，创办山东大学堂，开放济南、周村、潍县为商埠，将山东旧军 34 营改编成步、马、炮 20 营，定名为"武卫右军先锋队"，成为北方最强大的一支武装力量。1901 年 11 月，李鸿章死去，袁世凯受命署理直隶总督兼北洋大臣，一跃而成为中外瞩目的封疆大吏。

1902 年，袁世凯兼任政务处参预政务大臣和练兵处会办大臣，在保定编练北洋常备军。至 1905 年北洋六镇编练成军，每军两镇（相当于师），每镇两协（旅），附辖马队一标（团）、炮队一标、工程队一营、辎重队一营。营下为队（连）、队下为排、排下为棚（班），每镇 12500 余人，控制了北方的大部和京畿重地。

北洋新军的重要将领几乎都是小站练兵时的嫡系军官，成为绝对效忠袁世凯的嫡系部队。张之洞曾向其请教练兵的秘诀，袁世凯不无得意地透露说："练兵的事情，看起来似乎很复杂，其实也很简单，主要是要练成'绝对服从命令'。我们一手拿着官和钱，一手拿着刀，服从就有官有钱，不服从就吃刀。"

袁世凯在编练新军的同时，还兼任督办电政大臣、督办铁路大臣及会议商约大臣。在此期间，他积极推行清末新政，设立军政司、工艺局、农务处、学务处，成立商会、银行，创立巡警局、创办警务学堂、天津北洋女子师范学堂，在发展北洋工矿企业、修筑铁路、创建司法体系、整顿地方政权及开办新式学堂等方面，都有一定政绩，筹划修建了中国第一条自主建造的铁路——京张铁路。

1905 年，袁世凯联合湖广总督张之洞等地方督抚会衔奏请废除科举考试制度，终结了自隋唐以来的科举取士制度。他又与周馥、张之洞联名奏请实行立宪，成为朝廷重臣中立宪运动的倡导者和推动者，在社会上赢得了改良派的名声。1907年，升任军机大臣兼外务部尚书，成为如日中天的中枢重臣。

袁世凯北洋集团势力的扩张，对掌握中央政柄的满洲亲贵集团的地位构成威胁。皇室亲贵煽动一些御史上疏弹劾袁世凯位高权重，甚至预言将步曹操后尘。1908年11月，光绪帝和慈禧太后相继病逝，3岁的溥仪继承皇位，25岁的摄政王载沣监国执政。载沣深恨袁世凯在戊戌变法期间出卖其兄光绪帝，对其权势威胁亦忧心疑忌，极想把袁除掉，已经拟就将袁世凯革职治罪的谕旨。因遭到内阁总理大臣庆亲王奕劻反对和军机大臣张之洞劝阻，未能立行。

1909年1月2日，载沣借口袁患足疾，下令将其开缺，命回原籍休养。袁世凯携眷返回河南，定居彰德北门外的洹上村，表面上过着赋闲垂钓的隐逸生活，所赋《自题渔舟写真》诗："百年心事总悠悠，壮志当时苦未酬。野老胸中负兵甲，钓翁眼底小王侯。思量天下无磐石，叹息神州变缺瓯。散发天涯从此去，烟蓑雨笠一渔舟。"表达了其壮志未酬、韬光养晦的心情，实际上则是在等待东山再起的时机。

武昌起义爆发后，清政府急调陆军大臣荫昌为第一军军统，率两镇北洋军南下镇压起义，同时任命冯国璋为第二军军统，率两镇北洋军随后增

袁世凯在"养疴"期间，请人拍了这张垂钓的照片，表示其"与世无争"的态度

援南下。冯国璋率军南下途中，只身去洹上村向袁世凯请示机宜，袁世凯授意"慢慢走、等等看"六字秘诀，并对冯国璋说："非筹备周妥，计出万全，断难督师进攻。"对此，冯国璋心领神会。北洋六镇是袁世凯一手培植起来的袁家军，将士只知有袁宫保，不知有大清朝。冯国璋率领的第五镇一过武胜关便裹足不前，根本不听荫昌指挥。

内阁总理大臣奕劻及协理大臣那桐、徐世昌等人一向与袁交好，一致主张起用袁世凯，不断向载沣施加压力。载沣起初不允，他们便以辞职不上朝议事相要挟，英美等国公使也建议起用袁世凯。载沣见中外一致认为"非袁不能收拾局面"，只得于10月14日任袁世凯为湖广总督，督办"剿抚"事宜。

袁世凯嫌官微权轻，不愿做荫昌的副手，于是端起了架子，将计就计地上折称："臣旧患足疾，迄今尚未大愈。去冬又牵及左臂，时作剧痛。"但他也不想错失这次东山再起的良机，表示："一俟稍可支持，即当立即就道。"

10月17日，荫昌率部到达信阳，坐镇指挥。湖北军政府得知清军南下消息后，于10月15日召开军事会议，确定趁南下清军尚未全部集中时，先敌发起进攻，抢占刘家庙车站。刘家庙车站在汉口以北10公里处，濒临长江，为南下清军必经之路，也是革命军保卫汉口的前哨阵地。第八镇统制张彪逃到刘家庙以后，湘、豫援军亦先后到达。他得悉清廷派荫昌率军南下后，便决定率残部2000余人固守既有阵地，然后配合南下清军向武汉反攻。

10月18日黎明，革命军在炮兵支援下发起进攻，很快逼近刘家庙车站，与清军展开肉搏战。上午10时，步兵第一协的一队士兵，突然从右翼发起冲击，迅速突入清军阵地，守军一部乘火车北撤。19日晨，革命军约3000人，以骑兵为前锋，在炮兵支援下，从两翼发起进攻。清军依靠舰炮支援，顽强抵抗。激战至中午12时，清舰弹药用尽，仓皇驶往下游。革命军乘机加强攻势。清军窜入棚户，继续顽抗。革命军立即以敢死队组织火攻，顷刻之间烈焰冲天。清军无法立足，丢弃大批辎重，向三道桥退却，革命军乘胜占领刘家庙。这一胜利，大大鼓舞了革命军的士气。清军经此挫败后，原湖广总督瑞澂一面急电催援，一面借故逃往上海。

南下清军前线挫败，清政府无奈派内阁协理大臣徐世昌赶赴彰德，劝袁世凯"抱病"出征。徐世昌与袁世凯有结拜之交。当年徐世昌无钱进京应试，袁世凯慷慨赠银百两以为川资，徐氏得中进士，官至军机大臣、体仁阁大学士。徐世昌没有劝袁世凯急于赴任，而且帮他出了不少讨价还价的主意。

袁世凯乘机提出了 6 项条件：明年即开国会；组织责任内阁；宽容此次事变诸人；解除党禁；授予指挥水陆各军全权；予以充足军费。

徐世昌回京复命的当天，清廷就下了一道上谕，对"从乱者"一概既往不咎，此后各地查获党人名册，一律予以销毁。然而，其他条件却没有答应。

于是，袁世凯便装腔作势，逗留不出。他一面要挟清廷，一面又对清廷表示忠心，电奏在冀鲁豫招募 12500 人，编成湖北巡防军 25 个营，参加对起义军的"围剿"。但远水解不了近渴，此时，大清帝国的形势急转直下，各省开始纷纷响应。10 月 22 日，湖南独立；10 月 23 日，九江独立；10 月 24 日，陕西独立，革命烈火渐成燎原之势。

革命形势飞速发展，中外反动势力焦急万分。内阁总理大臣、庆亲王奕劻对载沣施加压力说："当前这种局面，我是想不出好办法。袁世凯的识见、气魄，加上他一手督练的北洋军队，如果调度得法，一面'剿'一面抚，确实有挽回大局的希望。并且东交民巷也有'非袁出来不能收拾大局'的说法。"

协理大臣那桐也进谏："不用袁指日可亡，如用袁，复亡尚希稍迟，或可不亡。"

眼见各省纷纷独立，大清王朝的统治摇摇欲坠，摄政王载沣不得不向袁世凯屈服。10 月 27 日，电谕召回荫昌，任命袁世凯为钦差大臣，全权节制湖北水陆各军，加紧进攻武汉。

袁世凯见时机成熟，为了向清廷和革命党人显示自己的实力，一面继续向清政府施加压力，电奏段祺瑞、王士珍、段芝贵等北洋高级将领归己指挥，一面指示冯国璋加紧猛攻汉口，并随后动身南下视师，亲自督战。

10 月 29 日晨，清军首先以重炮轰击革命军炮兵阵地，然后水、陆协同，向汉口发起进攻。革命军的火炮和人员损失很大。清军在优势炮火支援下，不断向前推进，相继攻占了刘家庙及华商跑马场。革命军分别退守玉带门及歆生路以南街市。此后，双方展开了激烈的巷战。革命军代理第四协统领谢元恺、炮兵统带蔡德懋、敢死队队长马荣等率先冲锋，先后牺牲，第二协统领何锡藩亦中弹受伤。革命军的领导骨干不断削弱，前线指挥乏人，部队士气开始涣散。

这时，同盟会重要领导人黄兴与宋教仁等由上海抵达武汉，黄兴临危受命被推举为武汉革命军总司令。黄兴到任后，设总司令部于汉口，并立即到前线视察部队，激励士气。当时，在汉口的革命军尚有 6000 余人，见黄兴到来，士气复形高涨。时清军已从大智门至玉带门一线不断向市区发动进攻，情况十分危急。黄兴立即组织部队分路反击，一路曾突破清军歆生路防线，但硚口一路为清军所阻。

10月31日，袁世凯抵信阳接任钦差大臣，令冯国璋调集军队猛攻汉口。汉口的革命军依托歆生路一带的房屋树木，与清军逐屋逐段争夺，不断迟滞消耗敌人的攻势，使清军每前进一步都要付出重大伤亡。清军凭借优势兵力火力，节节向市内进逼。军政府急将驻汉阳步兵第一协大部兵力及武昌辎重第二营调往汉口增援。

11月1日晨，清军从王家墩发起攻击，革命军依托堤防顽强抗击，使敌一时无法突破防线。上午10点左右，清军利用歆生路附近房屋做掩护，向革命军右翼逼近，同时用火炮轰击革命军据点。革命军遭受重大损失，逐步后撤。清军为使革命军失去依托，竟不顾居民的生命财产，放火烧毁街道两旁的商店和民房，大火三天三夜未熄，一直烧到沿江一带，汉口市区顿时淹没在一片火海之中，使方圆30里的繁华商埠化成一片焦土，汉口市区逐步为清军占领。黄兴见汉口革命军被打散，无法挽回败局，遂决

武汉革命军总司令黄兴与司令部成员合影

定退守汉阳。11月2日，汉口失陷。

汉口保卫战，双方各死伤2000余人。革命军和清军连日苦战，均需休整。加之"海琛""海容""海筹"等舰于11月1日宣布起义，驶抵九江，加入革命军，使清军的渡江作战增加了一定的困难。因此，暂时形成两军对峙的局面。

此时，全国革命形势越来越高涨。10月29日，山西独立。同日，驻屯滦州的新建陆军第二十镇统制张绍曾、卢永祥、蓝天蔚等将领，共同发起兵谏，提出年内召开国会，国会起草"宪法"，选举责任内阁，皇族不得充当国务大臣等12项条件。通电声称，如果12项要求两个月内不能办完，他们将提兵进京。

10月30日，云南宣布独立；10月31日，江西宣布独立。载沣如热锅上的蚂蚁，苦无良策。朝野一片呼声，起用袁世凯组阁。11月1日，奕劻内阁总辞职。摄政王载沣被迫同意撤销皇族内阁，任命袁世凯为内阁总理大臣，着其进京组织责任内阁，仍日节制调遣原管各军。

袁世凯再次推辞，声称非国会公举，不敢奉诏。次日，资政院选举袁世凯为内阁总理大臣。11月13日，袁世凯率卫队进京就任内阁总理大臣。仅用3天时间，就组成了清政府第一届也是最后一届"责任内阁"。载沣被迫解除了摄政王职务，退归藩邸，不再干预政事；清朝贵族毓朗解除了军机大臣职务，交出了军队的指挥权，由徐世昌接任。民政部大臣由号称袁府"师爷"的赵秉钧升任；军部大臣由号称"北洋三杰"之一的王士珍担任。至此，清政府的军政大权便完全掌握在袁世凯手中。

袁世凯大权在握之后，便悄悄召见了同盟会元老汪精卫，企图利用汪精卫传递信息与同盟会谈判议和条件。汪精卫于1910年刺杀摄政王载沣未遂，被捕入狱，曾作绝命诗一首："慷慨歌幽市，从容作楚囚。引刀成一快，不负少年头。"此诗在社会上广为流传，汪精卫成为轰动一时的人物。

1911年11月6日，摄政王载沣为缓解民愤，释放善意，在下"罪己诏"和颁布《宪法重大信条十九条》的同时，将刺杀他的汪精卫和黄复生等释放出狱。"袁府师爷"赵秉钧见汪精卫很有利用价值，就把他留在北京。袁世凯从孝感前敌指挥所回到北京，就立即召见了汪精卫，见他英俊潇洒，谈吐不俗，大为赞赏，便叫他的长子袁克定与其结拜为兄弟。

汪精卫出入袁府，很快了解了袁世凯的政治野心和议和意图。他用密函向上海同盟会报告说：袁世凯并不是清朝的"忠臣"，不可把他视为敌人；如果能够推举他为民国总统，袁氏"举手之劳"即可推翻清廷，革命大业可以"兵不刃血"而"大功告成"。吹捧袁世凯"项城雄祖天下，物望所归，元首匪异人任"。

在袁世凯的支持下，汪精卫还与立宪派代表人物杨度组成"国事共济会"，以"同舟共济，调停南北，促进和平"为宗旨。杨度公开说："现在南北和议，不是革命党与清朝皇帝议和，而是革命党与袁项城议和。袁不想做曾国藩、李鸿章，你们切莫把他逼上梁山。袁的问题解决了，你们的革命也就成功了。"通过各种途径，公开为袁世凯议和吹风造势。

二、南北议和

正当冯国璋部署向汉阳进攻之际，云南、贵州、浙江、江苏、安徽、广西、福建、广东等省已先后宣布独立，清廷处于四面楚歌之中。面对全国迅猛发展的革命形势和武汉革命党人在军事上的暂时挫折，老奸巨猾的袁世凯在攫取清政府的军政大权后，对南方却暂时屯兵不动，抓住有利时机加紧"和平"攻势，通过各种途径要求停战议和，以便利用南北对峙的局面，攫取全国政权。

早在11月1日，清廷任命袁世凯为内阁总理大臣的当天，袁世凯就派他的旧部刘承恩分别致信黎元洪和民军总司令黄兴，试探和谈意向。其中写道："遵即转达台端，务宜设法和平了结，早息一日兵事……不独不咎既往，尚可定必重用，相助办理朝政也。"不过，此时的袁世凯态度还比较强硬："如能承认君主立宪，两军即息战；否则，仍以武力解决。"

11月2日，黎元洪即给袁世凯回信，呼吁袁世凯反正："公果能来归乎？与吾侪共扶大义，将见四万兆之人，皆归心于公。将来民国总统选举时，第一任之中华共和大总统，公固不难从容猎取也。"

11月9日，黄兴也复函袁世凯劝降："人才厚有高下之分，起义断无先后之别。明公之才能，高出兴等万万。以拿破仑、华盛顿之资格，出而建拿破仑、华盛顿之事功，直捣黄龙，灭此虏而朝食，非但湘鄂人民戴明公为拿破仑、华盛顿，即南北各省亦当无有不拱手听命者……苍生霖雨，群仰明公。千载一时，祈毋坐失！"

袁世凯在收到二人复信，得到将获总统职位的保证后，即于11月10

日派亲信刘承恩和副官蔡廷干作为私人代表，过江议和。黎元洪迫于主战派压力，要求袁世凯倒戈北伐，并保证"以项城之威望，将来大功告成，选举总统，当推首选。"刘、蔡二人携黎元洪致袁世凯亲笔信复命。袁世凯诱和不成，遂令冯国璋积极准备进攻汉阳，迫使民军进行停战谈判。

11月20日，冯国璋指挥清军向汉阳发起进攻，先以炮火向据守琴断口、美娘山的革命军阵地猛烈轰击，继以步兵抢渡舵落口，进攻琴断口。经过半日激战，清军占领了琴断口。23日，攻占美娘山。24日，清军攻占仙女山。

黄兴鉴于仙女山之敌可以瞰制汉阳，侧击大别山，对汉阳威胁甚大，遂令预备队陆续投入战斗，进行反击。因有的部队不听指挥，以致未能奏效。革命军被迫退守锅底山、扁担山。经反复争夺，终因力量悬殊，锅底山、扁担山及磨子山相继失守。至此，汉阳周围的制高点大部为清军控制。革命军在争夺上述各山头过程中，伤亡较大，已无力进行反击。11月26日，在各路清军进逼下，革命军的防线很快被突破。这时，驻汉口的清军从硚口渡过汉水，侧击黑山。革命军腹背受敌，遂不听黄兴指挥，纷纷撤退。黄兴见败局已定，遂下令将兵工厂的武器弹药运往武昌。27日，清军占领大别山，进据汉阳城。

清军攻陷汉口、汉阳，大炮架上龟山，直接威胁到武昌的安全，形势十分危急。军政府召集紧急会议商讨对策。黄兴主张放弃武昌，率领所有精锐部队及军需供给，乘兵舰向东到南京建立根据地，然后再图收复。但他的意见遭到孙武等人的坚决反对，参加会议的人一致赞成困守武昌。黄兴见意见不被采纳，便乘船去了上海。

正当前敌指挥冯国璋打算乘胜将武昌一举拿下时，袁世凯为了借用革命力量迫使清帝退位，密令冯国璋"按兵不动"。冯国璋一时摸不透袁世凯的意图。于是，一边给袁世凯发电报，说"武昌唾手可得、机不可失"，一边又下令继续炮击武昌，并无放弃进攻的表示。袁世凯得知后勃然大怒，大骂冯国璋不懂"政治"，随后连发7封电报，严令冯国璋立刻停止进攻。

北洋军虽然暂停进攻武昌，但是利用龟山炮台居高临下的优势，不断炮击武昌，给军政府施加压力。12月1日，武昌都督府中炮起火，黎元洪逃离武昌。袁世凯认为这是促成南北议和的最佳时机，通过英国驻华公使朱尔典令英国驻汉口领事以"中立者"身份出面斡旋，向南北双方提出即日停战、清帝退位、推举袁世凯为临时大总统三项议和条件。

此时，贵州、上海、江苏、浙江、福建等省市又相继独立，黎元洪通电各省派代表赴武昌组织临时政府。但已经"光复"的江苏、浙江两省都督，联名致电上海都督陈其美，提议将代表大会定在上海召开。陈其美亦向各省发出通电，要求每省派代表二人，其一代表该省都督府，另一人则代表该省咨议局，来沪召开"各省都督府代表联合会"。很快，山东、福建等7地代表到达上海，湖南、广东、广西的代表到达武汉。双方一时相持不下，最后，上海方面同意去武昌开会，但仍坚持每省代表各留一人在沪。

11月30日，各省代表自上海汇集至武汉，时值清军反攻，攻占汉阳，武昌在重炮的狂轰滥炸下极不安全，只好迁入汉口英租界顺昌洋行召开各省代表第一次会议，推举湖南代表谭人凤为议长主持会议，同意与袁世凯议和停战。这时，英国驻汉口总领事葛福表示，黎元洪必须能够代表各省，方可谈判议和。各省代表会议当日议决，以湖北军政府为中华民国中央军政府，黎元洪以大都督名义执行中央政务。

12月2日，各省代表联合会议通过了《中华民国临时政府组织大纲》，做出了"如袁世凯反正，当共举为临时大总统"的决定，并通过了"虚临时总统之席以待袁君反正来归"的决议。

12月3日，南北双方达成了停战3日的协议，稍后，由英国驻汉口领事出面协商，将停战期限延长15天。南北双方正式开始停战议和，袁世凯委派唐绍仪为议和全权大臣总代表，随汪精卫一同南下；南方各省举伍廷

1911年11月，江浙联军进军南京

芳为代表，共同商定在汉口举行和平谈判。

12月4日，江浙联军攻占南京。南京原为六朝古都，且无北洋大军压境之威胁，更适宜做建都之地。各省代表会议遂议决：中华民国临时政府设于南京，各省代表赴南京开会选举临时大总统。12月8日，各省代表乘船赴南京，继续商讨建立中央政府；南北和谈则改在上海举行。

冯国璋攻占汉阳时，徐绍桢率江浙联军正在围攻南京，两江总督张人骏、守将张勋连电袁世凯派兵增援，袁竟不发一卒，坐视南京陷落。江浙联军攻克南京之日，竟是武汉前线停战之时。革命军攻克南京的消息，令袁世凯既惊又喜，他在给冯国璋的电报中说："不得汉阳，不足以夺革命之气；不失南京，不足以寒清廷之胆。"

袁世凯虽然做了内阁总理大臣，把摄政王载沣也撵回了家，将内外大权独揽在手，可是北京城内还有载沣之弟载涛管辖的禁卫军，令袁世凯寝食难安。他借口说大敌当前，希望载涛能亲自带领禁卫军到前线杀敌立功。向来胆小的载涛听了这借刀杀人之计后魂飞魄散，立刻辞职了。

袁世凯趁机调急于进攻武昌的冯国璋离汉赴京，任禁卫军统领；命精明能干的亲信段祺瑞为第一军统领兼湖广总督，负责前敌指挥。段祺瑞深知袁世凯的和谈意图，并不急于进攻，而是配合谈判节奏以武力相威慑，并接连电告清廷内阁、陆军部，声言："共和思想已深入将士之心，将领颇有不可遏之势。压制则立即暴动，敷衍亦必全溃。"

江浙联军攻克南京后，陈其美等人邀请留在上海的各省代表开会，选举黄兴为"革命军大元帅"。选举结果出来后，章太炎涕流满面地站起来说："黎先生究系首难人物，不可辜负他。现在大元帅既选定，请设一位副元帅，并选黎先生任之。"于是又选黎元洪为副元帅。第二天又决议，由大元帅组织中华民国临时政府。

消息一出，湖北大哗。黎元洪在12月8日通电各省都督："现据来电称，沪上有14省代表，推举黄兴为大元帅、元洪为副元帅之说，情节甚为支离，如实有其事，请设法声明取消，以免混淆耳目。"

面对各种议论，黄兴发表声明，拒绝就任大元帅之职，认为组织政府"非我所能担任者也"，推荐黎元洪为大元帅。于是，留在上海的代表再次开会，改选黎元洪为大元帅，黄兴为副元帅，因黎元洪暂时不能来南京就职，由黄兴代行大元帅职位。

12月12日，已宣布独立的14个省的39位代表先后到达南京，选出浙江代表汤尔和为议长，广东代表王宠惠为副议长，并议定 12 月 16 日选举临时大总统。12 月 15 日，从湖北赶到的浙江代表陈毅转达黎元洪的意见，要求暂缓总统选举，根据各省代表会议决定大总统一席应虚位以待。

12 月 18 日，南北议和第一次会议在上海南京路公共租界市政厅举行。参加会谈的有南方总代表伍廷芳，参赞温宗尧、王宠惠、汪兆铭、钮永建及湖北方面中央军政府代表王正廷；北方代表有唐绍仪及随员欧庚祥、许鼎霖、冯懿同、赵椿年，英、美、日、德、法、俄等 6 国驻沪总领事及外商代表李德立也列席了会议。

伍廷芳首先发言："今日未开议以前，有一事先提出解决，两方订约于 19 日起一律停战，而日来连接山西、陕西、安徽、山东等处报告，知清兵已入境攻战。似此违约，何能议和？故今所当先解者，须请贵代表电致袁内阁，饬令各处一律停战。得确实承诺，回电后始可开议。"

唐绍仪说："致袁内阁电，今日即发。惟贵代表亦须电致各处，实行停战。我曾电询袁内阁，据其回电声明，是山西革命军先行开战。"

双方在谁先进攻的问题上，互相指责对方违约，会议无果而终。外国使团非常不满，当天晚上，即由英国驻京公使朱尔典领衔，英、美、日、德、法、俄六国公使联合致电唐绍仪、伍廷芳，要他们"尽速成立和解，停止现行冲突"。

12 月 20 日，南北议和代表举行第二次会议。唐绍仪请伍廷芳提出议案，伍则请唐先提议案。具有丰富谈判经验的唐绍仪并不直言议题，而是试探性地询问道："现时民军主张共和立宪，应如何办法？"

伍廷芳说："我初亦以为中国应君主立宪，共和立宪尚未及时。惟今中国情形与前大异，今日中国人之程度，可以为共和民主矣。人心如此，不独留学生为然，即如老师宿儒，素以顽固称者，亦众口一词，问其原因，则言可以立宪，即可以共和，所差者只选举大总统耳。今各省咨议局、北京资政院，皆已由民选，则选举大总统何难之有？我甚以此说为然。今日局势变迁，清廷君主专制 200 余年，今日何以必须保存君位？为今之计，中国必须民主，由百姓公举大总统，重新缔造。"

唐绍仪说："共和立宪，我等由北京来者并无反对之意向。但此为同胞之事，今日若无清廷，即可实行；既有清廷，则我等欲为共和立宪，必须完全无缺之共和立宪，方为妥善。黄兴曾有电致袁内阁云：若能赞成共和，必可举为总统。此电由汪兆铭君转杨度代达袁氏，袁氏谓此事我不能为，应让黄兴为之。是袁氏亦赞成，不过不能出口耳。共和立宪，万众一心，我等汉人，无不赞成。不过宜筹一善法，使和平解决，免致清廷横生阻力。今所议者，非反对共和宗旨，但求和平到达之办法而已。"

唐、伍接着就如何保障满、蒙、藏、回各族利益以及维护国家领土完整交换了看法。然后，伍廷芳话题一转，直指关键："袁氏宗旨如何？"

唐答："欲和平解决。"

但就实现"和平解决"的途径，伍、唐均语焉不详。争辩一番之后，唐才亮出底牌："自武昌起事之后我曾拟一折，请国民大会决定君主民主问题，服从多数之取决，清廷不允；现时，我尚持此宗旨。盖此办法，对于袁氏非此法不可也，其军队必如此可解散。开国会之后，必为民主，而又和平解决，使清廷易于下台，袁氏易于转移，军队易于收束。窃以为和平解决之法，无逾于此也。"

唐绍仪主张以国民大会表决国体，这种民主方式让伍廷芳亦无法拒绝，但他反应极快："各省代表已在南京，现在即可以表决。"唐绍仪认为直隶、河南、东三省、甘肃这些未独立省份来沪的代表并非官派，只具个人资格，无合法代表权，不能将现在南京的"各省代表会议"等同于"国民会议"。

双方为此争论不休，唐绍仪电请袁世凯决定。此举正中袁世凯下怀，可通过国民会议堂而皇之地迫使清帝逊位，他可名正言顺地出任总统。接到电报后，袁世凯约徐世昌计议。徐世昌说："国体共和，已是大势所趋，但对于宫廷及顽固亲贵，你不便开口；若照唐电召开国民大会，可由大会提出，便可公开讨论。此亦缓脉急受之一法。"

袁世凯即往庆亲王奕劻处计议，得其许可，并请庆亲王出面做各位亲王工作。然后，袁世凯领衔率内阁十大臣上奏折：

> 内阁总理大臣袁世凯等跪奏，为革军力主共和，代奏请开国会，拟恳召集宗支王公会议，请旨以决大计，恭折仰祈圣鉴事：
>
> 乃近日以来，连接唐绍仪电称，迭与伍廷芳会议，伍廷芳极言共和不可不成，君位不可不去，并言东南各省众志金同，断无更易，语甚激决。经臣世凯迭饬唐绍仪与之驳辩。而彼党深闭固拒，毫不通融，必我先允认共和，彼可肯开议条件。唐绍仪计无所出，苦心焦思，以为只有速开国民大会，征集各省代表，将君主、共和问题付之公决之一法……如召集国会，采取舆论，果能议决仍用君主国体，岂非至幸之事。惟有吁恳召集近支王公，速行会议，请旨裁夺，以定大计。

> 臣等奉职无状，政策不能取信于民，抚衷惭惧，罔知所措。不胜
> 忧惶待命之至。理合恭奏会陈，伏乞皇上圣鉴训示。谨奏。

袁世凯呈奏折时暗示，如不立即颁布召集国民会议谕旨，他将率内阁总辞职。隆裕太后接奏大惊，即于次日晨召集御前会议。载涛、毓朗反对，奕劻主张允唐绍仪所请，其他王公亲贵皆附和其意。太后乃下懿旨："予惟我国今日于君主立宪、共和立宪二者以何为宜？此为对内对外实际利害问题，固非一部分人民所得而私，亦非朝廷一方面所能专决，自应召集临时国会，付之公决。盖内阁即以此意电令唐绍仪转告民军代表，预为宣示。"

12月29日，南北议和第三次会议召开，伍廷芳提出经过修订的《关于清皇帝之待遇》《关于满蒙回藏之待遇》两项提议案，当日议决多项条款，其中首条即为"开国民会议，解决国体问题，从多数取决。决定之后，两方均须依从"。

同时，清军主和派将领见同盟会方面的黄兴为首脑人物，便由段祺瑞的参谋长靳云鹏派出私人代表廖宇春赴上海与黄兴谈判。参与谈判者有江浙联军参谋长顾忠琛，联军先锋队长朱葆诚，北军红十字会会员夏清贻。12月20日，双方在文明书局签订五项条款：一、确定共和政体；二、优待清皇室；三、先推覆清政府者为大总统；四、南北满汉军出力将士各享其应得之优待，并不负战时害敌之责任；五、同时组织临时议会，恢复各地之秩序。其中第三条原为推举袁世凯为大总统，黄兴亲自改为"先推覆清政府者为大总统"。

南方革命派阵营中的立宪派和旧官僚，也极力为袁世凯张目。立宪派首领张謇早就和袁世凯相识，当年同在淮军"庆字营"统领吴长庆幕府任幕僚，张謇曾任袁世凯的老师。1894年，张謇在恩科会试中得中状元，授六品翰林院修撰，曾加入康有为组织的强学会。维新变法失败后，因受恩师翁同龢连累，被"开缺回籍"，从此走上"实业救国"之路，先后创办大生纱厂、广生油厂、复新面粉厂、资生冶厂、大达轮船公司和通州自立师范，成为当时著名实业家。1907年，与汤寿潜等人在上海成立"预备立宪公会"，与袁世凯在立宪运动中遥相呼应，成为朝野立宪派的代表人物。1909年，张謇被推为江苏咨议局议长。江苏辛亥独立后，担任江苏省议长兼民政长。早就和袁世凯达成了默契，在南北和谈过程中互通声气。他曾密电告袁："甲日满退，乙日拥公，东南诸公，一切通过"。

南北双方议和代表唐绍仪和伍廷芳也是老朋友。唐绍仪，广东珠海人，

是清政府选派的第三批留美幼童，归国后，曾任清政府驻朝鲜大臣袁世凯的书记官，两人成为莫逆之交。1901 年，袁世凯擢升为直隶总督兼北洋大臣，唐绍仪被重用为天津海关道。在中英谈判西藏问题时，挫败了英国妄图分割西藏的阴谋，晋升为外务部侍郎。1907 年，唐绍仪任奉天巡抚，并负责东北地区的对外交涉。武昌起义后，充当袁世凯内阁全权代表，袁世凯曾亲自和他谈话，对南方共和制度故做让步，力争达成推举袁世凯为大总统的协议。

伍廷芳也是广东人，出生于新加坡，早年入香港圣保罗书院，1874 年自费留学英国，获博士学位及大律师资格，成为中国第一个法学博士，后回香港任律师，成为香港立法局第一位华人议员。洋务运动开始后，进入李鸿章幕府，出任法律顾问，历任清政府驻美国、西班牙、秘鲁公使。1902 年，应召回国，先后任修订法律大臣、会办商务大臣、外务部右侍郎、刑部右侍郎等职。辛亥革命爆发后，在上海宣布赞成共和，被"光复"各省推为临时外交代表，与各国交涉。随后，被推举为南方民军全权代表，与北方代表唐绍仪举行南北议和谈判。二人都任过清政府外务部右侍郎，早就相识。白天二人是对手，在谈判桌上各为其主讨价还价；晚上则是朋友，共聚上海南阳路赵凤昌的别墅"惜阴堂"饮茶叙旧。

赵凤昌原为张之洞幕僚，后到上海办洋务，与张謇友情深厚，与唐绍仪、伍廷芳也是旧交，与黄兴、宋教仁、陈其美等也有交往，经常为各方出谋划策，被喻为"民国产婆"。南北议和代表经常在此聚会，共谋对策。双方约定，只要袁世凯逼迫清帝退位，即推他为民国大总统。

12 月 31 日，南北双方代表唐绍仪、伍廷芳等召开最后一次会议，不顾孙中山已当选临时大总统的有利形势，双方仍签署协议，达成共识：袁支持清帝退位，南方各省支持袁任中华民国大总统，召开国民会议议决国体。

三、海外归来

当武昌起义的枪声响起时，孙中山正在前往美国科罗拉多州丹佛市的路上。十多天前，他在旅途中接到黄兴从香港打来的电报，但是密电码本随着行李先行运送到了丹佛市，一时无法译出，直到 10 月 11 日晚到了丹佛市，从行李中找出密电码本，他才知道："居正从武昌到港，报告新军必动，请速汇款应急。"

1911年，孙中山与旧金山致公总堂"洪门筹饷局"同盟会会员合影

10月12日上午，在去用餐的路上，经过报摊，孙中山顺便购买了一份报纸携入餐厅。他坐下一看，一段电讯赫然写道："武昌为革命党占领。"

孙中山又看了一遍，便紧紧抓住那张报纸，激动得兴奋不已。他匆匆吃过早餐，立刻回到旅馆。一个重要的问题，需要马上决定：是立即回国指挥战斗，还是先在欧美进行外交活动？经过一番思考，孙中山决定暂时还是留在国外，走访美、英、法等国政府，争取国际上对新政权的支持。他认为成立共和国，将会遇到外交、财政方面的困难，在这关键时刻，自己效力革命不在疆场之上，而应该在外交方面，革命成功更有裨益。于是，他给国内回电，指示黄兴赴武汉领导革命军对清作战，由胡汉民、朱执信诸人相机争取广东反正，并致电两广总督张鸣岐，敦促他率部归降；自己则暂留国外，致力于外交活动。

孙中山活动的第一个重点首先是美国政府。在赴纽约途中，路过圣路易斯，看到报上载有"武昌革命军为奉孙逸仙命令而起者，拟建共和国体，其首任总统当属之孙逸仙"的文字，孙中山意识到，中国革命已为世界所

1911 年下半年，孙中山在美国筹款时与同志合影

关注，为了避免不必要的麻烦，他在途中格外谨慎，避免会见一切记者、访员。到芝加哥之后，他满怀激情地为中国同盟会芝加哥分会代拟了召开预祝中华民国成立大会的布告：

> 武昌已于本月 11 日"光复"，义声所播，国人莫不额手相庆，而虏运行将告终。本会谨择于 16 日召开预祝中华民国成立大会，仰各界侨胞届期踊跃齐临庆祝，以壮声威，有厚望焉！

参加完芝加哥同盟会预祝大会之后，孙中山在同盟会会员朱卓文的陪同下，乘车前往华盛顿，写信给时任美国国务卿诺克斯，请求秘密会晤，希望得到美国对中国革命的支持和援助，或者是坚持中立，但诺克斯没有接见他。10 月 20 日，孙中山自华盛顿抵达纽约，对华侨演讲共和政治，向美国政界、财界人士介绍中国革命宗旨，希望得到他们的同情和支持。

11 月 11 日，孙中山从纽约抵达伦敦。在启程之前，他给正在伦敦的美国友人咸马里发电报，希望他帮助联系贷款："黎元洪的宣言是难以解释的，突然成功可能助长其野心，但他缺乏帅才，无法久持。各地组织情况甚好，都希望我加以领导。如得财力支持，我绝对能控制局势。在我们到达之前，不可能组成强有力的政府，因此贷款是必需的。"

孙中山又委托马克沁机枪制造厂经理道森与英国外交大臣格雷交涉，向英国政府提出三项要求："一、止绝清廷一切借款；二、制止日本援助清廷；三、取消各处英属政府之放逐令，以便予取道回国。"他还向英国外交部提出了一份由他本人与咸马里签署的备忘录，表示希望取得英国对中国革命的"友谊和支持"，并向其借款100万英镑。但英国政府对孙中山的这些要求，采取了敷衍的态度，格雷表示"英国将保持中立"。

通过咸马里介绍，孙中山直接与四国银行团代表商谈了给中国革命政府贷款之事。四国银行团表示："我们政府既然答允先生的要求，停止借款清廷，此后银行团借款与中国则只有与新政府交涉了。这样，必然要待先生回到中国，成立正式政府之后，方能开始议论贷款的事。本团现在打算派某行长与先生同行归国。正式政府成立之后，就近与他磋商便可以了。"

11月中旬，孙中山接受记者采访，公开发表政见。他对伦敦《滨海杂志》记者说："不论我将成为全中国名义上的元首，还是与别人或那个袁世凯合作，对我都无关紧要。我已做成了我的工作，启蒙和进步的浪潮业已成为不可阻挡的。中国，由于它的人民性格勤劳和驯良，是全世界最适宜建立共和政体的国家。在短期间内，它将跻身于世界上文明和爱好自由国家的行列。"

孙中山在老师康德黎家中得到中国成立临时政府、黎元洪为元帅、黄兴为副元帅的消息，便于11月16日发电报给上海的《民立报》说："今闻已有上海议会之组织，欣慰。总统自当推定黎君。闻黎有请推袁之说，合宜亦善。总之，随宜推定，但求早巩国基。清朝时代权势利禄之争，吾人必久厌薄。此后社会当以工商实业为竞点，为新中国开一新局面。至于政权，皆以服务视之为要领。文临行叩发。"

11月20日，孙中山又开始了他的法国之行。他在法国受到的礼遇，较之英、美好得多。孙中山访问了法国议会，许多议员对中国革命都表示同情和支持，包括后来担任法国总理的克里孟梭。法国外交部部长毕恭得知孙中山希望与他见面时说："我哪里有不见孙逸仙的道理？中国正处在今天这个状况，无论什么事情都可能突然发生。孙逸仙的计划你怀疑有些空想吗？其实这并不重要，主要的是，他已经有了一个政党，而这个政党是完全可以推翻清政府的！"

但是，孙中山同样未能从法国得到借款。法国东方汇理银行总裁西蒙虽然宴请了孙中山，却委婉地拒绝了孙中山的借款请求，理由是四国银行已达成一致协议，法国必须"严格地遵守中立"。

此时，国内正在酝酿总统人选之事。江苏都督程德全致电各省都督，希望孙中山回国组织临时政府。电文里说："大局粗定，军政、民政亟须统一，拟联合东南各军政府公电恳请孙中山先生迅速回国组织临时政府，统一事权。中山先生为首创革命之人，中外人民皆深信仰，组织临时政府，舍伊莫属。我公力顾大局，想亦无不赞成，即祈速复。"

黄兴也多次来电催促孙中山速回。孙中山决定立即归国，不再滞留。11月24日，由法国马赛乘"丹佛"号轮船秘密归国。

12月21日，孙中山抵达香港，廖仲恺、胡汉民、朱执信、宫崎寅藏等乘兵舰到香港迎接。在船上即与胡汉民、廖仲恺商讨革命大计。胡汉民说："清政府人心已尽，只是还有北洋数镇兵力尚未打破，所以能苟延残喘。袁世凯心怀叵测，他所以能持两端，所恃亦不过数万兵力。这种势力如未扫除，革命则无一种威力以巩固政权，这样，破坏、建设更谈不上。先生一到沪、宁，众望所归，必被推戴，幕府当在南京，但无兵可用，何以直捣黄龙？且以选举克强任事，命令还未易实行，元首且同虚设。不如留在广东整理粤中各军，很快便可得精兵数万，再行北伐，才有胜算。估计尽

　　　　　　　　1911年12月21日，孙中山返抵香港时在船上与欢迎者合影

北洋数镇兵力，两三个月内，不能摧破东南。这时候，我们就有办法，以实力肃清强敌，才能真正形成南北统一的局势。与赴沪、宁相比较，事情正好相反，若骛虚名，将来一定后悔。最近福建、广西、贵州意见，认为宁、鄂正处前线，有暂推广东作为首都的议论，我们正谦让不已。先生回来了，正可以控制这种局势。"

孙中山不同意胡汉民要他留在广东的意见，坚持前往沪、宁。他说："现在的大患即在无政府，如果能够创建政府，则清朝政府必然倾覆；即使袁世凯也未必能够支持。以形势论，沪宁在前方，不以身当其冲，而退就粤中以修战备，此为避难就易。四方同志正引领属望，至广州其谓我何？我恃人心，敌恃兵力，既如所云，何故不善用所长，而用我所短？袁世凯之不可信，诚然。但我因而利用之，使推翻两百六十余年贵族专制之满洲，则贤于用兵十万。纵其欲继满洲为恶，而其基础已远不如，覆之自易，故今日可先成一圆满之段落。我若不至沪宁，则此一切对内对外大计主持，决非他人所能任。你还是和我一起马上出发吧。"

胡汉民不得不放弃自己的主张，委托陈炯明代理广东都督，请廖仲恺返回广东布置一切，然后随孙中山同船赴沪。12月25日，在胡汉民、宫崎寅藏、荷马里等人的陪同下，孙中山到达上海。

这天清晨，天空飘着蒙蒙细雨，黄浦江上弥漫着一层薄雾，但上海吴淞港租界码头上，布满了沪军都督府的卫队和军警，挤满了上海各界人士代表、各国领事、中外记者和各机关团体的代表。马路边、码头上到处飘扬着各式各样的旗帜。

9点45分，"地湾夏"号邮轮缓缓驶进港口。孙中山出现在轮船上层甲板的船舷旁，他身穿黑色西装，挥动着礼帽，面带微笑，频频点头。流亡海外16载，终于回到了祖国的怀抱，孙中山激动地挥着右手向欢迎的人群致意。黄兴、陈其美等登上船，簇拥着孙中山，在欢呼声中登上码头。

孙中山刚下船登岸，即被记者们团团围住。记者见孙中山的随行人员中有好几位日本人，就问道："孙逸仙先生与日本政府有关系吗？"

孙中山微笑地回答："我们将与各国政府都有关系。我们将建设新政府，岂有不愿意与各国政府友好的道理？"

有记者问："先生是不是中国民主共和国大总统的候选人？"这也是人们最关心的一个问题。

孙中山说："尚未开会选举，我也不清楚。"

这时，又有记者问："先生这次带回来多少钱？"原来，在孙中山回国之前，同盟会为了造声势，鼓舞民军士气，宣传孙中山在海外募集巨款，并有外国政府答应愿借巨款，引起了国内外记者的普遍关注。

孙中山微笑着答道："余一钱不名，所带者革命之精神耳！革命之目的不达，无和议之可言也。"这种机智的回答，巧妙地避开了贷款尴尬的问题，赢得了在场者热烈的掌声。

孙中山边走边回答着记者的问题。黄兴、陈其美护卫着孙中山，一同坐进黑色的小汽车，沿着欢迎的人群，缓缓向法租界驶去。

当天上午，孙中山在哈同花园会见了伍廷芳、黄兴、陈其美、汪精卫等人。午餐后，伍廷芳邀请孙中山至爱文义路100号伍宅会谈，汇报了南北会谈的进展情况，黄兴等人参加。4点20分，陈其美护送孙中山前往法租界宝昌路408号寓所下榻。

孙中山的到来，令革命党人备受鼓舞，已独立的各省纷纷来电表示欢迎。江西省军政府及全省军、绅、商、学各界的公电说："大节抵申，赣省军民同为额庆。光复祖国，组织共和，尤感先生是赖，除已派代表在沪欢迎外，特此电贺。"许多团体也都纷纷致电南京各省代表团，要求选举孙中山为大总统。

12月26日上午，孙中山在寓所会见了上海法文报纸《中法新汇报》总编辑莫乃斯梯埃及各方拜谒来访者。中午，黄兴、陈其美等出面，邀请在上海的同盟会会员在爱丽园宴请孙中山。下午，赴惜阴堂与赵凤昌等会见，征询对当前时局的看法。

当晚，孙中山不顾旅途劳累，立即召开同盟会高级干部会议，讨论组织临时政府问题。出席者有胡汉民、汪精卫、黄兴、陈其美、宋教仁、张静江、马君武、居正等人。

经过讨论，会议决定选举孙中山为临时大总统，会后分别向各省代表示意，建议选举孙中山为临时大总统，大家对此一致赞同。但在政府组织方案上发生了争执，宋教仁提议民国政府实行责任内阁制，孙中山主张实行总统制。争论许久，孙中山说："内阁制乃平时不使元首当政治之冲，故以总理对国会负责，断非此非常时代所宜。吾人不能对于惟一置信推举之人，而复设防制之法度。余亦不肯徇诸人之意见，自居于神圣赘疣，以误革命之大计。"

黄兴劝宋教仁取消提议，张静江亦支持孙中山。宋教仁毫不退让，仍

1911 年 12 月 26 日，孙中山在上海召开同盟会高级干部会议，讨论组织临时政府问题

然坚持己见地说："共和制本已超越了君主立宪制，如果实行总统制，连内阁制度也一并超越了。不顾国情，一味超越，欲速则不达，请诸君三思。内阁不善，可以更迭；总统不善，罢免则很困难。如必欲罢免，必然引起政治动荡，动摇国本。内阁制可以防范总统滥用权力，这是我之所以坚持内阁制而不取总统制的原因。"

众人久议不决，黄兴提议说："待到南京后，与各省代表商酌后再行决定。"宋教仁才不再坚持。会议当即决定，由宋教仁、黄兴赴南京与各省代表会商。宋教仁、黄兴连夜乘车赶去南京。

12 月 27 日上午，宋教仁、黄兴出席在江苏省咨议局召开的各省代表会议。黄兴提出三条议案：（一）改正朔用阳历；（二）起义时以黄帝纪年，临时政府成立后应改为中华民国纪元；（三）组织政府采用总统制。前两条合并讨论，全体赞成通过。对第三案，宋教仁表示反对，仍主张内阁制，历指总统制之弊。讨论颇久，黄兴询众意，多数赞同总统制，原案通过。黄兴又提议，按照政府组织大纲应立即选举临时大总统，拟即日举行，由代表会准备一切，众无异议。

各省代表会议还派遣马君武、景耀月、王竹怀、王有兰等 6 人为代表，专程赴沪欢迎孙中山回国。孙中山在上海静安寺斜桥总会后小洋房接见各省代表会的代表，并就国体问题进行了交谈。代表们就拟选他为临时政府大元帅一事，征求他的意见。孙中山当即表示："要选举，就选举大总统，不必选举大元帅，因为大元帅的名称，在外国并非国家之元首。"

景耀月回道："在代表会所议决的临时政府组织大纲，本规定选举临时大总统，但袁世凯的代表唐绍仪到汉口试探议和时，曾表示如南方能举袁为大总统，则袁亦可赞成共和，因此代表会又决议此职暂时留以有待。"

孙中山道："那不要紧，只要袁能拥护共和，我就让给他。不过，总统就是总统，临时字样，可以不要。"孙中山解释"大总统"之前不冠"临时"二字的原因，主要是因为他在归国前向西方各国商谈借款时，他们都表示，中国正式成立共和政府时，才可考虑。

景耀月说："这要发生修改政府组织大纲问题，俟回南京与代表会商量。"

孙中山与代表们坦诚相见，交换意见，会见结束后，有代表感慨地说："先生的语气，真挚亢爽，直截了当，有当仁不让、舍我其谁之概；一洗中国缙绅虚伪谦逊、矫揉造作之态，虽细微处，亦见伟大。"

12 月 28 日上午，各省代表继续召开会议，讨论选举总统事宜。马君武一行从上海赶来赴会，向各位代表报告了在上海与孙中山谈话的内容。代表会对于保留总统位置予袁一节，认为不必要："如袁君世凯反正来归，则临时总统当选人即当让位于袁，以符本会议之诺言。"惟"临时大总统"名称，除去"临时"字样，因各省有未独立者，正式宪法尚未制定，正式总统亦无从产生，认为仍须冠以"临时"字样。会议决定，12 月 29 日，正式选举中华民国临时大总统。

四、临时大总统

12 月 28 日晚，各省代表在南京举行临时大总统选举预备会，投票选举临时大总统候选人。投票后，并未开箱。决定次日举行正式选举时，采用无记名投票法。

12 月 29 日下午，选举会议正式举行，参加会议的有直隶、奉天、山东、山西、河南、陕西、湖北、湖南、江西、安徽、江苏、浙江、福建、广东、广西、云南、四川等 17 省 43 名代表，还有两名华侨代表列席。由议长汤尔和任会议主席，王宠惠任副主席，刘之洁任监选员，袁希洛兼任书记工作。午后一点钟，大会主席宣布会议开幕，命秘书长宣读上次通过的《中华民国临时政府组织大纲》，按照大纲选举临时大总统，计到会有 17 省代表，每一省代表，无论若干人当推一代表书一票，选举不记名，众无异议。主席命刘之洁打开候选人票箱，候选人为孙文、黎元洪、黄兴。

代表投完票后，主席指定监票人唱票，每唱一票，袁希洛以粉笔写在黑板上，计孙文得 16 票，黄兴得 1 票。唱票结束后，袁希洛又用毛笔在宣纸上写下"当选人孙文十六票"。

会议主席汤尔和当场宣布选举结果："孙中山得十六票，黄兴得一票，选举有效，孙中山以十六票当选为中华民国临时大总统。"众代表当即起立，欢呼"中华共和国万岁！"一时音乐大作，与会代表及列席的军、学各界人士鼓掌庆贺。代表会议立即作出决议：各省代表具签名书，交正、副议长汤尔和、王宠惠赴沪恭迎临时大总统来南京就职，并由代表会将选举结果电告孙中山及各省都督府、咨议局及各报馆。

在上海的孙中山得知当选，立即复电：

南京各省代表诸公鉴：

电悉。"光复"中华，皆我军民之力，文单身归国，毫发无功。竟承选举，何以克当？惟念北方未靖，民国初基，宏济艰难，凡我国民皆具有责任。诸公不计功能，加文重大之服务，文敢不勉从国民之后，当刻日赴宁就职。先此敬复。孙文叩。

孙中山当选临时大总统的消息一经传出，全国人民和海外侨胞兴高采烈，一片欢腾。安徽军民各界万人集会都督府庆贺。福州万人举行提灯游行。南京全城喜气洋洋，军学各界均眉飞色舞，互相庆祝，各商铺居民无不预备香花灯烛以庆贺。海外侨胞则是"自总统选举以来，南洋、澳、欧美各地贺电为日盈尺"。

12 月 30 日下午，孙中山在寓所会见了中国社会党本部长江亢虎。江亢虎向孙中山介绍了社会党成立的经过及社会主义学说内容。

孙中山听后说："余对此主义必竭力赞成之。此主义向无系统的学说，近三五年来研究日精，进步极速，所惜吾国人知其名者已甚少，解其意者尤稀。贵党提倡良可佩慰。余意必广为鼓吹，使其理论普及全国人心目中。至于方法，原非一成不变者，因时制宜可耳。"

江亢虎说："前读先生民生主义、平均地权，专征地税之说，实与本党宗旨相同。"

孙中山说："不但此一端而已。余实完全社会主义家也，此一端较为易行，故先宣布，其余需与贵党讨论者尚甚多。余此次携来欧美最新社会主义名著多种，愿贵党之精晓西文者代为译述，刊行为鼓吹之材料。一俟军事粗定，吾辈尚当再作长谈。"

第二天上午，孙中山在百忙中派人将从西欧购买携回的《社会主义概论》《社会主义发达史》《社会主义之理论与实行》等有关社会主义的书籍赠给中国社会党。并致函江亢虎请广集同志，多译此种著作以输入新思想；还希望他建立一所学校，专门研究社会主义学说。

1912年1月1日上午10时，孙中山乘沪宁铁路专用花车起行。到站欢送者有各团体代表及军队等数千人，专车在礼炮声响后徐徐启动。途经苏州、无锡、常州、镇江等站时，均有数千至上万群众列队致敬，鼓乐齐鸣，欢声雷动，"共和万岁！""总统万岁！"的呼声响彻云霄，孙中山频频向大家挥手致意。

1912年1月1日下午，孙中山赴南京任职。图为其离开上海火车站时的情景

下午5时多，车抵南京下关，孙中山身披黑色呢子大衣，微笑着下了火车，驻南京的各国领事纷纷上前表示欢迎。接着，孙中山换乘一列城垣铁路小火车，径抵两江总督署附近的箭道车站；然后，转乘一辆蓝色丝绸绣花马车，直抵两江总督署。一路上，军警密布，市民夹道欢呼，争相一睹大总统的风采。南京城内，到处张灯结彩，热烈欢迎孙中山的莅临。临时大总统府设在南京城内旧两江总督衙门，即太平天国的天王府旧址。

当晚6点多，孙中山一行抵达临时大总统府。按照原来的计划，吃过晚饭后即举行就职典礼。但就在这时，卫戍军官报告说，有小股武装清军从秦淮河间潜入南京城，其他地方也发现便衣奸匪时稀时稠的枪声。胡汉民听说后赶忙劝孙中山："就职典礼是不是延至明日上午举行？"

孙中山断然说："典礼不能延至明日！今天是1912年元旦，一元复始，万象更新；也是民国元年元旦，今天向世界宣布中华民国成立，有特殊意义。"

当晚10时，在总统府大堂举行了简朴而庄严的临时大总统就职典礼，各省代表、陆海军代表及各国领事等200余人聚集一堂，外国友人荷马李、宫崎滔天、山田纯三郎和宋耀如全家受邀参加了就职仪式。大堂左右立柱悬有同盟会纲领"驱除鞑虏，恢复中华，建立民国，平均地权"对联，上挂"吾大中华民国吉期良辰"横幅。孙中山穿着礼服走进来，各部人员行三鞠躬礼。典礼开始，奏军乐，鸣礼炮21响。首先由山西代表景耀月报告选举经过。然后，主持人徐绍桢高呼："请大总统宣誓就职。"

孙中山在大家注目下，缓缓走向前，用广东口音的普通话宣读《大总统誓词》："倾覆满洲专制政府，巩固中华民国，图谋民生幸福，此国民之公意，文实遵之，以忠于国，为众服务。至专制政府既倒，国内无变乱，民国卓立于世界，为列邦公认，斯时文当解临时大总统之职。谨以此誓于国民。"

宣誓之后，各省代表景耀月将大总统印授给孙中山。孙中山接过大印，在《中华民国大总统孙文宣言书》上，庄重地盖上中华民国临时大总统印章。

胡汉民代读了《临时大总统就职宣言》。《宣言》宣称："临时政府，革命时代之政府也。它将尽扫专制之流毒，确定共和，普利民生，以达革命之宗旨，完国民之志愿；临时政府谋民族之统一、领土之统一、军政之统一、内政之统一、财政之统一；清朝时代辱国之举措，及排外之心理，务必一洗而去之。持平和主义，与我友邦益增睦谊，将使中国见重于国际社会，且将使世界渐趋于大同。"

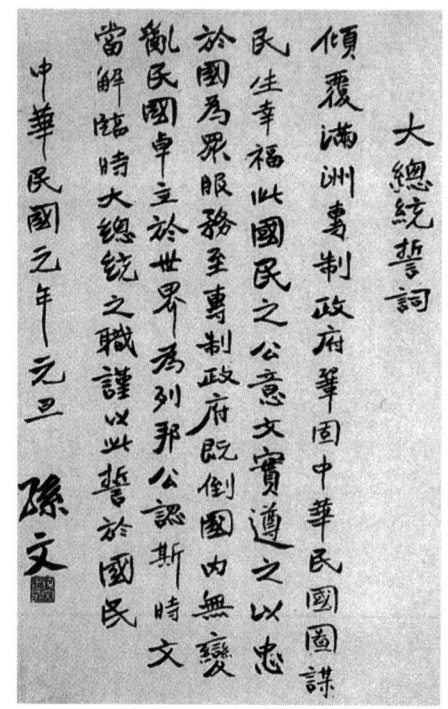

大總統誓詞

傾覆滿洲專制政府鞏固中華民國圖謀民生幸福此國民之公意文實遵之以忠於國為眾服務至專制政府既倒國內無變亂民國卓立於世界為列邦公認斯時文當解臨時大總統之職謹以此誓於國民

中華民國元年元旦 孫文

1912 年 1 月 1 日，孙中山在就职仪式上宣读的《大总统誓词》。

典礼结束，孙中山走下平台，将代表一一送出大厅。代表们一再请孙中山留步，他却谦逊地说："我是人民的公仆，你们是人民的代表，是真正的主人，我把你们送到大厅之外是完全应该的。"

1 月 2 日，孙中山发表通电，下令定国号为"中华民国"。发布《改历改元通电》，规定中华民国改用阳历，以黄帝纪元四千六百○九年辛亥年十一月十三日为中华民国元年元旦。

孙中山就任临时大总统后，各省各府都督的贺信贺电如雪花般飞到南京总统府。在发来的电报中，竟出现"恭祝大总统万寿无疆"的字样。孙中山看了很不高兴，他痛切地指出："封建流毒真深！必须肃清！我们已经革了帝制的命，难道还要做皇帝吗？对我祝'万寿无疆'的人，先劝导几句，以后再这样，原件返回。"

当选临时大总统的第二天，孙中山就立即开始组织临时政府工作。他以临时总统身份召开各省代表会议，通过了《临时政府组织大纲修正案》。在大总统以外加设副总统，民国政府设置陆军、海军、外交、司法、财政、内务、教育、实业、交通共 9 个部，并将"部长"改称"总长"。成立政府需要设立参议院作为立法机关，参议院以每省都督府所派之参议 3 人组成。在参议院未成立之前，暂由各省都督代表代行职权，选举赵士北、马君武为临时正、副议长。

1 月 3 日，临时参议院举行副总统选举，黎元洪以全票当选。孙中山出席了这次会议，并提名各部总长名单由会议审查。名单如下：陆军总长黄兴，外交总长王宠惠，财政总长陈锦涛，教育总长章太炎，交通总长程德全，海军总长黄钟瑛，司法总长伍廷芳，内务总长宋教仁，实业总长张謇。

临时参议院在审查这个名单时，有不少人反对宋教仁、王宠惠、章太炎，也有人提出改伍廷芳为外交总长。参议员们的反对理由是，章太炎脾气怪诞、性格孤傲，宋教仁心高气盛、年纪太轻，王宠惠海外归来、阅历尚浅，均不适合担当重任。

黄兴根据讨论情况，向孙中山建议："以宋教仁主张初组政府，须全用革命党，不用旧官僚，理由甚充足。但在今日情势下，新旧交替，而代表会又坚持反对宋教仁掌内务，计不如部长取名，次长取实，改为程德全掌内务，蔡元培掌教育，伍廷芳与王宠惠对调。"

孙中山道："内政、教育两部依兄议，外交问题，我欲直接，伍廷芳长者，诸多不便，故用王宠惠，可以随时指示，我意甚决。"

为了照顾宋教仁和章太炎两位同盟会元老，宋教仁改任法制局局长，章太炎任枢密院顾问。黄兴便再次同临时参议院代表会商，并通过投票选举，一致通过。接着，又任命胡汉民为总统府秘书长，黄兴兼参谋总长，并委任了各部次长。内阁的最后名单如下：

临时大总统：孙中山

临时副总统：黎元洪

总统府秘书长：胡汉民

参谋总长 黄兴（兼）

陆军总长：黄　兴　　次长：蒋作宾

海军总长：黄钟瑛　　次长：汤芗铭

外交总长：王宠惠　　次长：魏宸组

司法总长：伍廷芳　　次长：吕志伊

财政总长：陈锦涛　　次长：王鸿猷

内务总长：程德全　　次长：居　正

教育总长：蔡元培　　次长：景耀月

实业总长：张　謇　　次长：马君武

交通总长：汤寿潜　　次长：于右任

法制局局长：宋教仁

南京临时政府的建立，是中国历史上第一个共和国政府，也是亚洲历史上第一个共和国，标志着中华民国正式建立，从此，古老的中国开始了历史的新纪元。

1912 年 1 月 21 日，孙中山召开首次国务会议。左起：海军总长黄钟瑛、教育次长景耀月、教育总长蔡元培、财政总长陈锦涛；右起：财政次长王鸿猷、外交总长王宠惠、陆军总长黄兴

五、清帝逊位

孙中山在当选临时大总统的当天，就致电袁世凯：

北京袁总理鉴：文前日抵沪，诸同志皆以组织临时政府之责相属。问其理由，盖以东南诸省久缺统一之机关，行动非常困难，故以组织临时政府为生存之必要条件。文既审艰虞，义不容辞，只得暂担任。公方以旋转乾坤自任，即知亿兆属望，而目前之地位尚不能不引嫌自避；故文虽暂承乏，而虚位以待之心，终可大白于将来。望早定大计，以慰四万万人之渴望。孙文。

孙中山虽已表明"虚位以待之心"，然而，袁世凯得知孙中山当选临时大总统后仍极为恼怒，对身边的人说："既然已经选了总统，那么我坐在什么位子上呢？算了吧！不必谈和了。"当即下令撤销了唐绍仪议和代表之职，并通电指责南方先组政府，选举总统，违背和谈协约。

孙中山再次致电袁世凯解释："文不忍南北战争，生灵涂炭，故于议和之举，并不反对。虽民主、君主不待再计，而君之苦心，自有人谅之。倘由君之力，不劳战争，达国民之志愿，保民族之调和，清室亦得安乐，一举数善，推功让能，自是公论。文承各省推举，暂词具在，区区此心，天日鉴之。若以文为有诱致之意，则误会矣。"

1月2日，袁世凯又唆使北洋将领冯国璋、段祺瑞、张勋、曹锟、张怀芝、张作霖、王占元、李纯等40余人发出通电，主张君主立宪，反对共和，声言要以"开战"来解决政体问题，请饬各亲贵大臣将在外国银行所存款项提回，接济军用。

袁世凯进宫面奏这份电报要求，并提出引咎辞职。隆裕太后为挽留安慰袁世凯，只好从内库拿出8万两黄金，以暂缓军费紧张的局面。

在袁世凯的军事讹诈面前，孙中山针锋相对，激励各地民军，积极准备北伐。他指出，和议无论如何，北伐断不可懈。1月11日，南京临时政府决定组建北伐军，孙中山自任北伐军总指挥，黄兴为北伐军参谋长。在总统府成立北伐大本营，由临时大总统兼任陆海军大元帅，黄兴负责主持大局，并制订了六路北伐计划：以鄂、湘为第一军，由京汉路前进；以宁、皖为第二军，向河南前进，与第一军会合于开封、郑州之间；以淮、扬为第三军，烟台为第四军，向山东前进，会师于济南；关外之军为第五军，山、陕为第六军，向北京前进。第一、二、三、四军既达第一步目的后，再与第五、六军会合，共扑虏廷。

各路北伐大军随即出师北上。1月13日，粤军北伐部队在津浦铁路上首战告捷，败清军于蚌埠、宿州一线，张勋"辫子军"望风而逃，战略重镇徐州不战而下。湖北的革命军则由襄樊东下随、枣，并北出河南唐河、邓县，威胁南阳、洛阳。段祺瑞害怕后路被切断，急忙将其大营由孝感撤至信阳。当时，袁世凯拥有的北洋军队，总数不超过10万，所控制的地区，只有河南、山东、直隶等少数省份。而分别集结在湖北、江苏两省的革命军各有十万之众，加上其他独立省份的军队，总数不下三四十万人。1月16日，南方革命军第二军军长、关外大都督蓝天蔚率舰队和3000名北伐先锋队员北上烟台，威逼京津；山东革命军政府所辖义军也占领登州、黄县、招远等地，积极配合北伐。朝廷上下为之恐慌，一下打乱了袁世凯的如意算盘。

1912年1月，南京国民政府北伐舰队在烟台登陆，并成立山东军政府

其实，袁世凯并不打算真打。如果胜了，他当不了总统，只能扶持6岁的小皇帝俯首称臣；万一败了，更当不了总统，甚至连现在的地位也保不住。北洋军虽然战斗力较强，但北伐军在数量上占优势，他并没有胜算的把握。在这种情况下，只有和为上策，利用北洋军逼迫孙中山让位，利用北伐军逼迫小皇帝下台。在国体问题上，也不是真心拥护君主立宪，若实行立宪体制，他最多只能任首相，并且要受三权分立的议会制约，权力并不比现在大权在握的内阁总理大臣多。只有采取共和制，他才有可能爬上权力的顶峰，上位民国大总统。但是，他又不敢逼宫太甚，不愿留下欺负孤儿寡母的奸臣骂名。所以，只能采取"养敌自重"战略和"拔大树"战术，从而达到一箭双雕的目的。

面对不解其用心的心腹幕僚，有一天，袁世凯指着庭院里的一棵大树，委婉地问幕僚们："你们有谁能拔起这棵大树啊？"幕僚们纷纷摇头："我们不是鲁智深！"

袁世凯接着说："鲁智深也拔不出这棵大树！但是，我有办法。你们知道是什么办法吗？如果用猛力去拔，是无法把树根拔出来的；过分去扭，树干一定会断折。只有一个方法，就是左右不停地摇它。只要将它根部的泥土松动了，不需要拔，来股大风，它自然就会倒地的！"

幕僚们似乎恍然大悟，但还是有些懵懵懂懂，他只好坦露心机说："清朝这棵大树，是三百多年的老树，要想拔这棵又大又老的树，不是一件容易的事情。闹革命的，都是些年轻人，有力气却不懂如何拔树；闹君主立宪的人，懂得拔树却没有力气。我今天忽进忽退，就是在摇撼大树，等到泥土松动了，大树不久也就会被拔出来的。"

但是，大清帝国这棵300多年的大树也不是那么好拔，其树干虽然已经腐朽了，但还是根深蒂固。皇亲贵族仍然有不少人为表示尽忠强烈主战，让袁世凯左右为难。为逼迫清帝退位议和，袁世凯又想出一条妙计。

1月11日，正当北伐军北上之时，在袁世凯的授意下，北洋军全体将领，由直隶提督、淮军老将姜桂题领衔通电清廷："现值军情紧急，请求皇帝命令王公大臣捐献私财，毁家纾难，共济时艰。"

袁世凯又拿着电报去找隆裕太后请示良策，诉苦独立各省拒交税赋，外国银行又保持中立不予贷款，国库现已空虚，军费无着，将士不听调遣，恐日久生变，自己已无计可施，再次请求辞职。隆裕太后也为军费犯愁，一边挽留袁世凯勉为其难，一边动员王公大臣募捐。满族王公大臣虽大话炎炎，天天叫嚷南征戡乱，但是真要他们出钱筹饷，一个个就噤若寒蝉了，主战高调一下子就压了下去。袁世凯又开始伸出橄榄枝，试探南京临时政府的态度。

就在这时，南京临时政府也面临着严重的财政危机和巨大的外交压力，不但立宪派反对北伐，就连同盟会内部也出现了分歧，议和主张又占了上风。

南京临时政府建立后，首先碰到的最迫切、最严重，也是最棘手的问题，就是财政问题，当时，中国的海关仍被帝国主义列强把持，海关税收早被指定为偿付外债和赔款，拒绝将关余交给临时政府。而各地战事不断，军费耗用惊人，各省的税赋难以征缴。内无存储，外无支援，又无法贷款。这也是孙中山与革命党人放弃临时政府关键的财政、实业、内务、交通等诸总长位置的原因，期望借助于立宪派的声望、实力和经验来为新政府缓解财政困难，但立宪党人对此并不积极。两淮的盐税每年有1000多万两白银的收入，但都控制在张謇手里。张謇虽然是临时政府的实业部长，但他并不来南京就职，反而以避免"外交困难"为由，禁止任何"挪作他用"。

按照预算，临时政府一年的军费需要5000万两白银，中央行政及外交经费至少需要3000万两白银，加上其他支出，一年的财政支出需要2亿两白银。各省除江苏、浙江、广东稍有盈余补贴中央财政外，其他各省尚且不能自足，中央财政每年最少赤字8000万两白银。由于革命党缺乏经济管理和金融等方面的人才，临时政府成立后，没有及时建立起中央银行和发行货币。为了缓和财政危机，孙中山也采取过一系列措施。

1月8日，孙中山批准发行中华民国军需公债，发行定额为1亿元。但临时政府根基未固，很难获取民间信任，应募者寥寥无几，向海外华侨所发售的公债应购者亦不踊跃，最终只售出700多万元。

当时南京临时政府管辖的各地军人总共有30万人之众，一旦无饷可发的话，士兵随时有扰民之事发生。为了解救燃眉之急，孙中山下令财政部发行总额100万元的南京军用钞票，"以维持市面"，规定3个月后，准持票到中国银行兑换银圆。士兵领到军用票后，纷纷向各商店挤兑银圆，或购买实物。商民甚为恐慌，发行数日后，即出现钱业、米业停市，市民以此来抵制军用钞票，这一政策同样宣告失败。

国库空虚，庞大的军费开支无着落，连政府公务员的薪水都发不出。孙中山多次向英美银行协商借款，外国银行以保持中立为由不愿借钱给临时政府。孙中山对财政困难早就有所预见，曾无奈请日本朋友宫崎滔天帮助借款。

就在赴南京就职前，孙中山会见宫崎滔天说："你能给我借上五百万元吗？我明天要到南京就任大总统了，但却身无分文。"

"我又不是魔术师，一个晚上去哪里弄这么多钱？"

"明天没有钱也关系不大，但你如果不保证在一周之内给我借到五百万元，我当了总统也只好逃走。"孙中山脸上露出苦涩的笑容。

在宫崎滔天陪同下，孙中山与日本最大的企业三井物产会社上海分社支店长藤濑政次郎相见，商谈借款事宜。当日本东京三井物产会社常务董事山本条太郎接到上海藤濑的报告后，立即征求日本外相及首相的意见，决定以中日合办汉冶萍公司为条件，贷款500万元给南京临时政府。

孙中山上任临时大总统后一周，三井物产会社将草拟的《中日合办汉冶萍公司契约书》送南京，交孙中山和黄兴签字。主要内容有：一、公司资本定为日币3000万日元，由中日合办；二、中日股金各半，股权相同；三、公司已借日债1000万日元，此外再借500万日元共1500万日元，作为日方股金；四、前项500万元由公司贷与南京临时政府，部分款项以现金交付余额作为向三井购买军火的费用。

但是根据国际法，该契约书须由汉冶萍公司总经理盛宣怀直接与三井签约。精明的盛宣怀，马上派驻上海公司代表陈萌明于15日赴南京，当面直接探询有关借款及签订合资契约书的情况。孙中山委婉地表示：民国于盛并无恶感情，若肯筹款，自是有功。外间舆论过激，可代为解释。惟所拟中日合办，恐有流弊。政府接认，亦嫌非妥当办法。不若公司自借巨款，由政府担保，先将各欠款清偿，留一二百万做重新开办费，再多借数百万转借与民国。

盛宣怀是洋务运动的代表人物，本不愿中日合资办矿，更不愿由自己签约"同意合办"。他将第十条中的"以上所开新公司华日合办，已由中华民国政府电准"中的"已"字改为了"俟"字。整个借款过程都在秘密中进行，除孙中山、黄兴等少数人知情外，其余财政部、实业部、参议院一概不知。直至2月初，此事才为同盟会机关报《民立报》探知披露。消息传出，舆论大哗，参议院议员质询政府，张謇也反对此议，并辞去实业总长。孙中山在强大的舆论压力下，虽一再解释，但不得不宣布废约。

孙中山在致章太炎的信中说："此事弟非不知利权有外溢之处，其不敢爱惜声名，冒不韪而为之者，犹之天寒解衣付质，疗饥为急。先生等盖未知南京军队之现状也。每日到陆军部取饷者数十起。""无论和战如何，军人无术使之枵腹。前敌之士，犹时有哗溃之势。弟坐视克强兄之困，而环视各省，又无一钱供给。""至于急不择荫之实情，无有隐饰，则祈达人之我谅。"孙中山的这封信，表明了当时在财政方面所处的困境。

临时政府财政困难到了极点，南京当时有10余万驻军，但军费没有来源，每天到陆军部索饷者不下数十起。有的军官扬言："军队乏饷即溃，到那时只好自由行动，莫怪对不住地方。"陆军总长黄兴为军饷问题，急得走投无路，寝食难安，甚至急得吐血。军队的伙食从干饭改为稀饭，以后连喝稀粥都不能保障。各省不但不能上缴税赋，还不断要求临时政府拨款。一次安徽前线告急，粮饷皆缺。安徽都督孙毓筠派专使来，求济于政府，孙中山当即批示拨给20万元，胡汉民奉命至财政部提款，没想到国库中仅剩10块银圆。

由于军费匮乏，前线粮饷奇缺，时值严冬，官兵没有御寒服装，暴毙者众多，军队的士气受到极大影响。各路人马，遂各行其是，前线部队停滞不前，等待后方补给增援。

在临时政府中的立宪派、旧官僚张謇、汤寿潜、程德全等重要官员，全都不主张再战，并故意制造种种困难，借此胁迫孙中山妥协。革命党的一些领导人，在妥协势力包围和影响下，也开始动摇后退；许多独立省拥兵自重，无意北伐。不少人希望孙中山把临时大总统的位子让给袁世凯，以换取清帝退位。就连陆军总长黄兴也说："如果和议不成，就剖腹自杀，以谢国人。"

汪精卫竟然当面质问孙中山:"你不赞成和议,难道是舍不得总统吗?"孙中山听后极不高兴,向他讲解革命精神,要有进无退,决不妥协。汪精卫大谈当前形势,并声泪俱下地说:"我们向袁世凯示好,是为国家大义,并非向他屈服求和。如果先生您高风亮节,效法尧舜,使中国不动干戈而获共和,避免太平天国汉人内战之覆辙,后世历史,将公论先生为一代伟人!"

章太炎在临时政府提名教育总长落选后非常恼怒,孙中山给他安排了枢密院顾问的职务,他辞职不就,公然脱离同盟会,在上海组织中华民国联合会,后改名统一党。章太炎自任会长,以程德全为副会长,张謇为特务干事,并创办《大共和日报》,公开反对临时政府的许多改革措施,散布"革命军起,革命党消"的观点。革命成功后,同盟会内部也开始出现争权夺利的现象,孙武、刘成禺等武昌革命党人因在南京政府中未得到安排,便纠合一些旧官僚和立宪党人发起组织"民社",推黎元洪为首领,主张建都武昌,公开与南京临时政府相对抗,同盟会面临分裂的危险。

武昌起义后,帝国主义列强看到清廷已不可能恢复它的统治,于是竭力支持和扶植其新的代理人袁世凯,一面制造"非袁不能收拾"的舆论,一面从外交上施加压力。南京临时政府成立后,曾于1月11日、17日、19日接连三次要求列强予以承认,但都没得到任何答复。英国《泰晤士报》驻北京记者莫理循公开发文说:"告诫上海的共和领袖们,指望对中国国情一无所知的孙逸仙去争取外国列强对中国的尽早承认是痴心妄想。只有袁世凯才能得到外国的信任,革命党的领导人向莫保证,他们一定推戴袁为首届总统。"

帝国主义还从财政上、军事上、舆论上对南京临时政府不断施加压力。北伐开始后,外国列强极不满意,英、美、德、日等国公然派出军舰在长江示威,并在秦皇岛阻止民军登陆。各国使团亦公开宣传不准军民在京奉沿线两侧5公里内作战。日本则借机向东北增兵,外国媒体趁机渲染列强将对中国进行武装干涉。立宪派人士也趁机从临时政府和革命阵营内部散布,外国干涉将导致中国被瓜分亡国的危险。

在内外交迫下,不但使北伐半途而废,孙中山也开始"心灰意冷",再次被迫表示,只要得到清帝退位的确切消息,袁世凯公开宣布赞成共和,他就立即辞职,由参议院选举袁世凯为临时大总统。

经张謇、赵凤昌斡旋,南北双方继续议和,主要讨论清室优待条件和南方履行承诺问题。1 月 14 日，直隶咨议局、河南咨议局通过汪兆铭致电孙，首条即提出："清帝退位后，能否举袁为大总统？"孙中山复电保证："清帝退位，共和既定，袁有大功，为众所属，第一条件自无不能。"

袁世凯还是不放心，又通过和议代表唐绍仪致电伍廷芳，说明清廷正在筹商有关退位事宜，再次试探孙中山的态度。伍廷芳随即电告孙中山。1 月 15 日，孙中山复电说："如清帝退位，宣布共和，则临时政府决不食言，文即可正式宣布解职，以功以能，首推袁氏。"袁世凯在得到孙中山让位的书面承诺后，便放下心来，又开始了逼宫活动。

1 月 16 日，袁世凯以全体国务大臣的名义上奏隆裕太后，首先强调了许多议和不顺、军饷无着、海军皆叛、辽东告急等紧张形势，最后说道："环球各国，不外君主、民主两端，民主如尧、舜禅让，乃察民心之所归，迥非历代亡国之可比。且民军亦不欲以改民主而减皇室之尊荣……读法兰西革命之史，如能早顺舆情，何至路易之子孙，靡有孑遗也。民军所争者政体，而非君位；所欲者共和，而非宗社。我皇太后、皇上何忍九庙之震惊，何忍乘舆之出狩，必能俯鉴大势，以顺民心。"

隆裕太后看了奏折，并无回复。袁世凯又亲自向隆裕太后面奏，先吓唬她说，革命军兵精粮足，遍地皆是，而朝廷缺人少饷，这仗怎么打？将士不乏忠勇之士，打，也许能撑一阵子；但是，打赢了固然好；如果打不赢，"优待"就得不到了。面对泪流不止的太后，他又进一步恐吓道："自古无不亡之国。亡国之君，身受杀戮之惨，古今中外历史，斑斑可考。"

隆裕太后被吓得心惊肉跳，早已泣不成声。袁世凯接着劝诱道："今天大清皇帝退位，仍能保持尊号，享受岁费，这是古往今来绝无仅有的创举啊！我们在谈判中大费唇舌，好不容易才争得这个优待条例，总算尽了臣子的一片苦心。"隆裕太后听了这番话，仍左右为难，只好用缓兵之计拖延，安慰袁世凯说："袁爱卿辛苦了，还是从长计议吧。"

隆裕太后是慈禧之弟叶赫那拉·桂祥之女，被慈禧太后钦点为光绪皇后，秉性懦弱，优柔寡断，并不熟谙官场斗争经验和宫斗权术，在摄政王被逼退之后，更是没有多少主意，实际上成了仰袁鼻息的傀儡。听了袁世凯软硬兼施的恫吓和保持尊号的待遇，不禁悲伤得泪流满面。袁世凯也边说边抽泣，说到动情处禁不住泪流满面。6 岁的宣统小皇帝，莫名其妙地看着趴在地下的胖老头痛哭流涕的表演，也感动得流下了两行天真的热泪。

这天上午，袁世凯退朝回家，路过丁家街三义茶馆门口。突然，一枚炸弹从茶馆楼上扔了下来，马车慌忙疾驶而过，刚刚走到祥宜坊酒楼门口，又一枚炸弹从酒楼飞了出来。一声巨响，卫队营管带袁金标及排长1人，亲兵、马巡各2人，顿时倒在血泊之中。袁世凯所乘马车安然无恙。他的卫队一面开枪还击，一面护送他逃离现场。

行刺的人是北方同盟会会员和其他革命团体成员。他们认为袁世凯一日不除，民主共和一日不能实现。他们的行动是自发的行动，同盟会并不知情。结果10人被捕，3人被判处死刑，袁世凯毛发未损，安然无恙。

这次行刺反而帮了袁世凯的大忙。在此之前，皇族的主战派骂他是奸臣，与革命党里应外合。革命党的炸弹为他洗清了嫌疑，隆裕太后派特使前往慰问，诏封袁世凯一等侯爵。袁世凯从此称病不朝，同时要挟清廷说，要是再不同意退位，他就辞职不干了，并让他的亲信赵秉钧、胡惟德、梁士诒代他逼宫，胁迫清帝退位。

1月22日，孙中山向临时参议院提出了他辞职的5个条件，并令伍廷芳转告袁世凯：1.清帝退位，由袁世凯同时知照驻京各国公使，请转知民国政府，或转饬驻沪领事转达亦可；2.袁须宣布政见，绝对赞成共和；3.孙总统接到外交团或领事团通知清帝退位布告后，即行解职；4.由参议院选举袁为临时大总统；5.袁被选举为总统后，须誓守临时参议院所定之宪法，始能授受事权。并郑重申明"此为最后解决办法"，如果袁不能实行，则

1912年1月28日，孙中山出席临时参议院成立典礼后留影

无议和可言。

袁世凯接到孙中山提出的辞职条件后，又加快了逼宫的步伐，但隆裕太后仍然坚持召开国民会议解决问题。于是，袁上折威胁说，采用这个办法，就不能保证清帝退位后皇室受到优待，并用重金收买了隆裕最信任的太监小德张，让小德张游说隆裕，不断散播"倘能退位，则有优待"，"否则性命难保"的信息。隆裕本就优柔寡断，在袁世凯的内外夹攻之下，开始动摇起来。

满族王公大臣载沣、奕劻等人在袁世凯的亲自游说下同意退位，但是以良弼、溥伟、铁良为首的"宗社党"亲贵结成了一个以保全皇位为宗旨的"君主立宪维持会"，坚决反对南北议和与清帝逊位，主张罢黜袁世凯，组建"战时皇族内阁"，组织忠于清室的军队与革命军决战，并且派人警告载沣、奕劻，如果再言退位，他们将采取"激烈行动"。载沣、奕劻吓得不敢吭声，宗社党人气焰更加嚣张。

1月26日，良弼议事毕回家，在光明殿胡同家门口，同盟会京津保支部同盟会会员彭家珍突然扔出一枚炸弹。良弼中弹倒地，彭家珍也被弹片击碎头骨，当场身亡。良弼伤在腿部，尚未危及性命，送进日本医院抢救。袁世凯遣民政部尚书赵秉钧前去看望，赵秉钧又荐一中医，替良弼解除火毒。良弼服药后，伤处剧痛，辗转呼号而死。

良弼身亡，给皇室顽固派以极大打击，他们纷纷逃出北京，前往天津、大连、青岛等地租界躲藏。就连隆裕太后也哭哭啼啼地对梁士诒、赵秉钧、胡惟德说："我母子二人性命，都在你三人手中，你们回去好好对袁世凯说，务要保全我们母子二人性命！"

良弼遇刺的同一天，以段祺瑞为首的北洋将领47人联名通电，陈情"即此停战两月间，民军筹饷增兵，布满各境，我军皆无后援，力太单弱，加以兼顾数路，势益孤危"，要求清廷"明降谕旨，宣示中外，立定共和政体。清廷如不速断，则江海尽失，势成坐亡"。在随后的御前会议上，满洲亲贵、蒙古王公们一个个低头不语，再也不敢有人反对退位了。

可是，隆裕太后仍未决定何时退位。2月5日，袁世凯又密令段祺瑞以前敌将领名义致电内阁，指斥皇族败坏大局，阻挠共和，并声言将率全体将士入京，与王公剖陈利害。

袁世凯让王公大臣看了电文，他们个个毛骨悚然，再也不敢说反对退位的话了。隆裕见王公亲贵都不敢发表意见，自己实在无路可走，经过反复深思，遂做出了皇帝退位、颁布共和的决定，授袁世凯全权与南方协商退位条件。几经协商，南北双方就退位条件达成了协议。

2月10日，南京参议院通过了《清室优待条件》和张謇起草的《清帝退位诏书》。优待条件第一部分即大清皇帝辞位之后优待之条件：一、大清皇帝尊号不废，民国政府待之以外国君主之礼；二、民国每年拨四百万元供皇帝支出；三、皇帝暂居宫禁，日后移居颐和园；四、清王室的宗庙陵寝，永远奉祀，并由民国派兵保护；五、德宗崇陵所有产用经费由民国支出；六、宫内执事之人，继续留用，唯不得招阉人；七、皇室私有财产，由民国派兵保护；八、禁军编入民国陆军。除上述大清皇帝辞位之后优待之条件8条外，还有清皇族待遇之条件4条，及满蒙回藏各族待遇之条件7条。

1912年2月12日，隆裕太后带着6岁的小皇帝，在养心殿里举行了最后一次朝见仪式。这一天，袁世凯称病未入朝，委派外交大臣胡惟德作为自己的代表，令其领着民政大臣赵秉钧、陆军大臣王士珍、海军大臣谭学衡、司法大臣沈家本、邮传大臣梁士诒、度支大臣绍英、工商大臣熙彦、理藩大臣达寿等前去朝见。

待隆裕太后和小皇帝在宝座上坐定后，胡惟德上前启奏："内阁总理大臣袁世凯因病不能上朝，特委托臣等前来向皇上和皇太后请安。"

隆裕太后听后点点头，说："袁世凯为国家鞠躬尽瘁，为皇室也出了不少力。他能为皇室争取到如此的优待条件，也实在不容易。今天我就按照南北议和的条件，颁布诏书，实行退位，让袁世凯去做好善后事宜。"

这时御前太监将早已准备好的退位诏书捧至御案，隆裕太后拿起诏书看了数行，泪水忍不住夺眶而出，当众抽泣起来。她将退位诏书紧紧地攥在手里，泪珠儿几乎就要把诏书给打湿。

这时，胡惟德急忙从袖中取出一份南方议和代表伍廷芳发来的电

宣告退位时的末代皇帝溥仪和其父摄政王载沣

报，故作惊慌地奏道："太后，你先别哭，我这里还有南方革命党发来的一份紧急电文，要向太后奏报！"

隆裕太后一听"革命党"这3个字，慌忙止住哭声，她带着哭腔问："电报里说什么，是不是革命党又要变卦？"

胡惟德故作镇静展开电报念道："万急。南方伍廷芳代表电：今日经参议院同意，如15日下午12点之前清帝不逊位，则收回优待条件。此布，即转北京。"

隆裕太后慌忙将退位诏书交出，命世续和徐世昌用玉玺用印。等盖好印后，胡惟德捧起清帝退位诏书，大声念道：

> 朕钦奉隆裕皇太后懿旨，前因民军起事，各省响应，九夏沸腾，生灵涂炭，特命袁世凯遣员与民军讨论大局，议开国会，公决政体。两月以来，尚无确当办法，南北暌隔，彼此相持，高轺于途，士露于野。以国体一日不决，故民生一日不安，今全国人民心理多倾向共和，南中各省既倡议于前，北方诸将亦主张于后，人心所向，天命可知。予亦何忍因一姓之尊荣，拂万民之好恶，是用外观大势，内审舆情，特率皇帝将统治权公诸全国，定为共和立宪国体，近慰海内厌乱望治之心，远协古圣天下为公之义。袁世凯前经咨政院选举为总理大臣，当兹新旧代谢之际，宜有南北统一之方，即由袁世凯以全权组织临时共和政府与民军协商统一办法，总期人民安堵海内乂安，仍合满、汉、蒙、回、藏五族完全领土为一大中华民国，予与皇帝得以退处宽闲优游岁月，长受国民之优礼，亲见郅治之告成，岂不懿欤！钦此。

在念完退位诏书后，隆裕领着宣统帝退朝。至此，统治中国268年的清朝正式宣告灭亡。从此，结束了中国2000多年的封建专制制度。

六、让位袁世凯

在清帝宣布退位后的第二天，袁世凯按孙中山提出的办法，将退位诏书分送各国公使及南京政府，并信誓旦旦地表明政治态度："共和为最良国体，世界之公认，今由弊政一跃而跻之，实诸公累年之心血，亦民国无

穷之幸福。大清皇帝即明诏辞位，业经世凯署名，则宣布之日，为帝政之
终局，即民国之始基。从此努力进行，务令达到圆满地位，永不使君主政
体再行于中国"。

清帝退位诏书是由张謇起草，并由南北双方商定的。但发布时却有微
妙变化，原文"即由袁世凯以全权与民军组织临时共和政府，协商统一办法"
一句，被袁世凯亲手篡改为"即由袁世凯以全权组织临时共和政府，与民
军协商统一办法"。其中"与民军"三字挪到了后边，语序一换，其义大
不同，原意是委托袁世凯与民军共同组织政府，经偷梁换柱后，变成了由
袁世凯全权组织政府。并且，从法理上说，袁世凯的权力来自清廷的授权，
与南京临时政府无关。

清帝退位诏书发布后，发现其中蹊跷的孙中山立马致电唐绍仪抗议，
指出"共和政府不能由清帝委任组织"，要求对"全权"二字作出解释。
袁世凯早有准备，他命唐绍仪回电：授权之说，并非他的本意；再者，清
帝退位后，谕旨已归无效。如要设法补救，即须请清帝重新即位，再颁谕
旨取消授权，并表示："如何处理是好，请孙大总统决定，本人坚决服从。"
木已成舟，孙中山亦无可奈何，终于领教了袁世凯的狡诈，更加坚定了他
加快制定《临时约法》以约束之的决心。

2月13日，孙中山在接到袁世凯宣布拥护共和电文的当天，便如约向
参议院提出辞呈，同时举荐袁世凯为继任大总统。他在致参议院的咨文中
说："选举之事，原国民公权，本总统实无容喙之地，惟前使伍代表电北
京有约，以清帝实行退位，袁世凯君宣布政见，赞成共和，即当推让……
此次清帝逊位，南北统一，袁君之力实多，发表政见，更为绝对赞成，举
为公仆，必能尽忠报国。且袁君富于经验，民国统一，赖有建设之才，故
敢以私见贡荐于贵院。请为民国前途熟计，无失当选之人。"

为了制约袁世凯，孙中山在辞职时，还提出了三个条件：一、民国首
都设在南京，临时政府地点自然设于南京，不能更改；二、新总统亲到南
京受任之时，大总统及国务各员乃行解职；三、临时政府约法为参议院所
制定，新总统必须遵守颁布之一切法制章程；希望通过这些条件调虎离山，
迫使袁世凯离开经营多年的老巢北京到南京任职，并用即将颁布的《临时
约法》约束他，以防其上台后推翻共和制度。

2月15日，临时大总统选举会召开，南京参议院的17省代表投票，每

省1票，袁世凯以全票当选为临时大总统，黎元洪当选副总统。同时，议决

1912年2月15日，孙中山、黄兴等到明太祖朱元璋陵墓祭奠

临时政府设在南京，并电袁前来受职；未受任前，政务仍由孙中山继续执行。

　　袁世凯当然明白孙中山的用意，但他不愿离开北京南下就职。在选上临时大总统之后，便开始耍起了滑头，故意推三阻四，迟迟不肯南下。孙中山多次去电催促袁世凯到南京就职，但袁不愿离开自己的势力范围，去南京受革命党人操控，他复电南京方面称："与其孙大总统辞职，不如世凯退居……，今日之计，惟有由南京政府将北方各省及各军队妥筹接收以后，世凯立即退归田里，为共和之国民。当未接收以前，仍当竭智尽愚，暂维秩序。"

　　屡次敦促袁世凯南下无果，于是，孙中山派蔡元培、汪精卫、宋教仁等为"迎袁专使"，去北京迎接袁世凯。当蔡元培等专使团到达北京时，受到了隆重的迎接，袁世凯痛快地接受蔡元培的要求，答应安排一下就到南京就职。

　　袁世凯一面隆重欢迎专使，"恳谈"南下就职事宜，一面密令北洋旧属曹锟率部在北京哗变。2月29日，北京东安门、前门一带突然枪声四起，火光冲天。北洋军第三镇士兵因欠饷闹事，抢劫商号焚烧房屋，奸淫妇女，掳掠市民，还有人在专使就寝的迎宾馆附近不断放枪恐吓。住在迎宾馆的5

位专使从睡梦中惊醒，慌忙躲进六国饭店避难。

第二天，天津、保定也发生了兵变，形势变得极其混乱。日本军部调动军队，准备向北京推进；北方各省督抚纷纷通电劝阻袁世凯南下，否则无人坐镇京师，北方前途堪虞。袁世凯故作为难地对欢迎专使说："我若一走，必将引起内忧外患，北方将陷于不可收拾之局。"

蔡元培等人在惊恐之余，连电南方说明袁大总统走不得，必须"改变临时政府地点"，"速建统一政府，为今日最要问题，余尽可迁就，以定大局"。黄兴致电各省，呼吁调兵北上帮助袁世凯解决危难。袁世凯惊慌地加以阻止说："各国联军驻京，恐滋误会。"

在迁都问题上，副总统黎元洪也通电全国说："舍南京不至乱，舍北京必至亡。"孙中山被迫再次让步。3月6日南京参议院做出决定，接受袁世凯在北京就中华民国临时大总统之职，并要袁氏以电文的方式向南京参议院宣誓，参议院随后复电承认受职，并通告全国。

为了制约袁世凯，南京临时政府还加快了《临时约法》的制定步伐。早在2月7日，孙中山就在参议院主持召开了《中华民国临时约法》的起草会议，确定由法制局局长宋教仁主稿。经过一个多月的讨论，3月8日，参议院审议通过了《中华民国临时约法》。

　　　　1912年3月10日，袁世凯（前排左三）在北京宣誓就职

同一天，袁世凯将临时大总统的誓词电告南京。3月9日，南京临时参议院决定接受袁氏的誓词。3月10日下午3点，袁世凯宣誓就职临时大总统。仪式在北京石大人胡同前清外务部公署举行。与会者百余人，"内有洋服者，有中服者，有有辫者，有无辫者，有红衣之喇嘛，有新剃之光头，五光十色，不一而足"。英国公使朱尔典也亲临观礼。

袁世凯身着军服，佩长剑，面南正立，宣读誓词："世凯深愿竭其能力，发扬共和精神，涤荡专制之瑕秽。谨守宪法，依国民之愿望，祈达国家于安全强固之域，俾五大民族同臻乐利。凡兹志愿，率履勿渝！俟召集国会选定第一大总统，世凯即行解职。"

蔡元培代表参议院接受誓文并代表孙中山致祝词。袁在答词中再次表示："世凯衰朽，不能胜总统之任，猥承孙大总统推荐，五大族推戴，重以参议院公举，固辞不获，勉承斯乏。愿竭心力，为五大民族造幸福，使中华民国成强大之国家。"

就职当天，袁世凯以"本大总统"名义颁布"大赦令"和"豁免钱粮令"，宣布凡民国元年3月10日以前"除真正人命及强盗外"，一切罪犯"无论轻罪重罪、已发觉未发觉、已结正未结正者，皆除免之"，"所有中华民国元年以前应完地丁、正杂钱粮、漕粮实欠在民者，皆予除免"。

3月11日，在袁世凯就任临时大总统后的第二天，《中华民国临时约法》由南京临时参议院正式颁布实施。《临时约法》计分总纲、人民、参议院、临时大总统副总统、国务员、法院、附则等7章，共56条。它以根本大法的形式废除了在中国延续了2000多年的封建君主专制制度，确立了资产阶级共和国的国家政治制度和政权的组织形式，以及人民的民主权利。规定"中华民国之主权属于国民全体"，"中华民国人民一律平等，无种族、阶级、宗教之区别"。人民享有人身、居住、财产、言论、出版、集会、结社、通信和信教的自由；人民有请愿、诉讼、考试、选举及被选举等权利。同时规定，人民有纳税、服役等义务。

《临时约法》在政权的组织形式上体现了"三权分立"的原则，"以参议院、临时大总统、国务员、法院行使其统治权"。规定全国的立法权属于临时参议院，参议院有权议决一切法律、预算、决算、税法、币制及度量衡准则，募集公债，选举产生临时大总统、副总统，弹劾大总统和国务员，对临时大总统行使的重要权力，具有同意权和最后决定权。

临时大总统代表临时政府总揽政务，公布法律，统率全国海陆军，制定官制官规，任免文武官员等，但行使职权时，须有国务员副署。受参议院弹劾时，由最高法院组成特别法庭审判，法官有独立审判的权力。

临时约法颁布后，南京参议院致电袁世凯，承认就职大总统，但强调："本院代表国民，尤不得不拳拳敦勉者：《临时约法》7 章 56 条，伦比宪法，其守之维谨！勿逆舆情，勿邻专断，勿狃非德，勿登非才！"袁世凯一方面表示拥护《中华民国临时约法》，另一方面又说这只是《临时约法》，以后正式成立国会后还要进行修改，从而为其日后废弃《中华民国临时约法》埋下了伏笔。

南京临时政府在 3 个多月的时间里，还颁布了一系列除旧布新的政策法令，如《保护人民财产令》《大总统令内务部禁止买卖人口文》《文官试验章程草案》等，出台了一系列促进社会文明进步的政策，如限期剪辫，劝禁缠足，禁止刑讯，保障人权，禁止买卖人口，严禁鸦片，改革称呼，废止跪拜，禁止赌博，提倡廉洁奉公、民主作风等，有利于推行民主政治、发展资本主义和实行社会改革。尤其是《临时约法》的颁布，使民主共和的观念深入人心，开依法治国的先河，也为以后民主革命的进一步发展创造了有利的条件，具有重大的历史意义。

袁世凯虽然已就职，但新的内阁尚未成立，根据临时参议院的决定，南京临时政府还要继续留守到新一届政府产生。孙中山仍然废寝忘食地工作着，在短短 3 个月的时间里，为中华民国的建立和巩固做出了巨大历史贡献，也留下了许多廉洁从政的故事。

孙中山当选临时大总统不久，广东代理都督陈炯明提出辞职，广东党政军各社会团体纷纷向孙中山发来 100 多封电报，要求任孙中山的哥哥孙眉为广东都督。教育总长蔡元培是孙中山的好友，竭力主张将兴中会元老、曾倾其家产资助革命的孙眉，委任为广东都督，孙中山对此都不予批准。

孙中山在《复蔡元培函》中，力陈"惟才能是称，不问其党与省"的原则。2 月 21 日又亲自复信给广东各界，反对"任人唯亲"，说明不委任孙眉的原因。

孙中山还起草了一封措辞恳切的电报，对孙眉进行劝说。他说："弟以为政治非见所熟习，兄质直过人，一入政界，将有相欺，稍有失策，怨亦随生，为大局计，兄宜专就所长，专任一事，如安置民军，办理实业之类，而不必当此大任。"

尽管孙眉一时难以理解，但孙中山不徇私情，始终没有改变主意。

稍后，孙中山的幼年同乡好友、老兴中会会员杨鹤龄，一再致函孙中山谋求官职，孙中山在批复函件上说："真革命党，只在国家，必不屑于升官发财；彼想升官发财者，悉属伪革命党。"又亲自回信劝导当年"四大寇"之一的这位挚友抛掉急功近利的情绪。

孙中山就任临时大总统后，生活还是像过去一样简朴。临时总统府设在原两江总督衙门内。孙中山的办公室在西花厅，是一座西式风格的建筑。从西花厅走出来，跨过太平湖上一座小石桥，不远处就是他的起居室。房里有4把椅子，两个茶几，一张书桌，一张床和一张沙发。墙上挂着中国地图和世界地图。卧室外面是客厅，兼做饭厅，来访客人多了就坐不下。黄兴要给他调换住房，他却说："目前困难很多，革命政府无须华丽宫殿。总统不是皇帝，而是公仆！"

孙中山生活十分简朴。在临时大总统府内，从总统、总长到一般职员，无论官职大小，待遇一律平等，每月只领30元津贴的军用票，不准搞特殊。孙中山总是把自己的菜金控制在4角左右。他不吸烟，不饮酒，不喝茶。饮食也很简单，最多是四菜一汤。有一次，厨师在桌上摆上了一套锡制的餐具，中山先生说："太讲究了，以后不要再拿来。"他每天吃饭用的都是平常碗筷。

一次，唐绍仪来访，一直谈到很晚，孙中山特意吩咐人到"趣乐居"

孙中山与袁世凯任命的内阁总理唐绍仪在总统府前合影

买来一只卤水鸭待客。唐绍仪饿了，见到卤水鸭，很快吃得一干二净，还以为会有其他菜肴，就耐心地等待着下一道菜。

孙中山见状，对唐绍仪说："慢待，慢待，没有什么好的菜了。"他想了想，只好把厨房里仅有的咸鱼拿上来。

唐绍仪说："不好意思，我吃惯了，一只烧鹅仔，我一顿就能吃完，我家虽说只有几个人，可每餐菜金就得 10 元啊！像先生这种生活，实在是太寒苦了，真是佩服！佩服！"仅此一点，就使唐绍仪对孙中山肃然起敬。

还有一天，南北议和代表伍廷芳到总统府求见，到了用餐时间，孙中山照例摆上几碟普通小菜，搞得奢侈成性的伍廷芳无法下筷。拘于礼仪，又不好退席，只好找个借口说："今天是我的吃斋之日，不能吃荤，只可陪食。"而孙中山却吃得津津有味，随吃随谈。

孙中山在就任大总统期间，在出席会议和活动仪式等方面，一扫过去旧官僚讲排场摆架子和一些繁文缛节的陈规陋习，规定官员无论大小一律不准坐轿子。孙中山在出席各种会议时，从不特置台上座位，仅坐在会场前列。各位同志仍然称他为先生，他也从来不摆大总统架子，因此，被誉为"平民总统"。

孙中山有时喜欢走出总统府去微服私访、了解民情。为避免惊扰群众，孙中山总是悄悄出巡，不声不响。有一次，他穿着普通制服骑马出城，视察前清时遗留的炮台，登上雨花台时发现那里已挂满旗帜，急问随从，原来他们出城时还是被人发现了，市民为此悬灯结彩，欢迎视察归来的大总统。孙中山感叹道："我个人的行踪不必去惊扰众人，我们还是改道走吧！"

孙中山正感慨着，又被群众发现了，大家一齐拥上前来，顿时，里三层外三层，一齐鼓掌欢呼"大总统万岁！"孙中山被围在水泄不通的圈圈里，行动不得。

城外警察分局姚局长率人赶来维持秩序，王巡官拔出指挥刀挥舞，想驱散人群，孙中山见此立即派护卫队长郭汉章去制止，他着急地说："对待老百姓不能这样！我们是人民的公仆！"

围观的人越来越多，齐呼："大总统万岁！"

孙中山知道不能从正门进城，便决定走旁门，护卫开路，围观的人让出一条道来，他们才绕道从通济门回到总统府。南门城楼上的守城官员，只见大总统出了城却没见归来，急忙分头寻问，当问到总统府号房时，才知道总统早已回府了。

　　还有一次，孙中山穿着便衣到临时参议院参加会议，门口卫兵不认识孙中山先生，不让他进去。卫兵说："你知道吗？孙大总统今天要来。"孙中山说："孙大总统不过是百姓的一个公仆，他是人，我也是人，我进去看看他有什么不可以呢？"卫兵还是不让进。后来孙中山从身边摸出名片，那士兵看了慌忙赔罪。他说："你不要怕，我不会责备你，只要你晓得，总统和老百姓都是一律平等的道理就行了。"

　　有一天，一个年届八旬的老者要见孙大总统，门卫不让进，问他有什么事，他说是专程从扬州来瞻仰大总统风采的。孙中山得知后，立即说："好，请他进来吧。"

　　老人入室，孙中山含笑起立，正准备握手，老人扑通跪下，突然高呼："大总统在上，受小民一拜。"说完就要行三拜九叩拜君之礼。孙中山急忙扶起老人，亲切地说："老人家，可不能这样，我不是皇上，不能行此大礼。"

　　老人不解地问："大总统和皇上还有什么区别吗？"

　　孙中山笑着解释："从前的皇上，高高在上，人民都是他的奴仆；现在的总统，是人民的公仆，是为全国人民服务的！"

　　老人又问："若是总统离职后呢？能不能继续当太上皇？"

　　孙中山说："总统离职后，就和老百姓一样。"

　　老人高兴地说："今天我总算见到民主了！"

　　在留守政府期间，临时政府财政依然非常紧张。在此之前，为了挽救财政危机，孙中山曾经委托宫崎滔天，通过三井总公司上海分公司负责人藤懒向三井总公司借款200万元。同情中国革命的藤懒见三井总公司迟迟不肯答应，便自己筹集了30万元，带往南京去见孙中山。

　　但孙中山却回答说："谢谢你的盛意，不过现在我不想借了……"二人推来推去，结果孙中山坚决拒绝了他。藤懒无奈回到上海，向宫崎滔天诉冤："如你所知，钱是不那么容易设法的。如今我好不容易弄到了这笔钱，孙先生却不接受，忽视了人家的好意，真是非礼。"

　　宫崎滔天解释说："你的好意我们是知道的，不过孙先生不接受有其原因。说实在话，这几天来，因为财政危机，为着是否应该继续执政这件事，孙先生一直很苦闷，现在他可能已经决定辞职了，所以才没有接受你的好意。"

　　藤懒听了宫崎滔天这番话，以为孙中山之所以决心放弃政权，可能与他未能及时设法借到款有关，于是又带着这笔钱到南京去见孙中山，并且说："我不知情，实在很抱歉。这些钱是我的诚意，所以无论如何请你把它收下来。"

对此，孙中山却回答说："非常感谢你的好意。不过这些钱我不能借了。因为我仍然是政府首长的话，我还可以说什么时候能够还你；但现在我却没有这种把握，因此请你把这些钱带回去。"

藤懒见孙中山坚持不收，便苦口婆心地说："这样办好不好？你说你已经决定放弃政权，但还没有公开宣布，现在你仍然是中华民国的大总统，你如果觉得不方便，请把借款日期写成你决心放弃政权的前一天。这样，即使你辞了职，对我们是不会有影响的，反正继任政府会承认偿还的。何况你离开政府之后，还得照顾你的党，更需要钱。实在不行，就算我个人赠送给先生的革命经费。"

孙中山坚定地回答："谢谢你的好意。不错，辞了职以后还是需要钱。但我是中华民国的第一任大总统，就是再穷也不能借逃跑的路费。这不仅是我个人的耻辱，而且将开启很不好的先例。因此，我只能接受你的诚意，但钱请你一定要带回去。"最后，孙中山还是坚持没要藤懒一分钱。

在袁世凯就任总统的那一天，孙中山在胡汉民、孙科等人陪同下，来到南京北郊的紫金山游猎。从明孝陵转到半山寺时，孙中山放目四望，指着远处回环如带的秦淮河说："你们看，这里有山有水，气象雄伟，不知明孝陵为何不选在这里。"

胡汉民说："这里确实比明孝陵好，按风水讲，前有照，后有靠，左右有山环抱，虎踞龙盘，真是一方风水宝地。"

孙中山笑着对众人说："他日我辞世后，愿向国民在此乞一抔土，以安置躯壳耳。"因孙中山时在壮年，大家以为只是说笑而已，当时并没有特别在意。

3月29日，北京政府新内阁成立。4月1日下午，孙中山率旧内阁成员赴参议院举行解职礼，宣布正式解除临时大总统之职，并将大总统印交还参议院，随后发表了辞职演说："本总统今日解职，并非功成身退，实欲以中华民国国民之地位，与各国民之力量，与四万万人协力造成中华民国之巩固基础，以冀世界之和平。"

4月2日，临时参议院决议将临时政府迁往北京，南北政府终于实现了和平统一。

第六章

二次革命

一、实业救国

1912 年 4 月 1 日，孙中山解除大总统职务。南京同盟会会员为孙中山举行饯别会，孙中山在会上发表了演讲，他说："今日中华民国成立，兄弟解临时总统之职，解职不是不办事，解职以后尚有比政治要紧的事待着手的……今日清朝退位，中华民国成立，民族、民权两主义俱达到，惟有民生主义尚未著手，今后吾人所当致力的即在此事。"

在这次演讲中，孙中山着重讲了平均地权问题，也提出了引进外资修建铁路的主张，还谈到了对社会革命和社会主义的看法，他说："社会革命为全球所提倡，中国多数人尚未曾见到。即今日许多人以为改造中国，不过想将中国弄成一个极强大的国，与欧美诸国并驾齐驱罢了。其实不然。今日最富强的莫过英、美，最文明的莫过法国，英是君主立宪，法、美皆民主共和，政体已是极美的了，然国中贫富阶级相隔太远，仍不免有许多社会党要想革命。盖未经社会革命一层，人民不能全数安乐，享幸福的只有少数资本家，受苦痛尚有多数工人，自然不能相安无事……故一面图国家富强，一面当防资本家垄断之流弊。此防弊之政策，无外社会主义。"

孙中山认为中华民国成立后，"民族、民权之二大纲已达目的。今后吾人所急宜进行者，即民生主义"，并到处宣传民生主义和社会主义，准备走实业救国的道路。孙中山的部分演说，被译成俄文，载于俄国布尔什维克报——《涅瓦明星报》上。列宁在该期刊物中发表了《中国的民主主义和民粹主义》，高度评价说："孙中山纲领的每一行都渗透了战斗的、真实的民主主义……这是带有建立共和制度要求的完整的民主主义。"并对民生主义评论道："民生主义是同社会主义空想、同使中国避免走资本主义道路、即防止资本主义的愿望结合在一起的"，"因此必然产生中国民主派对社会主义的同情，产生他们的主观社会主义"。高度赞扬孙中山是一位"充满崇高精神和英雄气概的革命民主主义者"。

当时，俄国著名作家高尔基正流亡在意大利的卡普里岛，他读了孙中山这篇文章后，给孙中山写了一封长信，请孙中山给他主编的刊物《当代人》

杂志写一篇文章。高尔基在信中说：

敬爱的孙逸仙先生：

我，一个俄国人，为之胜利而奋斗的那些思想和您的是一致的，因此，无论这些思想在什么地方取得胜利，我和您都会为这一胜利而感到幸福。我为您的工作所获得的卓越成就，谨向您致以衷心的祝贺。全世界一切正直人士都瞩目于您的工作，满怀关切和喜悦之情，并惊叹您这位中国的赫拉克斯。我们，俄国人，正向往取得您所获得的一切，——所以我们大家在精神上是兄弟，在愿望上是同志……我得知您在《社会主义运动》杂志上发表的文章，拜读过您的札记，对您深怀敬意，同时相信您对我的吁请一定会十分愿意给予响应。

但是，不知什么原因，孙中山没有收到这封信，高尔基只好在《当代人》杂志上作为公开信发表。

4月3日，孙中山在胡汉民、汪精卫、廖仲恺等人陪同下，离开南京至上海，寄宿在20年前的老朋友宋耀如家。这时，宋耀如的长女宋霭龄刚从

1912年4月6日，孙中山在上海哈同花园与哈同（前排右一）等合影

美国学习归来，就此担任了孙中山的私人秘书。

4月9日，孙中山应中华民国副总统、湖北都督黎元洪之邀，从上海乘船抵达武汉。随行的还有夫人卢慕贞，儿子孙科，女儿孙娫、孙婉以及随员宋子文、胡汉民、汪兆铭、景耀月、宋霭龄等人。孙中山一行登岸后，即与各机关社团代表合影留念，然后由孙武、蒋翊武等人护从直达"鄂军都督府"。此时，沿街两旁彩旗招展，万人空巷，军政各界与市民都聚集在长街两旁，夹道欢迎。

黎元洪早在都督府大门前等候，孙中山下车后，两人互致问候，手牵手一同步入会议厅茶叙餐宴。黎元洪称赞孙中山"功成身退，光媲尧舜"，孙中山回答："此次解职游鄂，慰劳首义同志军民，勖勉精诚团结，共同建设新中国"。在督府老园共进晚餐后，孙中山一行到黄土坡前"湖北抚署行辕"休息。

4月10日早上，黎元洪亲自到行辕回拜，并请孙中山巡视起义时首先占领的"楚望台"军械库，凭吊刘复基、彭楚藩、杨洪胜三烈士就义处，再赴都督府出席湖北军政界代表欢迎会，并发表了长篇演说。演说论及共和与国民、机关之间的关系，以及他本人辞去大总统的原因。谈及辞去临时大总统一事时，孙中山说："仆此次解职，外间颇谓仆功成身退，此实不然，身退诚有之，功成则未也。仆之解职，有两个原因：一在速享国民的自由；一在尽瘁社会上事业。吾国种族革命、政治革命俱已成功，惟社会革命尚未着手，故社会事业在今日非常重要。"当讲到"名不必自我成，功不必自我立"这两句话时，全场响起热烈掌声。

袁世凯听说孙中山到了武汉，生怕南京和武汉合流以对抗北京，因此急遣范源濂和张大昕持亲笔函至武汉，恭邀孙中山赴北京访问。4月11日，孙中山

1912年4月10日，孙中山与黎元洪合影

1912 年 4 月 10 日，孙中山一行与鄂军政府欢迎人员合影

在汉口行辕接见范源濂和张大昕，范、张把袁的亲笔信当面呈递。袁函如下：

中山仁兄先生阁下：

　　大业告成，高飞遐举，鸿冥天幕，蝉脱尘埃，企慕私忱，匪言可喻。项得沪上消息，知大驾将赴鄂中与黎君宋卿倾谈国事，两贤相聚，天炳德星。世凯羁滞幽燕，不获饫闻政论，伊人秋水，寤寐交萦。本拟欢迎旌节，示我周行。因前承电复须先回粤一行，粤事棼如乱丝，非先生才望不足以转危为安，世凯何敢以一人之私，孤粤中父老云霓之望。惟数月后，粤事大定，务请屈临指教，俾纾輖饥。兹遣范君静生、张君真吾两员莅鄂上候起居，并呈小影，一如世凯躬陪盛宴，亲抱雄谈。临颍神驰，无任延跂，惟为自重不宣。

　　孙中山没有立即接受袁世凯的邀请。4 月 12 日，孙中山一行离鄂，14日返抵上海，携夫人卢慕贞，儿子孙科，女儿孙娫、孙琬住在宋耀如家。

4月17日上午，孙中山应邀出席上海中华实业联合会在张园举行的欢迎宴会，上海各实业团体、华侨资本家、各省在沪企业家、上海工商勇进党、商会等团体500余人参加，孙中山偕陈其美、胡汉民等到会。大会代表张叔和致欢迎词，全体与会人员公推孙中山为中华实业联合会会长，杨杏佛、程定夷为副会长。

孙中山在欢呼声中发表讲话，他说："中国乃极贫之国，非振兴实业不能救贫，仆抱三民主义，以民生主义为归宿，即是注重实业。顾推倒清政府，民族主义已达；改良专制政治，民权主义已伸。至于民生主义，非以社会主义行之不能完全……仆既承贵会举为会长，敢勉尽义务。但仆之宗旨在提倡实业，实行民生主义，而以社会主义为归宿，俾全国之人，无一贫者，同享安乐幸福，则仆之素志。"

孙中山在讲到引进外资兴办实业的问题时，正式提出了"开放主义"主张。他说："论资本一层，外债非不可借，但合办则流弊甚大。仆之意最好行开放主义，将条约修正，将治外法权收回，中国有主权，则无论何国之债可借，即外人之投资亦所不禁。欧美各国无限制投资之事，盖一国之财力有限，合各国之财力则力量甚大矣。"

4月18日，孙中山及随行人员乘泰顺轮南下。20日晨抵福州，福建都督孙道仁登轮迎接。孙中山看到欢迎人群中有持"欢迎孙大总统""孙大总统万岁"之旗帜，拒不下船。他对孙道仁说："刚才江面上小船有'欢迎孙大总统''孙大总统万岁'的旗帜，太不成话，共和国的总统卸任就是平民，怎么还可称总统！至于万岁，本是封建专制皇帝要手下官民称呼他的。我们革命先烈为了反抗万岁，牺牲了多少头颅，洒了多少热血，我如果接受这个称呼，如何对得起这些先烈呢！如不取消，我不下船。"

孙道仁遂令把这些旗子收起，改为"欢迎孙中山先生"，孙中山始离舟登岸，接见了前来欢迎的各界代表。午后，孙中山应邀出席各团体在明伦堂举行的欢迎会，福建国民协会等20余团体3000人与会。堂内悬挂着由鲜花扎成的匾额、楹联，上联是"有天下而不与"，下联是"微斯人谁与归"，横批4个大字：中国一人。孙中山发表了演讲，他说："共和政府如国民公仆，与从前专制政府视人民如犬马不同，是以凡为民国国民者，可组织一大政党监督政府，不可破坏政府，致反阻碍共和，诸君诚能循此而行，即不负吾本意。"

　　21日下午，孙中山一行赴马江视察马尾船厂，并接见了船政局职工，

1912年5月20日，孙中山在香港总督府会见港督施勋（前左）等

鼓励马尾船厂沈希南说："勉力进行，兴船政以扩海军，使民国海军与列强齐驱并驾，在世界上称为一等强国。"

4月22日，孙中山一行继续乘轮船前往广东。24日抵香港，改搭宝璧兵舰，25日下午抵广州。广州万人空巷欢迎孙中山莅临。广东省代理都督陈炯明，见胡汉民陪同孙中山返粤，便辞去代理都督。胡汉民复任广东都督兼民政长及同盟会广东支部长，任陈炯明为护军使，邓铿为陆军司长，廖仲恺为财政司长，朱执信为核计院长，邹鲁为官银钱局总办。

5月15日，孙中山赴黄花岗七十二烈士墓，悼念在广州起义牺牲的烈士。孙中山亲自主持了祭典，并写了祭文，还亲手在黄花岗烈士墓园种植了4棵松树。

5月24日，孙中山由香港前往澳门，受到澳门中、葡人士的热烈欢迎，包括澳门总督、主教及乡绅名流等中葡各界人士100多人在他下榻的卢园集会欢迎。孙中山在澳门访问了3天，专程看望了当年行医的镜湖医院经理卢廉若和为他申请澳门行医执照的费尔南德斯一家。

5月27日，孙中山从澳门回到了阔别17年的家乡翠亨村。当天晚上，

1912年5月25日，孙中山访问澳门镜湖医院时与有关人士合影

在旧宅门前的空地上，宴请了60岁以上的乡亲。宴会前，孙中山发表了讲话，答谢父老乡亲对革命事业的支持，并对受清政府骚扰、迫害的乡亲表示衷心的慰问。他说："十多年来，父老乡亲，为我承担了风险，大家的恩义我终生难忘。我做了临时总统，现在辞职了。朝做总统，夕可辞职，这是一个革命党人应有的器量。过去我们大家合力推翻了封建皇帝，今后还要靠大家合力做更多的事情，我们的国家将来会一步一步建设好的，我们的家乡也要建设得更好。"孙中山在家里停留3天又返回广州，这也是他最后一次回到故乡。

孙中山在广州期间，先后3次往返香港，会见各界人士，发表对修建铁路的看法。他说："中国的自办铁路，比世界上最早建成的那一批铁路要晚半个世纪左右。从现在世界各国过来的经济发展看，一个国家的铁路越多，这个国家就一定越强大富有。""正因为如此，所以我认为，要使我们国家强大，一定要从修建自己的铁路开始。"

孙中山也谈到了引进外资修建铁路的问题："我也知道，就目前我们中国的经济状况，很难拿出足够的资金来修建我们的铁路。这是个困难，但可以想办法解决。我们完全可以用借外债的方式来发展我们的经济，

1912 年 5 月 27 日，孙中山在翠亨村住宅前与家人合影

振兴我们的实业。当然，这得有个前提，就是绝不允许外国干涉我们的财政。"

6 月 15 日，孙中山离开广州，于 22 日到达上海。在两个多月的游历考察中，孙中山决定今后专心致力于实业，走实业救国之路，而修建铁路，则是"发展中国财源第一要策"。回到上海后，孙中山专门就此事和黄兴商量，并亲自草拟了一份修筑铁路的计划，绘制了一幅宏伟的全国铁路建设蓝图，计划修筑南路、中路、北路三条沟通全国的主要铁路干线，准备在 10 年之内，建成 20 万里铁路。

7 月 22 日，孙中山被上海中华民国铁道协会推举为会长，并在铁道协会欢迎大会上发表演讲，强调"今日之世界，非铁道无以立国"，"国家之强弱，以铁道之多寡为衡"，"然中国建筑铁路实无此项财源，其势非仰外债不可，则借债问题又不可不研究"。

就在这时，袁世凯又向孙中山发出北上共商国是的邀请。原来袁世凯因内阁问题屡与同盟会冲突，急需借孙中山之力"调和党争"。

二、孙袁会晤

袁世凯就职临时大总统之后，任命唐绍仪为内阁总理，负责组织责任内阁。3月29日，新内阁诞生。在10名阁员中，教育总长蔡元培，工商总长陈其美，农业总长宋教仁，司法总长王宠惠，这4人都是同盟会会员。内务总长赵秉钧、外交总长陆征祥、财政总长熊希龄、陆军总长段祺瑞、交通总长施肇基、海军总长刘冠雄，都是袁世凯的亲信，涉及内政、外交、陆海军、财政和交通等重要部门的实权，仍掌握在袁世凯手中。

唐绍仪少年留美，接受过民主共和思想的熏陶。在南北谈判中，又受到革命党人的影响，思想开始向民主共和方面转变。在到南京办理政府交接时，由黄兴、蔡元培介绍，并由孙中山主盟，加入了同盟会。唐出任总理之初，主持临时政府工作，真的按照西方内阁制一套行使内阁职权，有些事不向袁世凯请示而自行处理，使共和政府呈现一派新气象。

但是，袁世凯习性大权独揽，对唐绍仪主持责任内阁，事事恪遵约法甚为不满，在用人、财政、遵守《临时约法》规定的总理附署权等问题上，两人的裂痕加深。唐绍仪主张民国用人，务贵新不贵旧，拒绝袁系赵秉钧私自安排北洋旧人入阁，赵竟以辞职相威胁。在财政方面，唐绍仪拒绝英、美、德、法四国银行团提出监督中国财政的无理要求，引起了袁世凯和财政总长及四国银行团的合伙攻击。王芝祥督直事件最终导致了唐绍仪与袁世凯分道扬镳。

6月初，直隶省议会选举同盟会员王芝祥为直隶都督，袁世凯却在背后指使直隶军人通电反对。唐绍仪找袁世凯面谈，袁世凯说："王芝祥是革命党的人，要是当了直隶都督，就相当于引狼入室，将来他要是和南方联合，我们还有余地吗？"

唐绍仪说："原来请示过您，您都答应了，现在怎么能反悔呢？"

袁世凯耍赖说："是你答应的，我可不知道。"

唐绍仪说："现在是责任内阁，直隶议会已经通过了，我只能发表。"

袁世凯说："我不盖印，就能生效吗？"

6月15日，袁世凯竟然未经总理和国务员副署便公布了任命王芝祥为南方军宣慰使的命令，把王芝祥远支南下，又任命亲信冯国璋任直隶都督兼民政长。唐绍仪对袁世凯这种违反《临时约法》、无视内阁职权的恶劣行径非常不满，愤而辞职离京。

唐绍仪辞职后，袁世凯又任命原外交总长陆征祥为代理国务总理，但这一任命遭到议会同盟会代表的反对。6月29日，袁世凯令陆征祥正式组阁。7月1日，蔡元培、宋教仁、王宠惠、王正廷等4个同盟会阁员联袂辞职以示抗议。

7月18日，陆征祥出席参议院会议，在谈到施政方针时，不着边际，与会人员不知所云。当他提出与袁世凯商量好的6个新内阁成员名单时，被议员们全部否决，陆征祥因而称病躲进医院不想再出任总理。袁世凯只好任命内务总长赵秉钧代理内阁总理。

于是，在袁世凯的唆使下，北京军警特别联合会，通电指责参议员"只顾党争，不顾国家危亡"，向参议院发出警告。7月26日，袁世凯又提出6位阁员，在北洋将领等各种军界团体的恐吓下，才勉强通过5人。

孙中山在南京参议院宣布解除临时大总统时，袁世凯曾电请中山先生北上共商国是："公为民国第一华盛顿，功成自退，万众倾心。此后建设事宜，多待雅教，乞即日北上，惠我方针。"但孙中山一时没有应邀北上。

在总统府、内阁与参议院产生矛盾的情况下，袁世凯一再邀请孙中山和黄兴北上共商国是，调和南北之间的矛盾。为了表示"诚意"，8月初，袁世凯又派其代表张昉、程克为专使到上海迎接，并命令海军派出"海琛"号巡洋舰到上海护航。正好国民党要在北京召开成立大会，孙中山于是回电答应了袁世凯的邀请。

就在孙中山启程前两天，北京传来消息，袁世凯和黎元洪合谋秘密枪杀了武昌起义有功的革命党人张振武和方维。上海方面得到这个消息为之震动，蔡元培、徐宗汉等都反对孙、黄赴北京，认为袁世凯无信无义、风险太大。而北京、天津方面的党人也来电劝阻。孙中山则主张以诚信感化袁，坚持"无论如何，不能失信于袁"，不过同意黄兴暂缓北上，由其"单刀赴会"。

8月18日下午，在袁世凯派来的两位专使张昉与程克的陪同下，孙中山与夫人卢慕贞、秘书宋霭龄及魏宸组、居正等10余人，登上"平安"号轮船启程北上。8月21日上午抵达烟台。

烟台曾是北方民主革命的中心。中国同盟会成立时，下设东、西、南、北、中5个支部，其中北方支部就设在烟台，辖直隶、山东、山西、陕西、

1912 年 8 月 20 日，孙中山与烟台各界欢迎者合影

蒙古和东北三省等 8 个分部。武昌起义爆发后，烟台革命党人响应举行武装起义，宣布烟台独立，并在烟台成立山东军政府，成为南京临时政府北伐的前沿基地，对促进南北和谈起到了重要作用。

　　孙中山从烟台港登岸，当地官员、各界代表在码头迎接，并在烟台山下的克立顿饭店召开了各界欢迎大会。在出席烟台同盟会、社会党的欢迎会时，孙中山还透露了这次北上的另一个目的。他说："现在革命成功，文明日渐进步，亦系革命之力。北京同盟会本部归并五党，宗旨相同，遂联络合并改组为国民党，以资进行政策。今日经烟，其行匆忙，不过略为布告大意。"实际上，孙中山到北京还有一个重要行程，就是出席国民党成立大会，这也是孙中山坚持北上的一个重要原因。

　　21 日下午，孙中山在各界人士簇拥下参观了张裕葡萄酒公司，在此茶

孙中山为张裕葡萄酒公司题词"品重醴泉"

叙一小时，饶有兴致地品尝了张裕葡萄酒和白兰地，索阅了烟潍铁路招股章程。在留言台前，孙中山提笔略作思忖，以雄劲的楷书写下四个大字：品重醴泉，接着题写上款：题赠张裕公司，然后在下款署名"孙文"。孙中山一生为企业题词并不多见，因张裕葡萄酒公司的创办人张弼士先生是著名爱国侨商，曾先后捐款 30 万两白银支持革命，对辛亥革命做出过贡献。"品重醴泉"既赞许了张裕葡萄酒的醇厚酒品，也褒奖了张弼士先生的淳厚人品。

8 月 23 日下午，"平安"号轮船抵达天津。在答记者问时，孙中山谈了此行目的："予此次北来之意，不外调和南北感情，巩固民国基础。至于外交、财政、内政各事，若袁总统有问，余必尽我所知奉告，以期有所裨补；如袁不问及，余亦不便过问。"

8 月 24 日下午 5 时 30 分，孙中山一行乘火车抵达北京。袁世凯极力装出非常热诚的欢迎姿态，以总统之礼仪接待。派赵秉钧、段祺瑞等国务大员及各界代表近万人前往车站迎接，派出军警仪仗队和军乐队列队欢迎，并派出自己专用的朱漆金轮马车，接孙中山至外交部迎宾馆。此处原为袁世凯居住办公所在地，建筑宽敞轩朗，陈设富丽堂皇，袁世凯为表示盛情，专门腾出来作为孙中山的下榻之处，自己搬到了铁狮子胡同的国务院。一路上，北京市民塞巷填街，观者如堵，政学绅商军警各界排班列队，鼓舞欢腾，热烈欢迎孙中山的到来。

1912 年 8 月 24 日孙中山抵京，与欢迎者在北京车站留影

　　孙中山原拟次日拜访袁世凯，但当晚袁即派人迎接他至总统府相见，袁亲至大门口相迎，握手至大厅。8 点宴会开始，袁世凯亲自为孙中山执盏敬酒，致欢迎辞："我盼望先生与克强久矣，今克强未与同行，深引为憾。所幸先生惠然肯来，殊为欣慰。刻下时事日非，边警迭至，世凯识薄能鲜，深望先生有以教我，以固邦基。世凯忝负国民付托，用敢代表四万万同胞，求赐宏论，以匡不逮。财政、外交，甚为棘手，尤望先生不时匡助。"

　　孙中山致答词说："文久居海外，于国内情形或有未尽详悉之处，如有所知，自当贡献。惟自军兴以来，各处商务凋敝，民不聊生，金融滞塞，为患甚巨。挽救之术，惟有兴办实业，注意拓殖，然皆恃交通发达为之媒介。故当赶筑全国铁路，尚望大总统力为赞助，早日观成，则我民国前途受惠实多。"

　　8 月 25 日，孙中山到北京后的第二天，即出席了国民党成立大会。民国成立后，随着民主政治的开展和政党政治的深入，各种政党团体纷纷出现。从 1912 年 2 月至 10 月，在民政部立案的党派已有 85 个；至 1913 年底，仅政治类的党团即达 312 个。立宪派代表人物张謇、汤化龙等联合统一党、民社党、国民公会、国民协进会等几个小党，成立了共和党，推黎元洪为理事长，支持袁世凯。章太炎从同盟会分裂出来，于 1912 年 5 月组织统一党，向袁世凯靠拢。梁启超成立民主党，也依附袁世凯。

　　为整合革命力量，在改组同盟会的基础上，宋教仁积极联合统一共和党、国民公党、国民共进会、共和实进会等几个党派，组成国民党，一时成为国内最大政党。在成立大会上，孙中山发表了讲话，他说："五党合并，从此成一伟大政党，或处于行政地位，或处于监督地位，总以国利民福为

　　　　　　　　　1912 年 9 月 4 日，孙中山出席共和党本部欢迎会时合影

前提，则我中华民国将日进富强。故兄弟于五党合并，有无穷之希望。"

在投票选举时，孙中山以 1130 票当选为国民党理事长，黄兴、宋教仁、王宠惠、王人文、王芝祥、吴景濂等当选为理事，张继、柏文蔚、于右任、马君武、谭延闿、阎锡山、胡汉民、李烈钧、唐绍仪等 29 人为参议。孙中山谢辞说"余决意从事实业，脱离政界之关系，且行止无定，实不能当，理事长请另举他人"。经宋教仁及各理事再三挽留，始允不辞，并委任宋教仁为代理理事长，自己出任中国铁路总公司总理，设总部于上海。

在去湖广会馆开会的路上，孙中山见途中并无行人，路口已布警戒严，就对袁世凯所派负责接待的傅良佐说："鄙人虽系退位总统，不过国民一分子，若如此尊严，既非所以开诚见心，且受之甚觉不安，应即将随从马队及沿途军警，一律撤去，俾得出入自由。如大总统坚执不肯，则鄙人小住一两日即他去矣。"于是，袁世凯下令撤去了军警。

8 月 26 日，袁世凯至迎宾馆回拜。27 日，又为孙中山举行盛大的欢迎宴会，到场者有四五百人。袁致辞欢迎："今次前大总统孙中山君来京，予之寸衷，不胜欢喜。值此时机，听孙君伟大经纶，以补余施政之不足。孙君创立民国，功绩赫赫，垂名后世。予不肖承乏其后，窃虑难堪其任，今夕相会，益当为民国努力，勿背孙君初志。"

但这种融洽氛围很快为北洋军官所破坏。入座不久，西南角上开始吵嚷，说"共和都是北洋之功"，骂同盟会"暴徒乱闹"；随后东南角也开始响应，

1912 年 9 月 1 日，孙中山出席北京军界欢迎会时合影

说"孙中山一点力量也没有，是大话，是孙大炮"。孙中山则态度从容如常，若无所闻；孙的随从亦不予理会，北洋军官们自觉无趣便停止了起哄。

8月28日晚，袁世凯在总统府再次宴请孙中山，并请各部总长、高级将领、参议院议长吴景濂、总统府秘书长梁士诒及满蒙王公60余人陪同。袁世凯在致辞中对孙中山备极嘉许，说："中山先生提倡革命，先后历二十余年，含辛茹苦，百折不回，诚为民国第一首功"，"此次来京与我商议国家大计，各项政见初见端倪，大大有助于民国前途，一时间殊难叙及。先是谣传南北有种种意见，今见孙先生来京，与我所谈者，极其诚恳，可见前此谣传，尽属误会。民国由此更加巩固，此最可欢迎之事"。

孙中山听了之后也站起来说："今日承大总统特开宴会，备极嘉许，实在感谢。大总统富于政治经验，如今担任国事，实在值得国人庆贺，十年以内大总统非公莫属。"为了打消袁世凯担心他竞选总统的顾虑，又说："袁总统善于练兵，假以十年，练精兵百万，保全我五大族领土。文专心经营铁路事业，十年建设铁路二十万里。以我五大族人民既庶且富，又能使人人受教育，与列强文明各国，并驾齐驱。十年之后，当可为世界第一强国。"

袁世凯一听，孙中山10年之内不与之竞争总统，激动得一下跳了起来，兴奋地高呼："中山先生万岁！"

孙中山亦举杯回应："中华民国万岁！五大民族万岁！"

袁世凯的手下也都跟着呼喊起来："袁大总统万岁！中山先生万岁！"一下把晚会推向高潮。

孙中山在北京前后住了1个月，和袁世凯谈话共13次，每次谈话自下午4点起到夜晚10点至12点，更有三四次是谈到午夜2点以后。所谈内容涉及政治、经济、交通、外交、军事、民族、党争等问题。袁世凯的态度极为谦恭，对孙中山提出的每一项主张，都击节赞赏，无不表示赞同："所言极是，理所当然。"但背后却对人说："孙氏志气高尚，见解亦超卓，但非实行家，徒居发起人之列而已。"并称孙文是个"大炮"。

有一天晚上，孙中山和袁世凯谈到1点多钟，梁士诒送孙中山返行馆，孙中山留梁叙谈，曾说："我与项城的谈话，所见略同，我的政见，他都能领会，但有一事我至今尚不明白，我认为中国以农立国，倘不能于农民自身求彻底解决，则革新根本谈不到，欲解农民自身问题，非耕者有其田不可。我与项城谈到耕者有其田的政见，以为项城必会反对，怎知他不但不反对，且肯定认为事所当然，我实在不解是何故？"

梁士诒答道："先生环游各国，目睹大地主之剥削，又生长南方，亲见佃田者之痛苦，故主张耕者有其田。项城生长北方，足迹未尝越大江南，而北方多属自耕农，佃农少之又少；故项城以为耕者有其田系当然之事。"

袁世凯的谦恭态度，改变了孙中山对他的看法，以为袁值得信赖，于是致电黄兴，敦促黄兴早日来京。孙中山在电报中说："到京后与项城接谈二次，关于实业各节，彼亦向有计划，大致不甚相远。至于国防、外交所见亦略相同。以弟所见，项城实陷于可悲之境遇，绝无可疑之余地。振武实迫于黎之急电，非将顺其意，无以副黎之望。弟到此以来，大消各方意见，兄当速来，则南方风潮亦可止息，统一当有圆满之结果。"

9月10日，袁世凯任命孙中山为全国铁路总办，全权考虑和设计全国铁路系统的计划，并向外国银行团商借修路款项。暂由交通部每月拨款3万元，作为开办经费。他还把自己当年为慈禧太后回銮时所特制的豪华专列，拨给孙中山用，以便巡视全国铁路现状，同时命令各地地方官，对巡视路政的孙中山搞好接待。孙中山应邀出席了全国铁路协会举行的欢迎会，并被推举为全国铁路名誉会长。

9月11日，黄兴携陈其美、李书城等抵北京，袁世凯同样安排了隆重的欢迎仪式和盛大宴会接待，其规格仅稍逊于孙中山；又以大总统名义颁

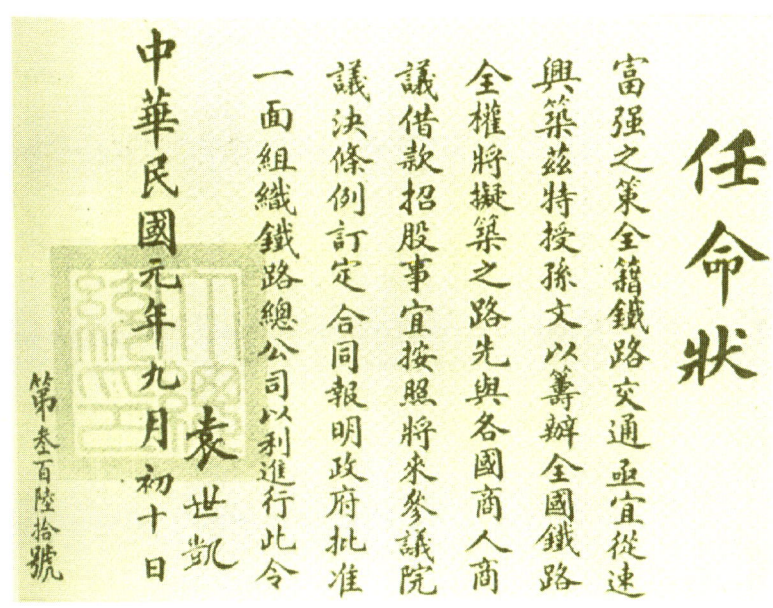

袁世凯给孙中山的任命状

令授黄兴为陆军上将。同时，任命黄兴为汉粤川铁路督办。

9月11日，孙中山到后海北河沿醇亲王府访晤前清摄政王载沣，对载沣在清帝逊位过程中发挥的作用致慰勉之意，将自己签名的一张照片赠给载沣。9月12日，载沣奉前清隆裕太后之命，在金鱼胡同前清军机大臣、内阁协理大臣那同府第举行欢迎孙中山、黄兴宴会，皇室百余人参加。前清资政院议长溥伦致辞："革命本国家进化应有之事，故汤武革命称为圣人，且此次革命属国体问题，现在建设共和，不特皇室仍受优待之荣，并使满洲人民同享共和幸福，迥非前古帝政时代可比，此敝皇族所极为感激。"

黄兴代孙中山致答词："二十世纪之国家，须赖国民共同护持，专制政体不足以独立于地球之上，非建设共和，无以保全我五族同胞。武昌起义，甫及三月，大局略定，全赖隆裕太后、皇帝及诸亲贵以国家为前提，不以皇位为私产，遂使全国早日统一，以与法、美共和相比并。而首都北京不见兵革，社会秩序亦得安宁，尤为和平幸福。今承开会欢迎，孙先生与兄弟得与诸君一堂聚首，畅叙平生，极为欣悦。并请贵爵将兄弟等诚意，转达皇太后、皇帝之前，实为感祷。"

经多次会晤，孙中山偕黄兴与袁世凯商定内政大纲八条，由总统府公布："一、立国取统一制度。二、主持是非善恶之真公道，以正民俗。三、暂时收束武备，先储备海陆军人才。四、开放门户，输入外资，兴办铁路矿山，建置钢铁工厂以厚民生。五、提倡资助国民实业，先著手于农林工商。

1912年9月6日，孙中山视察京张铁路时与欢迎者在张家口车站合影

六、军事、外交、财政、司法、交通皆取中央集权主义，其余斟酌各省情形，兼采地方分权主义。七、迅速整理财政。八、竭力调和党见，维持秩序，为承认之根本。"

9月16日，袁世凯在总统府设宴给孙中山饯行，并邀请黄兴作陪。酒至半酣，袁世凯佯作醉意，手拊孙中山试探说："方今革命已告成功，先生奔走数十年之目的已达，中国革命至此告终了吗？"孙中山从容而答："清朝幸已推翻，如云中国革命从此告终，恐未必然。"袁世凯闻语默然变色。

在京期间，孙中山还考察了八达岭和京张铁路，参加了社会各界举行的欢迎会十几次，会见了各界人士。9月17日，孙中山一行离开北京，乘专车赴山西考察。

三、考察铁路

1912年9月18日，孙中山一行乘专车抵山西岩会站，山西都督阎锡山在此迎候，即同车而行。下午5时许，抵太原。从站内外一直到新南门内大街来迎的各界代表及市民挤得水泄不通，孙中山一行在阎锡山陪同下，乘马车到省议会。

当晚，孙中山与阎锡山进行长时间的交谈，询问山西起义经过和吴禄贞被刺的情形。孙中山说："我与清廷议和时，最后争执的，就是山西问题。我坚持一定要将山西包括在起义省份之内，和议几陷僵局；但因我必争执此点，最后他们不得不同意我的主张。"

关于吴禄贞被刺事，阎回答说："其时吴为第五镇统制，驻兵石家庄，我于太原起义不久，即接吴来函，祝贺山西起义成功，次述及如不能阻止袁世凯的北上，则整个革命前途必受阻滞，因袁氏入京，无论忠清与自谋，均不利于革命。约我相晤，共商阻袁。我复函约晤于娘子关，决定共组燕晋联军。不幸晋军第一列火车开抵石家庄，吴即遇刺。"

孙中山叹息说："倘若那件事得以成功，当然是另一个局面了！"

9月21日上午，孙中山离太原，由行辕至新南门到车站，沿途欢送人群堵街塞巷达万余人。孙中山深为感动，在车中对送行的梁上栋说："山西以闭塞素称的省份，革命竟能如此神速，今所见者都是新气象，且有天赋之煤铁富源，山西前途诚不可限量。"

孙中山在太原与山西都督阎锡山（前排右五）及各界代表合影

下午 6 时，抵石家庄。当日，出席国民党驻石家庄交通部在事务所召开的欢迎会。

22 日，孙中山主持举行追悼吴禄贞烈士大会。吴禄贞，湖北人，官派赴日本入陆军士官学校骑兵科学习。毕业回国历任清政府延吉边务帮办、镶红旗蒙古副都统、陆军第六镇统制。武昌起义后，与阎锡山组织燕晋联军，约同驻扎在滦州的第二十镇统制张绍曾，计划一起直捣北京推翻清政府。此时，袁世凯以钦差大臣湖广总督身份出山指挥北洋军对革命党作战。袁侦悉吴禄贞的密谋后，派湖北军第十二协统周符麟携款两万元收买了吴的卫队长马步周将吴杀害。1912 年南京临时政府成立，孙中山任临时大总统期间追赠吴禄贞陆军大将军。

22 日上午 9 点，孙中山一行离开石家庄。11 点，到唐山，参观铁路制造厂、矿务局、启新洋灰公司等处。下午 6 时，抵天津。23 日上午，孙中山由天津赴榆关，到开平、滦州视察了煤矿。24 日，赴山海关，视察北宁铁路，旋即折回天津。26 日，离开天津，视察津浦铁路。

9 月 26 日上午，孙中山一行乘火车抵达德州车站，下车接见了当地前来欢迎的各界群众，停留谈话约 30 分钟，然后乘火车去山东省会济南。津浦铁路黄河大桥尚未开通，孙中山一行至黄河北岸下车，换乘小火轮船抵达黄河南岸，视察了黄河大桥建设工程。

26日下午3时，孙中山在山东都督周自齐陪同下乘专车到达济南车站，受到早已等候在这里的党、政、军、学各界代表1万余人及沿途市民群众的热烈欢迎。济南车站是胶济铁路和津浦铁路的中继站，车站钟楼为著名的哥特式建筑，是当时亚洲最大的火车站。车站过客桥下，以松柏枝扎成牌楼，上有菊花嵌成的"欢迎"二字，天桥上插满了五颜六色的国旗。

孙中山下车后，由都督周自齐和陆军第五镇统制靳云鹏陪同，乘四人笋舆赴津浦路局大楼内休息。欢迎者均脱帽致敬，孙中山在舆中脱帽答礼，马路上站满了欢迎的人群。当晚5时，山东都督府在珍珠泉边的珠泉精舍为孙中山举行欢迎茶会，各界代表以及各国驻鲁领事应邀出席。席间，与山东都督周自齐商谈了修建烟潍铁路的计划。

27日上午，孙中山在周自齐和第五镇统制靳云鹏等人陪同下，到济南辛庄军营视察，检阅了第五镇官兵会操表演。此后又到讲武堂接见各营代表，孙中山即兴发表了有关军人与国家和人民之关系的演讲，强调"军人与国

1912年9月26日，孙中山在济南与欢迎者合影

家之关系，各军人对于人民负完全保卫之义务，务望各尽其义务，以保军人的价值"。

当日下午2时许，孙中山应邀到山东省议会大楼，参加驻济高校师生代表举行的学界欢迎大会。省议会位于大明湖南岸，主楼为欧式建筑，仿英国议会大厦风格，穹隆圆顶，分上下两层，场内座无虚席，听众热烈鼓掌欢呼孙中山先生的到来。孙中山发表了热情演讲，着重讲了主人与公仆的关系，他说："人民为民国主人，既为主人，应有为主人之资格，为主人之度量。政府为人民之公仆，既为公仆，必须主人之信任，然后可以有为，否则进退失据。要之，政府既为人民所建设，不可不信任政府。"

下午4时，孙中山又接着在省议会大厅出席了由省议会、国民党、自由党、共和党等52个党派、团体联合举行的欢迎会，并发表了热情洋溢的长篇演说。首先，强调了政党合作的重要性。他说："今日破坏告终，建设伊始，各政党、各团体务宜联络一气，以国家为前提，而不能以本党为前提。直言之，即各自牺牲其本党，以为国家也。若各自为谋，则甚非国家之福。愿山东各界，皆勉思鄙言。"

随后，孙中山重点讲述了铁路建设的重要性。他说："所谓建设者，有精神之建设，有物质之建设。兄弟所主张之铁路政策，乃物质建设。惟关乎统一政治，及矿产商工各业，均属重要。但二十万里之铁路，须款六十万万，以中国独力为之，非百年不可。列强进步之速，一日千里，岂能待我百年？兄弟欲以十年之时期告竣，已属缓无可缓。"

对于孙中山的20万里铁路建设宏伟蓝图，不少人认为是在"放空炮"。借此机会，孙中山解释了资金来源问题，提出了利用外资的主张和几种形式。他说："而此时期中之铁道事业，则有三事须与诸君商之：一、借资兴办；二、华洋合股；三、定以限期，批与外人承筑，期满无价收回。三者之中，以批办为最相宜。因此时中国资本、人才、方法三事皆缺，若批办则可收三事之利。方今世界交通，一国有大计划，若合数国之力以经营之，则事之成功甚易，以一国独当之，则成功极难。"

孙中山还批评了盲目自大的排外思想，明确提出了开放主义主张，他说："中国人向富于排外性质，与今之世界甚不相宜。且数千年之专制政体，既可推倒，则昔日之政策之心理之习惯，何尝不可推翻？以前事事不能进步，均由排外自大之故。今欲急求发达，则不得不持开放主义。利用外资，利用外人，皆急求发达我国家之故，不得不然者。"

会议结束后，孙中山到大观园附近考察了济南商埠，对济南商埠主动对外开放的做法给予了高度评价："若济南商场，由我自行开放，即有完全主权，此亦自行开放门户无损主权之一证。"

孙中山一行还乘兴游览了大明湖、趵突泉、千佛山等名胜。济南号称泉城，家家流水，户户垂杨，有趵突泉、珍珠泉、黑虎泉、五龙潭等四大泉群和七十二名泉，众泉汇流而成天然湖泊大明湖，有"四面荷花三面柳，一城山色半城湖"之美誉。孙中山流连忘返，直到夜幕降临，方回下榻的津浦铁路宾馆。

当晚9点，孙中山在寓所举行记者招待会，到会者有《齐鲁民报》《群化日报》《民话日报》《济南日报》《简报》等报社记者。孙中山向记者们说明推行铁路三政策："借资开办""中外合资""外人承办"。回答了《齐鲁民报》记者、同盟会会员王乐平提出的关于铁路政策、集权分权、外交、省长民选等问题。

青岛各界代表闻知孙中山在济南视察，纷纷邀请他到青岛。青岛时属德国租借地，刚就任不久的胶澳总督瓦尔戴克，担心孙中山的到来引发爱国热潮，以严守中立为借口，拒绝孙中山来青。此举激怒了青岛各界人士，青岛高校、齐燕会馆、三江会馆、广东会馆、青岛总商会等组织上万人到总督府交涉抗议。孙中山闻知此事，毅然表示："我本来不准备去青岛，既然德国侵略者不喜欢我去，我就非去不可。"瓦尔戴克最后只好妥协，并准备了隆重的欢迎仪式。

9月28日晨，孙中山一行乘胶济铁路专车，离开济南赴青岛考察。随行人员有国民党山东支部理事长徐镜心、山东临时议会副议长刘冠三等人。火车行至高密站时，全城学生、民众代表前来欢迎。孙中山下车致意并一一握手，亲切接见了高密同盟会会员。高密县高等小学堂校长、同盟会会员侯芝庭随其进入车厢，孙中山在自己的一张照片上题书"高密县同盟会留念"相赠。侯氏请中山先生留言训示，孙中山想了想，颇有感慨地说："要立志做大事，不要做大官。"

28日下午6时，孙中山一行抵达青岛。当孙中山走出站台时，广场上聚满了欢迎的人群。孙中山微笑着向欢迎的人群挥帽致意，广场上顿时欢声雷动。简短停留之后，孙中山乘四轮敞篷马车前往汇泉湾附近的沙滩宾馆下榻。汇泉湾沙细坡缓，海水清澈，是青岛最大的海滨浴场和风景名胜区。

29日下午，孙中山在秘书宋霭龄陪同下，礼节性地到总督府拜会胶澳总督。在会晤中，孙中山始终用娴熟的英语对话，交谈未涉及任何敏感问题。瓦尔戴克在给德皇的报告中说，握手的一刹那，发现孙中山并非耳闻的那个孙大炮；相反，孙中山先生是一个讲话很有分寸、甚至有些拘谨的人。在所有与他接触的人中，他都给人留下了最美好的印象，他的克制和谦虚，他的理想主义和能言善辩，无不昭显着伟人的风范。

当天晚上，瓦尔戴克到沙滩宾馆回访了孙中山。此时的孙中山好像换了一个人，瓦氏惊奇地发现，孙中山已完全没了先前的拘谨，幽默健谈和演讲的天分表露无遗，除纵论中国形势之外，也对青岛的发展给予高度评价。孙中山说，他对青岛的造林、港口建设、市政建设印象深刻，青岛是城市建设的一个范例，中国人完全可以按此榜样来建设自己的祖国。

9 月 30 日上午，孙中山参加了在三江会馆前广场举行的欢迎集会。来自各方的人们汇集于会场及四方路、芝罘路、济宁路一带，是青岛市历史上少有的群众集会。在雷鸣般的掌声中，孙中山先生发表了演说，宣传了革命道理，号召人们为国家的独立富强而奋斗，给青岛人民以极大鼓舞。

会后，孙中山到海关进行了考察，继而赴广东会馆的茶会，并发表了演讲。他说，共和大厦已成，但尚缺内部装修，需要全体国民的努力。中国人必须开放胸襟，破除夜郎自大心态，学习西方先进的文化，只有把中华文化的精髓和西方文化结合起来，中国才有希望产生质的飞跃。青岛的建设就是一个最好的明证，国人应引以为榜样。最后他强调中国要实现这种发展必须迅速建设通达全国的铁路网，在铁路建设上既需国内商界的全

　　　　　　　　孙中山与青岛特别高等学堂师生合影

力支持，也应以开放的心态邀请外国资本参与。

30 日下午，孙中山应邀到青岛特别高等学堂演讲。该学堂俗称"德华大学"，根据 1908 年中德协定创办，名曰"中德合办"，实则行政大权为德国监督独揽。孙中山抵青前，学生们要去车站欢迎，监督站在校门口横加阻拦。学生们硬是冲出校门，涌向车站。当学生们拟请孙中山到校演讲时，学校当局又以此系政治活动为借口反对。学生们毫不妥协，毅然以罢课抗争。瓦尔戴克总督只好邀请孙中山到学校演讲，才平息了罢课风波。

孙中山为学生们的爱国精神所感动，在学校礼堂做了热情洋溢的演讲。他说："中国的政府形式已经发生了根本变化，然而年轻的共和国还处在发展的初始阶段，这就意味着必须动员所有力量，使之得到完善。共和国的宪法以自由和平等的原则为基本思想。但是人们要警惕对这一思想的滥用。自由和平等绝非没有限制，它们对官员、士兵和学生就不适用。后者在当今时代担负着十分艰巨的任务和责任。他们必须竭尽全力，为人民、为人类做出重大贡献。就学生而言，必须用极大的勤奋、热情和忘我的精神投入学习之中，以便完成学业之后能走向生活，以其所学的知识为人民大众谋幸福。这就是说，要创造一个幸福的中国，要通过发明创造或组织工作等，在公共生活的所有领域，为中国人民谋福利。中国的发展、进步和未来依借于此。"

孙中山还说："在来青岛的两天时间里，看到中国尽管有数千年的古老文化，却没有创造出可与德国在短短 10 年间所做出的相媲美的业绩。街道、房屋、海港、卫生设施，等，所有这一切都显示出德国人的超常勤奋和努力精神。学生们在这里所看到的东西应该成为鞭策自己的动力，使自己树立这样的目标，就是把这个范例推广到全中国，把祖国建设得同样完美。这是学生们义不容辞的责任！"

孙中山的演讲赢得全场热烈掌声。随后，孙中山参观了青岛基督教青年会，晚间又出席了粤东同乡会的欢迎晚宴。

10 月 1 日上午，孙中山一行在徐镜心、刘冠三等陪同下，前往崂山游览。崂山是著名的道教圣地，主峰海拔 1133 米，山海相连，形成了壮丽的山海奇观，素有"海上第一仙山"之称。看完了下清宫，孙中山游兴未艾，大家又一起往山顶上清宫攀登，一直爬到了崂山之巅。放眼望去，秀丽的山峰在缥缈的云雾中时隐时现，云飞霞飘，如梦如幻，给人一种超凡出尘的仙境之感。

孙中山激动地说："今天我总算尝到了作为一个自由民的滋味了。几十年来，我长期在国外漂泊，经常梦见祖国的河山，醒来后总是思念不已。今天，亲眼看到祖国壮丽河山，我才知道，它比梦境还要美得多。"

这时，山东国民党支部理事长徐镜心来到孙中山身旁，轻声问道："先生，您的意见，我党在目前这种局面下，究竟应采取何种方略为好？"

孙中山沉吟了一会儿说："我个人的意见，在目前局面下，我们只能深入到实业界和各界民众中去，注重民生，培养人才，壮大组织，掌握舆论，监督政府。然后通过选举，取得组阁之权，以达到建成真正三民主义社会之目的。"

刘冠三接着说："先生提出了一个宏伟的实业救国计划，令我们大家备感兴奋，但是我觉得有一些方面不太实际，比如用10年时间修筑20万里铁路，是不是理想太高了？"

孙中山马上反驳道："此亦并非空言。以两年募齐资金，两年测量线路，有五六年工夫，可以全路告成，并非大言夸众。当然，今欲急求发达，则不得不持开放主义，利用外资，利用外人。但求主权不丧失，无论何国包修，皆未尝不可。"

大家一边走，一边欣赏着崂山的风光。不觉日已近午，孙中山深情地叹道："这儿的风景真是太美了，我真有点儿舍不得离开这里。"

1912年10月1日，孙中山在崂山与徐镜心（左一）、刘冠三（左五）等合影

当天傍晚，孙中山一行乘"龙门"号轮船返沪，10月3日，抵达上海。

10月6日下午，上海国民党支部在张园举行欢迎会，到会者2500余人。2时30分，孙中山到会，全场鼓掌欢迎。他在演说中讲述了这次入京对"调和南北，以为国家永久之联合"起到积极效果。与袁世凯的会谈，他也感到很满意，他说："余在京，与袁总统时相晤谈，讨论国家大事，颇入精微。故余信，袁之为人，甚有肩膀，其头脑亦甚清楚，见天下事，均能明彻，而思想亦很新，不过做事手腕稍涉于旧，但办事本不能尽采新法。"

10月10日下午，孙中山出席了上海寰球中国学生会举行的纪念武昌起义周年大会。大会首先由伍廷芳、王正廷等致纪念颂词，之后，孙中山在会上发表演讲，他说："去年今日，为武昌举义之日……一举而成此大事。所以然者，国民有坚忍心，武昌军有冒险心、无畏难心之效力。但民国虽成立，而今尚在危险时代，内乱未靖，外患频闻……愿吾同胞自今以后，亦须有冒险心、坚忍心，协力赞助政府，以造成地球上头等大国。"

讲话结束后，掌声雷动，全场欢呼："中华民国万岁！""孙中山先生万岁！"会后，孙中山观看了学生们的运动会。

为纪念武昌起义一周年，袁世凯于"双十节"发布授勋令，授孙中山与黎元洪以大勋位，授黄兴、唐绍仪、伍廷芳、程德全、段祺瑞、冯国璋以勋一位。10月13日，孙中山致电袁世凯辞谢不受，电文说："北京袁大总统鉴：奉真电。特授文大勋位，无任悚惶……文十余年来，素持平民主义，不欲于社会上独占特别阶级。若滥膺勋位，殊与素心相违，务乞鉴兹微忱，收回成命，实深感荷。"

10月14日至16日，孙中山应社会党党魁江亢虎之请，连续3天在上海中华大戏院举行社会主义学说专题演讲，全面介绍了社会主义的流派，并对均产社会主义、空想社会主义、无政府社会主义和资本主义进行了批判，重点论述和高度赞扬了马克思的科学社会主义，"厥后有德国麦克司者出，苦心孤诣，研究资本问题，垂三十年之久，著为《资本论》一书，发阐真理，不遗余力，而无条理之学说，遂成为有统系之学理"，和其他社会主义流派比较，马克思主义"得社会主义之真髓"。

孙中山还对共产主义进行了高度评价，"共产云者，即人在社会之中，各尽所能，各取所需。如父子昆弟同处一家，各尽其生利之能，各取其衣食所需，不相妨害，不相竞争，郅治之极，政府遂处于无为之地位，而归于消灭之一途。两相比较，共产主义本为社会主义之上乘"。

　　但是，孙中山认为共产主义还不适合当时的中国国情。他说："然今日一般国民道德之程度未能达于极端，尽其所能以求所需者尚居少数，任取所需而未尝稍尽所能者，随在皆是。于是尽所能者，其所尽未必充分之能，而取所需者，其所取恐又为过量之需矣。狡猾诚实之不同，其勤惰苦乐亦因之而不同，其与真正之社会主义反相抵触。说者谓可行于道德智识完美之后，然斯时人民，道德智识既较我人为高，自有实行之力，何必我人之穷思竭虑，筹划于数千年之前乎！我人既为今日之人民，则对于今日有应负之责任，似未可放弃今日我人应负之责任，而为数千年后之人民负责任也。故我人处今日之社会，即应改良今日社会之组织，以尽我人之本分。则主张集产社会主义，实为今日唯一之要图。凡属于生利之土地、铁路收归国有，不为一二资本家所垄断渔利，而失业小民，务使各得其所，自食其力，既可补救天演之缺憾，又深合于公理之平允。斯则社会主义之精神，而和平解决贫富之激战矣。"

　　孙中山在演讲中明确表明了对社会主义的态度："唯我国与各国社会之状态不同，则社会主义施展之政策，遂亦因之而有激烈、和平之不同矣。各国尚多反对社会主义之政府，我国则极赞成采用社会主义者也，""鄙人对于社会主义，实欢迎其利国福民之神圣，本社会主义真理，集种种生

　1912年10月14日至16日，孙中山连续3天在上海中华大戏院演讲社会主义学说

产之物产，归为公有，而收其利。实行社会主义之日，即我民幼有所教，老有所养，分业操作，各得其所。我中华民国之国家，一变而为社会主义之国家矣。"

孙中山还就将来中国社会主义的蓝图做了大致构想，提出了实行全民义务教育、养老退休制度、公费医疗制度等许多具体措施。

这次演讲，与会听众先后达 6000 余人，堪称中国历史上最早、规模最大的一次公开宣传社会主义的演讲。

10 月 18 日，应江西都督李烈钧之请，孙中山乘"联鲸"号军舰离上海，赴江西视察，沿途视察了吴淞要塞、江阴炮台和镇江炮台。21 日下午抵南京，军政各界欢迎者近万人。进城时已至 5 时，至都督府休息，与都督程德全晤谈。

次日上午，南京国民党支部、两广同乡会、铁道协会在三牌楼第一舞台举行欢迎会，到场者 6000 余人。孙中山莅会并发表演讲："我国地方之大、人口之众、物产之丰、人材之众，革命之后，若能一心一德，从事建设，必能为世界第一最富强之国……兄弟因此担任铁路一事，愿以十年为期，建造全国二十万里铁道，以促进实业之发达……愿全国一心，不倡反对，庶外人信用投资，则铁路易底于成，而各项政策，皆得因此而进行，中华民国富强，庶几可期。"

22 日下午，孙中山一行离南京，沿长江西上，经芜湖赴安庆。安庆一带，有吸食鸦片的恶习，当地烟馆林立。民国政府成立后，安徽都督府通令各烟馆一律封闭，但仍有奸商勾结英国商人，于 10 月 22 日，用英国太古轮船公司商船运来大批鸦片，在安庆南门城外被水上警察查获。次日，驻安徽省英国领事提出抗议，要求在 24 小时内将原货如数送还，并向该轮船公司道歉，同时将江心的英国炮舰炮衣卸去，炮口对准南门城楼，进行威胁。安徽都督柏文蔚将英国领事无理行为向孙中山报告。孙中山当即指示：将鸦片就地焚烧，以回击英领事的挑衅。

24 日中午，孙中山乘"江宽"号轮抵安庆，远近群众 1 万余人伫立长江两岸，欢迎孙中山先生莅临。孙中山在柏文蔚陪同下登台演讲，历数鸦片战争以来，帝国主义侵夺中国人民的利益、贩运毒品残害同胞等事实，嗓音洪亮，慷慨激昂。江中英国炮舰开始生火，群众以为它将准备开炮。"但见中山先生神色不动，精力愈奋，嗓音愈高，沉痛之词如倾河倒峡，滔滔不绝，莫不为之感动，顿时增加了勇气。"

演讲结束，随着一声号令，所有堆积江岸的鸦片被举火焚烧，两岸观众，顿时掌声雷动。英国炮舰见火光闪耀，烟雾漫空，不知中国军民尚有什么举动，于是，调转船身，急向下游仓皇遁去，群众雷鸣般的掌声经久不息。

10月23日，孙中山一行离安庆赴江西，次日晨抵九江。九江靠近长江沿岸，除招商局码头及附近周围地方之外，全部属于英国租界，英当局规定，中国人不得进入租界内。

孙中山到九江时，看到城墙上悬挂着很多外国的广告牌，问九江警察厅长周兆麟："各国在城墙上竖立广告牌，是不是向我国租用了的？"

周兆麟摇头说："没有。"

孙中山指示说："按照外国法律，不论在哪个地方，竖立广告牌，既要征得主人同意，还要缴纳一定的租金才行。我们应该维护这种权利。"

后来，周兆麟按孙中山的指示，要外国人补交租金。开始，各国领事和洋行根本不予理会。几天后，周兆麟派警察将各国广告牌全部拆掉，要他们缴纳租金才可设置广告。最后，外国洋行不得不补交了租金。

孙中山到九江议会局后，向欢迎的各界讲话时强调："要团结起来，向帝国主义收回治外法权，保卫我们的领土。""要扩建学校培植人才，建设交通网，发掘一切矿产财富，为建设一个自由平等的新中国而奋斗。""现在民国虽然建立起来了，但革命尚未成功，仍需大家从各方面努力。"

10月25日晚，孙中山乘"振鹭"号轮沿赣江抵南昌，到岸欢迎者近万人。江西都督李烈钧率军政官员陪同至百花洲，登楼落座。在交谈中，孙中山讲述了关于修建铁路政策：拟由外国人承修，40年后归中国，不及40年，依股票时价收归国有。关于借债问题，现已与外国资本家数人联系，拟开办中西商办银行，中外各出资本千万镑，将来中国借债，即由该行出名，可免因国家借债，引起政治交涉，也可利用该行发行公债票，销售于外国市场。

26日上午，江西党、政、军、学各团体齐集顺化门外大校场举行欢迎会，孙中山登台发表演讲："现在世界各国，均从事扩张军备，进步一日千里。处今之世，有武力之国家则隆隆烈烈，进于一等之地位，无武力之国家，必至于灭亡。今世界文明进化，尚在竞争时代，而非大同时代。处此竞争剧烈之时，人人须以爱国保种为前提。"

下午2时，李烈钧在商务总会所宴请，孙中山在谈话中说："我国未开采之五金、煤铁最多，农林亦富，欲谋发展，非先发达交通机关不可，交通机关第一在铁路。"

1912 年 10 月 24 日，孙中山出席国民党九江支部欢迎会时合影

　　27 日上午，李烈钧偕都督府军政官员至百花洲与孙中山谈话，并将江西全省铁路图呈展，详细说明何处已通车，何处已动工。孙中山边听边仔细浏览。之后，由李烈钧陪同乘马车至讲武堂，出席各政党、公团、学校举行的欢迎会，到会者约万人，大同学校、女子公学学生唱欢迎歌。孙中山讲述了民生主义、社会主义等问题。

　　28 日上午，孙中山登滕王阁游览，遥瞻俯瞰片刻，逐级而下，乘船离开南昌。30 日，至芜湖。31 日下午，回到上海。

　　孙中山在各地视察后，带回大量各地发展交通、矿产、水利的图纸、照片等资料，开始着手组建中国铁路总公司事务所，所址设在上海五马路 36 号。

　　11 月 14 日，中国铁路总公司在上海正式成立，孙中山任总理，并亲手拟定了《铁路总公司条例草案》。公司下设 10 个处：一、总务处，二、文书处，三、庶务处，四、交际处，五、测量处，六、购地处，七、材料处，八、囤积处，九、投标处，十、稽查处。同日，孙中山通电各省，宣布铁路总公司业已开办，规划程序为"首宜立法，次乃筹款，终乃筑路"。

　　11 月 25 日晚，为庆祝中国铁路总公司成立，孙中山在三马路醉和春西餐馆宴请工商、实业各界。他在致辞中说："本公司成立，荷诸君光临，不胜荣幸。惟兹事体大，非赖诸君赞助不可。中国无款办路，必须输进外资。美国铁路布满全国，其期仅 10 年，经营之始，亦大借外款，始能成就……政府主张开放欧美资本，源源输入，何事不办！""故借债办路问题，无所用其疑畏；至 10 年而造 20 万里铁路之说，但须心计精密即可成功，非仅理想之事。"北京政府交通部路政司司长叶恭绰及江亢虎、沈缦云等也讲了话，赞成孙中山的铁路政策。

12 月 2 日，孙中山在上海《民立报》上刊登了中国铁路总公司的一则启事：本公司总理，定于每周二、周五下午 3 点至 5 点在五马路 36 号本公司接见来宾，如有特别要事，请先期见示，订晤谈时间也可。

孙中山筹办的铁路公司在上海正式安营扎寨，他也全力以赴地投入铁路建设事业中去。有人多次到过他的办事处，见到"总是地图摊满了一地，自己伏在地图上，拿铅笔东画西画。凡是铁路工程的图书，每间屋里都堆着"。他还特邀詹天佑协助制订修建全国铁路计划。

正在这时，俄国为攫取外蒙古，密派廓索维慈与哲布尊丹巴在库伦订立了《俄蒙协约》，其内容是：一、俄政府扶助蒙古自立，并编练国民军，中国不得派兵入蒙，及以华人移殖蒙地。二、蒙古政府准俄商特享专条所载权利，他国不得享有。三、蒙古与中国或他国定约，非经俄国许可，不能违背或变更本协约及其附件。四、此约签押日实行。

11 月 16 日，孙中山为《俄蒙协约》事件致电袁世凯，要他对《俄蒙协约》"万不可承认，当出以最强硬之抗议"。同时，致电北京政府参议院，指出："若我坚持，定生死力争，必可转圜。倘稍退让，新疆、藏、满必继去，本部亦难保全，望诸公协助政府否认《俄蒙协约》，坚持到底，此事关系民国存亡，务望留意。"

12 月 3 日，孙中山为沙俄侵略外蒙古之事，再次向北京国务院、参议院、各省都督、省议会、全国国民发表通电，指出："蒙亡国亡，与其不抗俄屈辱而亡，曷若抗俄而为壮烈之亡，故举国一致，矢死靡它。"号召国人"发奋一战以胜强俄，而固我国基于万代"。

此后不久，孙中山又致电北京政府，要赶筑蒙、藏铁路，为维护两地领土，不被外国割夺，在政治上、军事上采取措施。他在电文中指出："蒙、藏风云日亟一日，若不赶筑铁路，后患不堪设想。"并拟定了筑造路线："作一铁路，贯通蒙、藏，其路线自西藏拉萨首城起，经过木鲁，直达蒙古车臣汗，名为萨臣铁路。更由拉萨筑一支线至四川成都，而与滇、蜀铁路相接。若此路一成，不惟蒙、藏交通上大有裨益，即军事上，亦有种种便利。惟预算此路需款约一百万，现已以个人名义向某国公司商借巨款，俟借妥后，即赶速兴办。"

12 月 8 日，应浙江都督朱介人之请，孙中山离开上海前往杭州。下午 4 时，出席国民党浙江支部在法政学堂举行的欢迎会，到会者 800 余人。孙中山登台演讲，讲述了浙江人民在革命中的作用以及民生主义、铁路国有政策等内容。

9 日上午，孙中山至西湖西泠桥秋瑾烈士墓前凭吊，并到秋社参加秋瑾的追悼会，亲手撰写了一副挽联："江左识丹忱，名君首赞同盟会；轩亭流碧血，恨我今招侠女魂。"

当日下午，孙中山应邀出席杭州 51 团体在国民公所召开的欢迎会，到会者约 3000 人。孙中山讲述了民生主义和普及教育的问题。在讲到铁路问题时，他说："次如实业、铁路问题。今我国铁道，次第推广，营业浩大，此事理当主张国有。不知者以为商办，其权何必操之于国。但不知国为民有之后，国有即民有也。倘或不归国有，譬如一省出一大资本家。将一省

孙中山在杭州考察

铁路买回，大权独揽，垄断商业，彼时国民受其影响，岂不大哉！"

10 日上午，孙中山一行赴钱塘江视察浙江铁路，先到江干察看铁路路线及钱塘江水道；随后参观了之江大学，与师生共进午餐。午后，孙中山兴致勃勃地在闸口登上火车，乘坐到拱宸桥。这段铁路是浙江首条铁路，于 1907 年建成通车，后成为沪杭铁路的一部分。

当日下午，孙中山出席了共和党、民主党两党浙江支部的欢迎会，并发表关于政党问题的演讲。他说："唯政党竞争，以道德为前提。所有政策，一秉公理，然后以志谋国，其国以强；以之谋党，其党以昌。""今吾国政争，淆公私为一途，不顾舆论，不论是非。其事之出于他党也，虽至良之策，而反对维力；其事而出于本党也，虽极恶之政，而拥护维谨。甚至政见不合，波及私交，攻讦逸害，无所不为。党德至是，扫地以尽，前之以党救国者，今乃以党亡国矣。"深刻指出，"一党之专制"与"君主之专制"弊端相同；批评"今之政党，往往争夺政权，不知有在朝党，必有在野党"；阐明"一旦舆论民心易其向背，则在野党进，而在朝党退"，这样才能"政治日进于文明"。

11 日，孙中山一行在杭州还游览了天竺、灵隐等诸名胜，乘船到当年浙江革命的联络点、光复会的秘密机关白云庵，看望了热心赞助革命的当家和尚智亮，为其题写了"明禅达义"的匾额。

12 月 12 日，孙中山离开杭州返回上海。

孙中山回到上海继续筹划铁路事业，不再过问袁世凯的政治，而袁世凯却处心积虑干预他的实业计划。他虽然授孙中山"筹划全国铁路之全权"，但并不真心让孙中山插手铁路建设，只不过是迎合孙中山的稳兵之计而已。他指使交通部对孙中山起草的《铁路总公司条例》以权限过大为由大加修改，又指使交通部路政司司长叶恭绰在北京另组织了一个铁路协会，要与孙中山组织的铁道协会合并。铁道协会的会员们听了很气愤，大家表示坚决反对合并。

当时的铁道协会会员张奚若曾说起这件事："过了几天，铁道协会要开会了，我们纷纷议论，以为这一次开会一定要决定反对合并。果然开会之后，孙中山请我们发表意见，发言者大概都反对合并，大骂袁世凯，不料孙中山自己在最后发言，却主张合并，他举了许多理由，分析得很清楚，大家听了觉得也很合理，到表决时，竟然大多数都赞成合并了。这固然表示大家当时对他的信任和拥护，但同时他的口才，确实也真令人佩服，那时的革命党人，每个都自命不凡，他居然能列举各种理由（不管现在眼光中看起来是否正确），完全依逻辑方式推论，毫不煽动地折服了人心。这确实是他的一种过人之处。章士钊有一次曾同我谈起孙中山的说话本领，他也佩服孙中山的辩才，他说：'我每次去看孙中山，未进他的门以前，觉得他是不对的，可见了面听他的讲话时，又觉得他头头是道，确有道理，等到走出来之后，又觉得他还是错的。'从章氏此话，也可见中山先生口才之一斑。"

关于孙中山的口才和演讲魅力，吴铁城也曾说过："反对总理的人说：'你们千万不要去听他说话，只要听过他的话，便会着迷地相信他。'在沪、粤时，或有拟向总理质辩，及同志中有牢骚去见总理，但一经接触解释，无不满意而出，可见总理说话的动人力量如何。"

从1912年4月到1913年2月，在7个多月的时间里，孙中山先后到湖北、福建、广东、直隶、山西、山东、江苏、安徽、江西、浙江等省考察，足迹踏遍大半个中国，在各地的演讲和考察活动，几乎都涉及民生主义和筹建铁路的内容。

四、日本考察

1913年2月11日，为解决筹建铁路经费问题，孙中山偕夫人卢慕贞、秘书宋霭龄及随行人员马君武、戴季陶、宋耀如等人，乘山城丸号轮离开上海赴日本考察。2月13日晨，抵日本长崎。中国驻长崎领事、华侨、华商和宫崎寅藏及各报记者前来迎接，长崎市长北川及议会长、商业会长等前来会见。

14日晚，孙中山一行经神户乘铁道院专车至东京，到新桥车站欢迎者有五六千人，日本著名人士有头山满、犬养毅、涩谷男爵、中野武营等，日本政府及团体有外务省、友邦协会、东洋协会代表及日本驻华公使山座，还有中国驻日公使，在日本帝国大学、高等师范、高等商业学校等中国留学生数千人。孙中山下车与犬养毅等握手叙谈，学生代表及各团体恭献花环。站前欢迎人群拥挤，人人争先趋见，乃至拥挤不能行。警察在前开路，始走出车站，孙中山一行乘车赴帝国饭店下榻。

2月15日傍晚，东亚同文会于华族会馆举行欢迎宴会。次日上午，孙中山偕随行人员赴东京市外日暮里，凭吊当年曾保护孙中山使其未遭清政

1913 年 2 月 14 日，孙中山抵达东京车站，受到各界人士欢迎

府捕获的日本友人、贵族院议长近卫笃麿公爵之墓。近卫笃麿的弟弟津轻伯爵及次子秀麿男爵和同文会的人士等特来迎接。孙中山到墓前鞠躬，敬献白蔷薇花圈，表示对日本友人的悼念。

2 月 16 日下午，日本政友会总裁犬养毅及著名人士头山满、副岛、寺尾、柏原文太郎、伊东知也、根津一氏等 35 人在芝公园红叶馆举行欢迎宴会，孙中山及随行人员到会，席间互叙阔别之情，至晚 9 时散会。

2 月 17 日，日本首相兼外务大臣桂太郎与孙中山会谈，涉及关于中日两国维护亚洲民族自由、共同阻截西方霸权的入侵问题。孙中山认为：日本应"协助中国国民革命，解除不平等条约的束缚，共同阻截英国的霸权于亚洲之外，亚洲民族由此获得自由平等，唯有中日两国互相信赖，共同努力，方能达到这远大的目的"。

桂太郎对孙中山的观点颇为赞赏，他说："刚才听见先生所论劝告日本之策略，不期正合我志。我在日本国内，从不曾得到一个同志了解我的政策，今日得闻先生之说，真是大喜若狂。中国有一孙先生，今后可以无忧矣！今后惟望我两人互相信托，以达此目的。"并表示日本"决不作侵略中国的拙策"，"中日两国联好，可保东半球的和平"。

228 桂太郎对中国问题比较了解，他向孙中山指出："刚才所云助袁执政云云，以我所见，袁终非民国忠实的政治家，终为民国之敌，为先生之敌。然今日与之争，殊无益而有损。如先生所言，目前以全力造成中国铁道干线，此实最要企图。铁道干线成，先生便可再起执政权，我必定以全力助先生。"

会谈当日，孙中山与桂太郎发起组织中日同盟会。不料2月20日，日本政潮起，桂太郎内阁辞职，不久病逝。孙中山惊闻噩耗，悲痛地说："日本现在更没有一个足与共天下事的政治家，东方大局的转移，更无望于现在的日本了。"

19日中午，日本众议院议长大冈育造在官邸宴请孙中山，副议长关自彦及各党派著名人士20余人陪席。大冈议长致欢迎词，孙中山即席发表演讲，强调指出"中日两国有数千年亲密关系、种族、文字相同，两国之外交，不宜依随世界列强之共同行动，当恢复古来亲密之关系。中日两国宜取一致行动，以保障东亚之利益"。

19日晚上，孙中山一行出席递信大臣后藤新平欢迎会，日本铁道院副总裁平井、铁道协会会长古市公威等陪同，双方就铁路建设问题洽谈良久。20日中午，出席日本铁道协会在精养轩举行的欢迎会，孙中山在讲话中说明中国的铁道政策。该会长古市公威问他办铁道的筹款方法时，他回答："用公司名义，由政府担保，借外资。"随后，出席中国兴业公司发起人大会，中日双方代表出席了会议。

21日中午，孙中山一行出席日本著名实业家涩泽荣一的宴会。涩泽荣一为日本男爵，时任日本第一银行总裁、三井物产会社董事长，被称为日本"实业之父"，这次孙中山访日，就是由其出面邀请的。下午，与涩泽荣一商谈兴办中日合资企业"中国兴业公司"，逐条讨论了中国兴业公司计划书草案，其创立宗旨是"两国有力之实业家结为一体，各示诚意，以强化其经济关系，振兴东亚"。资本是500万日元，"由中日两国实业家各承其半"。总公司设在上海，分公司设在东京。经营业务是"探求中国之富源，调查中国之有利事业"。

21日晚，出席日本实业家联合招待会，出席者有日本各大银行及40多家大公司的董事长、总裁等百余人。涩泽荣一致欢迎词，孙中山致答谢词说："中国物产丰富，人民众多，其实业不发达之原因，实由于政治之障害。中国向来所受之政治障害有二：其一为国内的，其二为国际的。国内的政治弊害，为法律不良，保护不周。今者革命既毕，第一障害可望逐渐除去矣。至于国际的政治障害，为中国向来与外人所订条约不良，丧失主权。"他指出："苟能除去前所云二层障害，然后欧美、日本人乃能自由输入其新方法于中国，合力图大陆上实业之发达，中国乃能实行门户开放主义。"尤望日本实业界"出其数十年之经验智识，以助中国也"。

22日下午，孙中山出席中日学生团联合在筑地精养轩举行的欢迎会，中日两国学生500多人参加。日本朝野名士副岛、奇尾、远山、山崎、松尾、森村等也到会。孙中山做了两个小时的讲话，勉励中日学生们"各勤所学，以尽其天职。诸君之天职，为保障东亚之名誉，维持东亚之势力，不受异种人之侵害。愿诸君以此义相结合，而互担此任于双肩"。晚上，举行宴会，招待革命时代赴中国参加革命的日本志士及旧友200多人，代表中国人民表达感激之情。

23日上午，出席留学东京的中国学生们在美士代町青年会馆举行的欢迎会。孙中山要求学生们求学、立志并行，"志愿，须求大众之利益，办大众之事业，不必计较私人之利害。大家享幸福，大家得利益，则我一人之幸福利益，自然包括其中"。下午，出席日本基督教青年会举行的欢迎会。晚6时，出席东京新闻杂志、通讯社在帝国饭店举行的欢迎会。

25日下午，出席日本前首相大隈重信举行的欢迎茶会，早稻田大学校长高田以及各大学教授和官绅共百余人出席。下午5时，东京市长阪谷在芝红叶馆举行欢迎会。日本外相牧野、外务次官松井、市长助理、市参事会会员及著名企业家、银行家涩泽荣一、大仓平八郎、浅野总一郎、三井八郎、右卫门等10余人出席。孙中山发表演讲说："文当革命出亡之际，居东京颇久，与此间人士往还甚多，情意亲密，有异国兄弟之感。"希望"莅会诸君此后益主倡中日提携之论，以谋东亚之幸福及世界之和平"。

2月26日，孙中山一行考察了日本三菱株式会社，先后出席了三菱公司午餐会、日华实业协会茶话会和日本贸易协会晚餐会。次日，出席了日本银行界举行的欢迎会。

27日上午，孙中山一行出席在东京铁舟寺为惠州起义牺牲的日本志士山田良政举行的追悼大会，看望了山田父母，敬献了花圈，并为其墓撰写碑文："山田良政君，弘前人也。庚子又八月，革命军起惠州，君挺身赴义，遂战死。呜呼！其人道之牺牲，兴亚之先觉也，身虽殒灭，而志不朽矣。民国二年二月二十七日，孙文谨撰并书。"

　3月1日，孙中山在东京出席国民党支部、共和党支部、广东同乡会联合举行的欢迎会，到会者约 4000 多人。孙中山在讲话中说："民国虽成立，犹在幼稚时代，大家须发大愿力，将以造成之中华民国，巩固其根基，方尽我们的天职。创造民国者，既发源于东京，则巩固民国者，亦要留东诸君担负责任。"革命党"所抱持之唯一宗旨，则为三民主义"，"民族主义，与满族君主相争"，"民权主义，与专制政体相对抗"，"民生主义，与不良之社会争"，"民族、民权二大主义均经达到目的，民生主义，不难以平和方法逐渐促社会之改良"。

孙中山在演讲中，对政党的要义和政党竞争做了重要论述，希望"今日之党与党，均以国家为目的"，强调政党须"注意党德"。他说："横览全球，无论为民主共和国，为君主立宪国，莫不有政党。党之用意，彼此助政治之发达。""至于党争亦非不美之事，既有党，不能无争。但党争须在政见上争，不可在意见上争。争而出于正当，可以福民利国，争而出于不正当，则遗祸不穷。"

3 月 2 日中午，出席中国青年会举行的欢迎宴会。下午 1 时 30 分，参观考察三井物产公司。下午 2 时，东京市长阪谷邀请参观柔术。下午 3 时，出席日本贵族公会的茶话欢迎会。

3 月 3 日上午，与日本新任首相山本权兵卫晤谈，对日本各界的欢迎盛意表示感谢，并表示中日两国友好的愿望，山本权兵卫也以谦词相答。4 日，

1913 年 3 月初，各国驻日外交官员宴请孙中山

出席日本外相牧野在霞关官邸举行的午餐招待会。铁道院总裁床次、递信大臣元田、农业大臣山本、大藏大臣高桥、外务次官松井及德川公爵等出席宴会，宾主互相致辞。

3月初，孙中山致电北京政府，请设立铁道院，说："中国铁路公司设于上海，系为召资及筹备全国铁路临时之设立，刻晤欧亚资本家对于中国二十万里铁路，多表同情，自应正式设立机关，以便进行。查欧美各国在交通专署外，设有铁道院，属于国务总理，此项机关应迅速筹备，以为发展全国经济之先导。"

3月5日，孙中山一行离东京，赴横滨参观。到新桥车站送行者有日本著名人士大隈重信、涩泽荣一、犬养毅等200多人，有日华学友会代表、各大学的中国留学生数千人。国民党东京支部长黄伯群等10余人，随车送行赴横滨。当日上午10时许，孙中山偕随行人员到横滨。由车站乘车至市政厅，沿途街道悬五色旗。下午5时，出席横滨市会、经济协会、商业会议所等团体于横滨银行礼堂联合举行的欢迎会。

6日上午，参观三个中国学校；中午，出席中国领事馆的欢迎宴会；下午，出席国民党横滨支部举行的欢迎会。晚6时，出席华商在商会举行的宴会。7日上午，乘火车到横须贺，参观海军炮术学校、军舰和海军设施。

8日上午，孙中山一行乘火车到名古屋，到车站迎接的有市长坂本、商业会长儿玉及各银行董事、三井公司支店长、中国留学生等数百人。孙中

1913年3月14日，孙中山（后排左）等乘车抵达川崎造船所考察

山乘车到名古屋客栈。下午 3 时 30 分，出席中国留学生欢迎会。下午 6 时，出席名古屋市长坂本举行的欢迎会，列席的各界代表有 80 多人。孙中山致谢词，"其辞殷勤、质实，其神采雄风，颇令会众感动"。

3 月 9 日下午，孙中山一行由名古屋到京都，京都帝国大学及中国留学生 60 多人、官绅 100 多人在车站欢迎，下车后坐马车至京都客栈。下午 4 时，至京都府立图书馆出席中国留学生举行的欢迎会，并发表演说。晚 7 时，出席京都商业会、大学教授、新闻记者在商业会会所举行的欢迎会。

10 日上午，乘火车离开京都，11 时 30 分到奈良，出席柳洋保惠伯爵举行的欢迎会。下午 4 时 30 分到大阪凑町车站，商会代表、市议员、著名官绅数百人到车站欢迎。11 日，出席纺织联合会欢迎会，参观大阪纺织业。12 日，参观大阪炮兵工厂，出席大阪市长举办的欢迎会。

1913 年 3 月，孙中山出席大阪经济会举行的欢迎宴会后留影。前排左起：宋耀如、孙中山、本山彦一、戴季陶

3 月 13 日，孙中山一行抵神户，出席神户市长欢迎会，到中华会馆出席华侨欢迎会并发表演讲。14 日上午，至神户川崎造船厂参观，对各种制船机器及正在建造中的兵舰、邮轮、水雷艇等都仔细观看，"惊叹其规模之宏大，与进步之显著"。中午，出席神户华侨巨商吴锦堂在移情阁举

1913 年 3 月 14 日，孙中山出席神户各界人士举行的宴会时合影

行的欢迎宴会。15 日，抵吴市，参观了这里的海军工厂，称赞说："仅仅
二十年之短暂时间，能做出如此伟大进步成就，颇感振奋。"

　　　　　　　1913 年 3 月 14 日，孙中山参观川崎造船所码头

16日上午，孙中山一行抵下关，参观明治军事学校。17日上午，抵八幡，参观钢铁厂。在由八幡至福冈的途中，接到东京友人电报，告知夫人卢慕贞及秘书宋霭龄在东京因车祸受伤住院，孙中山派宋耀如赶回东京料理。

19日下午，孙中山到肥后玉名郡荒尾村宫崎寅藏家访问。宫崎寅藏兄弟追随孙中山革命多年，是孙中山的日本挚友。1910年，日本政府应清使馆要求不准孙中山留居日本，而宫崎秘密把孙中山藏匿于此，与同志们讨论起义计划10多天之久。孙中山旧地重游，甚感亲切。该村村长平冈也来欢迎，并说："希望日中两国亲睦友善，宫崎在这方面做出了贡献。孙先生光临此地，给荒尾村和宫崎家增添了光辉。"

孙中山在答词中说："今天旧地重游，得与各位相见，实在高兴。宫崎弟兄是我之契友，对他们弟兄为我国革命事业奔走，尽心竭力，极为铭感。希望日中两国间亲密关系，犹如我与宫崎弟兄间之关系，日益加深。宫崎弟兄为中国不辞辛劳，不但为中国人所感激，亦为全世界所赞扬。以人道而论，更使我感到欣快。最后对一贯志同道合、同心勠力的两兄弟表示谢意。祝愿宫崎家和荒尾村人民幸福。"

3月20日上午，抵熊本，熊本县知事上山及县署官员、新闻记者百余人到车站迎接。登天守台观览后，赴静养轩出席中国留学生的欢迎会。下午1时30分，赴这里的高等学校，参观了校图书馆，观看了击剑比赛。之后，向全校师生发表演说。下午和晚上，出席当地政府和商业团体的欢迎会。

3月21日，孙中山一行抵长崎，在出席中国驻长崎领事招待会时说："关于中国的将来，能够致中国于死命者必为日本，对此余确信无疑。"

孙中山此次访日，历时40余日，受到日本各界的热烈欢迎，考察了日本实业和铁路建设，与日本第一银行、第五银行、正金银行、三菱银行等7家银行达成了借款意向，与三井公司签订了兴办中日合资企业"中国兴业股份公司"的协议，初步达到了预期目的。

对于这次访问，列宁曾给予高度评价。列宁在《真理报》第68号发表《中华民国的巨大胜利》一文中指出："在美国的影响下，日本也改变了对中国的政策。起初日本甚至不允许孙中山到日本去！现在他已经去了，日本所有民主主义者都热烈地欢迎同共和中国建立联盟；同中国缔结联盟已经提到日程上来了。日本资产阶级像美国资产阶级一样，懂得对中国实行和平政策比实行掠夺和瓜分中华民国的政策更为有利。"

3月22日，正当孙中山一行风尘仆仆地在长崎考察之时，突然接到了宋教仁遇刺的电报。孙中山闻后悲愤异常，立即结束在日本的考察，赶回上海，商讨对策。

上海火车站的一声枪响，打乱了历史前进的正常轨迹，也改变了中国近代的历史进程。

五、宋教仁遇刺

中华民国成立后，随着民主政治的开展和政党政治的深入，先后出现了300多个政党政团，其中较大的有3个。1912年5月，以民社、统一党为基础，联合国民公会、国民协进会等政团，正式组成共和党，推举黎元洪为理事长，张謇、章太炎等任理事，公开支持袁世凯。8月27日，汤化龙、林长民等经袁世凯暗中协商，以共和建设讨论会为核心，与中华共和促进会、国民协会、共和统一党、共和俱进会、国民新政社等政团合并，成立民主党，汤化龙任干事长，后推梁启超为领袖，也依附袁世凯，一时间形成共和党、民主党与国民党三足鼎立之势。

同盟会改组国民党后，孙中山和黄兴刻意淡出政坛，由宋教仁代行理事长职务。宋教仁，字遁初，号渔父，湖南桃源人。1904年，与黄兴、陈天华、刘揆一、章士钊等在长沙共同成立华兴会，任副会长。1904年11月，

东渡日本，先后入东京政法大学、早稻田大学学习，创办革命杂志《二十世纪之支那》。1905年8月，参加发起同盟会，担任司法部检事长。1911年7月，与谭人凤、陈其美在上海组织同盟会中部总会，任总务干事，对促进武昌起义的爆发发挥了重要作用。中华民国临时政府成立后，先后担任法制院院长、农林总长，一向主张实行政党责任内阁。

按照《临时约法》规定，1912年12月到1913年2月，将选举产生正式的国会，国会由参议院、众议院组成。

国民党代理事长宋教仁

宋教仁为了实现政党内阁，在议会中取得多数，决定到各省奔走竞选，夺取国民党在国会选举中的胜利。袁世凯对此深感不安，企图对宋教仁进行拉拢。

有一天，宋教仁去见袁世凯，袁见他身穿一身旧西装，惊问道："君着此服几年矣？"

宋答："留学日本时所购，已近十载。"

袁感叹不已，当即慷慨相助，送他价值3000元的名牌西装一套，另赠交通银行50万元银票一张，任其取用；并表示，以后但凡需用，尽管开口。宋教仁毅然将支票退回。

1912年10月18日，宋教仁离京南下，开始到各省布置选举和演讲，到处发表政见，毫无顾忌地批评袁政府的不足，指出了北京临时政府在内政、外交、财政、实业等方面存在的问题。他说："自民国成立，迄今二载，纵观国事，几无一善状可述。""财政之状况，其紊乱已达极度，政府对于财政之将来全无丝毫计划，司农仰屋，惟知倚赖大借款，以为补苴弥缝之术"，列强"百计要挟，以制中国之死命"。"民生困穷，实业不兴，政府亦无策以补救之。"对外蒙古问题，袁世凯事前"置之不问"，事后"亦无一定办法"，"殆以临时政府期近，敷衍了事，以塞国民之责，不惜以万难收拾之局，贻之后人，此则政府罪无可逭之处"。

宋教仁还明确提出了准备组阁的打算，他说："为今之计，须亟组织完善政府，欲政府完善，须有政党内阁。今国民党即处此地位。"2月19日，宋教仁在国民党上海党部发表演讲，再一次以激烈言辞批评袁世凯政府当局的内政外交，认为只有国民党方面出面组织的议会政党责任内阁，才是救治"不良政府"的"医生"。

有一次，宋教仁在演说中说："我们此时虽然没有掌握军权和政权，但世界上的民主国家，政治的权威是集中于国会的。所以，我们要停止一切运动来专注于选举。我们要在国会中获得半数以上的议席，进而在朝，就可以组成一党的责任内阁；退而在野，也可以严密的监督政府，使它有所惮而不敢妄为；应该为的，也使它有所惮而不敢不为。"

宋教仁对袁政府的评论，随时传到袁世凯的耳朵里。早在他拒绝赠款离京南下时，袁世凯已派人暗中监视他了。当袁世凯见到宋教仁演说的小报告时，对愤愤然的身边幕僚说："宋教仁还想组建政党内阁吗？何以相逼如此之甚也！"从此，对宋教仁更加忌恨。

国务总理赵秉钧曾对总统府顾问吴景濂说："宋遁初养病农事试验场，

我屡去慰问，并代项城致意。遁初表示国民党及个人愿以在野地位帮助项城把国家事办好，项城闻之很满意。……巨在南方，处处演说，号召国民党必争政权，并对项城种种诋毁，其尾随谍者悉录以报项城。老弟你说叫我怎么办，怎么向项城交代？"

曾有人告诫宋教仁注意袁党暗杀，但宋教仁却胸怀坦荡地说："吾一生光明磊落，平身无冤怨、无私仇，光天化日之政客竞争，安有此种卑劣残忍之手段哉！"

1913年2月，中华民国第一届国会选举基本结束，在宋教仁的积极竞选下，国民党取得重大胜利。据全国19个省的统计，选出的596名众议员中，国民党得269议席，共和党得120议席，统一党得18议席，民主党得16议席，跨党者得147议席，无党派26席。参议院议员274人，国民党得123席，共和党得55席，统一党得6席，民主党得8席，跨党者38席，无党派44席。国民党在参、众两院870议席中占有392席，虽然没有超过半数，由于共和、民主、统一三党加起来只有223席，国民党依然可以凭借其绝对优势影响、操纵参、众两院。袁世凯担心国民党胜选组阁后会将他的权力架空，他曾对身边的幕僚说："总统、总理、总长，三个都是'总'，可到底谁说了算？""我现在不怕国民党以暴力夺取政权，就怕他们以合法手段取得政权，把我摆在无权无勇的位置上。"选举结果揭晓后，袁世凯大吃一惊，在惊异和失望中，决定采取紧急措施，与内阁总理赵秉钧、内务部秘书洪述祖密谋对策。

1913年3月20日晚，准备入京组织第一届政党责任内阁的宋教仁，在黄兴、于右任、廖仲恺等人陪同送行下，从车站特设的议员休息室出来，大家有说有笑地向检票口走去。突然，一颗子弹从背后向宋教仁射来，击中宋教仁的腰部。凶手又连开两枪，一自廖仲恺胯下穿过，一自黄兴耳边掠过飞入墙壁，凶手趁人群慌乱迅速逃窜。沉闷的枪声过后，宋教仁当即弯下腰来，捂住中弹的肚子，对扶着他的黄兴说道："我中枪了，有刺客。"送行的人们一边呼喊抓捕凶手，一边将宋教仁扶上一辆汽车，送往就近的沪宁铁路医院急救。

经医院诊断，子弹由宋教仁右腰射入，伤及小腹与肾脏，大肠被穿了两个窟窿，伤势十分严重。医院迅速组织医生实施手术，取出枪弹，发现子弹带有剧毒，伤处已发黑。术后虽注射了止痛药，但宋教仁仍呻吟不止。他喘息着对于右任说："我痛得很，恐怕活不下去了，现在有三件事奉托：

一是所有在南京、北京寄存之书籍，悉捐入南京图书馆；第二我本寒家，老母尚在，如我死后，请各位替我照料；第三是诸君仍当努力进行，幸勿以我遭不幸，致生退缩，放弃国民责任。"

疼痛稍止，宋教仁又授意黄兴代拟致大总统袁世凯电文一封："仁于本夜乘车赴京时，在车站突遭奸人从背后开枪，势必至死。窃思仁自受教以来，即束身自爱，从未结怨于私人。如今国本未固，民福不增，遽然撒手，死有余恨。伏冀大总统开诚心、布公道，竭力保障民权，俾国会得确定不拔之宪法，则虽死之日，犹生之年。"

21日晨，袁世凯得到宋教仁遇刺的消息，故作惊讶地说："竟有这等事？快拿电报我看。这可怎么好？国民党失去了宋遁初，少了一个大主脑，以后就越来越不好说话了呀！"看完电报，袁世凯义愤填膺，当着前来探询的谭人凤大骂刺客"何物狂徒，竟施此毒手"。

接到黄兴代宋教仁发来的电报后，袁世凯立即回电慰问："上海宋钝初先生鉴：阅路透电，惊闻执事为暴徒所伤，正深骇绝。顷接荟电，方得其详。民国建设，人才至难，执事学识冠时，为世推重，凡稍有知识者，无不加以爱护，岂意众目昭彰之地，竟有凶人，敢行暗杀，人心险恶，法纪何存？惟祈天相吉人，调治平复，幸勿作衰败之语，徒长悲观。除电饬江苏都督、民政长、上海交涉使、县知事、沪宁铁路总办，重悬赏格，限期缉获凶犯外，合先慰问。"

袁世凯又饬国务院对宋教仁从优议恤："前农林总长宋教仁，奔走国是，缔造共和，厥功甚伟，适统一政府成立，赞襄国务，尤能通知大体，擘画劳苦。方期大展宏献，何竟遽闻惨变，凡我国民，同深惨测。应即交国务院从优议恤，用彰崇报。……方今国基未固，亟赖群策群力，相与扶持，况暗杀之风，尤乖人道。似此逞凶枪击，莸法横行，匪为国法所不容，亦为国民所共弃。应责成江苏都督、民政长迅缉凶犯，穷究主名，务得确情，按法严办，以维国纪而慰忠魂。"

21日上午，宋教仁神色惨变，病情危险。当即再行手术，发现肠脏已损，已无法救药，只好注射吗啡维持。至晚，宋教仁病势恶化，双手发冷，目睛仰翻，断断续续地说："我为了调和南北，费尽苦心，从未结怨于私人，实在想不出遭何人暗算，真是死不瞑目。"

延至次日凌晨，宋教仁已不能言语，只以黯淡的目光望着众人，眼中泛起了泪珠，依依不舍。黄兴、于右任、陈其美等均围侍病榻旁。黄兴用

宋教仁遇刺后的遗容

双手扶着宋的臂膀，趴在他的耳边说："钝初，我们会照料你的一切，你放心去吧！"

3月22日凌晨4时，宋教仁与世长辞，年仅31岁。黄兴、于右任等伏尸恸哭。陈其美捶胸顿足地说："不甘心，此事真不甘心！"

宋教仁遇刺殉难，举国震惊，群情激愤，纷纷要求尽快缉拿凶手。孙中山当时正在日本访问，闻讯后立即发出急电，"望党人合力查明此事原因，以谋昭雪"。

22日下午，袁世凯电饬江苏都督程德全、民政长应德闳抓紧缉拿凶犯，电文说："民国初建，人才至难，该凶犯胆敢于众目昭彰之地狙击勋良，改管巡警并未当场缉拿，致被逃逸，阅电殊堪发指。责成江苏都督、民政长迅缉凶犯，穷究主名，务得确情，按法严办，以维国纪，而慰英魂。"

江苏都督程德全、民政长应德闳通电全省各地官吏，协拿凶手，限期破案；如有能缉拿凶犯者，赏给1万银圆，通风报信有功者，赏给5000大洋。黄兴与陈其美各方联络，致函上海公共租界总巡卡洛斯，悬赏万元缉拿凶手。闸北巡警局、上海县知事、上海地方检察厅、沪宁铁路局也开出了5000至1万银圆的赏格。

3月23日，一个买卖古董字画的河南人王阿发来到四马路公共租界巡捕房报案，说："10天前，我在文元坊应桂馨的家里兜卖古董，因为是老主顾，他拿出一张照片叫我把这个人暗杀掉，许以事成之后给1000元作为报酬，但我只懂得做买卖，从没杀过人，因此不肯承担这事。当时我并不知道照片上的人是谁，直到今天在报上看见宋先生的照片，才发现这正是应桂馨叫我去暗杀的人。我相信如果找到了应桂馨，便可找到凶手。"

应桂鑫，又名应夔丞，是上海滩有名的青帮大佬，曾任沪军都督府谍报科科长。1912年6月，青帮、洪门和公口三大帮会在上海联合建立"中华国民共进会"，应桂馨战胜其他几个大佬出任会长，并投靠北京政府。在青帮出身的内务部秘书洪述祖的引荐下，应桂馨前往南京面见江苏都督程德全，被委派为江苏驻沪巡查长，办公费每月3000元，其中江苏支付1000元，北京政府支付2000元。1912年12月，在洪述祖的精心安排下，应桂馨前往北京面见总统袁世凯与总理赵秉钧。袁世凯传见应桂馨并以政府名义发给3万大洋，作为共进会的办公费；赵秉钧又送其一密码本，以便联络。由此，应桂馨成为袁世凯在上海的耳目，宋教仁在南方竞选的许多活动和演讲内容就是他密报的。

收到王阿发的报案后，上海公共租界总巡卡洛斯当即决定前往抓捕。根据探员提供的线索，应桂馨正在英租界湖北路三弄迎春坊妓院和凶手武士英喝庆功酒。卡洛斯亲率众巡捕包围迎春坊，将应桂馨和武士英当场逮捕。武士英供认，应桂馨答应给他1000块大洋，拿出宋教仁的照片，让他行刺。

巡捕们随后前往应桂馨家中搜查，在墙壁内发现了贴有封条的皮箱一只，以及六响左轮手枪一把，枪里还有3颗子弹尚未射击，与案发当日从车站拾到的弹壳比对，两者正是同一型号。打开小箱子后，里面有密电码本及往来函电。密码本上注有"国务院""应密"等字样，而电文内容将矛头指向了国务院秘书洪述祖。洪述祖与应桂馨函电频繁，并有"毁宋酬勋"字样。在宋教仁被害次日，应桂馨致电洪述祖称"匪魁已灭，我军一无伤亡"。由此初步判定，宋教仁的遇刺，与应桂馨、洪述祖有直接关系。

4月16日，租界会审公廨将罪犯应桂馨和武士英移交上海地方检察厅。程德全提出根据《临时约法》在上海组织特别法庭，袁世凯指使司法总长许世英出面，以特别法庭不符《法院编制法》为借口，极力加以阻挠。4月24日，在开庭预审前夕，凶手武士英突然暴死狱中，死无对证，引起社会各种猜测。

在孙中山与黄兴等人的强烈要求下，迫于全国强大的舆论压力，4月26日，程德全将宋案案情侦查情况及相关证据通电公布。与宋案有关的函电如下：

1913年1月14日，赵秉钧致应桂馨函："密码送请验收，以后有电直寄国务院可也。"

2月1日，洪述祖致应桂馨函："大题目总以做一篇激烈文章，方有价值。"

2月2日，应桂馨致赵秉钧电："孙、黄、黎、宋运动极烈，民党忽主宋为经理，已从日本购孙、黄、宋劣史。"

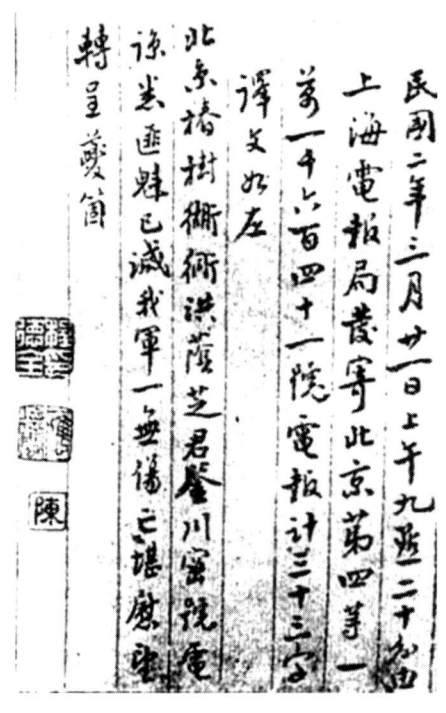

应桂馨给洪述祖的密电

2月4日，洪述祖致应桂馨函："冬电到赵处，即交兄手面呈，总统阅后色颇喜，说弟颇有本事，既有把握，即望进行云云。兄又提款事，渠说将宋案情及照出之提票寄来以为征信。望弟以后用川密与兄。"

2月8日，洪述祖致应桂馨函："宋辈有无觅处，中央对此似颇注意。"

2月12日，洪述祖致应桂馨函："来函已面呈总统、总理阅过，以后勿通电国务院，因赵已将密本交来，恐程君不机密，纯令归兄一手经理。"

3月13日，应桂馨致洪述祖电："蒸电已交财政长核办。毁宋，酬勋位。相度机宜，妥筹办理。"

同日，应桂馨致洪述祖函："功赏一层，爕向不希望。但事关大计，欲为釜底抽薪法。若不去宋，非特生出无穷是非，恐大局必为扰乱。"

3月14日，应桂馨回洪述祖寒电："梁山匪魁，顷又四处扰乱，危险实甚。已发紧急命令，设法'剿'捕，乞转呈候示。"

3月18日，洪述祖复应桂馨电："寒电应即照办。"次日又电催："事速照行。"

3月20日晚上10点40分刺杀成功，两个半小时后（21日凌晨2点10分），应桂馨发电报向洪述祖报告："所发急令已达到，请先呈报。"

21日9点20分，应桂馨致洪述祖电汇报："匪魁已灭，我军一无伤亡。堪慰。望转呈。"

另外，还查出了赵秉钧致洪述祖数份函件，均系洪将原件寄给应桂馨的，其中一函说："应君领纸，不甚接头，仍请一手经理，与总统说定方行。"

这些电报、信函铁证如山，足以证明宋案确与国务院相关，牵涉到国务总理赵秉钧、国务秘书洪述祖——此二人乃袁世凯心腹；且袁世凯亦有推脱不掉的责任与无法洗清的嫌疑。以上证据一经公布,宋案真相大白于天下,顿时舆论大哗,举国上下为之震惊,一时成为人们街谈巷议的话题。

当消息传到国务院时,正值国务总理赵秉钧主持国务院例会。赵闻讯大惊失色,当即离座,环绕会议长桌数次,自言自语:"人若说我打死宋教仁,岂不是我卖友,哪能算人?"

袁世凯得知天机已经泄露,暗令洪述祖速到青岛租界内躲避,劝赵秉钧告假避嫌,令段祺瑞代理总理。虽然宋案铁证如山,但袁世凯却千方百计地进行狡辩和抵赖,反诬公众舆论是少数别

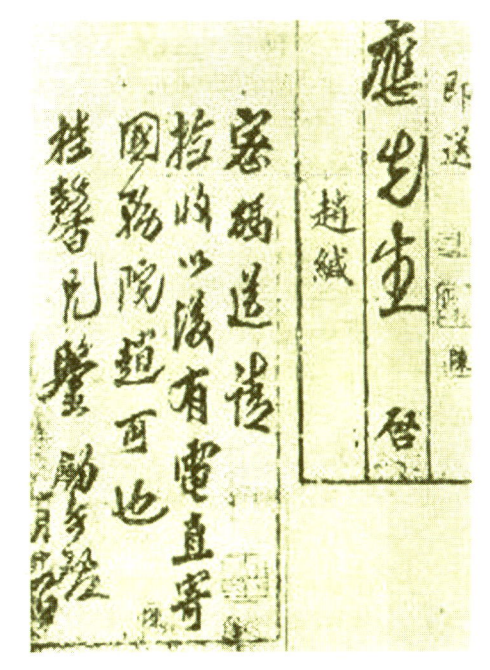

赵秉钧致应桂馨密电

有用心的人在煽动,"意在倾覆政府,动摇国本"。暗中指示亲信京师警察总监王治馨在公开场合向大家解释。

王治馨在参加北京国民党本部借湖广会馆召开的宋教仁追悼会上发表演说,大意是赵总理与宋先生关系甚为相投,此次事件实在出人意料。"宋案"牵涉内务部秘书洪述祖,但洪述祖在内务部不过办理平常事件,赵总理与之并无特别关系。刺杀案发生后,袁总统以为赵总理与洪述祖有特殊关系,而赵总理也以为袁总统与洪述祖有特殊关系,两相猜疑,前日赵总理赴总统府面议,方知误会。总而言之,杀宋绝非总理,总理不能负责,此责自有人负。

为了给袁世凯开脱,他还在追悼会上说,宋被刺前,洪曾有一次说及总统行政诸多掣肘,皆由反对政党政见不同,何不收拾一二人,以警示余。袁答反对者既为政党,则非一二人,故如此办法,实属不合。应桂馨到北京后,曾向赵总理自告奋勇要动手杀害宋先生。总理也曾向总统请示过,总统认为政见虽有不同,暗杀绝不是手段,所以不予同意。由此可见,宋案与总统和总理无关,完全是应桂馨和洪述祖一手策划的。

王治馨讲这番话的本意是为袁世凯和赵秉钧开脱,但没想到越描越黑,无意中将袁世凯知情的嫌疑暴露了出来。袁世凯看到报道后勃然大怒,大

骂王治馨："如此措词，太不检点，着实可恶！赵总理何以任其乱说，登报后也不声明更正！"一年后，王治馨以受贿八万元罪名被逮下狱，迅即被杀。

4月13日，宋教仁追悼会在上海张园举行，各界团体前来致祭的有两万多人。追悼仪式由陈其美主祭，居正赞礼，汪洋读祭文，继由于右任、沈缦云等发表悼词，极尽哀思。

孙中山送挽联一副：作民权保障，谁非后死者？为宪政流血，公真第一人！

黄兴的挽联是：前年杀吴禄贞，去年杀张振武，今年又杀宋教仁；你说是应桂馨，他说是洪述祖，我说确是袁世凯。

宋教仁的遗体葬于闸北江湾，墓前塑造了一座铜像，下为石座，石座上有于右任撰写的碑铭："先生之死，天下惜之。先生之行，天下知之。吾又何纪，为直笔乎？直笔人戮。为曲笔乎？曲笔天诛。嗟嗟九泉之泪，天下之血，老友之笔，贼人之铁。勒之空山，期之良史，铭诸心肝，质诸天地。呜呼！"

5月5日，上海地方检察厅开始审理宋案，向京师检察厅发送传票，要求将涉案人赵秉钧按期解送来沪。同时，上海地方检察厅又致电北京司法部，请求协助向德国驻胶州总督严重交涉，将逃往青岛租界的嫌疑犯洪述祖捉拿归案。黄兴也致电袁世凯，强调宋教仁遇刺一事"铁案如山，万目共睹，非一手所能掩饰"，赵秉钧为"大总统左右近侍之人，是否与宋案有关，应取决于法官的判断"。

京师检察厅将上海发来的传票交到赵秉钧手中，赵秉钧向京师检察厅复函申述，称根据洪述祖在青岛所发的电报，洪自称"非假托中央名义，不能达其目的"，足以证明本人与宋案毫无关系，实在没有必要赴上海质证。而且，本人目前旧疾复发，有北京法国医院诊断书为证，现已向大总统请假十五天，实在不便外出，现援引刑事诉讼法草案第303条之规定，请就本人所在地询问。

由于凶犯武士英已死，应桂馨拒不承认，洪述祖在逃，赵秉钧又不能到庭，宋案的审理就此陷入停顿。不久，关押在上海监狱的应桂馨被人劫狱救出，躲入了青岛租界，后在赴京火车上被军政执法处侦探长郝占一刺杀。赵秉钧亦于不久后中毒身亡。究竟谁是刺杀宋教仁的幕后真凶，成为历史上一大公案。

六、二次革命

宋教仁遇刺时，孙中山正在日本长崎考察铁路，得知消息后，立即中止访问，于3月25日返抵上海。登岸后即至同孚路21号黄兴寓所，相见泪下，悲痛地对黄兴说："不意海外归来，失此良友，为党为国，血泪皆枯。""此事，务须彻底根究。"

当晚，孙中山、黄兴、陈其美、居正、戴季陶等人便在黄兴寓所召开国民党高级干部会议，以商讨对策。孙中山在极度悲愤的情绪之下，力主起兵讨袁。他认为"宋案的发生，是袁世凯阴谋消灭国民党革命势力以便帝制自为，全党同志为此极为悲愤，必须乘机立即调集各省兵力，一致声罪致讨。袁世凯就任正式总统不久，对于各方面的阴谋布置还未妥帖，推翻较易，切不可延误时机"。

但与会者中除戴季陶一人随声附和之外，其余多力主通过法律方式解决。孙中山认为，"事已至此，只有起兵。因为袁世凯是总统，总统指使暗杀，

1913年3月25日，孙中山与黄兴等人商议应对"宋案"办法

则断非法律所能解决，所能解决者只有武力"。

黄兴也不赞成这个主张，他认为："袁世凯帝制自为的逆迹尚未昭著，南方的革命军，又甫经裁汰，必须加以整备，才能作战；民国已成立，法律非无效力，对此问题宜持以冷静态度，而待正当之解决。"并建议分电广东、湖南，征求胡汉民、谭延闿的意见，再行决定。胡、谭复电均主张以法律手段解决。

1913 年 4 月 8 日，民国首届国会在北京开幕，袁世凯没有亲自出席开幕式，总统府派去致贺的代表梁士诒被认为是藐视国会而被斥回。4 月 25 日，国民党人张继、王正廷被选为参议院正副议长。

为战胜国民党，取得议会之多数，袁世凯希望统一、共和、民主三党联合组成一个新的政党，以与国民党抗衡。1913 年 4 月 2 日，袁世凯派出马队、宪兵、探访队保护梁启超从天津来到北京，磋商"合党事"；并同意拨款 160 万元作为统一、共和、民主三党联合组党的活动经费。4 月 16 日，三党举行联谊会，梁启超在演说中强调，为"使中国保有二大党对峙之政象渐入于轨道"，必须谋三党之合并。

5 月 29 日，统一、共和、民主三党联合举行全体在京党员大会，宣布三党合并，改组为进步党，举黎元洪为理事长，梁启超、汤化龙、张謇、伍廷芳、那彦图、孙武、王揖唐、蒲殿俊、王印川 9 人为理事，另由理事长、理事共同推举各地重要党员张绍曾、冯国璋、熊希龄、蔡锷、阎锡山、唐继尧、陆荣廷、周自齐、胡景伊、朱瑞、程德全、汪大燮、陈炯明等各省都督和地方大员为名誉理事。会议决定在北京设立本部，各省会及蒙、青、藏地区设立支部，各县设分部，其思想领导和党务大权则主要掌握在梁启超和汤化龙手中。

4 月 26 日，就在程德全公布宋案真相的同一天，袁世凯为了筹集军费对付国民党的讨伐，不顾各方反对，未经国会讨论通过，便完全接受五国银行团所提的苛刻条件，准备"善后借款"。

当天夜里，由国务总理赵秉钧、财政总长周学熙、外交总长陆征祥到东交民巷汇丰银行，与英、法、德、日、俄五国银行代表在北京签字，共借 2500 万英镑，年息 5 厘，期限 47 年，但扣掉佣金和之前的借款、赔款之后，实际到手的不足 1000 万英镑（约合 1 亿银圆），而到期归还的本息却高达 6785 万英镑，以全部盐税及关税余额为担保。

参议院议长张继、副议长王正廷得讯后连夜要求见袁，以阻止合同的签订，但袁世凯拒不接见，将他们挡在门外。二人遂以议长资格通电，不承认借款合同。

4月27日，孙中山向五国银行团声明：袁世凯属非法借款，中国人民绝对不予承认。上海6万人集会，揭露袁世凯暗杀宋教仁的政治阴谋和违法借款的行径，要求袁世凯辞职。各省议会也相继通电，谴责袁蔑视法律，对非法借款不予承认。4月29日，参议院经开会讨论，以借款未经参议院通过，违背《临时约法》，宣布合同无效。

5月3日，孙中山又与黄兴联合通电"各省政府和人民"，要求禁止银行团借款给北京政府。5月5日，湘、赣、皖、粤四省国民党员都督谭延闿、李烈钧、柏文蔚、胡汉民联名通电反对北京政府非法借款。

早在1913年4月30日至5月3日，袁世凯就连续召集段祺瑞、段芝贵、陈宧、江朝宗、冯国璋等亲信及归其统辖的各省军队要人开会，策划武力对付南方革命党人的办法。5月1日，调陆军总长段祺瑞代理国务总理，确立了"战时内阁"体制。

5月6日，袁世凯再次在总统府召开秘密会议，初步拟定了对南方革命党军队作战的总方针。这个方针把用兵的重点放在湘、赣、皖、苏四省；而以京汉铁路和津浦铁路为交通运输线；以武汉、徐州为进攻出发地；以海军策应陆军作战；拉拢滇、桂、黔三省军队作为牵制力量。6日当天，袁世凯下达"除暴安良"令，随后宣布撤销黄兴陆军上将。

5月9日，袁世凯命第六师长李纯率部由河南信阳向武汉开拔，继又命第二师师长王占元率部由保定南下，以备后援。为防海军阵前起义，以演习为名，命令长江及沿海各军舰一律北上，停泊于烟台。

5月24日，《上海时报》载北京专电一则："袁总统令传语国民党人，现在看透孙、黄除捣乱外，别无本领。左是捣乱，右是捣乱，我受四万万人民付托之重，不能以四万万人之财产生命听人捣乱，自信政治、军事经验，外交信用，不下于人，若彼等能力能代我，我亦未尝不愿，然今日诚未敢多让，彼等若敢另行组织政府，我即举兵伐之。"公开向国民党发起挑战。

在完成军事部署后，老谋深算的袁世凯为了逼迫南方首先发难，于6月9日解除了李烈钧江西都督的职务，以黎元洪代之，接着又罢免了广东都督胡汉民与安徽都督柏文蔚的职务。他对湖南都督谭延闿也不放心，派特工把湖南的军械库炸毁，使谭无力反抗。

与此同时，袁世凯又进一步拟订了军事计划，决定分三路大军南下：

第一路由段芝贵统率第二师师长王占元、第六师师长李纯两部,由京汉线南下进军江西;第二路由冯国璋统率张勋、雷震春等部沿津浦路南下进军南京;第三路由倪嗣冲统率,由汴梁、周家口经颖州、正阳关及太湖方面进攻安庆。同时,派海军中将郑汝成、海军次长汤芗铭率海军协助作战。

6月18日,孙中山由上海到澳门,当日,约陈炯明、胡汉民在军舰上商讨武力讨袁问题。陈炯明、胡汉民虽然赞同讨袁,但顾虑手下军官思想不一致。经孙中山再三劝导,陈炯明才同意在湘、赣、皖、粤四省独立后,广东同时宣布独立。

孙中山到澳门医院看望了病危的长女孙娫。孙娫1912年赴美留学,与孙科同读于加州柏克利大学,因病东归。在孙中山离开澳门的第二天,孙娫病逝。6月29日,孙中山回到上海,继续发动讨袁革命。

7月6日,海军中将郑汝成率领北洋军第四师1300余人抵沪,进驻上海制造局。两天后,北洋第六师师长李纯率部抵达九江,占领进入江西的战略要地。

在袁世凯陆续派兵南下、战争端倪明显可察的情况下,孙中山再次呼吁革命党人丢掉幻想,实行武力讨袁。他指出:"除从速起兵以武力解决之外,实无其他办法。"孙中山分别致电湘督谭延闿和粤督陈炯明,要求

1913年6月,孙中山由上海乘船赴澳门

他们立即宣布独立，进行讨袁，但谭、陈在回电中均借故推诿。孙中山无奈，欲亲自赴粤发动讨袁，当即被人劝阻。孙中山又提议由陈其美先在上海宣布独立，打响讨袁第一枪。陈其美、黄兴等人也不同意，认为"据数里之地以抗敌，犹执卵投石"。

此时，驻沪海军前来接洽，愿意宣告独立。孙中山建议海军由海上进攻津沽，陈其美等人反对海军先发，认为"须海陆并起"才行。不久，驻沪海军奉袁世凯命令开赴烟台，被袁所控。孙中山别无他法，决定派人去策动南京第八师几个忠于革命的营长，先"冒险一发"，以树立讨袁的旗帜。他说："若有两师军队，我当亲率北上问罪。"

7月初，孙中山在上海召开会议，决定兴师讨伐袁世凯。黄兴见孙中山主意已定，并准备亲往南京，遂下定武力讨袁的决心，自告奋勇前往南京指挥作战。

7月初，原江西都督李烈钧潜赴上海孙中山处，表示愿意率江西军队首先发难。孙中山遂决定李烈钧回江西发动，黄兴去南京发动，其他各省伺机响应。

7月8日，李烈钧从上海回到江西，在湖口召集旧部商量讨袁事宜。袁世凯侦悉李烈钧回到湖口准备发难的消息后，遂指令李纯师的过江部队迅速向南推进，不断向赣军开炮挑衅。7月12日拂晓，驻守德安的赣军旅长林虎分兵二路向当面寻衅的袁军发动进攻，揭开了武装讨袁的战幕。

7月12日，李烈钧在湖口宣布江西独立。同日，省议会在南昌开会，举李烈钧为江西讨袁军总司令，欧阳武为江西都督，

江西讨袁军总司令李烈钧

249

并通电发布讨袁檄文，痛斥"袁世凯乘时窃柄，帝制自为，灭绝人道，暗杀元勋，弁髦约法，擅借巨款"，号召各省"急起自卫，与天下共击之"。

此后数日内，国民党控制的江苏、安徽、广东、上海、福建、湖南等省市相继响应独立。

7月15日，黄兴抵达南京，组织讨袁军司令部，宣布江苏独立，黄兴任讨袁军总司令。7月17日，安徽宣布独立，柏文蔚任讨袁军总司令。7月18日，上海宣布独立，陈其美为讨袁军总司令。与上海宣布独立同一天，广东也宣布独立，陈炯明为讨袁军总司令。7月19日，许崇智逼迫福建都督孙道仁宣布独立，许崇智为讨袁军总司令。7月25日，谭延闿在湖南宣布独立，二次革命全面爆发。

7月22日，孙中山在上海发表宣言，指出："袁氏专为私谋，倒行不已，以致东南人民荷戈而逐，旬日之内，相连并发。火势如此，国家安危，人民生死，胥系于袁氏一人之去留。"他号召"全体国民一致主张，令袁氏辞职，以息战祸"。

同一天，孙中山在致参议院、众议院、国务院、各省都督、民政长官、各军师、旅、军的通电中指出："今袁氏种种违法，天下所知，东南人民迫不得已，以武力济法律之穷，非惟其情可哀，其义亦至正。"他号召各界："当此存亡绝续之际，望以民命为重，以国危为急，同向袁氏说以早日辞职，以息战祸。"并电斥袁世凯"昔日为任天下之重而来，今日为息天下之祸而去"，"若公必欲残民以逞，善言不入，文不忍东南人民久困兵革，必以前反对君主专制之决心，反对公之一人；义无反顾"。

7月23日，袁世凯发布通缉令，捉到黄兴赏洋10万元，捉到陈其美赏洋5万元，撤销孙文筹办全国铁路之全权。

7月24日，袁世凯的心腹大将第一军军长段芝贵抵达九江，督率北洋军第二师和第六师向湖口发动进攻，张敬尧团沿长江南岸率先向湖口西炮台发起猛攻。鲍贵卿旅乘船沿长江东进，趁夜偷渡鄱阳湖口，在汤芗铭所率海军舰队的掩护下，利用浓雾于湖口以东抢滩登陆，进攻湖口钟山炮台。在北洋军水陆夹击下，湖口失陷，李烈钧率余部退守南昌。

8月18日，北洋军向南昌发起总攻。赣军虽奋力抵抗，终因众寡悬殊，只得撤离南昌。李烈钧见败局已定，遂遣散余部，流亡海外。其他各路讨袁军也进展不顺，相继失败。

江苏方面，讨袁军于7月16日冒着风雨向驻韩庄的北洋第五师方玉

讨袁军在阵地装设大炮

普旅发动进攻，拟从韩庄进取兖州，尔后向济南方向发展。袁世凯急令在兖州以南铁路沿线待命的张勋军和驻天津的北洋第四师驰援韩庄，与方玉普旅分左右两翼发起反攻。江苏军腹背受敌，退守徐州。正在这时，江苏军骑兵团团长张宗昌阵前倒戈，江苏军被迫放弃徐州，退往南京。23日，袁世凯任命冯国璋为江淮宣抚使兼第二军军长，统一指挥江苏方向的作战。

7月25日，程德全在上海发表通电，要求江苏各师取消独立。黄兴因徐州战事失利，又遇军队不服从调动和饷弹难筹等等困难，于28日辞职回到上海。代理都督章梓、第一师师长洪承点等也随即离宁。代理江苏民政长蔡寅、第八师师长陈之骥和代理第一师师长周应时，宣布取消独立。时在镇江运动讨袁的国民党人何海鸣、戴季陶、詹大悲等人，闻黄兴出走，遂相继赶赴南京领导讨袁作战。8月8日，何海鸣率第一师百余人，占据江苏都督府，再次宣布独立，自任江苏讨袁军临时总司令。

8月15日，北洋军攻占紫金山、天堡城。守军浴血奋战，夺回天堡城。北洋军组织强攻，战斗空前激烈，天堡城五得五失，守军大部壮烈牺牲。21日，天堡城陷落。

8月27日，北洋军会攻南京，激战五日，双方伤亡惨重。9月1日，

251

张勋部挖掘地道用炸药炸开富贵山南侧城墙，部队蜂拥而入，两军展开激烈巷战。冯国璋部第三、第五师分别由神策门、洪武门、太平门攻入城内，并在舰炮掩护下，先后攻占狮子山炮台、雨花台和都督府，南京城最终陷落，江苏独立亦告失败。

在江西、江苏两省军队与敌鏖战的同时，上海及广东、湖南、安徽、四川等省也相继宣布独立。但因各省内部矛盾重重，讨袁军步调不一等种种原因，都先后归于失败。

上海方面，讨袁军总司令陈其美派蒋介石到袁军第九十三团（原蒋任团长的沪军第五团）进行发动工作，但团长陈其蔚已被袁世凯收买，避而不见，蒋经过一番工作，只有一个营参加讨袁。7月22日，上海讨袁军向盘踞在制造局的北洋军进攻，北洋军将领上海镇守使郑汝成逃登"海筹"号兵舰，从舰上发炮轰击讨袁军所占领的吴淞炮台。敌军坚守制造局，讨袁军多次进攻未下，营长张绍良在战斗中阵亡，讨袁军退到闸北英租界，被英国军队缴械。8月13日，北洋军攻占吴淞要塞，上海讨袁军失败。

安徽方面，柏文蔚为讨袁军总司令，但军队实际上被师长胡万泰所控制。在北洋军倪嗣冲部及河南都督张镇芳部大兵压境之时，胡万泰宣布取消独立，并率部围攻都督府。柏文蔚率200余人撤至芜湖，随后乘鱼雷艇前往南京。7月29日，芜湖失陷，安徽讨袁亦告失败。

广东方面，陈炯明任都督兼讨袁军总司令，辖两师一旅，拟从8月1日起出师北伐。但这些部队的师旅长大都无意讨袁，有些与袁世凯早有勾结。袁世凯密令广西都督陆荣廷和广东副护军使龙济光率军攻粤，答应事成之后，以粤督相许。龙济光被封为广东镇抚使，率军进攻广东。8月4日，广东讨袁军中的炮兵团、辎重营等倒戈拥袁，炮轰都督府，陈炯明仓皇出走，龙济光占领广州，于是广东讨袁也遭失败。

湖南方面，在江西、江苏兴师讨袁后，湖南都督谭延闿迫于形势，也于7月25日宣布独立，响应讨袁，并应欧阳武之请，派兵一团往援江西。但该团踌躇不前，直至江西讨袁作战失败，才抵湘赣边界。8月14日，谭延闿见邻近各省讨袁作战先后失败，遂宣布取消独立。10月7日，汤芗铭督湘，将谭延闿解送北京，褫职判罪。后经黎元洪说情，才被特赦。

福建方面，都督孙道仁是在第十四师师长许崇智等人的胁迫下宣布独立的，当许崇智提议出兵援赣及北伐时，孙道仁以饷械缺乏为由，加以拒绝。在江西、上海讨袁军失败后，孙道仁于8月9日发出通电，宣布取消独立。

四川方面，8 月 4 日，川军第五师师长熊克武率该师于重庆宣布独立，自任讨袁军总司令，将所部编成四个支队，分路防御。8 日，四川都督胡景伊先派川东宣抚使王陵基率兵五营往攻熊部，继令川军第一、二、三、四师围攻重庆。袁世凯也电令鄂、陕、滇、黔四省都督，"酌拨劲旅，会合兜'剿'"。熊克武率部与敌接战月余，终因寡不敌众，各路均告失利。9 月 10 日，重庆北路要地合川陷落敌手。熊克武见败局已定，遂潜离重庆，流亡日本。

至此，南方各路讨袁军先后失败，各省宣布取消独立。孙中山、黄兴、陈其美等被通缉，相继流亡日本，二次革命遂告失败。

七、中华革命党

1913 年 8 月 2 日，孙中山偕胡汉民等乘德国"约克"号邮船离开上海，准备前往广东领导革命。3 日，船抵福建马尾，日本领事馆武官多贺宗之上船见孙中山，告知广东形势突变，陈炯明手下的将领发动兵变，局势已经失去控制，劝孙中山先赴台湾，观察局势，再定行止。孙中山初时不信，待日本武官取出张继、马君武从香港发来、让福州领事代转的电报后，始信以为真，遂改道去台湾。

袁世凯得知孙中山南行的行踪后，立即密电香港情报站暗杀孙中山。指示："匪首孙文，前日乘德公司船赴港，望速密商宝璧等舰，佯往欢迎，接赴粤省。诱上舰后，出口处死沉海。"并允事成之后执行人员除补官赏勋外，并奖大洋 10 万元。

4 日上午，孙中山一行抵台北，下榻御成町梅屋敷旅舍。台湾总督佐久，对孙中山的到来惶恐不安，担心台湾抗日志士与孙中山联系，一面佯示欢迎，一面在梅屋敷旅舍大门、四周派便衣宪兵，以保安为由警监。

甲午海战后，台湾成为日本的殖民地，台湾人民不断组织抗日活动。1912 年 5 月，台湾的同盟会党人罗福星在广州曾向孙中山表示要收复台湾，孙中山对他说："台湾是中国领土，决心收复。"并指示他与福建、广东军政界联系，以取得人力、武装等方面的支援。之后，罗福星回到台湾开展活动，他打扮成商人，积极联络抗日爱国志士，组织了同盟会支部，对外用"华民联络会馆"名义发展革命势力，并派同志到台湾南北各地建立同盟会分部，不到一年，参加同盟会及其外围组织三点会、华民会、革命会的人数有1500多人。1913年4月，在苗栗召开了台湾同盟会支部代表大会，会后发表了《大革命宣言书》，说明"光复"台湾得到孙中山、黄兴革命领袖和大陆人民的支持与配合。黄兴曾先后两次派人到台湾了解抗日斗争形势的发展，转达了革命党对台湾同胞的关怀和支持。广东都督府也派革命党人吴觉民到台湾会见了罗福星，表示配合共同斗争。

孙中山这次到台湾，给革命志士很大鼓舞，正在组织发动抗日队伍准备收复台湾的罗福星等人，到旅舍拜见了孙中山，报告了台湾革命发展的情况。孙中山指示他要与大陆革命同志联络，以取得成功。罗福星根据孙中山的指示，随后派金星桥赴福州找闽督孙道仁联系，积极筹备武装起义，后因起义事泄而被捕牺牲。

8月4日下午，孙中山离开台湾赴日本。日本的山本权兵内阁，事先已接到袁世凯不准孙文在日本登陆的请求，指示警署加以监视。8月9日晨，孙中山搭乘的日船信浓丸到达神户港。神户水上警察署的事务长带警官登船搜查。船长郡宽四郎是孙中山旧友，悄悄把他藏在船长办公室的一间小屋里，然后，若无其事地问警察长："什么事？"

"船长，我们来搜一个姓孙的船客。"

"姓孙的？这样的船客，我没注意到。"

"中国的前总统逃亡在这条船上，船长不能隐藏呀！"

"不会。"船长举起一只手摇了摇，接着说，"孙总统我认识他，他从前以国宾身份来日本时我见过他。如果他乘这条船，我不会注意不到的。"船长随即打开办公室的门让警官们进去。他镇定自若地说："请先坐下，我拿名册给你们查对，如果还有怀疑，那就请搜查。"

"船长，我们一方面查看搭客名单，一方面还要搜查，用不了很长时间。"警察长说。

警察们在船上查了半天，甚至连锚库都搜查了，也没搜出姓孙的船客。孙中山有惊无险，侥幸过了这一关。

警署例行完公事，通过使馆向中国禀报。袁世凯见计谋不成，又通过驻日使馆，组织刺客，计划在孙中山抵达东京时进行谋杀。刺客们四处探听孙中山到达东京的确切日期。日本友人宫崎寅藏、梅屋庄吉、萱野良知、头山满、犬养毅等知道了这个消息，挺身而出，保护孙中山。他们向先期到达日本的廖仲恺、何香凝等革命党人做了转告，还临时组织了"刺客击退团"进行防范。当孙中山到达东京时，日本朋友们亲自陪同，保护孙中山安全地下了火车。然后，乘汽车到大久保百人町350番地梅屋庄吉家中隐居。在日本政界元老犬养毅和黑龙会领袖头山满的斡旋帮助下，山本首相同意孙中山在日本留居。

9月15日，袁世凯下令通缉孙中山、黄兴、李烈钧、柏文蔚、廖仲恺、朱执信、谭人凤、熊克武等"二次革命"领导人；不久，又悍然下令解散国民党。参加讨袁的许多老同盟会会员李烈钧、柏文蔚、胡汉民、廖仲恺、居正、许崇智、谭人凤等陆续到达日本，许多下级军官也来到日本。孙中山在东京组织了通信机关，以调查流亡人数，联络革命党人；随后又成立了"亡命客救护团"，办理流亡日本党员的登记、济助及归队工作。流亡者中，尤以下级军官为多。在失去组织联系、四散各方的情况下，时间一长，多数同志衣食无着，时逢冬季大雪，甚至有"不能向火而致疾者"。孙中山下令择最困窘者，每人送学生装两套，按月发给津贴日币15元，同时致函邓泽如，请南洋同志筹集资金相助解决。

经孙中山等人的努力，多数流亡的革命党人的生活有了基本保障。但处在这样的困境中，许多革命党人都灰心丧气，对革命前途表达了深深的忧虑。孙中山激励大家说："惟我辈既以担当中国改革发展为己任，虽石烂海枯，而此身尚存，此心不死。既不可以失败而灰心，亦不能以困难而缩步。精神贯注，猛力向前，应乎世界进步之潮流，合乎善恶消长之天理，则终有最后成功之一日。即使及身而不能成，四万万苍生当亦有闻风而兴起者，毋怯也！"

鉴于二次革命失败的教训，孙中山痛感同盟会改组为国民党后，党内人员复杂，纪律涣散，缺乏同盟会时期的战斗精神。他认为，二次革命的失败，并不是因为袁世凯过于强大，而是因为国民党内部过于涣散。虽然党员众多，声势浩大，但内部意见分歧太多，"党魁则等于傀儡，党员则有类散沙"，缺乏组织战斗力，革命难以进行下去，因此决定重新组织一个革命党。

孙中山召集流亡东京的革命党人开会讨论此事，提出了三条建党方针：一、改变不服从领袖的心理，绝对服从党魁命令；二、使以前散漫的组织，变得严密起来，团结起来；三、把党内一切不革命的分子、不纯粹的分子排除出去，正本清源。孙中山把二次革命失败的原因归咎于党员不听他的话，因此特别强调"绝对服从命令"这一条，凡入党者，"必自问甘愿服从文一人，毫无疑虑而后可"，希望中华革命党成为一个"有统一的组织，坚固的宗旨，党员有纯洁的志趣"，具有旺盛战斗力的党。

1913年9月27日，孙中山亲自拟定入党誓约，规定入党者须绝对服从其领导，无论资格多老，皆须重立誓约，加按指印，以示坚决。誓约全文如下：

> 立誓人某某，为救中国危亡，拯生民痛苦，愿牺牲一己之生命、自由、权利，附从孙先生，再举革命，务达民权民生两主义，并创制五权宪法，使政治修明，民生乐利，措国基于巩固，维世界之和平，特诚谨矢誓如左：一、实行宗旨；二、服从命令；三、尽忠职务；四、严守秘密；五、誓共生死。从兹永守此约，至死不渝。如有二心，甘受极刑。
>
> 中华民国　省　县（按指模）
>
> 中华民国　年　月　日

这份誓词遭到了几位同盟会元老的反对。黄兴首先反对说："如果在誓约内写明附从孙先生再举革命，这是等于附从一个人帮助一个人来革命了；如果在誓约内印上指模，这是等于犯罪的人写供状一样。前者不够平等，后者迹近侮辱，所以这两件事不愿意做到的。"

孙中山回答说："要知道过去革命所以失败，最大的原因，就是不肯服从一个领袖的命令。我们现在要使革命能够成功，以后党内的一举一动，就要领袖来指导，由全体党员去服从。至于哪一个人来做领袖，这是没有关系的。假如你黄先生愿意当领袖，我们就可以在誓约内写明'附从黄先生'，我个人当然也填誓约来服从你的。如果你不愿意当领袖，就由我来当领袖，那么你就应该服从我。至于誓约上要打指模，完全是表示加入革命的决心，决不是含侮辱的意思。"

其他几位国民党要员也有不同意见，李烈钧说："牺牲一己之自由，附从党魁为屈辱"，并且反对捺手印。

孙中山坚持自己的意见，他解释说："此次组织，其所以必誓服从弟一人者，原第一次革命之际及第二次之时，党员皆独断独行，各为其是，无复统一……识者论吾党之失败，无不归于涣散，诚为确当。即如南京政府之际，弟忝为总统，乃同木偶，一切皆不由弟主张。关于袁氏受命为总统一事，袁氏自称受命于隆裕，意谓非受命于民国。弟当时愤而力争之，以为名分大义所关，宁复开战，不得放任，以开专恣横行之渐。当时同志咸责备弟，且大为反对……其余建都南京，及饬袁氏南下受职两事。弟当时主张极力，又为同志反对。第二次革命之前，有宋案之发生，弟当时即力主开战，克强不允，卒迁延时日，以致开战即败。可知不统一服从，实无事不立于败衄之地位。"

黄兴认为，亡命日本的党人，都是因参加讨袁而被通缉的，不应在这个时候对他们加以整肃，而应在原有基础上，发展反袁的力量，并表示他个人决不参加。李烈钧、柏文蔚、吴稚晖、蔡元培、陈炯明、钮永建等同盟会元老也拒绝参加。

黄兴还请居正、胡汉民、汪精卫等设法婉劝孙中山改变这种做法，但孙中山对此决不妥协。他说，"第一，革命必须有唯一之领袖，然后才能提挈得起，如身使臂，臂使指，成为强有力之团体人格。第二，革命党不能群龙无首，或互争雄长，必须在唯一领袖之下绝对服从。第三，我是推翻专制，建立共和，首倡而实行者，如离开我而讲共和、讲民主，则是南辕而北其辙。忠心革命同志不应作'服从个人'看法。一有此想，便是错误。为贯彻革命目的，必须要求同志服从我。如果面从心违，我尚认为不是革命同志。况且将'附从孙先生再举革命'一句抹杀，这是我不能答应，而无退让之余地的。"

廖仲恺等人则同意孙中山的主张，并率先加入中华革命党。何香凝、邓铿、陈其美、朱执信、林伯渠、戴季陶、胡汉民、汪精卫、林森、张静江、蒋介石等人也先后参加中华革命党。

1914年初，孙中山发给美洲支部三项指示：一、各埠党部取消国民党名目，自后一律须改称中华革命党；二、海外国民党员须一律重新填写中

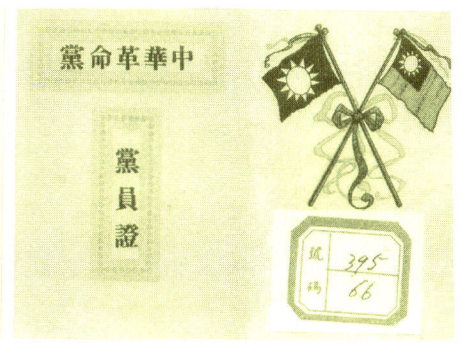

中华革命党党员证

华革命党誓约及加盖指模；三、海外各党部应即设筹饷局。后美洲支部提出，为便利筹饷，须沿用国民党名义。孙中山接受了这个建议。4 月 18 日，他致函邓泽如，阐述立党宗旨，委托邓泽如在南洋各埠，"本此宗旨，设各埠支部，以张党势"。

孙中山还积极加强与西方国家左翼政党间的联系，希望得到他们的帮助。1914 年 5 月，孙中山在致社会党国际局的信中恳切请求："同志们，我向你们大家发出呼吁，让中国成为世界上第一个社会主义国家。请把你们的精力花在中国身上，请派你们的优秀人才来中国各地服务，助我一臂之力。我需要贵组织成员的帮助，以便完成我的宏伟事业。"

经过几个月的宣传发动，流亡海外的革命党人，纷纷聚集到中华革命党的旗帜之下。至 1914 年 4 月中旬，入党者"先后已得四五百人"。

为进一步扩大宣传，5 月 10 日，在孙中山的主持下创办了《民国》杂志。胡汉民任总编，朱执信、田桐、苏曼殊、戴季陶、邵元冲、邹鲁、叶夏声为编辑。《民国》杂志发表文章，揭露袁氏"袭民主之名，行帝制之实"的阴谋，并且针对革命党内一部分人存在的消极情绪，激励党员，应"发挥其能力，斩除其惰性，遇艰险而益厉，更丧败而益前"。

《民国》杂志社不但是舆论机关，也是中华革命党人的活动中心。孙中山等人经常在这里召开会议，讨论党内的重大问题。5 月 14 日，孙中山指

1914 年夏，孙中山和中华革命党人在东京举行"讨袁死难同志追悼会"后合影

示："本党干部未成立以前，组织一筹备委员会。"16日，孙中山委任的筹备委员会委员柏文蔚、周应时、陈其美、刘承烈、邓家彦、胡汉民、杨庶堪、居正、侯度生、张肇基、凌钺、文群、陈扬镳、张百麟、田桐等，在《民国》杂志社召开第一次筹备委员会议。6月6日，孙中山在此召集陈其美、田桐、胡汉民等人讨论了中华革命党的干部人选，初步商定总理及各部部长名单。

6月21日，在《民国》杂志社召开了筹备成立中华革命党的党员大会。陈其美逐条说明了中华革命党总章，介绍了各部部长的人选，与会党员对上述问题也发表了各自的意见，会议推举孙中山为总理。经过半年多的努力，中华革命党正式成立的条件日趋成熟。

随着中华革命党筹备工作的开展，孙中山与黄兴的关系日趋紧张，黄兴明确表示不担任任何职务。为避免党内纠纷，黄兴决定以疗养胃病为词，离开日本，远游欧美。临行前，他向孙中山表明，对革命事业始终不渝。孙中山对黄兴也甚表关怀，电告美洲支部曹亚伯等为黄兴照料旅居。

6月27日，孙中山赴黄兴寓所饯行，历时约4个小时，并集古句书联相赠："安危他日终须仗，甘苦来时要共尝"，表示惜别之情，希望以后

1914年，孙中山与黄兴等在日本合影

再度合作。6 月 30 日，黄兴携夫人徐宗汉、秘书李书城一行，由横滨乘轮赴美国。

1914 年 7 月 8 日，中华革命党在东京筑地精养轩举行成立大会，到会的有 8 省代表。首先由居正说明成立中华革命党总部的理由和大会宗旨，接着孙中山当众入盟，宣誓就任总理，并当场宣读誓词："立誓人孙文，为救中国危亡，拯生民困苦，愿牺牲一己之身命自由权利，统率同志，再举革命，务达民权、民生两主义，并创制五权宪法，使政治修明，民生乐利，措国基于巩固，维世界之和平，特诚谨矢誓如左：一、实行宗旨；二、慎施命令；三、尽忠职务；四、严守秘密；五、誓共生死。从兹永守此约，至死不渝，如有二心，甘受极刑。中华民国广东香山县孙文（指模）。民国三年七月八日立。"

随后，孙中山发表了近两个小时的演说："我们同志目下虽流亡于日本，但思慕母国之念一时也未离开脑际，将来如何使我民国得屹立于世界，此乃与诸君共谋之大事。""吾等同志发挥爱国之心，舍弃私心私利，专心为民国谋取福利，继而为维护东亚和平而努力。"他号召大家："在第三次革命兴起之际，务必团结一致，亲爱精诚，统一步伐，以国家百年大计为念，努力奋争。"

会议讨论通过了孙中山手订的《中华革命党总章》，明确规定本党以实行民权、民生两主义为宗旨，以扫除专制统治，建设完全民国为目的。会议还讨论决定了领导机构，总部各部部长人选为：总务部正副部长陈其美、谢持；党务部正副部长居正、冯自由；军务部正副部长许崇智、周应时；政治部正副部长胡汉民、杨庶堪；财政部正副部长张人杰、廖仲恺。其中协理一职，留待黄兴归来。

9 月 1 日，发表《中华革命党宣言》，通告美洲和南洋各地革命党组织，将国民党改组为中华革命党，都依《总章》第七条规定填写誓约，履行入党手续，要求全体党员"协力同心，共图三次革命"。

中华革命党设本部于东京，在总部直接指导下，国内 18 个省先后成立了支部。孙中山亲自委任了各省支部长，同时派遣党内骨干到海外各埠筹建支部。通过努力，先后在海外建立了 39 个支部和 45 个分支部。中华革命党在海内外组织系统建立后，新党员也不断增加，逐渐发展到了 1 万多人。

中华革命党把武装讨袁放在首位。自 1914 年 7 月至 1915 年 12 月，在

1914 年 11 月，孙中山与戴季陶（左二）、陈其美（右一）等在东京合影

湖南、江苏、广东、江西、上海等省市先后发动大小武装起义 40 多次，进行刺杀龙济光、郑汝成等 4 次暗杀活动。护国战争爆发后，在广东、四川、湖南、湖北、江苏、安徽、山东等省全面展开军事讨袁活动，在全国范围内牵制了袁世凯的军事力量。

八、革命伴侣

1913 年 6 月，宋庆龄在美国威斯里安女子学院获得文学学士学位毕业，准备回国。当她乘坐远洋轮船刚刚驶到加利福尼亚时，收到了父亲宋耀如发来的电报，要她"暂缓行程"。原来，宋耀如因"二次革命"失败，全家流亡日本，希望宋庆龄直接来日本相会。

宋庆龄的父亲宋耀如，1861 年生于广东海南文昌县古路园村。原名韩教准，由于家境贫寒，12 岁时就漂洋过海，到美国谋生，被堂舅收为养子，改姓宋。宋耀如不安于一个小店员的生活，偷偷跑进停泊在波士顿港口的一艘海防缉私船上，被好心的盖布里尔森船长收留下来，当了一名船员。1878 年，在里考德牧师的推荐和卡尔将军的资助下，进入杜克大学前身圣三一学院学习，一年后转学到范德堡大学神学院学习，靠勤工俭学完成学业。

1885 年，24 岁的宋耀如以优异成绩从范德堡大学神学院毕业。他想继续学医，然后作为一名教会医生回国服务。但马克谛耶校长不同意他当医生，而任命他为见习牧师，派他回到中国，在苏州、上海等地传教，每月报酬只有 15 美元。由于受到洋教士们的排挤，宋耀如愤而辞去传教士职务转向实业，先后创办华美印书馆、福丰面粉厂，是上海第一个进口机械代理商；并热心于公益事业，创办了一所教会学校，一个儿童乐园和一间大众医药所，组织创立了中华基督教青年会，成为上海滩有名的实业家。

1894 年夏，孙中山北上天津，上书李鸿章陈述救国之道。途经上海，经陆皓东介绍，与热心的宋耀如相识，应邀搬到他在上海虹口新建的一栋房屋里居住。二人都是广东同乡，都出身于贫寒家庭，都在美国教会学校读过书，接受过西方民主思想的启蒙，都有救国救民的抱负。相同的年龄，相似的经历，共同的志趣，使二人一见如故，畅谈整夜，遂成莫逆之交。宋耀如为孙中山的革命思想所倾倒，从此追随其参加革命，加入同盟会，并兼任上海分部执行秘书，暗中印行革命刊物及小册子，并倾全力为革命筹集经费，把大部分资金用来支持孙中山的革命事业，被孙中山誉为"革命的隐君子"。就是那次在宋耀如的家里，28 岁的孙中山第一次见到了刚刚 1 岁多的宋庆龄。

宋庆龄的母亲倪桂珍出身名门，受教于美国基督教圣公会办的上海培文女子高等学堂，毕业后留校任教，被洋务派代表人物、著名实业家盛宣怀聘为家庭教师。和宋耀如结婚后，先后生下了宋霭龄、宋庆龄、宋子文、宋美龄、宋子良和宋子安三男三女。倪珪贞受过西方教育，思想开明，主张男女平等，3 个女儿都送到学校读书。长女宋霭龄 14 岁时，就被送到美国读书，成为中国第一位正式到美国留学的女子。

1893 年 1 月，宋庆龄出生于上海，7 岁时入上海中西女塾读书，取英文名字罗莎蒙德（Rosamonde）。1907 年，14 岁的宋庆龄考取清末首批女子官费留学生，带着 10 岁的妹妹宋美龄一起到美国留学，考入世界上第一所女子大学，位于佐治亚州梅肯市的威斯里安女子学院文学系学习。宋庆龄勤奋好学，思想活跃，热心社会活动，担任了校刊《威斯利安》文学编辑、舞蹈戏剧社社员和哈里斯文学社通讯干事，先后在校刊发表过《四个小点》《阿妈》《现代中国妇女》《留学生对中国的影响》等文章，宣传男女平等，反对包办婚姻，希望学成后为改革中国做出贡献。

辛亥革命成功的消息传来后，宋庆龄激动万分，立即扯下宿舍中的清朝龙旗，挂上父亲寄来的中华民国国旗，并连夜写了《二十世纪最伟大的事件》一文，赞扬"中国革命是滑铁卢以后最伟大的事件，是20世纪最伟大的事件之一。这场革命取得了辉煌的成就，它意味着四万万人民从君主专制政体的奴役下解放了出来，这一业绩也标志着一个王朝的覆灭"。"在促进人类进步的努力中，中国还要在其他方面起作用。拿破仑·波拿巴说过：'一旦中国醒来，她将推动整个世界。'这话要变成现实看来已为期不远了。"在历史课上，她曾与老师说过，"我们有一个朋友，他现在正领导着中国革命，我经常听父亲讲起他。"在宋庆龄心中孙中山已成为一个被崇敬、仰慕的英雄形象。

宋庆龄在美国威斯里安女子学院和同学合影

1913年6月22日，宋庆龄顺利毕业，获得文学学士学位，准备回国。当她离开梅肯城经波士顿，横穿美国大陆，到达加利福尼亚时，接父亲电告，说要追随孙中山先生流亡日本，叫她"暂缓行程"。原来，孙中山辞去临时大总统后，在上海期间，一直借居在宋耀如家里。二次革命失败后，宋耀如因与孙中山的关系，一天夜里家中遭到袭击，门窗被打碎。他携家眷逃到日本，于8月4日抵神户。为离东京的孙中山近一些，后移居横滨，租了海滨山上的一幢楼房。从这里可

1913年夏，宋庆龄在美国大学毕业时留影

以俯瞰东京湾，是外侨中上流人士居住的地区。

宋庆龄接到父亲电报后，在加州伯克利停留了十多天，住在姨丈温秉忠的一个朋友家中，"到处观光，也去舞会和剧场"，并出席了中国留学生招待会。途经檀香山时，又观赏了这个热带海岛的风土人情。8月29日，宋庆龄乘太平洋邮船公司的"高丽"号抵达横滨，见到了阔别已久的父母与姐姐宋霭龄，并带来了美国朋友送给孙中山的一篮加利福尼亚水果和一封私人信件。

这时，宋霭龄正在做孙中山的秘书，宋耀如也在帮助孙中山筹集资金，处理一些英文电函方面的事务。宋庆龄到达的第二天晚上，就由父亲和姐姐陪着到东京赤坂区灵南坂26号拜访孙中山，并转交了美国朋友让她带来的信件和一篮水果。当宋庆龄站在仰慕已久的孙中山面前的时候，孙中山笑着说："小罗莎，长高了，是个大姑娘了！小时候我还抱过你哩！不信问你爸爸。"轻松的气氛一下拉近了二人的距离。

第二天，宋霭龄又陪宋庆龄来到了孙中山的办公室，把中山先生索要的她写的那篇文章——《二十世纪最伟大的事件》的英文剪报交给了他。孙中山阅读后，连连称赞，对眼前这位少女有了更深层的认识。

此后的十多天里，宋庆龄便成了孙中山办公室的常客。当时，日本的密探偷偷地监视着孙中山的每一个行动和他所接触的每一个人。据日本外务省档案《孙文动向》记载，宋庆龄到日本后的十多天中，共出入孙中山寓所8次之多。那时，宋耀如正患肝病，不能长时间坐在日本矮桌边工作，宋庆龄分担了父亲协助孙中山处理文件等工作。

1914年3月，孙中山患胃病，腹痛难忍，宋庆龄与姐姐霭龄轮流到孙中山寓所看护。6月，宋霭龄开始筹备与中华基督教青年会总干事孔祥熙结婚的事，宋庆龄代替姐姐帮助孙中山做些文书工作，几乎天天都到孙中山寓所，很快熟悉了孙中山进行革命工作的环境和需要。

1914年9月，宋霭龄与孔祥熙要回上海结婚，正式向孙中山提出辞职。孙中山高度评价了宋霭龄几年来的工作，赞扬了她的工作精神、办事能力和负责态度，并对霭龄诚恳挽留。但宋霭龄去意已决，她向孙中山推荐了妹妹宋庆龄来接替秘书工作。

宋庆龄接替秘书工作后，很快进入了角色，给孙中山以巨大的支持和帮助。她积极为孙中山起草文件、处理函电、打印文稿、管理经费，翻译密码和外文资料，以及从事革命党人的联络工作，内勤外联，无不得心应手，

1914年，宋耀如和家人在日本合影

成为孙中山的得力助手。孙中山还亲自教她掌握进行地下活动所需的技巧和保密措施，手把手地教她学习如何把密信写成密码、如何把密码译成明文、如何用隐形墨水书写情报，以及把多余文件随时销毁的必要，宋庆龄愉快地从事着这些工作。她在1914年11月给妹妹宋美龄的信中说："我从没有这样快活过。我想，这类事就是我从小姑娘的时候起就想要做的。我真的接近了革命运动的中心。"并且表示："我能帮助中国，我也能帮助孙先生，他需要我。"

由于工作的缘故，孙中山和宋庆龄接触多了，国家大事，生活小事，无所不谈，二人情投意合，慢慢地产生了感情。宋庆龄在孙中山身边工作期间，正是中华革命党成立的艰难时期，外有袁世凯通缉，内有密探监视，党内又出现分裂，许多同盟会元老离开了孙中山，孙中山非常苦恼，正处

265

于其革命生涯中最困难的一段岁月。在个人感情生活上，也一直比较孤寂。

孙中山在 18 岁时，由父母包办与素未谋面的卢慕贞结婚。卢夫人忠厚、贤惠，但没有文化，自幼缠足，性格内向，对孙中山的革命事业缺乏理解，不愿意到处奔走过颠沛流离的生活，对外应酬亦毫无兴趣。夫妻长期分居，两人在精神、志趣、观念等诸多方面缺乏共同语言。

后来，孙中山在香港西医书院读书时，又认识了年方 18 岁的女友陈粹芬。陈粹芬，原名香菱，出生于香港新界。孙中山在南洋从事革命活动时，陈粹芬曾追随左右，常常替革命同志洗衣做饭，传递密函，甚至从事运送军火等地下工作。那时的社会风气，有身份的人娶一个或几房姨太太，是极平常的事，法律亦无限制。但为了维护孙中山的领袖形象，她主动选择了离开，悄然去南洋隐居下来。

宋庆龄的到来，给了孙中山以极大的精神慰藉。除了志同道合以外，在生活上，他俩在一起的时候也是融洽而愉快的。晚饭后，大家常聚在房东梅屋庄吉的客厅里下棋、弹琴，宋庆龄一边弹钢琴，一边歌唱美丽动听的美国民歌。宋庆龄的美丽、热情和青春活力，重新点燃了孙中山的爱情之火。孙中山感受到了宋庆龄对他的事业和精神上的支持，感到要完成他的革命大业，他的身边不能没有宋庆龄。宋庆龄也渐渐地爱上了孙中山，愿意为他和他的事业献出自己的一切。

由于宋庆龄的母亲生病，宋耀如一家回到了上海，在霞飞路法租界内新购了一所小洋楼。1914 年 11 月，宋庆龄要回上海看望父母。临行前的一天晚上，宋庆龄叮嘱孙中山："在我离开之后，假使你能把你的各种想法和建议大致记录下来，我返回后可以进一步整理，再由你来修正，这样可以节约你的时间。"

孙中山用深沉的目光注视着宋庆龄，满怀期待地问道："这么说，你还准备回来的，是么？"

宋庆龄坚定地说："当然要回来的，这件事我考虑了许久，深知除了你、为革命服务，再没有任何比这更使我愉快的事，我愿意这样献身于革命。"

说到这里，宋庆龄凝思片刻，低下头羞涩地说："有一件事我要晓得，你愿不愿和我永远在一起？"

孙中山极力克制住激动，与宋庆龄进行了长时间的攀谈，道出了自己的全部身世和感情经历，也露出了一些对二人未来的忧虑。宋庆龄凝视着孙中山，深情地说："我知道你结过婚，但那已经过去，与目前的事情不

宋庆龄全家在上海寓所

发生关系。我认识你的儿子孙科……至于说到后悔，记得听你讲过：'要是不为一件伟大的事业而生存，那么生命便毫无意义'。现在我要知道的只有一件事：你要不要我做你的妻子，永远帮你做革命工作。"宋庆龄深情地望着孙中山，等待着他的回答。

孙中山的眼睛里充满了激情，但他还是有所顾虑地说："庆龄，我深知你是怎样的人。我不晓得我应当说些什么话，你是知道我的心的。庆龄，你还是慎重考虑一下吧，我已经老了，你还年轻……"

宋庆龄亲切地望着孙中山，坚定地说："革命是不管年龄的，革命需要我们两人在一起。我愿做你的妻子，永远帮你做革命工作。"

"但是，庆龄！"孙中山紧紧地握着宋庆龄的手，激动地说，"你必须得到父母的同意才行，我不能对不起你和他们。"

宋庆龄吁了一口气说："好了，我知道你的心了，我会回来的。"

宋庆龄在上海待了两个多月，春节之后，又返回了日本，重新来到孙中山身边。1915年3月下旬，北国之春，阳光明媚，孙中山饶有兴致地携宋庆龄到日本著名的风景区热海春游，同行的还有廖仲恺、胡汉民、戴季陶、张静江及头山满的女儿岩生等人，一行人爬上一个小山坡。宋庆龄年轻先到达山顶，孙中山紧随其后，接着是廖仲恺。廖仲恺平时走路就很快，因此把胡汉民等人远远抛在后面。快到山顶时，孙中山回转身向廖仲恺摇摇手，示意不要跟上去。廖仲恺会意，就让大家停在半山坳休息。过了一会儿，孙中山和宋庆龄两人满面春风地走下山来。据同行者透露，那天孙中山正式向宋庆龄求婚，并得到应允。

当孙中山和宋庆龄真正谈婚论嫁的时候，面临着许多问题。在决定公布关系前，两人有一次深谈，讨论即将面对的"关口"。孙中山告诉宋庆龄，他们首先要过宋庆龄父母的关。且不论宋庆龄的父亲与孙中山是多年的朋友，单论年龄上的差距和孙中山已婚并有3个孩子的背景，都足以遭到宋家的强烈反对，搞不好还会弄得家庭破裂。第二关是孙中山的原配卢慕贞，此时二人尚没有办理离婚手续。第三关是党内关。基于传统观念和领袖形象的考虑，党内会有很多人批评自己。第四关是社会舆论关。第五关是宗教关。宋庆龄一直信仰基督教，这样的行为估计会惹来基督教会的非议。不过，五关中最棘手的要算宋庆龄的父母这一关了。

6月中旬，宋庆龄离开东京回到上海，就婚姻问题征询父母的意见，向父母提出她要和孙中山结合的想法。这件事在宋家引起了轩然大波，遭到全家一致反对，宋庆龄为此与父亲发生了争吵。宋庆龄的母亲倪珪贞斥责宋庆龄："你疯了，你简直疯了！他已经有两倍于你的年龄，同时又是一个结过婚的人。我决不同意这门婚事。"

父亲为了缓和一下气氛，就说："庆龄，此事得等待一下，让我们再考虑考虑。"

宋霭龄还把她介绍给了一位名门子弟，并对外宣布订婚。宋庆龄被软禁了起来，关在二楼的卧室里，由女仆看着，不许离开房间半步，只等成亲的日子。宋庆龄大声抗议："在这样的家庭里，还出现包办婚姻，什么打倒封建，什么民主自由，都是假的，还口口声声谈论革命，都是假革命！"

宋庆龄悄悄地给孙中山写信，问他现在是否还需要她，自己应该待在家里还是仍回到他身边去。她在信中写道："你看！你叫我先告诉父母，后加以决定的办法，是得到了怎样的一个结果，……我现在只是为着父亲，才留在这里，你是认识他的。同时你也知道，他既然叫我等待，那是我不得不等的；但是等可是苦事，是非常的苦事。如果讲到我母亲的见解，那么等待完全是白费功夫。"负责看管宋庆龄的女仆同情她的境遇，把这封信秘密地寄了出去。

　　孙中山意识到问题的严重性了，他给宋耀如写信试探其态度，宋耀如回信说："她耻于和妾谈话，怎么会想让自己成为这样的人。您知道，在热海的时候，她甚至从未和张静江的二房说过话。此外，不论是谁，我们不允许女儿和一个已有家室的人结婚。对于我们来说，好的名声远比荣誉和面子重要。"

　　对这桩婚事，孙中山的战友也纷纷表示异议。与他患难与共的亲密战友胡汉民、朱执信、汪精卫等都曾试图劝阻，但孙中山心意已决，对来劝说的胡汉民和朱执信说："展堂、执信，我是同你们商量国家大事的，不是请你们来商量我家庭的私事。""我孙中山不是神，我是人。""我是革命者，我不能受社会恶习惯所支配。"表达了一个革命者对待爱情的光明磊落和坚定情怀。

　　其实，在感情方面，孙中山也是性情中人，他并不隐瞒自己的观点和爱好。宫崎寅藏在《孙逸仙其仁如天》里曾记录了一个故事：

　　有一天犬养毅问孙先生说："您最喜欢的是什么？"孙先生毫不犹豫地答曰"Revolution"（革命）。"您喜欢革命，这是谁都知道的，除此而外，您最喜欢什么？"孙先生边看犬养毅夫人，边笑而不答。犬养毅再催问说："答答看吧。"孙先生答说："Woman"（女人）。犬养毅拍着手说："很好。"并问："再其次呢？""Book"（书）。"这是很老实的说法，我以为您最喜欢的是看书，结果您却把女人排在看书前面。这是很有意思的。不过喜欢女人的并不只是您！"犬养毅哈哈大笑，更加赞赏孙中山的直率，并佩服地说道："您这样忍耐对于女人的爱好而拼命看书，实在了不起。"

　　自从宋庆龄回国后，留在日本的孙中山完全变了样，经常陷入深思状态。打开着书本，眼睛却凝视着别处，心猿意马，甚至不思饮食，脸庞明显消瘦了一圈。房东梅屋夫人很担心，问他是不是不舒服？饭菜是不是不合胃口？孙中山只是回答："没事，您别在意！"

　　梅屋夫人看出了孙中山的心思，索性直率地问："您是不是患了相思病？"

　　孙中山也直率地回答："事情是这样的，我忘不了庆龄。遇到她以后，我感到有生以来第一次遇到了爱，知道了恋爱的苦乐。"

　　接着，孙中山向梅屋夫人披露了心中的郁闷和矛盾。他说："我已经有结发之妻，是父母包办而娶，已给自己生育了3个儿女，付出了辛劳，这是我永远不能忘记的。但是为了中国革命，我长期在外奔走，与夫人长期分居，她不同意我对事业的选择，想把我束缚在家里，守着她，这是不可能的。加上她过于保守，我过于反叛，性格兴趣不一致，徒有夫妻之名啊。说实在的，自己不应该有那种非分想法，但是，我又无法扑灭胸中燃烧的对庆龄的爱情。有了庆龄在身旁，我感到踏实些。确实我也不知道这是为什么。"

梅屋夫人理解地说："在我们日本，爱情是个人的自由，别人不好说什么。只要你个人认为是幸福，就应该大胆追求。那你们二人定下来了吗？"

"我已下了决心与夫人分离，与庆龄结合。"孙中山回答道。

"不过，我要提醒你，与年龄相差悬殊的女人结婚，是要折寿的，不知你考虑没考虑？"梅屋夫人提醒道。

孙中山坚定地说："如果能与她结婚，即使第二天死去也不后悔。"

"想不到你这样爱庆龄！她确实是一个好姑娘！"梅屋夫人被孙中山的真诚所感动："如果是这样的话，我可以成全你们，并协助操办婚事。"

梅屋庄吉是一位侠肝义胆的日本商人，经孙中山的老师康德黎介绍与孙中山结交，曾为黄花岗起义和创办《民报》提供过经费。孙中山再次流亡日本后，经常在他家安身。梅屋夫人是个热心人，被孙中山的一片深情所打动，便替他出谋划策，帮助孙中山置办家具，布置新房。孙中山开始着手办两件事，一是尽快与妻子解除婚约；二是派人把宋庆龄从上海接过来。

接到宋庆龄的来信后，孙中山很快回了信，信中鼓励宋庆龄立即回到他的身边，在感情和事业上他都非常需要她。宋庆龄受到鼓励，决定逃脱家庭的囚笼，到日本去和孙中山相会。她在给在美国上大学的弟弟宋子文的信中说："自己仅有的欢乐，只有和孙博士在一起时，才能获得。"给同样在美国读大学的妹妹宋美龄的信里写道："我一生最大的快乐，是和孙先生一起为中国而奋斗中获得的，我情愿为他做一切需要我去做的事情，付出一切代价和牺牲！"

于是孙中山立即派跟随自己多年的好友朱卓文陪同孙科，去澳门文第士街卢慕贞寓所联系解除婚约之事，并带了孙中山的亲笔信。孙中山在信上开诚布公地说，他打算同宋庆龄结婚以及为什么有这个想法，等等。

卢慕贞起初不解，她疑惑地问："何须非要离婚呢，可以纳妾啊？"朱卓文向她解释了宋庆龄和孙中山都信奉基督教，基督教婚俗只能实行一夫一妻制。深明大义的卢夫人问了宋庆龄的一些情况后，理解地说："阿卓，我确实帮不了手，我学识唔（不）够，更唔（不）识英文，我又缠脚，行动也不方便，我点（怎）样可以帮助先生呢？"出于对丈夫事业的支持，

孙中山与梅屋庄吉夫妇合影

她同意离婚，并表示可与宋庆龄做姐妹之称。她取过笔，在信上写了一个歪歪斜斜的"可"字，并在其名字下方按了指印。

1915 年 9 月，孙中山将卢慕贞从澳门接到日本办理了离婚手续，并陪她逛了上野公园。在回国前，卢慕贞对孙中山说："我这次来，就是想看看你，想跟宋二小姐谈谈，既然她已经回国了，也不是三五天就能回来的，我就不等她了。"说着，她从手提箱内拿出一个红绸小包，递给孙中山，说道："等宋二小姐回来，请你转交给她，这是我送给她的礼物，是我的一份心意。"孙中山接过红绸包打开一看，原来是一件结婚用的鸳鸯戏荷花的大红缎子绣花被面。

1915 年 10 月，孙中山派朱卓文去上海接应宋庆龄。朱卓文特意把女儿慕菲雅带在身旁，以聘请宋庆龄为其女英语家庭教师的名义，与宋庆龄接上了头，并把孙中山的亲笔信转给了她，还给她讲述了孙中山与卢慕贞协议离婚的经过，出示了二人签署的离婚协议书。宋庆龄阅后，泪流满面，感动不已。在女佣的帮助下，宋庆龄乘夜爬窗出走，在朱卓文及女儿慕菲雅的陪同下，连夜乘船赴日本。

10月24日中午，孙中山亲自开着汽车到东京车站迎接宋庆龄。第二天上午即在日本著名律师和田瑞家中办理了结婚手续，在挚友廖仲恺、山田纯三郎等人的见证下，由和田律师主持签订了婚姻《誓约书》，誓约如下：

此次孙文与宋庆龄之间缔结婚约，并订立以下诸誓约：

一、尽速办理符合中国法律的正式婚姻手续。

二、将来永远保持夫妇关系，共同努力增进相互间之幸福。

三、万一发生违反本誓约之行为，即使受到法律上、社会上的任何制裁，亦不得有任何异议；而且为保持各自之名声，即使任何一方之亲属采取何等措施，亦不得有任何怨言。

上述诸誓约，均系在见证人和田瑞面前各自的誓言，誓约之履行亦系和田瑞从中之协助督促。

本誓约书制成三份，誓约者各持一份，另一份存在见证人手中。

誓约者　孙　文（章）

同　上　宋庆琳

见证人　和田瑞（章）

千九百十五年十月二十六日

孙中山委托和田瑞律师到东京市政厅办理结婚登记。当天下午，在日本友人梅屋庄吉家举办简朴而庄重的婚礼。宋庆龄戴着宽檐礼帽，身着镶花西式套裙，手里拿着一束鲜花，和孙中山手拉着手来到大厅。日本政界知名人物犬养毅、头山满及日本友人宫崎寅藏、萱野长知、内田良平、吉岛一雄等五六十人到场致贺。中国同志来的很少，只有廖仲恺、何香凝夫妇带着女儿廖梦醒和儿子廖承志一家和陈其美等前来参加婚礼。

宋庆龄离家出走时给父母留了一封信，告诉他们，孙中山已经和原配夫人离婚，自己决心已定，要帮助孙中山并同他结婚。

宋耀如发现女儿"私奔"后，立即与妻子乘太平洋游船公司的客轮赶到日本拦阻。那天下午，婚礼行将结束，宋耀如赶到了梅屋庄吉的大门口，站在那里，气呼呼地高喊："我要见抢走我女儿的总理！""请你们放我进去！"屋内一阵哗然。

梅屋庄吉夫妇很担心，欲出门劝解，被孙中山拦住了："不，这是我的事情。"说完走向门口。梅屋庄吉还是不放心，紧紧跟在孙中山后面。孙中山走到大门口的台阶上站定，客气地说："请问，找我有什么事？"

宋耀如气愤地向两人发泄了一通不满，孙中山没有多言。宋庆龄向父亲做了解释，这一切均出自自己本心，父亲应为他们祝福而不是发怒。她拿出了两人订立的婚姻誓约书和结婚登记书给父亲过目，誓约书已经律师做证并由当事人签字生效。

宋耀如无可奈何地说："我的不懂规矩的女儿，就拜托给你了，请千万多关照！"然后给孙中山磕了3个头，头也不回地走了。

孙中山与宋庆龄在东京合影

宋氏夫妇阻婚未成，后来补送了一套家具和百子图绸缎被面，给宋庆龄做嫁妆。

婚礼之后，在陈设简单的新房里，孙中山走到书案前，从一个抽屉里取出一只红绸包裹的首饰盒，双手捧着，庄重地送到妻子面前："庆龄，这是我送给你的新婚礼物！"

宋庆龄以为是戒指、首饰之类的信物，激动地揭开红绸，打开盒子一看，吓了一跳，原来里面是一支崭新发亮的袖珍勃朗宁手枪。

"庆龄，没想到我会送你这么一件礼物吧？"孙中山把手搭在妻子肩上，语重心长地说，"为了革命，我们的生命会随时发生危险。你看，这支手枪配了20发子弹，前面19发是给敌人的，最后1发是在危急时刻留给自己的！"

"我懂了，亲爱的，"宋庆龄靠着丈夫结实的肩头，用英语轻声而坚定地说，"无论在什么时候，我决不会当敌人的俘虏！"

"也许，我不该在今天这个日子里说这些话，"孙中山说，"可是，正因为今天是个不寻常的日子，我才选择了这件不寻常的礼物送给你。从今天起，我们两个人的命运就紧紧连在一起了。"

宋庆龄在给美国同学的一封信中，表达了她结婚后的快乐心情：婚礼是"尽可能的简单，因为我俩都不喜欢繁文缛节。我是幸福的。我想尽量帮助我的丈夫处理英文信件。我的法文已大有进步，现在能够阅读法文报纸，并直接加以翻译。对我来说，结婚就好像进了学校一样，不过没有烦人的考试罢了"。

孙中山也感受到婚姻带来的幸福，在给恩师康德黎的信中说："从您最近的来信，我发觉您还没有获悉我在东京第二次结婚的消息。我的妻子在一所美国大学受过教育，是我最早的一位同事和朋友的女儿。我现在过着一种前所未有的新的生活：一种真正的家庭生活，一位伴侣兼助手。""我的前妻不喜欢外出，因而在我流亡的日子里，她从未有在国外陪伴过我。她需要和她的老母亲定居在一起，并老是劝说我按照旧风俗再娶一个妻子。但我所爱的女子是一位现代女性，她不能容忍这样的地位，而我自己又离不开她。这样一来，除了同我的前妻协议离婚之外，再没有别的办法了。"

后来，孙中山亲手写了一对条幅，赠予宋庆龄："精诚无间同忧乐，笃爱有缘共死生。庆龄贤妻鉴。"表达了孙中山与宋庆龄生死与共的感情。

婚后，宋庆龄继续担任孙中山的私人秘书，成了孙中山的亲密战友和革命伴侣，为中国革命做出了巨大贡献。

第七章

护国战争

一、帝制自为

袁世凯在镇压"二次革命"之后,并没有立即对国民党人赶尽杀绝,因为他还需要利用国民党人在国会议席中占多数的现实,选举他为正式大总统,以便名正言顺地走向总统宝座。

按规定,正式大总统选举必须在宪法制定之后,再依据宪法进行选举。自国会成立后,国会宪法起草委员会就开始赶制宪法。而袁世凯则企图在宪法产生之前当上正式大总统,以便取得宪法的公布权,使宪法制定符合自己的心愿。为了达到这个目的,袁世凯一方面唆使一些国会议员提出"先举总统"的动议;另一方面则动员黎元洪联合 19 省都督、民政长发出"先选总统"的通电,对国会施加压力。在内外夹击之下,1913 年 9 月 5 日,国会以 213 票对 126 票通过了进步党提出的先选举总统的议案。

为确保选举万无一失,袁世凯指使总统府秘书长梁士诒出面,以每月津贴 200 元为诱饵,拉拢、收买国会议员近百人,又把议员同志会、潜社、集益社以及其他几个小团体联合起来,于 9 月 18 日拼凑成了一个公民党。以梁士诒为党魁,北洋政客、官僚纷纷加入,一时气势之盛,几乎与国民党、进步党有三足鼎立之势。

袁世凯急于在 10 月 10 日"国庆节"当上正式总统,一再催促抓紧总统选举的准备工作。10 月 4 日刚刚公布了总统选举法,10 月 6 日就进行总统选举。

总统选举这一天,多疑的袁世凯仍放心不下,派出大批军警临会监视。同时,还命拱卫军司令李进才和后路统领刘金标改穿便服,率领便衣军警1000 多人及一批地痞、流氓,自称"公民团",将国会团团围住,所有入场的人只准进,不准出,使会场气氛十分沉闷、紧张。

当天到会议员共 759 名,根据总统选举法,必须获得投票人 3/4 者才能当选。第一次投票,袁世凯得 471 票,黎元洪得 154 票,其他还有几个候选人只得零星数票,没有人达到规定当选票数,只得进行第二次投票。第二次投票结果,袁世凯得 497 票,黎元洪得 162 票,仍未达到法定的当选票数。

从早上 8 点开始选举,两轮过后,时已过午,议员们早已饥肠辘辘,纷纷要求回家吃完午饭后再来选举;更苦了那些大烟瘾发作的议员,一个个涕泪交流，丑态百出。"公民团"担心他们不再回来，凑不足法定的2/3的选举人数，遂把住会场前后门，不准离开，并大声叫喊："今天不选出公民所属望的大总统，谁也别想离开会场！"

在第三轮选举中，按选举法，只在第二次得票最多的前两名袁世凯和黎元洪二人中投票决选，过半数即可当选。袁世凯方以507票勉强当选为中华民国第一届大总统。"公民团"完成任务后，始欢呼而返。这时已是晚上9点多，议员们饥肠

袁世凯

辘辘，仓皇而去。第二天，又选出黎元洪为副总统。

10月10日，在民国"国庆节"这天，袁世凯不到国会宣誓就职，而是选在前清皇帝登基的太和殿举行了隆重的就职典礼。这天上午，袁世凯身着饰有金线的钴蓝色陆海军大元帅服，头戴叠羽帽，乘坐八抬彩轿，在300多名身佩军刀的仪仗队护卫下，威风凛凛地登上坐北朝南的大总统宝座，宣誓就职。随后，由一大群文官武将簇拥着，乘坐肩舆至天安门阅兵。

当天，袁世凯还给"有功民国"的人物进行授勋，发布授勋令，颁发了奖章。功劳簿上名列首位的竟是前清内务府总管世续和太子太保徐世昌，两人都获得勋位；授勋人员中没有一个是推翻清王朝的革命党人士。袁世凯还在总统府大摆筵席，款待近畿北洋军官、冯国璋、段祺瑞、段芝贵等营长以上300余人出席祝贺。

袁世凯一当选为正式总统，日、俄、英、德等国也立即予以承认，发来贺电。美国早在5月2日先已承认。10月10日，袁世凯接见了驻京外交使团全体成员。

在选出正式大总统之后，国会宪法起草委员会又抓紧制定正式宪法，以替代原先的《临时约法》。10月中旬，宪法草案脱稿，共10章113条，与《临时约法》比较，明显地扩大了总统的权限，对袁世凯让步之处甚多。但是，仍含有责任内阁之意，没能完全满足袁世凯的独裁欲望，尤其是对他事先所要求的两条，即任命国务员不必经国会通过和总统有解散议会之

袁世凯与各国公使合影

权，均未采纳。这使袁世凯极为恼怒，并立即横加干涉。

　　袁世凯故意无视"宪法草案"的存在，于10月16日向国会提出"增修约法案"。他说："故本大总统之愚，以为《临时约法》第四章关于大总统职权各规定，适用于临时大总统已觉得有种种困难，若再适用于正式大总统，则其困难将益甚。苟此种种之困难，其痛苦仅及于本大总统之一人一身，又何难以补苴弥缝之术，相与周旋。本大总统一人一身之受束缚于约法，直不啻胥吾四万万同胞之生命财产之重同受束缚于约法。本大总统无状，尸位以至今日，万万不敢再博维持约法之虚名，致我国民哀哀无告者且身受施行约法之实祸。"为此，他提出了实行总统制、宪法不应由国会制定、人民公权由总统视情况决定等7条无理要求，最后，他要求国会"从速议决见复"。隔了一天，他又向国会提出咨文，声明只有他一人有公布宪法的权力，即不经过他审定同意的宪法，他就决不承认。

　　袁世凯的专横跋扈，引起国会多数议员的愤慨。大家认为制定宪法的工作即将完成，没有再修改约法的必要；并且，宪法草案尚未通过，关于公布权问题也无必要马上答复。没等到国会咨复，袁世凯即于24日进一步发出了挑衅，他再次咨文国会，竟然派遣施愚、顾鳌、黎渊、方枢等8人为钦差，出席国会宪法讨论会议，妄图阻止宪法通过。当国会开宪法草案三读会时，八委员突至，言奉总统令，来会陈述意见。国会里国民党议员占多数，他们企图尽力控制立法权，用法制来约束袁世凯，以便局部体现自己的民主权利，所以当即严词拒绝八"钦差"出席，并指出，按会章规定："除两院议员外，其他机关人员不但不能列席，即旁听亦不可。"

袁世凯闻讯，恼羞成怒，大发雷霆，拍案狂叫道："国会专制！"并于次日通电各省煽动说："国民党人破坏居多，始则托名政党，为虎作伥，危害国家，颠覆政府，事实俱在，无可讳言。此次宪法起草委员会，该党议员居其多数，闻其所拟宪法草案，妨害国家者甚多……近来各省省议员掣肘行政，已成习惯。倘再令照国会专制办法，将尽天下之文武官吏皆附属于百十议员之下，是无政府也！""本大总统忝受付托之重，坚持保国救民之宗旨，确见及此等违背共和政体之宪法，影响于国家治乱兴亡者极大，何敢缄默而不言……各省文武长官，同为国民一分子，且各负保卫治安之责，对于国家根本大法，利害与共，亦未便知而不言。务望逐条研究讨论，于电到五日内迅速条陈电复，以凭采择。"

各省都督、民政长心领神会，群起应和，几天之内回电达数十通，都以请修改宪法草案为引子，肆意诋毁国民党和国会，一致主张解散国民党。

11月4日，袁世凯以查获国民党议员曾与李烈钧"勾结谋乱"的电报为口实，悍然下令宣布国民党为"乱党"，并勒令解散，取消国民党议员资格。当天派出军警300多人，包围了广安门内大街国民党北京支部，深夜闯到每个国民党议员家里，搜缴议员的证章、证书，共得300余件。经过计算，两院议员仍够法定人数，还可继续开会，又第二次派军警搜缴以前曾参加过同盟会、国民党，而后来已被收买为公民党等党派的议员的证章和证书。但是，经过两次搜缴，还是没有超过两院议员的半数，接着又第三次派出军警搜缴二次革命以前已经声明脱离国民党的议员的证章、证书，合计共438件。这样一来，国会不足法定开会人数，只得停止议事，国会名存实亡。

国会的危机，使非国民党议员也普遍不满起来。11月17日，255名国会议员联名上书袁世凯，气愤地指出："民国不能一日无国会，国会议员不能由政府取消，此世界共和国通义"；并质问袁世凯："议员资格之疑义，其审查权属之两院，《议院法》规定，彰彰可证。至于追缴证书证章，直以命令取消议员，细按《约法》，大总统无此特权，不识政府毅然出此，根据何种法律？"

袁世凯对议员的上书十分恼火，拒不作答。梁启超和张謇也先后面谒袁世凯，要求维持国会，否则名不正言不顺。但袁世凯却搪塞说：他这是为"挽救国家危亡，减轻国民之痛苦"，不得已采取的一种权宜手段，并无意取消国会。事后，他还装模作样地亲自拟定了一个"维持国会意见书"，说要简化议员选举手续，尽快补选议员。

在玩弄这种搪塞手段的同时，袁世凯以政府不能无咨询机构为理由，背地里筹备一个代替国会的御用机构——政治会议。11月26日，袁世凯下令召开政治会议。政治会议由每省派2人，国务总理派4人，每部各派1人和总统派10人组成。所派代表大部分是清末官僚。政治会议领导班子不经选举，全由袁世凯一人指定。李经羲在清末曾任云贵总督，被袁指定为议长，另派朱家宝为副议长，顾鳌为秘书长。

12月15日，政治会议开幕。上午9时，全体议员69人齐赴总统府觐见，在居仁堂静坐等候半日。直到11时，袁世凯方来到居仁堂，全体议员起立向袁行三鞠躬礼，然后像小学生一样毕恭毕敬地聆听袁的训话。袁世凯色厉内荏地说："民国以来，人民滥用民主自由，民意舆论全失真意。主张共和之人，托共和政治之名，行暴民政治之实"，要求各议员"以救国救民为前提"，不要怕国人咒骂。他说："毁誉是非千百年后自有定论，此时悠悠之口，何关轻重。"最后，他说出"救国救民"的真谛，即解散国会和修改约法。

当日下午，政治会议在北海团城承光殿开幕，议决每星期开会3次。袁世凯向会议提出一大堆咨询案："救国大计案"，即19省都督要求解散国会案；增修约法案；组织造法机关案；停止省议会案，等等。政治会议无条件地顺从袁的意旨，一一通过。

袁世凯便"据政治会议的决议"，于1914年1月10日，公然下令停止全体国会议员职务，每人发旅费400元，饬令回原籍。并煞有介事地成立了一个"筹备国会事务局"，派顾鳌为局长，接收参议院和众议院。2月28日，他又下令解散各省议会，把一切权力都交给行政长官。

没有国会，进步党人也失去了政治活动的舞台。袁世凯下令解散国会的那天，梁启超匆匆跑到总统府想加以劝止。袁世凯借口有紧要公事要办，让侍卫转告梁启超明天再来。梁启超说："我正是有要紧公事才来晋见总统。"

等了好大一会儿，袁世凯才出来接见。梁启超恳切陈词，说明来意。袁世凯故作惋惜地说："可惜你来迟了，命令已经发下去，木已成舟，不能再改，只好待以后设法补救。"

当国务院总理熊希龄恭顺地副署了袁世凯的一切命令，最终把国会解散之后，袁世凯又把内阁看作妨碍自己实行独裁的障碍物，于是决定废掉国务院。他命令总统府秘书长梁士诒往告熊希龄，熊愕然不快，称病请假。

为了迫使熊希龄就范，袁世凯又精心设计了个小圈套。一天，熊希龄应召来总统府议事，与袁世凯刚一见面，忽有外国公使"来访"。袁世凯请熊希龄稍候，说他随后就来。熊希龄偶见桌上放着一份警察部门查报避暑山庄盗宝案卷宗，顿时两腿发软，冷汗直流。原来，熊希龄担任热河都统时，曾私取承德行宫宝物多件，此卷宗涉及他。这时，恰巧袁世凯进来，故作关心地问熊是否有恙，熊希龄也就顺水推舟地提出因病辞职，袁世凯也就不再追究盗宝之事，准其辞职，并派其亲家孙宝琦代理国务总理。

1 月 26 日，袁世凯"根据政治会议的建议"，下令组织约法会议。按约法会议组织条例规定，议员 60 名均由各省区及全国商会选举产生，实际上都是由袁世凯指定，或各省都督保荐经他同意的。3 月 18 日，约法会议在北海团城开幕。实到议员仅 44 人，孙毓筠被指定为议长，施愚担任副议长，马良担任临时主席。袁世凯的机要秘书王式通为秘书长。孙宝琦代表袁世凯临会致辞，重弹《临时约法》"束缚政府"的滥调，要求修改《临时约法》。

3 月 20 日，袁世凯向约法会议提出增修约法大纲 7 条。根据袁世凯的大纲，约法会议匆匆忙忙地制定出一个《中华民国约法》，共 10 章 68 条。5 月 1 日，由袁世凯正式公布，同时宣布废除《临时约法》。根据《中华民国约法》规定：总统总揽统治权，享有外交、财政、军事、制定宪法、制定官规官制、任免官员等一切大权。

同一天，袁世凯根据新约法规定，下令撤销国务院，在总统府内设政事堂。政事堂设国务卿一人，对袁世凯直接负责，前清遗臣徐世昌被任命为国务卿。国务卿之下，又设左右二丞，也直接对袁世凯负责，用来防止出现国务卿专权的局面。

为了做好帝制的准备，5 月 24 日，袁世凯公布参政院组织法。26 日，任命副总统黎元洪兼任院长。为了拉拢黎元洪，袁规定每月给他 3 万元的高薪，稍后还主动与其结为儿女亲家。

6 月 20 日，袁世凯解散政治会议，成立参政院。参政共 70 名，都由袁世凯亲自指定，除了多数是当朝显宦和清末官僚外，其中也有梁启超、蔡锷、严修、杨度、严复等社会名流。

7月28日，袁世凯发布《文官官秩令》，将政府官员分为九等：上卿、中卿、少卿、上大夫、中大夫、少大夫、上士、中士、下士。国务卿徐世昌为上卿，其余文官均按其资历、地位分别授予不同等级的官秩。各省都督改称将军，民政长改为巡按使。规定各省都督传人改用令箭，求见者须递手本，新任命大员要行觐见礼，等等。

12月28日，参政院通过新的《修正大总统选举法》，规定总统任期改为10年，连任不受限制，而且只要参政院议决，即可连任，无须改选。总统继任人，由现总统推荐，人名写在嘉禾金简上，藏于金匮石室，届时交大总统选举会选举。根据这些规定，袁世凯不仅是终身总统，而且可以传袭子孙。这个金匮石室设在中南海居仁堂右侧，原来写的总统继承人，有其长子袁克定，另外还有两个挂名继承人徐世昌、黎元洪。

第一次世界大战爆发后，日军趁机出兵占领青岛，控制胶济铁路，取代了德国的殖民统治。日本帝国主义看出了袁世凯想当皇帝的野心，1915年1月18日，日本驻华公使日置益谒见袁世凯，开门见山便说："若开诚交涉，日本政府希望贵大总统高升一步。"

接着，日本公使又递交了一份企图独占中国的"二十一条"文本。其主要内容是：日本继承德国在山东的一切权利，增加筑路通商的新权利；

1915年，袁世凯政府代表与日本代表签订"二十一条"时的情景

日本享有在南满、东蒙一带工商、土地、路矿、顾问、借款的特权；延长日本租借旅顺、大连两港及南满、安奉两路的期限为 99 年；中国沿海港湾岛屿不得租借或割让他国；中国政府聘用日人为政治、财政、军事顾问；中国警政及兵工厂由中日合办等。日本公使明确表示，如袁世凯肯接受这些条件，日本政府就支持他做皇帝。

日本政府与袁世凯的罪恶交易，激起了全国人民的愤怒。孙中山指示中华革命党发布通告，揭露"二十一条""交涉"真相，号召革命党人进行反袁斗争。各大城市的工人、学生和广大爱国群众，掀起了大规模的抵制日货运动，进行声势浩大的示威游行，反对日本侵略者和袁世凯的卖国罪行。袁世凯为了实现他的皇帝梦，竟在 5 月 9 日部分接受了这个卖国条约。

为了抵制民主共和思想的影响，为复辟封建专制做思想理论上的准备，袁世凯上台不久就把"孔圣人"抬出来，下令"尊崇伦常"，提倡"礼教"，先后颁发了"尊崇孔圣文"和"祭孔令"，公开恢复了前清的祀孔规定和祭天制度。袁世凯亲自到孔庙祭孔，到天坛祭天，一切仪礼莫不模仿封建帝王。社会上立即出现了许多尊孔小团体，如孔教会、孔社、宗圣会、孔道会之类，形成了一股宣传封建道德的复古逆流。

兵马未动，舆论先行。为了给袁世凯当皇帝造势，御用文人们开始广造舆论。袁世凯的政治顾问、曾任哥伦比亚大学教授的美国人古德诺深知

袁世凯祭天时的场景

袁的隐衷，于 1915 年 8 月写了一篇《共和与君主论》的文章，大肆鼓吹君主制。他说："中国数千年以来，狃于君主独裁之政治，学校阙如，大多数之人民智识不甚高尚，而政府之动作，彼辈绝不与闻，故无研究政治之能力。4 年前，由专制一变而为共和，此诚太骤之举动，难望有良好之结果。"断言"中国如用君主制，较共和制为宜，此殆无可疑者也"。

袁世凯看了这篇文章如获至宝，命法制局参事林步随译成中文，发表在《亚细亚报》上。袁世凯的日本顾问有贺长雄也发表了《共和宪法持久策》，更露骨地鼓吹必须由袁世凯来做皇帝。

与此同时，夏寿田转告杨度说：袁世凯打算让他出面组织一个推动帝制的机关。杨度得悉袁世凯的旨意，即于 8 月初到总统府见袁。当谈及君宪问题时，杨说拟组织一个机关鼓吹。袁假惺惺地说："不可，外人知我们关系，以为我所指使。"

杨正色言："度主张君宪十有余年，此时如办君宪，度是最早之一人，且有学术自由，大总统不必顾虑。"

最后，袁授意说："你可与少侯（孙毓筠）等谈谈。"

8 月 14 日，由杨度、严复和同盟会的变节分子刘师培、李燮和、孙毓筠、胡瑛 6 人出面通电各省，发表组织筹安会的宣言。他们在宣言中吹捧古德诺对中国问题发表的政见是"深切明著"；同时，电请各省将军、巡按使及各团体派代表到北京讨论国体问题。

8 月 23 日，筹安会正式成立，又发表了第二次宣言，直言不讳地提出"去伪共和，而行真君宪"的主张，并计划各省代表到京时，组织他们到参政院请愿，变更国体。

当参政院在 9 月 1 日开会时，就有所谓山东、甘肃、云南、广西、湖南、新疆、绥远、江苏等省的代表呈递请愿书，提出变更国体。在筹安会一通紧锣密鼓的筹划之后，9 月 6 日，袁世凯的代表杨士琦，在参政院登场宣读了袁世凯的宣言，表示"本大总统，现居之地位，本为国民所公举，自应仍听之国民"。

袁世凯的总统府最初在石大人胡同外务部迎宾楼，1912 年 7 月迁至铁狮子胡同 1 号，1913 年春又迁入中南海。袁深居简出，起居仪仗莫不模仿清宫排场，总统府侍从和厮役等竟有 1000 余人，生活奢华，与前清帝王并无二致。袁世凯妻妾成群，除正室于氏外，另有妾 9 人，每周由一人值班，共生子女 32 人，其中子 17 人，女 15 人。除已婚成家的外，未及成年的也早早聘定亲家，长子袁克定娶湖南巡抚吴大澂之女，三子袁克良娶邮传部尚书张百熙之女，五子袁克权聘两江总督端方之女，六子袁克桓聘江苏巡抚陈启泰之女，七子袁克齐聘内阁总理孙宝琦之女，八子袁克轸聘直隶总督周馥之女，九子袁克玖定聘副总统黎元洪之女，十子袁克定聘国务卿徐世昌之女；将女儿们也分别许配给重要官僚为媳，其中，长女嫁两江总督张人骏之子，五女嫁吏部尚书陆宝忠之子，七女嫁兵部尚书荫昌之子，十四女嫁直隶督军曹锟之子，以姻亲关系网形成了一个庞大利益集团。

为了制造其真龙天子的祥瑞之兆，每次厨房烹鱼，袁世凯密令收藏较大的鳞片，说是备药用。每次洗完澡后，仆从清洗浴缸时，会发现巨大的鳞片散落池底。于是，袁大总统为真龙降世的传闻，流传于红墙内外。

一些献媚之徒便迎合他的心理，牵强附会，编造出种种天命攸归的瑞验，并广泛传播。袁家项城祖茔坟丁来京报告，说袁世凯生父袁保中的坟侧生一紫藤，长逾丈许，蜿蜒盘绕，状似龙形。袁世凯以为祥瑞之征，大喜之余，厚赏坟丁。其妻妾子女及臣僚皆认为这是袁将做皇帝的征兆，为袁粉墨登场而精心炮制出来的各种迷信之谈，诸如"上天垂象，帝星朗照"，"真龙显形"等，哄传一时。

上有所好，下必甚焉。在袁世凯及其爪牙的联合导演之下，所谓"请愿团"在全国各地纷纷出笼。刹那间，北京出现了各种"请愿团"，诸如"商会请愿团""人力车夫请愿团""孔社请愿团"等，甚至连"乞丐请愿团""妓女请愿团"也竞相出现。9月19日，袁世凯的心腹梁士诒等趋承袁的旨意，组织成立了全国请愿联合会，连续3次向参政院提出变更国体的总请愿。10月6日，参政院以"尊重民意"为名，决议召集国民代表大会，表决国体问题。

10月25日，在全国开始选举国民代表，仅用3天时间，就在全国各省区选出了1993名"国民代表"。各省陆续举行国体投票，投票地点规定在将军府或巡按使公署内，将军和巡按使是法定的投票监督人。其票面只印"君主立宪"4个字，令投票人写上"赞成"或"反对"字样。至11月20日，北京及各省投票一律告竣，并推定参政院为国民代表大会总代表。

12月11日上午，参政院开会，以总代表的名义汇查票数，投票总数是1993张，"全体国民代表"一致赞成实行君主立宪制。各省的推戴书上也一字不差地一致写着："恭戴今大总统袁世凯为中华帝国皇帝，并以国家最上完全主权奉之于皇帝，承天建极，传之万世。"

参政杨度和孙毓筠立刻提议说："本院前由各省委托为总代表，尤应以总代表名义恭上推戴书。"秘书长林长民立即拿出早已准备好的推戴书当众朗读，全体起立，一致通过，明确表示"恭戴今大总统袁世凯为中华帝国皇帝"。

当天中午，袁世凯接到推戴书，装模作样地立即发回，并申令尊重民意说："查约法内载民国之主权，本于国民之全体，既经国民代表大会全体表决，改用君主立宪，本大总统自无讨论之余地。"接着又假惺惺地推辞道："惟推戴一举，无任惶骇。天生民而立之君，大命不易，惟有丰功盛德者始足以居之……民国初建，本大总统曾向参议院宣誓，愿竭力发扬共和，今若帝制自为，则是背弃誓词，此于信义无可自解者也……望国民代表大会总代表等熟筹审虑，另行推戴，以固国基。"

当天下午，参政院再次开会，通过早已准备好的第二份推戴书，当晚进呈袁世凯，称颂袁有经武、匡国、开化、靖难、定乱、交邻等六大"功烈"，并为其诡辩说："国体已变，民国元首之地位不复保存，民国元首之誓词当然消灭，凡此皆国民之所自为，固于皇帝渺不相涉者也。"

第二天一早，袁世凯就发下一道冠冕堂皇的告示，引述了推戴书全文后，大言不惭地道："天下兴亡，匹夫有责，予以爱国，讵在人后？""国民责备愈严，期望愈切，竟使予无以自解，并无可诿避！"为了"救国救民"，只好勉为其难，立即"饬各部院就本管事务会同详细筹备"。

12月13日，袁世凯急匆匆地在中南海居仁堂接受百官朝贺，大厅中摆设着御座、御案。他身穿金光耀眼的大元帅服，光着头，面南立于龙案左上方，不断向行礼者点头还礼。200多位官员文东武西面北而立，一齐向他行三鞠躬礼，高呼"万岁"；也有部分前清官僚行的是三跪九叩的大礼，高呼"吾皇万岁万万岁"。

礼毕，袁世凯颁发了一道禁止反对皇帝的严令："近以国民趋向君宪，厌弃共和……""举国一心，势不可遏……予又何敢执己见而拂民心。天视自我民视，天听自我民听，民之所欲，天必从之。往藉所垂，于顺天逆天之故，致戒甚严。天不可见，见于民心，断非藐藐之躬所能强抑。"

袁世凯做贼心虚，料知复辟必定招来革命党的反对，再申必须坚决镇压反对帝制者："因思宵小金壬，何以蔑有？好乱之徒，谋少数党派之私权，背全体国民之公意，或造言煽惑，或勾结为奸，甘为同国之公敌，同种之莠民，在国为逆贼，在家为败子，蠹国祸家，众所共弃。国纪具在，势难姑容，

穿着皇袍的袁世凯

予唯有执法以绳，免害良善。"严令"各省文武官吏剀切晓谕，严密访查，毋稍疏忽"。

为拉拢军阀官僚阶层支持，袁世凯滥授爵位，广布恩德。15日，封黎元洪为武义亲王，黎拒绝接受。21日和23日，连续两次特封公、侯、伯、子、男爵共128人。受封者大多是各省将军、巡按使、护军使、镇守使及师旅长等握军政实权者；此外，又封孔子第76代孙孔令贻仍袭衍圣公，并加郡王称号。

12月19日，袁世凯下令设立登基大典筹备处。筹备处开始进行登基大典的准备工作，决定将总统府改为新华宫，太和殿改称承运殿，中和殿改称体元殿，保和殿改称建极殿；由北京瑞蚨祥绸缎庄承制龙袍，耗资80万元。并拟定《新皇室规范》，其中包括"亲王、郡王可以为海陆军官等"。此外，册封皇后和嫔妃、立皇储以及选拔女官等项事务也悄悄进行，只待择吉日嘉冕登极了。12月25日，申令改民国五年为中华帝国洪宪元年，准备在1916年元旦这天举行登基大典。

日、英、法、俄、意五国出于在华利益的考虑，曾出面警告袁世凯复辟帝制的行为，并拒绝标有"洪宪"年号的外交文书。日本政府指责袁世凯此举"妨碍了东亚和平"，扬言派兵进入中国。迫于外国压力，袁世凯未敢贸然登基。

二、护国首义

袁世凯破坏国会，毁弃《临时约法》，卖国独裁，复辟帝制的活动，遭到了全国人民的反对，全国各阶级、各阶层的反袁斗争，继二次革命之后蓬勃兴起，形成了反袁联合阵线。面对袁世凯复辟帝制的活动，孙中山再一次站到了反袁斗争的最前列。12 月 12 日，孙中山号召中华革命党积极行动起来，进行反袁革命。同时，又委派国民党元老李烈钧等人到云南策动武力反袁。

云南地处西南边陲，是爱国运动发展较早并受辛亥革命影响较深的省份之一。"二次革命"失败后，东南各省相继为袁世凯的势力所占据，唯有西南之云南、贵州、广西等少数省份，尚未被袁全面控制，在军政界仍保留着较多的革命力量，尤其在滇军中保留着一批拥护民主共和的中下级军官，因而有较好的群众基础。中华革命党云南支部负责人吕志伊受孙中山的派遣，到云南秘密从事反袁的组织发动工作，在云南军政界发展了一批中华革命党党员，为云南护国起义做了思想上、组织上及干部力量方面的准备。

12 月 17 日，李烈钧奉孙中山之命，带着筹措来的起义费用现洋 100 箱，偕同熊克武、方声涛、但懋辛等革命党人潜抵昆明，策动起兵讨袁。早在护国战争酝酿阶段，孙中山已派李华英从东京前往北京与云南前都督蔡锷联系，动员蔡锷南下反袁；同时，又通过革命党人张孝准以老同学身份与蔡锷联系，希望蔡到东京共商讨袁计划。

蔡锷，字松坡，湖南邵阳

1915 年 12 月 25 日，誓师讨袁的蔡锷

人。清末考入长沙时务学堂，梁启超时任该学堂总教习，成为梁的得意门生。后来，应梁启超召约，赴日本留学，1903 年毕业于陆军士官学校。回国后在广西创练新军，嗣后调任云南新军第三十七协协统，领导云南辛亥起义，被推举为云南都督。"二次革命"后，被袁世凯调到北京担任统率办事处办事员兼经界局督办，推举其部下唐继尧接任云南都督。蔡锷入京后，加入了梁启超组建的进步党。

以梁启超为首的进步党人起初是拥袁的，也受到袁世凯的信任和重用。1913 年 7 月，袁世凯任命进步党的熊希龄为内阁总理，并负责组阁，其中进步党的梁启超担任司法总长，张謇任农商总长，汪大燮任教育总长，周自齐任交通总长，号称"第一流人才内阁"，也是进步党的巅峰期。但随着熊希龄被迫辞职，进步党人也都对袁世凯推行帝制感到焦虑不安，并逐渐走向了决裂。梁启超先后辞去了司法总长和币制局总裁的职务，毅然决定反袁，

梁启超

他在给同党的信中说："当此普天同愤之时，我若不自树立，恐将有煽而用之假以张义声者，我为牛后，何以自存？"

筹安会出笼后仅一星期，梁启超就在《大中华》杂志上发表了《异哉所谓国体问题》一文，批驳杨度的《君宪救国论》，此文发表后风传一时，产生了很大影响。

当酝酿帝制"讨论国体"时，蔡锷表面上曾上书劝进，暗中却与梁启超策划反袁。他的秘密活动很快被袁察觉，从此受到严密监视。为麻痹袁世凯，蔡锷经常到八大胡同风流快活，和云吉班的名妓小凤仙公开厮混。11 月 11 日，他以治病为名乔装去天津，在与梁启超秘密策划后，设计摆脱了警探的跟踪，于 19 日乘日轮山东丸到达东京，然后绕道香港、河内，于 12 月 19 日到达昆明。

蔡锷、李烈钧等人抵滇，对于加强武装讨袁的领导力量和加速护国战

争的发动，起了重要作用，促使中华革命党、进步党和西南地方实力派形成了反袁统一阵线。蔡锷向唐继尧介绍了全国日益发展的反袁形势及袁世凯政权的内部矛盾，更加增强了唐继尧等人的讨袁信心。

12月21日，唐继尧、蔡锷、李烈钧、罗佩金、方声涛等举行秘密会议，共商讨袁大计。会上，蔡锷宣读了梁启超从南京转来的电报，其大意为"外交紧急，袁将卖国，请即发动，是首义之期，不宜在远"。与会者决定宣布独立，当即议定，先致电袁世凯，令其取消帝制，杀杨度等13人以谢天下，否则，"即以武力求最后之解决"。会议还议定了组织临时政府以及各种军事计划。在讨论组织都督府时，蔡锷和唐继尧互相推让，最后由于蔡锷的坚持，推举唐继尧为都督。

22日，唐继尧又召集外来同志、本省上校以上军官及各机关长官39人，歃血为盟，共同宣誓兴师讨袁。23日，按议定计划，以唐继尧和巡按使任可澄的名义致电袁世凯，要他取消帝制，惩办祸首，并限24日上午10时前答复。袁逾期未复。

12月25日，唐继尧、蔡锷、李烈钧等召集各界集会，宣布云南独立，成立护国军政府，并联名通电全国，武装讨袁。唐继尧、蔡锷、李烈钧分别在各界大会上发表演说，宣布独立的意义，会后高呼口号："誓与民国同生死，誓与四万万同胞共生死，拥护共和，反对帝制，中华民国万岁。"现场群情激奋，欢声雷动。昆明市民自动张贴"拥护共和万岁！"的标语，遍悬国旗，并争纳捐款。云南举义，得到全国各地响应，迅速掀起了反袁热潮，海外华侨也积极汇款支援。

12月26日，正式组成护国军。第一军总司令蔡锷，参谋长罗佩金，讨伐路线是出四川入武汉。第一军共有3个梯团、6个支队，第三支队司令是朱德。第二军总司令李烈钧，参谋长何国钧，讨伐路线是经广西、广东，取道湖南、江西到武汉，与蔡锷第一军会师，再分兵向北挺进。另由都督府左参赞戴戡率一部兵力入黔策动起义。唐继尧兼第三军总司令担任留守，负责粮饷供给。

1916年元旦，护国军在昆明校场举行誓师大会，发布讨袁檄文，历数袁世凯叛国称帝的十九大罪状。会后，各界人士群情激奋，纷纷参加游行示威，高呼："打倒卖国贼袁世凯！""拥护民主共和！"报名参军者十分踊跃，10日内征召新兵达五六千人。1月16日，护国军兴师出发，昆明市群众高搭彩棚，集合在状元楼一带热烈欢送。

袁世凯得知云南独立的消息后，愤怒到了极点，下令褫免唐继尧、任可澄、蔡锷的官爵，并调令北洋军和川、湘、粤等省军队共约8万大军，从川、湘、桂三路攻滇。第一路司令马继增率北洋陆军第6、第3、第20师各一部及部分混成旅，由湘西经贵州从东面攻入云南；第二路司令张敬尧率北洋陆军第7师和第3、第6、第8师各一部，与驻川北洋军和川军会合由北面进攻云南。曹锟任第一、第二路总司令。第三路为广东陆军第1师师长、云南查办使龙觐光部，由粤经桂入滇，袭扰护国军后方。企图以优势兵力，一举歼灭护国军。

护国军中多数军官原是革命党人，48名将领中就有27人是同盟会会员、国民党员或中华革命党员，曾为创造共和国而战斗过。在护国战争中，他们身先士卒，英勇作战，发挥了骨干带头作用。

唐继尧也是老同盟会会员，早在1915年10月就致函孙中山，表示响应讨袁号召，听从指挥，信中说："继尧自入同盟会以来，受我公革命之训导，义不苟同，秣马厉兵，待机报国。云南全省人民亦复义愤填膺，誓不与此贼共视息……窃盼我公登高一呼，俾群山之皆应，执言仗义，重九鼎以何殊。一切机宜，祈予随时指示，得有遵循。"

1916年1月16日，蔡锷率护国第1军向四川进发，前锋刘云峰梯团抵达滇川接壤之新场。17日，向川南镇守使伍祥祯部发起进攻。次日，占领四川高县西北之横江。19日，向叙府（今宜宾）西南之安边进攻。第1支队在正面实施佯动，第2支队利用夜暗迂回至安边侧翼，突然发起攻击，伍部向叙府溃逃。护国军乘胜追击，21日占领叙府。嗣后，袁军分4路反攻叙府，均被击退。

蔡锷部赵又新梯团与起义川军刘存厚第2师，于2月初联合向四川泸州发起攻击，一度占领泸州外围蓝田坝、月亮岩等要点。北洋军陆续抵泸后，护国军寡不敌众，退守纳溪等地待援。23日，蔡锷带病亲临前线指挥，采用两翼包围、正面突破战术，发起反击。战至3月6日，袁军伤亡惨重，护国军亦因粮弹不济，分路撤出纳溪至叙蓬溪一带休整。15日，蔡锷乘袁军官兵厌战、物资补给困难之机，集中兵力分三路反攻纳溪，护国军全线突破袁军前沿阵地，歼敌一部。至3月底，陆续收回失地。袁军伤亡甚众，无力继续作战，两军在泸州一带进入相持阶段。

1月27日，贵州护军使刘显世通电全国，宣布贵州独立，并派出两路黔军协同云南护国军作战。一路由黔军3个团合编为护国军东路支队，王文华任司令，进击湘西。一路由第5、第6团和戴戡所率滇军合编为滇黔联军右翼军，戴任总司令，向四川綦江、重庆一带进攻。2月13日，戴部抵川黔边境松坎。14日，向川军第1师等部发动进攻，至18日，连克綦江以南之东溪、马口垭等地。东路支队黔军连克晃州、蜈蚣关、黔阳、沅州、麻阳、洪江、靖县、通道、绥宁等地，击溃袁军约3个混成团兵力。下旬，袁军陆续增兵，向麻阳、黔阳等地发动反攻，护国军顽强抗击，与敌对峙。

2月20日，李烈钧率护国军第2军由昆明向广西开进。3月初，在滇桂边境之广南、富宁地区与龙觐光部展开激战。第2军张开儒梯团于富宁东面之飯朝地区，击退龙军第一路司令李文富部多次进攻，双方成僵持状态。第2军方声涛梯团与龙军第二路司令黄恩锡部，在广南地区激战数日，将黄部击退。

与此同时，由云南前出广西截击龙军的第3军赵钟奇梯团进抵西隆，与方声涛梯团夹击黄恩锡部。黄部战败，残部向滇南逃窜。由第3军一部改编的挺进军黄毓成部，此时亦由云南经贵州兴义进抵广西百色，协同桂军包围龙觐光指挥部，将其全部缴械。李文富见大势已去，率众投降。窜至滇南的龙军第三路龙体乾部和黄恩锡残部，遭第3军刘祖武等部阻击，部分被歼，部分逃离滇境。

3月15日，原广西都督、宁武将军陆荣廷通电全国，宣布广西独立。袁世凯见大势已去，被迫于3月22日宣布取消帝制，命四川将军陈宧与蔡锷谈判议和，妄图退保总统地位。但护国军坚持袁不退位，无调停可言。

4月6日和12日，广东、浙江先后宣布独立。5月8日，独立各省在广东肇庆成立中华民国军务院，唐继尧为抚军长，梁启超为政务委员长，独立各省军事长官为抚军，宣布"指挥全国军政"，与袁世凯政府公开抗衡。

三、中华革命军讨袁

中华革命党在日本成立后，孙中山任总理兼革命军大元帅，再举反袁义旗，共图"三次革命"。1914年5月，孙中山发表《讨袁檄文》，痛斥袁世凯"背弃前盟，暴行帝制"罪行，表示"誓死戮此民贼，以拯吾民"，号召一切"爱国之豪俊共图之"。先后在苏、浙、粤、沪、湘、鄂等地发动了40余次反袁武装起义。

"二次革命"失败后，蒋介石隐匿在上海。1913年10月，由张静江做监誓人，他在上海加入了筹建中的中华革命党。当年12月，蒋介石到了日本，给孙中山写了一份《上总理陈述欧战趋势并倒袁计划书》，其中谈道："欧战时期延长一日，即袁贼之外交势力薄弱一日。范围扩大一步，即吾党之外交关系胜利一步也。若我党不于此袁贼亲西排东之外交失败期内，乘势急进，则时不再来。"

1914年5月，孙中山派蒋介石回国组织沪宁讨袁军事工作。蒋介石奉命回国后，到上海联络了一些革命党人，制订了一个夺取上海的作战计划，准备兵分三路进攻上海，蒋任第一路司令官，司令部设在小沙渡。另一路进攻上海真如一带。第三路破坏铁路、通信设施、钳制长江上的海军。但作战计划还未及实施，就被淞沪镇守使郑汝成侦破，蒋的司令部也被查获，搜去了旗帜、文件、枪支、子弹等物资，蒋介石侥幸逃脱，多名革命党人被捕殉难。

6月，被孙中山派到广东进行讨袁的朱执信在吴川、电白、信宜三县组织起义，亦遭龙济光镇压失败。

1915年2月，孙中山的大哥孙眉在澳门病逝，孙中山闻耗极为悲恸。自辛亥革命以来，海外华侨捐助经费有七八百万元，而捐献最多的，孙眉是其中之一，共达70万元之多。他眼见革命成果被袁世凯窃取，忧愤成疾，抑郁而死。

1915年3月10日，在袁世凯与日本交涉"二十一条"期间，孙中山指示党务部发布第8号通告，揭露"二十一条""交涉"真相。指出："此次交涉之由来，实由夫己氏（指袁世凯）欲称帝，要求日本承认，日本政府欲先得到相当之报酬……夫己氏隐许诺之，故有条件之提出。"强调"以救国为前提者，要以舍去夫己氏之外而别无方法"，号召革命党人坚决进行反袁斗争。袁世凯为了实现他的皇帝梦，竟不顾全国人民的反对，在5月9日接受了这个卖国条约。

1915年6月，孙中山召集中华革命党各部长商议，决定组织中华革命军，派陈其美赴上海，成立东南军；派居正赴青岛，成立东北军；派胡汉民赴广州，成立西南军；派于右任赴陕西三原，成立西北军。同时，派遣朱执信等分赴各省主持讨袁军事，又分派党人到各省去运动会党及军队兴兵讨袁。

革命党人在国内一些城市举行了暴动、暗杀或策动兵变等，使袁的地方军政爪牙惶恐不安。1915年7月17日，大肆屠杀革命党人的广东将军龙

孙中山与准备回国讨袁的中华革命党成员合影

济光，在广州观音山被革命党人用炸弹炸伤了脚，炸死卫队 17 人。

9 月 1 日，孙中山亲自领导中华革命党人在东京集会，声讨袁世凯，反对复辟帝制。同月 18 日，又指使中华革命党党务部发布第 10 号通告，再次揭露袁世凯复辟帝制的罪恶行径。

10 月下旬，黄兴派其长子黄一欧回国参加起义，持函面交孙中山表示："'三次革命'的发难时机已届成熟，如有所命，亟愿效力。"孙中山当即表示："望黄早日来归，共商反袁事宜。"李烈钧、章士钊等人也先后加入了中华革命党。

12 月，孙中山发表《讨袁宣言》，痛斥袁世凯复辟帝制的罪行，号召"中原豪俊，望旆来归；草泽英雄，闻风斯起"。

10 月中旬，孙中山任命陈其美为淞沪司令，在上海组织讨袁活动。陈其美携蒋介石来到上海，在法租界霞飞路渔阳里 5 号设立讨袁活动总机关。11 月 10 日，日本大正天皇举行登基加冕典礼，袁世凯的爪牙、上海镇守使郑汝成乘汽车赴日本领事馆致贺。陈其美事先派革命党人王晓峰、王明山埋伏在外白渡桥，当郑的汽车行至桥上，他们便投出炸弹，当场将郑炸死。王晓峰、王明山亦从容被捕，且行且语："吾志已成，虽死无憾。"遂慷慨就义。孙中山闻讯赞道："此等气魄，真足令人生敬。沪去此贼，事大可为。"

随后，陈、蒋开始策划上海起义。蒋介石拟订了一个"淞沪起义军事计划"，准备先发动海军军舰起义，然后攻取上海军事要地江南制造局。他们组织了一支30多人的敢死队，于12月5日携带手枪炸弹袭夺肇和兵舰。30多名勇士，身入虎穴，与敌人展开激战。已与革命党有联系的肇和舰上的海军官兵反戈响应，其余敌兵束手被缚，迅速占领了肇和舰，并迫使应瑞、通济两舰发信号投向革命。此时，上海兵工厂总办萨镇冰与淞沪护军使杨善德等率大队人马赶来围攻肇和舰，并用重金收买应瑞、通济两舰官兵。次日黎明，应瑞、通济两舰突向肇和舰开炮，击中锅炉。革命军坚持战斗，终因寡不敌众，最后败退，肇和舰重又落入袁军之手。

肇和之役，虽然失败，但对袁军震动很大。孙中山曾评价说："肇和一役，事虽未集，然挽回民气，使静而动，实为西南义军之先导。"

在中华革命军四路大军中，东北军影响最大。所谓"东北军"，并不是在东三省活动，而是在山东战场。山东地近京畿，直接威胁到京津的安全，战略地位极其重要。孙中山对山东战场特别重视，曾致函东北军总司令居正："山东本吾党长期经营之地，地处南北要冲，且有铁路运输之便，向北可攻取北京，向南可促进长江流域各省之豹变，""现在比较各处形势，不特山东为扼要，且党最有望，故欲兄以全副精神对之，期以必占济南，则东北全局，可迎刃而解。若济南一得，弟当亲来。大约得济南，则两师之军械，一二百万以上之现款，俱可于此间筹取，持此以往，足能号召天下，幸勿忽焉"。

孙中山又致信山东革命党人予以配合："袁氏柄政，毒遍四海，上海发难而云贵踵起，惟云贵局限一隅，胜败尚难预决，欲求事半功倍，如解倒悬，非自其根本地推翻不可。加以北方健儿、山东豪杰并起，亡秦殆指顾间事耳。文实有鉴于此，特派居正为中华革命军东北军总司令，统筹直隶、山东、山西革命进行事宜，前来与诸同志相见，务希各披肝胆，协力同心，义勇奉公，精诚服务，以达远大之目的，文实有望。"

1915年11月15日，居正率筹备人员到达青岛，在原德国驻青岛总督府设立了中华革命军东北军总司令部，开始招兵买马。胶东各县的民团和一些来自辽东的绿林武装纷纷投其麾下，另外还有部分警察、退伍士兵、反正的北洋军和自愿参加反袁运动的热血青年，很快组织起2000多人的队伍。夏重民、胡汉贤在加拿大组织的美洲华侨"讨袁义勇团"到日本横滨

孙中山慰问并宴请美国、加拿大华侨讨袁敢死先锋队时合影

训练后，奉孙中山令回国讨袁，加入中华革命军东北军。这支华侨义勇团虽只有500多人，但装备较优，有从加拿大购回的几十挺美式手提机关枪，还带来了6门大炮和600多发炮弹。

山东革命党也积极配合，中华革命军山东司令吴大洲、中华革命军岱南司令薄子明等，积极发动武装起义，组织地方武装，队伍很快发展到13000余人。东北军总司令居正任命刘延汉为第一本队司令，朱霁青为第二本队司令，薄子明为第一支队司令，马海龙为第二支队司令，吕子人为第三支队司令，吴大洲为第四支队司令，赵中玉为第五支队司令，尹锡五为第六支队司令，陈中孚为预备队司令，将部队分为潍县攻击队，宁兖游击队和济南潜入队。

1916年5月2日，中华革命军东北军参谋长兼前敌总指挥许崇智率先头部队到达潍县城南的坊子；5月4日，居正率东北军司令部200余人从青岛来到潍县城南，驻防火车站附近的杜家庄。随同前来的有司令部人员及纵队长朱霁青、支队长尹锡五、赵中玉等，还有"华侨义勇团"敢死先锋队。

潍县地处胶济铁路中段，是连接济南和青岛的一个重镇，战略地位比较重要。潍县城墙高达15米，厚6米多，墙外还有又宽又深的白浪河环绕，自明清以来从未攻克过，号称固若金汤。驻守潍县的是北洋陆军主力第五师，师长是袁世凯的嫡系张树元。东北军抵潍后，对驻守县城的北洋军采取铁壁合围战术，形成东南西三面包围。东北军电信破坏队还将潍县至济南、青岛、烟台等地的交通、通信截断，使潍县县城成为一座孤城。

5月4日夜，东北军集中火力，猛攻县城南门，因潍县城墙高大牢固且防守严密，激战一夜而未能攻克。5月5日，由尹锡五部围攻东关，先用迫击炮轰击东关西南门奎文门，未能攻开，继由华侨义勇团炸开东关南门鸣凤门，攻入东关。北洋军第五师第七旅旅长郑士琦率军反扑，双方展开了激烈的巷战，东北军得而复失，退到擂鼓山，建立阵地，与守敌对峙，并不断发起反击，战斗持续了20天。最终，双方达成议和协议，北洋军退出城外。中华革命军东北军总司令居正率部入城，潍县人民举行了隆重的欢迎仪式。孙中山当日发电致贺："潍县得，甚慰"，并命刚到青岛的廖仲恺代表他到潍县慰劳中华革命军将士。

中华革命军东北军占领潍县后，乘胜攻占了胶济铁路沿线的昌乐、益都、临淄、高密、安丘、诸城、寿光、昌邑、临朐、即墨、胶县、莱阳、栖霞、掖县、海阳等16个县城，与第一支队连片控制了济南以东大片地区，将部队整编为两个师，并成立了地方政权。许崇智任中华革命军东北军副总司令，蒋介石任东北军参谋长，朱霁青任第一师师长，吕子人任第二师师长兼第四旅旅长。尹锡五任第一旅旅长，赵中玉任第二旅旅长，修景林任第三旅旅长，俞奋任混成旅旅长。驻潍部队设宪兵队、巡防营，委派邓葆麟为潍县军务知事，地方知名人士、老同盟会会员杜佐宸为临时参议会议长。自此，

中华革命军东北军在潍县城内司令部留影

潍县成为中华革命军东北军护国讨袁的主要根据地。

与此同时，5月4日夜，中华革命军东北军第一支队司令薄子明、第四支队司令吴大洲率部从青岛乘火车出发，沿胶济铁路西进，到达鲁中重镇周村。周村，是与济南、潍县最早自主开放的商埠，是北方著名的旱码头，号称"天下第一村"。中华革命军乘敌不备，下火车后，立即兵分两路发起突然袭击。薄子明率一路攻市区，吴大洲率一路攻车站与警察局，生擒警佐赵丽生，将警察全部缴械，很快占领周村。随后，派兵攻占周围长山、邹平、淄川、桓台、博山等县。5月5日，通电全国，发布《讨袁檄文》，宣告山东独立，成立山东护国军政府，吴大洲为山东军政府都督，薄子明为山东护国军总司令，队伍发展到5000多人，成为一支重要的反袁武装。

孙中山对中华革命军东北军在山东的战绩十分满意，在致黄兴函中说："然武力之发展，此时尤刻不容缓，独山东方面有可为之基础，且可即时布置，居觉生与吴大洲等兵力，已进占潍县、周村等处，进占退守，均有依据。"对山东战局，寄予极大期望。

孙中山还将他在日本成立的"中华革命党航空学校"迁到潍县助战，改编为"讨袁飞机队"，令其"一面继续训练一面参加作战，以壮起义军势"。聘请日本航空专家坂本寿一为中华革命军航空队顾问兼"东北军"航空队总司令，中华革命军东北军骑兵队长吴光梅兼任飞机队长，胡汉贤任飞机队管理主任，刘季谋为助理兼翻译，李赦为总务，学员30余人为飞行员。航空队分为3个队，每个队配备飞行员10名、机械员2名，并分别配备美式jn-4飞机、美式jwyn-5飞机、法式剪风号飞机1架，分别由胡汉贤、刘季谋、李赦率领。另有坂本自己的双翼机、旅美华侨捐赠的寇蒂斯·詹尼教练机，还有牧野的一架单翼机，共6架飞机，成为中国空军史上最早的航空部队。

讨袁飞机队在潍县城南三华里的擂鼓山迤西的空地，整修碾压后作为机场，一边训练，一边参战，对潍县周边的北洋军占领区撒下印有"快投降，否则要投炸弹了"的传单，或做低空盘旋，以恐吓敌人。不断用自制的炸弹，投掷到敌人兵营里和阵地上，虽然威力不大，但其心理效果不小，令北洋军胆战心惊。飞机上天，也惊动了初次看到飞机的潍县老百姓，城乡居民拥上街头、坡野，争相仰望飞机作战，大家喊声震天，更加助长了中华革命军的军威。

中华革命军东北军和山东讨袁军还先后3次夜袭济南。5月15日，周潍联军便衣队 600 余人，由邓天乙率领，分兵两路潜入济南，一路沿津浦铁路攻城西大槐树防营，一路攻西关商埠各官署，由于内应叛变，遭敌伏击，便衣队伤亡较大，败退出城。5 月 26 日，山东护国军与北洋军在济南再次发生局部战斗。6 月 4 日，山东护国军又派便衣队数百人潜入济南，分路进攻将军府，山东将军靳云鹏惊悸成疾，仓皇出走，逃到天津。山东战事，不仅有力配合了南方护国军战斗，而且直接威慑到京津安全，令袁世凯异常恐惧，加速了其灭亡的步伐。

为了就近指挥讨袁战斗，孙中山决定回国，4 月 22 日在致美国旧金山《少年中国晨报》党人电文中说："文非亲入内地，恐吾党不能造大势力，故决意二十七日回国。"还一再敦促华侨革命团体"竭力筹捐多购飞机"，"以备军用"；同时还向在美国的黄兴发出了邀请。

1916 年 4 月 27 日，孙中山偕宋庆龄、廖仲恺、戴季陶、张继、宫崎寅藏等乘近江丸离开日本回国。5 月 1 日化装到上海，住在上海环龙路 63 号一家法文报馆的楼上，对面的环龙路 44 号作为中华革命党本部事务所，朱执信、廖仲恺、何香凝及卫士马湘等也住在这里。为确保安全，他们白天从不出门。

5 月 9 日，孙中山发表《第二次讨袁宣言》，指出："袁氏推翻民国，以一姓之尊而奴视五族，此所以认为公敌，义不反兵。今是非已大白于天下之人心，自宜猛厉进行，无遗一日纵敌之患。国贼既去，民国始可图安。"号召全国人民起来与独夫民贼袁世凯决一雌雄，不仅要"以去袁为毕事"，而且要"除恶务尽"，在中国永远铲除帝制，警告袁世凯一类的野心家，勿要"袭用其故智"继续破坏民国，"尊重约法，则愿与国民共助之"，"违反约法，则愿与国民共弃之"。宣言强调指出："袁氏未去，当与国民共任讨贼之事；袁氏既去，当与国民共荷监督之责，决不肯使谋危民国者，复生于国内。"

中华革命军淞沪司令陈其美在上海积极组织讨袁活动，引起袁世凯及其爪牙的仇恨，土匪出身的北洋将领张宗昌派人刺杀陈其美。5 月 18 日下午，在法租界萨坡赛路 14 号山田纯三郎寓所，陈其美正在与假扮鸿丰煤矿代表的李海秋洽谈筹借军费，突然有两人闯进来，一个穿橡皮雨衣，一个穿黑色衣服，举起手枪对准陈其美射击。陈头部中弹，当即身亡。

陈其美殉难后，蒋介石闻讯赶至现场，抚尸恸哭。次日凌晨，蒋介石将陈的遗体移至蒲石路自己的寓所，购置棺木入殓。孙中山不便亲自致奠，

中华革命军淞沪司令陈其美

特撰文祭之，赞其"生为人杰，死为鬼雄。东南半壁，君实锁纶"，并致唁函给陈家属："英士兄惨遭变故，文不便亲临致奠，益增哀悼，此案关系至重，不能不彻底穷究，而文亦欲详悉内容，以便设法对付。所有关于此案文件交涉等事，应托某某君经理，随时面告，以专其事为要。专此，敬维节哀。"

5月23日，孙中山致电居正、朱执信、田桐等，勖以与讨袁各派协同一致："此时袁贼负隅恋栈，而南方义军势力犹薄，各地方进行彼此不相协，则更使袁贼得间。请兄等体察此意，一切事宜务求与讨袁各派协同进行，以收群策群力之效。至于旗帜，云、贵、桂、浙均已一致尊用五色旗，吾党亦宜一律沿用，俾不致同一讨贼之军而有猜疑。至于武力进行，为目前唯一方针，请诸同志更加努力，以期早除国贼，而奠国基。"

四、取消帝制

袁世凯称帝的倒行逆施，激起全国人民的反对，袁氏王朝的政客们也个个惶恐不安，在新皇帝登基前，出现了政府官员辞职风潮。1915年9月，黎元洪请辞副总统、参政院长职，迁居东厂胡同，不再到公府议事，同时还提出请求，撤销其武义亲王的爵号。10月，徐世昌请辞国务卿职，也迁出官邸，搬到了蝴蝶胡同。12月，农商总长张謇、教育总长汤化龙、参政熊希龄、总检察长罗文干等也纷纷要求辞职或请假出京。

袁世凯的嫡系大将们也开始对袁产生不满情绪。他们本来认为北洋的天下是他们打下来的，将来还有机会继袁秉政，而实行帝制以后，则只能匍匐称臣，不仅向袁称臣，还要向其子孙称臣，这是他们所不甘心情愿的。袁世凯早已看破了他们的内心，表面上虽说称帝是为了使国家长治久安，防止"乱党"争总统；骨子里却是为预防这些以"功臣自居"的上将篡权夺位。因为从镇压"二次革命"以后，袁就认为对他的权力构成威胁的已不再是逃亡国外的"乱党"，而是握有兵权的段祺瑞和冯国璋等人，并且认为只有有了君臣的身份才能抑制部下的野心。所以，他不仅不把做皇帝的心事向他们透露，而且竟打官腔，耍手段，甚至派侦探监视他们的行动，更加引起了他们的不满和反抗。

早在 1915 年 5 月，段祺瑞就称病退居西山，冷眼旁观，拒不劝进。袁世凯一气之下，下令免去他的陆军总长，而让王士珍接任，还虚情假意地说：为的是让他安心疗养，"以节勤劳"。当云南起义爆发后，袁世凯在丰泽园组织了"征滇临时军务处"，想请段祺瑞出山任征滇总司令，段以"宿疾未愈"为由辞却。

当袁世凯要做皇帝的谣言满天飞时，江苏都督冯国璋曾专程由南京到北京劝谏，袁世凯留他在总统府午餐，冯国璋问："外闻有总统要改帝制的传说，不知确否？"

此时，袁世凯夹了一口菜正要慢慢放到口中，忽然很严肃地把筷子搁下来，菜也掉到桌上，像是受了天大的委屈似的抱怨说："华甫，你我多年在一起，难道不懂得我的心事！我想谣言之来，不外有两个原因：第一，许多人都说我国骤行共和制，国人程度不够，要我多负点责任；第二，新约法规定大总统有颁赏爵位之权，遂有人认为改革国体之先声，但满、蒙、回族都可受爵，汉人中有功民国者岂可丧失此种权利？这些都是无风生浪的议论。我要这颁爵权，其实是为了使你等有功之臣也可封王封公的。"

稍停，袁世凯又感慨万分地说："华甫，你我都是自家人，我的心事不妨向你说明：我现在地位与皇帝有何区别？所贵乎为皇帝者，无非为子孙计耳。我的大儿身有残疾，二儿想做名士，三儿不达时务，其余则都年幼，岂能付以天下之重？何况帝王家从无善果，我即为子孙计，亦不能贻害他们。"

冯国璋半信半疑地试探说："是啊！南方人言啧啧，都是不明了总统的心迹，不过将来中国转弱为强，到天与人归的时候，大总统虽谦让为怀，恐怕推也推不掉。"

袁世凯好像很生气地说："什么话！我决不会干这种傻事。我有一个儿子在伦敦读书，我已叫他在那儿置了点产业，倘有人再逼我当皇帝，我就出国到伦敦，再不问国事了。"

冯国璋回到南京不久，北京"筹安会"即公开倡导恢复帝制，冯国璋不知真假，只得去密电向总统府机要局局长张一磨询问，不久得到"事出有因"的答复。冯国璋深感受骗和不被信任，便愤愤不平地说："他哪把我们当自己人呢？他的做功倒真不坏！"

从此，冯国璋与袁世凯的矛盾逐渐尖锐化，对帝制敷衍搪塞，不肯劝进。因此引起袁世凯的顾虑，不断派人前往南京"探视"，并下令调冯进京担任参谋总长，企图使其脱离江苏地盘。但是，冯以"害病"为借口，拒不进京，并鼓动江苏军民电请"挽留"，袁只得让冯在南京"遥领"。当段祺瑞拒绝出山后，袁又想请冯国璋为征滇总司令，冯国璋亦称病南京，拒绝北上。

自云南宣布独立后，贵州、广西亦先后宣布独立。云南、贵州和广西连成一片，直接威胁广东、四川和湖南。这时，四川前线的护国军又乘机反攻，从3月17日起，仅仅几天时间就夺回了纳溪、江安等县。第二路总司令张敬尧负伤，仓皇逃到泸州，急电北洋政府求援，袁世凯的军事围攻政策完全破产。此时，他又得到"形势日益严重"的许多情报，如"广东独立迫在眼前"，"湖南、江西及南方各省都出现不稳迹象"，等等。

正当袁世凯被一片告警、求援、索饷的呼声弄得焦头烂额、坐卧不安时，3月中旬，他又收到了冯国璋请求"取消帝制，以安人心"的密电，要求取消帝制，惩办帝制罪魁，请元首自行辞职以觇全国人民之意思。在这个密电上列名的还有江西将军李纯、山东将军靳云鹏、浙江将军朱瑞和长江巡阅使张勋，时称"五将军密电"。这些他一手提拔起来的北洋嫡系将领也公开反对他，令他彻底绝望。

这时，徐世昌来信劝他说："及今尚可转圜，失此将无余地。"袁的政治顾问莫理循也给他送来一个便笺，说："除非立刻取消帝制，否则危险将不可避免。"

在众叛亲离的情况下，袁世凯被迫于1916年3月22日发表声明，宣布取消帝制，废止"洪宪"年号，企图保住总统的地位。

但在此时，全国反袁的呼声不断高涨，各地纷纷发表宣言、通电，反对袁世凯继续当总统，并要求对他惩办。有以"十九省公民"名义发表宣言的，指出："袁逆不死，大祸不止"，"捕杀此獠，以绝乱种"。江苏社会团体在声明中说："（袁）已构成谋叛之罪，丧失总统资格"，要他"静

　　1916年4月9日，孙中山、宋庆龄、廖仲恺（后排左二）、何香凝（前排右三）等在东京聚会，庆贺讨袁运动取得初步胜利

待国民组织特别法庭听受裁判"。

　　自护国战争开始后，讨袁运动得到了人民群众的广泛支持。继云南、贵州、广西独立之后，4月6日，广东又宣布独立；4月12日，浙江宣布独立；5月15日，陕西宣布独立；5月22日，四川宣布独立；5月29日，湖南宣布独立。

　　8省将军宣布独立，给了袁世凯沉重打击，尤其他最宠信的四川陈宦和湖南汤芗铭的独立，更是给了他当头一棒。"其时也，袁之声色均废，于电文译呈之后，汗流浃背，目眩头晕"，袁世凯忧愤成疾，病倒在新华宫。洪宪皇帝的美梦成了泡影，太子继位的戏也无法演成。他只好忍痛把藏在金匮石室的嘉禾金简拿出来，把早先写好的总统继任人袁克定改为段祺瑞；徐世昌、黎元洪未做变动。1916年6月6日，做了83天皇帝梦的袁世凯在绝望中一命呜呼。

五、建国方略

袁世凯死后，作为国务院总理兼陆军总长的段祺瑞控制了北京政府。6月6日，段祺瑞政府发表通告，根据民国三年《约法》，由副总统黎元洪继任大总统。6月7日，黎元洪就任大总统。

黎元洪继任总统，是根据袁世凯颁布的《中华民国约法》，因而遭到全国激烈反对。上海的原国会议员299人自行集会，发表声明："袁世凯遗命及段祺瑞通告所称依'约法'第29条由副总统代理之说，系根据袁世凯民国三年私造之'约法'，万难承认。"

6月9日，孙中山发表《规复约法宣言》："规复约法，尊重民意机关，则惟一无二之方，无所用其踌躇者。"进而指出："于此时期，而犹有怙私怀伪不顾大局之流，则国人疾之，亦将如疾袁氏。"但孙中山仍从维护稳定的大局出发，以"袁死，内外情大变"，电令居正、朱执信、吴大洲、薄子明等"应按兵勿动，候商黎解决"。

6月13日，孙中山致黄兴电，征询解决时局意见："袁死，黎能复约法、召国会，当息纷争、事建设，以昭信义，固国本。兄见何如？"黄兴复电，赞同孙中山的主张。

孙中山、黄兴在上海发表通电，赞成由黎元洪继任总统，但反对以袁世凯的"约法"作为继任总统的法律根据。南北军政各派人物，如梁启超、唐绍仪、汤化龙、孙洪伊、伍廷芳，甚至北洋派冯国璋等，都反对沿用袁世凯的约法。6月19日，孙中山致电黎元洪，6月23日又函促段祺瑞，要他们"规复约法，尊重国会"。

6月25日，驻沪海军总司令李鼎新，第一舰队司令林葆怿，练习舰队司令曾兆麟发表联合声明，拥护民国元年的约法，反对袁世凯的"约法"，并向北京政府宣告独立。声明说："非俟恢复元年约法，国会开会，正式内阁成立后；北京海军部之命令，概不承受。"

6月29日，黎元洪发表通告，宣布"遵行"民元《约法》，续行召集国会。把"约法与国会"看成"共和国之命脉"的孙中山，采取"望之信之"的态度。他说："今北京存约法，复国会，共和形式已具，纵非革命党执政，仍不必有所顾虑。要之，既曰共和，则凡赞成共和者，皆可执政，吾人只排斥反对共和者。现执政者，既为赞成共和之人，纵使非倡发共和制度之主张，或输入共和思想者，仍当望之信之，使展其所能，若有反对共和之证，乃可起而锄之耳。"

新旧约法之争随之结束，南北双方正式停战，开始谈判中华革命军改编及善后问题，暂时出现了表面稳定的政局，孙中山也恢复了公开活动。

7月8日，黄兴由美国经日本回到上海，行装甫卸，就去拜访孙中山。孙中山也做了回访，两人相见，握手言欢。7月13日，孙中山与黄兴等人，参加欢送驻沪国会议员北上宴会，孙中山发表演说，勉励议员做好"主人代表"。

7月17日，孙中山在上海张园举办茶话会，与沪各界人士研讨建设方针，到会者有上海工、商、学、政、军各界人士千余人，孙中山发表了关于建设的演说。7月25日，中华革命党本部奉命发布通告："今约法规复，国会定期召集，破坏既终，建设方始，革命名义，已不复存，即一切党务亦应停止。"此后不久，通告海内外各分支部，改用中国国民党名称。8月14日，孙中山复函黎元洪，辞高等顾问职；但为了表示合作，此后不久，勉予接受大勋位。

8月16日，孙中山应浙江督军吕公望之邀，偕同胡汉民、朱卓文、戴季陶、冯自由等人离开上海到杭州。吕公望率督军署军政官员，还有各界人士和群众到车站欢迎。孙中山指示，屏除所有警卫人员及悬旗结彩欢迎形式，以免扰民。

一到杭州，孙中山一行先去凭吊秋瑾墓，绕墓徘徊，欷歔感慨曰："'光复'以前，浙人首先入同盟会者，秋女士也。今秋女士不再生，而'秋风秋雨愁煞人'之句，则传诵不忘。"并为秋瑾烈士题词"巾帼英雄"。

在游览西湖时，孙中山谈道："西湖之风景为世界所无，妙在大小适中。若瑞士之湖水嫌其过大，令人望洋兴叹；日本之芦之湖则又嫌其过小，令人一览无余。唯西湖则无此病，诚为国宝，当益加以人工之整理，使世界之旅客咸来赏其真价。"

17日中午，孙中山出席督军署宴会，并发表演说："今者共和再造，建设之事，不容再缓。惟兹事千头万绪，从何做起，而要以交通便利为第一要着。欲交通便利，必先修治道路。""中国地大物博，货物山积，乌得言贫！即就浙江而论，为产丝最富区域，如能联合邻省，若江苏、若安徽，自办工厂，以所产之丝，制成绸缎，以供全国之用，则挽回利权，实非浅鲜。"

又说："职业无论大小，官阶无论高卑，若不能立志，虽做皇帝，做总统，亦无事可做；若能立志，则虽做一小官，做一工人，亦足以成大事。"

当日下午，孙中山由督军署到六和塔观钱塘江潮。面对壮观的钱江大潮，他对随行人员说："伍子胥实死于钱江，人谓其怒气所凭，故钱塘之潮，甲于江海，为一大观。余意人之精神不死，虽躯体不存，而精神犹能弥漫天地，此即浩然之大气也。"下六和塔，由南山至虎跑寺，掬泉水饮之，说："味甚甘美，天之待浙人何其厚耶！"

18日，孙中山出席浙江省议会欢迎会，在演说中着重谈地方自治和关于平均地权问题。他说："欲巩固国家，须先将地方自治建设完备。""现在民族、民权已达到目的，民生主义即拟从土地问题着手。"

当日，孙中山还出席了杭州陆军同袍社公宴并发表演说，提出了权力制衡的方法与路径，阐述了"五权分立"基本构架，并着重谈了五权宪法中考试制、监察制的由来和作用。他说："现今世界各文明国，大多三权鼎立。其实三权鼎立，虽有利益，亦有许多弊害，故鄙人于十年前即主张五权分立。何谓五权分立？盖除立法、司法、行政外，加入弹劾、考试二种是已。此二种制度，在我国并非新法，古时已有此制。良法美意，实足为近世各国模范。"

1916年8月19日，孙中山在绍兴祭奠陶成章时与"陶社"成员合影

演讲中，孙中山还对国人官本位思想有一番深刻的剖析，他说，"吾国人最喜做官，不问其所学如何，群趋于官之一途……华人向以官为利薮，不知西人之业工商者，岁入数十万乃至数百万，亦寻常之事。若做官虽位至总统，亦不过十余万而已。故若工商发达则求富，即不必为官，为官即不能致富。"

20日，孙中山一行到绍兴考察，先后去了大禹陵、兰亭、东湖等地，还前往陶社，致祭陶成章烈士，看望陶成章的父亲，并为陶社题写了"气壮河山"匾额；又前往徐社，致祭徐锡麟烈士，行三鞠躬礼。

在登望海亭时，孙中山见大片荒山旷地未能开发，深感可惜，对随行人员说："绍兴地大物阜，确系富饶之所，惜乎实业未曾讲求，使有用之地，而竟成废弃。那高山，何不栽植森林；那旷地，何不种桑茶棉果。"

当日，孙中山出席绍兴商会的欢迎会，在演说中强调国家强盛在群策群力，他说："专制国为一人之国，共和国为人民之国"，"国家强盛与否，非一人之力可以成功，必须合群力，而后可成世界最强盛之国"，并对绍兴的市容环境提出改善的意见，说："沿途之厕，急宜迁移于一处，勿使臭气熏人；河道之水，急宜使之清洁，卫生之事，处处宜加意讲求。"

22日，孙中山一行抵宁波，出席了宁波各界举行的欢迎会。孙中山发表演说："今观宁波之情形，则又为浙省之冠。查甬地开埠在广东之后，而风气之开不在粤省之下。凡吾国各埠，莫不有甬人事业，即欧洲各国，亦多甬商足迹，其能力之大，固可首屈一指者也。"孙中山还对宁波的建设与发展提出三点希望：一、振兴实业；二、讲究水利；三、整顿市政。最后提出："急宜联络各省巨商，组织一极大之商业银行，实亦最紧要之举。但须资本富足，信用自著。""吾国有钱之人，不至再将巨大款项，投存外人所办银行。""经济有活动之余地，不特宁波人欲谋创办实业更加容易，即全国之金融，亦得收美满之良果。"此次演说生动精彩，会场掌声迭起，气氛活跃。

8月24日，孙中山一行乘建康号军舰抵舟山群岛，视察象山、舟山、三门湾，考察建筑军港的条件。25日，还乘兴游览了普陀山，在佛顶山偶遇难得一见的佛光奇观，游兴之余，著《游普陀山志奇》一文以记之。

孙中山回到上海后，应黎元洪之邀，派廖仲恺、胡汉民为代表北上入京，同黎元洪、段祺瑞商讨国是，并进行党务扩充工作。中华革命党讨袁时期在海外所发公债270多万元，由廖仲恺详列清册送交北京政府，要求偿还，并派胡汉民多次与段祺瑞交涉，但段祺瑞只是口头应付，不予偿付。

　　胡汉民从北京回到上海后，向孙中山汇报国会中国民党籍议员有举先生出任副总统之议。此时，恢复后的国会，国民党籍议员占大多数，黎元洪继任总统后，副总统出现空缺，按《约法》规定，应当增补副总统。孙中山闻之，严词拒绝。10月30日，冯国璋被补选为副总统。

　　关于是否参与政府工作的问题，10月13日，孙中山向革命党发表文告，指出："自袁逆自毙，黄陂继任，约法恢复，国会再集，吾党不得不宣布罢兵，以示吾党革命志在护法，而非为利。黎能守法，则吾党目的经已达到，故即令山东、广东及各路军队，一律停止。迨段氏组织内阁，虽位置吾党数人，实非弟之所欲，弟唯欲吾党同人，固结不解，纯取监督政府主义，以俟时机，发舒吾党之政策耳。"

　　但对于蔡元培应邀就任北京大学校长一职，孙中山则极力支持，认为有利于向北方传播革命思想。当蔡元培前来征询意见时，孙中山极力敦劝。蔡元培接受孙中山劝告，毅然北上，就任北京大学校长。

　　10月10日，黄兴胃溃疡复发，血管破裂，病势严重。孙中山闻讯赶赴福开森路339号黄兴住宅看望。10月31日，黄兴不幸逝世，年仅42岁。

　　孙中山极为悲痛，于11月1日，通告国内外各支部，说明黄兴发病的经过和他对黄兴哀悼的心情："黄克强先生自创同盟会以来，与文同事，奔走艰难，迄于今日，凡我同志，谅均知悉。前月国庆日，突患胃中血管破裂之症，吐血数盂，晕绝经时，即延德国医生克礼氏诊治，据云尚可无碍。嗣后胸膈仍觉饱闷，至上月下旬，更发现肝部肿大之征候。30日下午5时，忽又吐血不止，势极危急，由医注射，暂见血止。31日早2时，突再吐血，医再注射，旋即脉停气绝，不可复救。呜呼哀哉！以克强盛年，禀赋素厚，虽此次讨贼，未得比肩致力，而提携奋斗，尚冀诸异日。遽此凋谢，为国为友，悼伤百端！"

　　孙中山致函要求北京政府对黄兴褒功厚葬，并抚恤遗属。参众两院通过决议，进行国葬，政府拨治丧费2万元。以孙中山为首的革命党人，成立了治丧委员会，全国下半旗志哀。黄兴归葬湖南，孙中山亲为执绋送至金利源码头，并撰写挽联志哀："常恨随陆无武、绛灌无文，纵九等论交到古人，此才不易；试问夷惠谁贤、彭殇谁寿，只十载同盟有今日，后死何堪。"

　　孙中山一生不治家产，回到上海后，一直借住在上海环龙路63号。四位旅居加拿大的华侨到上海筹办一个化妆品工厂，来到环龙路63号拜访孙中山。当他们告辞出门时，拉着卫士马湘问："孙先生住的房子太不像样了，

上海莫利爱路 29 号寓所

是他自己的吗？"

马湘说："不是他自己的，他哪里有房子？这房子每月要付租金 65 元。"

这几位华侨说："孙中山先生是个好人，哪里有做过惊天动地大事业的人连住的房子也没有呢？我们要替他想办法。"

于是，他们购置了莫利爱路 29 号的一所楼房，赠送给孙中山居住。过了几天，这 4 位华侨又来访，见孙中山后说明来意。孙中山说："送房子给我么？不可！不可！我怎能接受你们这样重的礼？"经过他们十分恳切的劝说，孙中山不好再推辞，就从环龙路迁了过去。

莫利爱路是法租界的一条宁静的马路，路边是两排茂盛参天的法国梧桐，29 号就位于马路的东头。这是一幢灰墙红瓦的欧洲乡村式两层小楼，外墙上布满了爬山虎、紫藤，楼前是一片草坪，围绕着冬青、香樟和玉兰等花草树木。楼下是客厅、餐厅，楼上是书房、卧室和一个小会客室。孙中山在这所房子里潜心著书立说，经过两年多时间的苦心钻研和艰难探索，先后写成了《民权初步》《孙文学说》《实业计划》三本著作，后被编入《建国方略》。

1917 年 2 月，孙中山首先完成《会议通则》，由中华书局出版单行本。该书又名《民权初步》，后编为《建国方略》之三，亦名《社会建设》。

这是一部关于民主制度的会议程序和准则的著作，共 5 卷 20 章 158 节，告诉人们如何开会，如何表决，如何提议，如何附议，如何选举，内容具体而细微，是孙中山民权思想的一个组成部分。他在自序中说："此书为教吾国人行民权第一步之方法……人人熟习此书，则人心自结，民力自固，如是，以我四万万众优秀文明之民族而握有世界最良美之土地，最博大之富源，若一心一德，以图富强，吾决十年之后，必能驾欧美而上之。"

孙中山认为，所谓民国，就是"民之所有，民之所治，民之所享"；所谓民权，就是"民有选举官吏之权，民有罢免官吏之权，民有创制法案之权，民有复决法案之权，此之谓四大民权也"。从民国当时的实际出发，四大民权的实现，必须从最基本的技术操作层面入手，将民主政治具体化为集会、结社、议事方式的训练，即"民权初步"。

在《会议通则》中，孙中山不厌其烦地详细介绍了集会、结社、议事、动议、讨论、选举、表决、复议、计票、修正案、委员及报告、权宜及秩序、制定社团章程、会员之权利义务等具体的操作细则和流程，将民主政治理论落实为一般民众都能掌握的普通常识与行为规范。

孙中山认为，该书是民主程序的"议事之学"，"譬之兵家之操典，化学之公式，非浏览诵读之书，乃习练演试之书也"；并希望"遍传之于国人，使成为一普通常识。家族也、社会也、学校也、农团也、工党也、商会也、公司也、国会也、省会也、县会也、国务会议也、军事会议也，皆当以此为法则"，由此养成国民的民权意识，"倘能按部就班，以渐而进，由幼稚而强壮，民权发达，则纯粹之民国可指日而待也"。

《会议通则》中的程序性规范，虽然只是涉及民主社会建设的纯技术性环节，但程序民主却是实体民主的前提和基础。特别是在长期处于封建专制之下民主意识淡漠的民初时代，对民众进行这方面的启蒙教育，正是建设民主社会必需的基础性工作，体现了民权主义中"主权在民"的基本原则和民主自治的基本精神，具有重要的启蒙意义和积极作用。

第一次护法失败后，孙中山又回到上海莫利爱路寓所，静坐深思，痛定思痛，认真总结历次革命的经验教训，完成了《孙文学说》一书，来启发国民，唤醒社会。他在自序中说明了写作本书的原因，他说："文奔走国事三十余年，毕生学力尽萃于斯，精诚无间，百折不回，清之威力所不能屈，穷途之困苦所不能挠。吾志所向，一往无前，愈挫愈奋，再接再厉，用能鼓动风潮，造成时势。卒赖全国人心之倾向，仁人志士之赞襄，乃得推覆专制，创建共和。本可从此继进，实行革命党所抱持之三民主义、五权宪法，与夫革命方略所规定之种种建设宏模，则必能乘时一跃而登中国于富强之域，跻斯民于安乐之天也。"但"不图革命初成，党人即起异议，谓予所主张者理想太高，不适中国之用；众口铄金，一时风靡，同志之士亦悉惑焉。是以予为民国总统时之主张，反不若为革命领袖时之有效而见之施行矣。此革命之建设所以无成，而破坏之后国事更因之以日非也"。

他深刻总结了辛亥革命以来的教训，"夫去一满洲之专制，转生出无数强盗之专制，其为毒之烈，较前尤甚。于是而民愈不聊生矣！溯夫吾党革命之初心，本以救国救种为志，欲出斯民于水火之中，而登之衽席之上也。今乃反令之陷水益深，蹈火益热，与革命初衷大相违背者，此固予之德薄无以化格同侪，予之能鲜不足驾驭群众，有以致之也。然而吾党之士，于革命宗旨、革命方略亦难免有信仰不笃、奉行不力之咎也，而其所以然者，非尽关乎功成利达而移心，实多以思想错误而懈志也"。

孙中山分析了产生这种"思想错误"的根源，认为"此思想之错误为何？即'知之非艰，行之惟艰'之说也"，"此说者予生平之最大敌也，其威力当万倍于清朝。夫清朝之威力，不过只能杀吾人之身耳，而不能夺吾人之志也。乃此敌之威力，则不惟能夺吾人之志，且足以迷亿兆人之心也……可畏哉此敌！可恨哉此敌！兵法有云，攻心为上。故吾党之建国计划，即受此心中之打击也。"

面对民国以来的乱象，孙中山陷入了深深的思考，"七年以来，犹未睹建设事业之进行，而国事则日形纠纷，人民则日增痛苦。午夜思维，不胜痛心疾首！"到底是什么原因呢？孙中山大声疾呼："国民！国民！究其何心？不能乎？不行乎？不知乎？"他总结认为："吾知其非不能也，不行也；亦非不行也，不知也。倘能知之，则建设事业，亦不过如反掌折枝耳。"

最后，孙中山说明了写作此书的目的，"故先作学说，以破此心理之大敌，而出国人之思想于迷津，庶几吾之建国方略，或不致再被国人视为理想空谈也。夫如是，乃能万众一心，急起直追，以我五千年文明优秀之民族，应世界之潮流，而建设一政治最修明、人民最安乐之国家，为民所有、为民所治、为民所享者也。则其成功，必较革命之破坏事业为尤速、尤易也"。

1919年4月，孙中山在上海完成了《孙文学说》书稿，当他兴奋地联系出版时，却遇到了不少困难。孙中山先与上海商务印书馆联系，但由于孙中山两次高举护法旗帜反对北洋军阀，商务印书馆推脱北洋政府的言论出版太不自由，担心此书出版会带来麻烦，婉言推辞了。孙中山十分气愤，只得自己掏钱，找华强书局给予印刷。书稿清样出来后，孙中山与宋庆龄十分认真地校对了3次。6月上旬，《孙文学说》终于问世了，上海《民国日报》在显著位置上对该书做了介绍，题为《破天荒之学说，救国之良药》。

《孙文学说》是一部哲学著作。孙中山通过回顾自己屡起屡败的革命经历，试图从理论上探索革命失败的原因，提出了"知难行易"的学说，批判了"知之非艰，行之惟艰"的保守思想。孙中山以饮食、用钱、作文、造船、筑城、建屋、开沟、电学、化学、进化等10件事为例证，说明行易知难的道理。比如饮食是十分寻常的事，人一生下来，就不可缺少它，也不需要教就能行的，但是关于如何烹调的学问，却需要经过人们长期实践才能逐渐获得。他认为行在先知在后，知是由行中获得的，并强调知对行的指导意义。孙中山说："宇宙间的道理，都是先有了事实，然后才发生言论，而不是先有言论，然后才发生事实。"他认为，现实存在的事实是第一性的，而认识是第二性的，这种行先知后的观点，显然是唯物的；但由于过分强调"知"的能动作用，对二者的辩证关系分析不够，难免有褒知抑行之憾。

孙中山提出"知难行易"的认识论，是他哲学思想的一个重要组成部分，主要是针对当时党内不重视革命理论，反对他的革命主义等错误倾向而提出的。他强调指出，传统的"知之非难，行之惟艰"的观点，是"似是而非之说，实与其理相背驰"的。同时，还批判了宋明以来的"知先行后"和"知行合一"的形而上学的理论，指出："能知必能行，不知亦能行"，并以此激励革命党人要为理想的实现而努力，反对那种"不知则不行，知之又不敢行"的无所作为的思想。

《孙文学说》原拟包括卷一"行易知难"、卷二"三民主义"和卷三"五权宪法"，但因忙于护法运动，后两卷未能完成，仅卷一部分出版单行本，后编为《建国方略之一：心理建设》。

孙中山花费时间和精力最大的，还是《实业计划》一书。从1917年到1919年，孙中山在上海深居简出，用两年多的时间，苦心孤诣，发奋研究，用英文写成了《实业计划》一书，即《物质建设》，被收入《建国方略》之二。这是他精心编制的宏大而具体的经济建设蓝图，规划了一条中国工业化的道路。《实业计划》由六大计划构成。

第一计划的主要内容，是在渤海湾建造北方大港。该港选择在大沽口、秦皇岛两地之中途，青河口与滦河口之间，沿大沽口、秦皇岛间海岸岬角上。该地为渤海湾中最近的深水点，冬季不结冰，无河流淤泥之患，能与北部、中部内地水路相连，居于中国最大的盐产区，离开滦煤矿、山西煤铁矿资源最近，便于煤铁矿运输。以北方大港为起点建设西北铁路系统，该系统由八线组成，延展于整个东北、华北、西北大地上，远至边陲；还可以与西伯利亚的铁路相连接，北方大港则成为离西伯利亚最近的海港，必成将来欧亚路线之终点，将欧亚大陆连接在一起。待西北铁路系统建成后，一是可以移民内蒙古和新疆，开发那里广袤无人的土地和各种自然资源；二是可以开采河北和山西的煤铁矿，兴建大型钢铁厂。

在第一计划开篇部分，孙中山开宗明义地提出了私人企业和国有企业共同发展的主张，但对于涉及国计民生的基础产业和垄断行业，则主张由国家经营。他说："中国实业之开发应分两路进行，一个人企业、二国家经营是也。凡夫事物之可以委诸个人，或其较国家经营为适宜者，应任个人为之，由国家奖励，而以法律保护之……至其不能委诸个人及有独占性质者，应由国家经营之。今兹所论，后者之事属焉。此类国家经营之事业，必待外资之吸集、外人之熟练而有组织才具者之雇佣、宏大计划之建设，然后能举。以其财产属之国有，而为全国人民利益计以经理之。"

第二计划的主要内容，是在长江入海口建设东方大港。该港的建造地址有两种方案。一种方案是选择在杭州湾附近，位于乍浦岬和澉浦岬之间。在此建港的优势，一是杭州湾中最深的部分，有 40 米左右，可以停泊当时世界上最大的远洋货轮；二是无河流淤泥之患；三是属于未开发地区，一切城市规划及交通计划都可以用最新的方法建造，发展实业有充分的自由，其周围地域广阔，土地廉价，为城市的未来扩展提供了美好的前景。另一种方案是选择在上海。但在上海建造东方大港的最大问题，是长江的泥沙淤塞问题；如能妥善解决这一问题，上海则能成为国际性的大都市。因此，采用这一方案，对长江水系的改良最为关键。至于如何整治长江，孙中山提出了周详的计划，根据各段不同的地质特点，提出了相应的整治措施。在改良长江水系的同时，进行内河商埠的建设，包括镇江、南京、浦口、芜湖、安庆和武汉等，还提出了开发浦东的设想。江南属于水乡，因地制宜，开发水路交通十分重要。因此在这一计划中，孙中山还提出了对包括北运河、淮河、汉水、江南水路系统、鄱阳水路系统、洞庭水路系统，以及长江上游水路系统等在内的水路系统的改良，使江南商埠相互贯通，连为一体。

在这一部分中，孙中山还提出了在三峡建坝的理想，他说："自宜昌而上，入峡行，约160公里而达四川之低地，即地学家所谓红盆地也。此宜昌以上迄于江源一部分河流，两岸岩石束江，使窄且深，平均深有六寻（约11米），最深有至30寻者。急流与滩石，沿流皆是。改良此上游一段，当以水闸堰其水，使舟得以逆流而行，而又可资其水力。"为实现这一宏伟的梦想，他激动地写道："其所以益人民者何等巨大，而其鼓舞商业何等有力耶！"

第三计划的主要内容，是在珠江口建设一个南方大港。建港的地址应选在广州。广州位于西江、北江和东江三河的汇合点，是中国最富庶的地区之一，物产丰富，人口稠密，文化先进，商业发达，成为中国南方最大的海港和商务中心。如果西南铁路系统建成，它能成为中国南方海陆交通的枢纽。中国西南地区，包括广西、贵州、四川、云南以及广东和湖南两省的一部分，面积广大，人口过亿，矿产资源和农业资源都十分丰富，因此，在这一地区建设铁路网很有必要。应由广州起，向各重要城市、矿产地开辟铁路线，使它们都与南方大港相连。西南铁路系统由七线组成，形成一个扇形的铁路网：一是自广州经湖南至重庆，二是自广州经湖南、贵州至重庆，三是自广州经桂林、泸州至成都，四是自广州经梧州、叙府至成都，五是自广州经云南大理至缅甸边界，六是广州思茅线，七是自广州经钦州至东兴。

在这一部分中，除了建设三个世界大港外，孙中山还设想建设沿海商埠和渔业港，包括营口、海州、福州和钦州4个二等港，葫芦岛、黄河港、芝罘、宁波、温州、厦门、汕头、电白、海口9个三等港，以及安东、海洋岛、秦皇岛、龙口、石岛湾、新洋港、吕四港、长涂港、石浦、福宁、湄州港、汕尾、西江口、海安、榆林港15个渔业港。他还提出，要建设这么多的沿海商务中心和渔业港以及沿河商埠，必须在这些商埠及海港城市创立大量造船厂。

第四计划的主要内容，是建设中国的交通事业，计划建设约16万公里铁路和约160万公里的公路网，建立比较完备的铁路、公路、水路交通体系。孙中山认为，交通运输是近代工业的先行，必须放在首位。他说："予之计划，首先注重于铁路、道路之建筑，运河、水道之修治，商港、市街之建设，盖此皆为实业之利器，非先有此种交通运输屯集之利器，则虽全具发展实业之要素，而亦无由发展。"

在《实业计划》中，孙中山设计规划了六大铁路系统，共计106条支线的方案，包括建立中央铁路系统、东南铁路系统、东北铁路系统、西北铁路系统、高原铁路系统，从边疆到内地，从西北到江南，四通八达，甚至连干线、支线也规划得十分具体。中央铁路系统，拟以北方大港和东方大港为终点站，在现有的基础上，再兴建24条铁路线，全长约27000公里，其辐射范围覆盖长江以北的广大地区，使之成为中国铁路系统中最主要的干线和交通大动脉。东南铁路系统纵横布列于东方大港和南方大港之间，西至重庆，长约14500公里，覆盖浙江、福建、江西、江苏、安徽、湖北、湖南、广东等省。东北铁路系统包括东北各省及蒙古、河北省，全长约14500公里。东北各省土地肥沃，盛产粮食，有丰富的森林、煤矿、铁矿资源，修建铁路，有利于东北之开发。大西北地区尚未开发，交通十分不便，西北铁路系统需要扩建18条支线，全长约25760公里，将覆盖蒙古、新疆和甘肃省的一部分。高原铁路系统分布在西藏、青海、新疆之一部分，以及甘肃、四川、云南等地，全长约17710公里。这些地区富有贵金属如金矿、铜矿，以及农产和牧场，但都有待开发。以上铁路系统，如果全部建成，将达160000公里长，需要大量的客货列车，因此必须创立客货列车制造厂。

关于修建高原铁路系统，所受非议最多。因为这些地区都是高山峻岭，兴建铁路异常困难，工程浩大，费用极高，一般人很难理解。当时的澳大利亚记者端纳，在记述他亲见孙中山披露全国铁路计划时的感受时写道：孙中山带了一幅约11米见方的大地图，当他把它摊在地板上时，我看到了

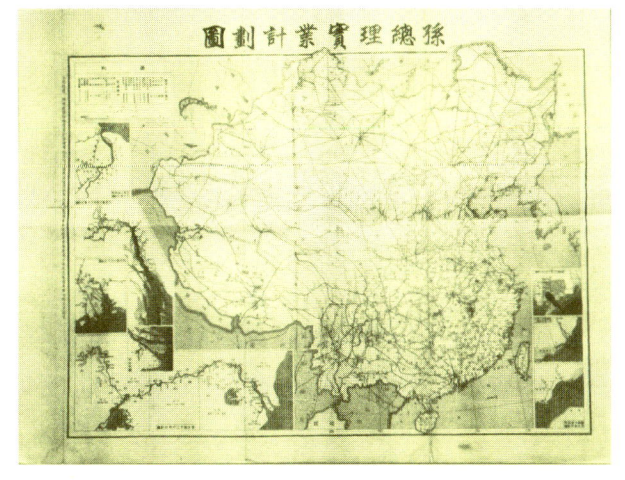

孙中山的铁路建设规划图

一个最令人信服的证据：他不仅是个狂人，而且简直是个疯子。他不因地图上的种种阻隔而气馁，只是握着画笔，在地图上尽可能地用铁路线填满各个省区和属地（包括蒙古）。

孙中山并非没有预料到这些困难，他说："此是吾铁路计划之最后部分，其工程极为繁难，其费用亦甚巨大，而以之比较其他在中国之一切铁路事业，其报酬亦为至微。"所以，孙中山提出，高原铁路系统的建设工程应当在其他部分铁路完成之后，国力增强了才能动工。他说："故此铁路之工程，当他部分铁路未完全成立后，不能兴筑。但待至他部分铁路完全成立，然后兴筑此高原境域之铁路，即使其工程浩大，亦当有良好报酬也。"

第五计划的主要内容，是关于发展与人民生活密切相关的轻工业问题。孙中山强调，除了发达中国的港口和城市建设、交通运输工业外，还必须发展中国的农业和轻工业，为人民提供丰富的物质生活必需品。人民的物质生活主要包括衣、食、住、行等方面，因此，他提出了5个方面的轻工业建设计划，兴建粮食工业、衣服工业、居室工业、行动工业和印刷工业。在粮食工业中，又包括食物的生产、农机具的制造、食物贮藏与运输、食物制作与保存、食物分配与输出等。衣服工业包括丝、麻、棉、毛、皮革工业和制衣机器工业。居室工业包括建筑材料的生产及运输，居室的建筑、装修，家具制造，水、电、暖、气以及电话等家用电器的生产与供给等产业链。行动工业包括自动车、汽车、农用车、工用车、商用车、旅行用车、运输用车、公交车等交通工具的制造和公路建设等。印刷工业包括在各城市设立印刷厂、造纸厂和印刷机器厂等，为民众提供图书、报刊等精神食粮。

在这一部分中，孙中山特别强调要建立健全和加快发展现代化工业体系，必须实行对外开放政策，大量引进外国的雄厚资本和先进技术。因为欧美国家用了近百年的时间才完成现代化工业的建设，现在中国想要在短期内追上他们，则必须借用引进他们的资本、机器和技术。他说："欧美两洲之工业发达，早于中国百年，今欲于甚短时期追及之，需用其资本，用其机器，若外国资本不可得，至少亦需用其专家、发明家，以为吾国制造机器。"孙中山主张，在不损害中国主权条件下，引进外资和技术，以便在最短时期内迅速赶超外国，从而改革中国落后的手工业生产方式。

第六计划的主要内容，是关于矿业的发展。孙中山提出，矿业是工业的根本。因为，建设港口城市，铺设铁路，建立工厂，都需要机器；而制造机器又需要大量钢铁，这就必须依靠强大的矿业来支撑。"故机器者实为近代工业之树，而矿业者又为工业之根。"无矿业则无机器，无机器则无工业。所以，矿业是现代物质文明和经济进步的基础。中国矿业还处于起步阶段，必须大力发展。矿业主要包括铁矿、煤矿、油矿、铜矿、特种矿、矿业机器制造业以及设立冶矿机器厂。在近代工业中，最重要的原料是钢铁。中国的铁矿资源丰富，河北、山西、沿长江一带的各省、新疆、蒙古、青海、西藏等，都以铁矿著名，此外，四川、云南的铁矿也颇丰，宜于建立铁矿厂和炼铁厂。中国煤矿巨丰，已被开采的，皮毛而已。宜先在交通便利的沿海岸、河岸各矿区开采，内地次之。四川、甘肃、新疆、陕西等省已发现有油源，虽然贮藏量还需进一步测量，但应试着去开采，不能总是依赖进口。中国的铜矿分布于四川、云南和长江一带，以往开采铜仅用于铸造钱币，而当工业发达起来后，工业用铜量会成百倍增加。特种矿如金矿、锡矿、玉矿，中国的贮藏量也十分丰富。现已开采的仅是矿中的浅层，大有潜力可挖。以上各种矿物资源的开采，都应当由政府统一规划和管理，可以采取公办和私营的方式。

在结论一段，孙中山论述并提出了解决国际战争、商业战争与阶级战争等三大战争的办法，最后总结说："前之六大计划，为吾欲建设新中国之总计划之一部耳。简括言之，此乃吾之意见，盖欲使外国之资本主义以造成中国之社会主义。"

《实业计划》内容丰富，涉及面广，需要查阅大量的资料。孙中山除了在各地考察、收集第一手材料外，还一边撰写，一边读书学习。孙中山一生好学不倦，业余爱好除下棋外，最大的爱好是读书，他曾对日本友人说："余一生嗜好，除革命外惟读书而已。余一日不读书，即不能生活。"

他经常到四川北路和棋盘街旧书店去购买需要的书籍。有一天，孙中山和宋庆龄还有卫士马湘三人，到棋盘街书店买了一大堆书，因为太重带不了，想雇一辆马车拉回去，摸摸衣袋，钱已经用完了，只好用马湘身上仅有的四角钱雇车拉回。

曾任孙中山秘书的邵元冲，有一次问孙中山："先生平日所治甚博，于政治、经济、社会、法律、工程、自然科学的专著，都嗜读不倦，毕竟先生以何者为专攻？"孙中山笑着回答："我无所谓专攻，我所攻者，乃革命之学问，凡一切学术有可以助我革命之知识及能力者，我皆用以为研究的资料，以组成我的革命学。"

在孙中山的书房里，东、北、西三面都放着书橱，里面摆满了各类书籍，政治、经济、法律、科技、十三经、二十四史等古今中外各种书籍、各种地图都有，甚至连走道两侧、楼梯下空间都摆满了书橱，共5230多册图书。在上海的两年中，他大部分时间用于读书和写作，还亲手绘制各种有关的地图和统计图表。

宋庆龄除了帮助孙中山查阅英文资料外，还帮他打字、校对和誊写英文原稿。宋庆龄曾说："我自己记得，他只要有一点空，就在书房里把大地图铺在地上，手里拿着深色铅笔和橡皮，在上面标绘出铁路、河道、海港，等等。他订阅了一种英国出版的航运年鉴，知道很多关于船只吨位、吃水等方面的事情。有一次他乘巡洋舰视察海宁时，告诉大副，航道水浅，把船靠外行驶。但这位大副自以为他更熟悉情况，结果船搁了浅。"

宋庆龄

《实业计划》是一部重要的经济著作，凝集着孙中山的无数心血，体现出他立志改造中国的强烈愿望，描绘了一幅中国经济现代化的蓝图，是我国经济发展史上的一部重要文献。很多规划在当时条件下虽然很难实现，但像三峡大坝、青藏铁路、三大海港、浦东开发等很多设想，先后都变成了现实，对今天的经济发展和对外开放仍然有一定的启发和借鉴作用。

第八章

护法运动

一、张勋复辟

袁世凯死后，北洋军阀分裂为直、皖两大派系。段祺瑞是安徽合肥人，以他为首的皖系军阀，投靠日本帝国主义，控制了中央政府的实权，据有安徽、陕西、山东、浙江、福建等省，势力最大。以直隶人冯国璋、曹锟为首的直系军阀，依靠英美帝国主义，据有江苏、江西、湖北等省。以奉天人张作霖为首的东北军，盘踞东北三省，受日本帝国主义操纵，形成了奉系军阀。黎元洪虽任总统，但北京政府的实权却操纵在国务总理兼陆军总长段祺瑞的手里。

第一次世界大战爆发后，为争夺胶州湾而参与对德作战的日本为巩固在中国的利益，于 1917 年 1 月贷款 500 万元给段祺瑞政府，并怂恿中国对德宣战。段祺瑞为了继续取得日本的财力援助，竭力主张参战，但黎元洪及部分国会议员反对参战。4 月，段祺瑞电召各省督军入京，动员他们支持他的外交政策。

当时英国也希望中国对德宣战，而孙中山则力主维持国内和平统一，使中国人民有个休养生息的时期，反对卷入欧战之中。1917 年 3 月 7 日，他致电英国首相劳合·乔治，劝其勿怂恿中国政府参战，指出："若中国果入战局，则必妨害中国之国家生活，且损伤英国之远东威严。盖自中国人视之，协约国欲中国加入之一念，适为协约国自认不能与德国对抗之一证也。"因此，"中国除严守中立外，不能望有他种行动"。

3 月 8 日，孙中山又致电北京参众两院说明利害："欧战本为利害之争，我国事与彼殊，不必以人道为由，自驱入阱。"同时指出："勿以中国投之不测之渊，庶几不负国民重托。"5 月 2 日，孙中山就段祺瑞派员到上海疏通宣战案一事，复段祺瑞函表示坚决反对参战，希望段祺瑞"悬崖勒马"。

1917 年 5 月 10 日，段祺瑞授意各省督军团和军警流氓拼凑的所谓"公民请愿团"，包围众议院，强迫议员通过政府宣战案，反对宣战之议员十余人被暴徒殴伤，议员被围困达 10 小时之久。5 月 19 日，国会在议决对德宣战案时，经讨论决定缓议。段祺瑞唆使督军团上书黎元洪，攻击议会专制，逼迫黎元洪即日解散国会。

5 月 23 日，黎元洪下令免去段祺瑞国务总理的职务。段祺瑞愤而去天津，通电不承认，唆使皖系、奉系 8 个省宣布独立，并在天津成立"各省军务总参谋处"，要挟黎元洪解散国会，大有举兵入京之势。

黎元洪在免段后，发生内阁危机。他先后恳请徐世昌、王士珍出面组阁，徐、王均不应召。黎无奈之下任命前清官僚、李鸿章之侄李经羲出组内阁，李经羲声言必须张勋北来，与张偕同到京方肯就职。

6 月 1 日，黎元洪以大总统令召张勋进京调停。张勋，字绍轩，江西奉新人。1884 年在长沙投军，辗转升迁，至 1911 年任江南提督。武昌起义时期，曾顽抗江浙联军，失败后退守徐州，被清政府任命为江苏巡抚兼署两江总督、南洋大臣。袁世凯窃国后，所部改称武卫前军，驻兖州，仍以清朝忠臣自命，时刻梦想复辟清室，所部禁止剪发，被称为"辫子军"，他被称为"辫帅"。多次召集各地复辟势力开会，成立了 13 省联合会，并任盟主。

当段祺瑞与黎元洪府院之争进入高潮之际，段和黎争相拉拢张勋，以为奥援。段企图借张之手，解散国会，推倒黎元洪；黎企图利用张与段在参战问题上的分歧，借张之力，实现"倒阁去段"的夙愿；张勋则欲利用府院之争造成的混乱之机，达到他复辟清室的梦想。

5 月下旬，孙中山曾致电黎元洪和参众两院议员，要求黎元洪"严诛谴，以惩有罪，信赏必罚，勿事调停"，希望议员们"与宪法共死生，勿遑遽奔散，稍存让步，以保民国代表之尊严"，但黎元洪仍坚持请张勋来京调解。6 月 1 日，黎元洪派专车到徐州接张勋北上。孙中山认为，"民国与叛逆不能两存，拥护民国与调和不可兼得"。6 月 8 日，他致电广东、云南、贵州、四川、广西、湖南各省督军和省长，呼吁他们"克日誓师，救此危局，作民保障"。

6 月 7 日，张勋率辫子军步、马、炮兵十营约 4300 人从徐州启程北上，8 日晨抵达天津，9 日辫子军即进入北京，驻扎在天坛、先农坛一带，而张勋本人则在天津停留，探询段祺瑞对复辟帝制的态度。段祺瑞为利用张勋解散国会，驱黎下台，对其复辟企图未加可否。

6 月 8 日晚，张勋对来天津迎接他的总统府秘书长夏寿康提出"解散国会""摈斥群小"等调停条件，限三日内实现，否则不负调停责任，任各省军队自由行动。黎元洪只好下令撤销军事幕僚处；次日又拟好解散国会的命令，但因代理国务总理伍廷芳拒绝副署，特改任步军统领江朝宗为代总理，副署此项命令。

6 月 14 日，张勋偕新任国务总理李经羲及帝制分子刘廷琛、胡嗣瑗、张镇芳、雷震春等到京，立即通电各省，令其取消独立。19 日至 22 日，独立各省相继取消独立。24 日，李经羲宣布就职。

6 月 27 日晚，保皇派首领康有为应张勋的参谋长万绳栻电召，带着预先拟好的伪诏十余道，并偕同沈曾植、王乃征等人秘密潜入北京。28 日晚，张勋与康有为、沈曾植、王乃征、张镇芳、雷震春等在张勋私宅举行会议，决定了复辟计划。

30 日傍晚，张勋偕刘廷琛等潜入清宫，与溥仪的师傅陈宝琛举行御前会议，将复辟计划告知清室。会后，张勋到江西会馆听戏，同时飞调驻扎在天坛的辫子军和驻在南苑的第十二师入城，被步军统领江朝宗所阻。当夜 12 时，张勋返回住所，召集京津警备司令王士珍、江朝宗及京师警察总监吴炳湘、第十二师师长陈光远、第十三师师长李进才及康有为、梁鼎芬、刘廷琛等开会，当即宣布欲行复辟，继而厉声逼迫王士珍、江朝宗立开城门，放辫子军入城。王、江面面相觑，不敢反抗，于是北京城门洞开，辫子军尽入。

7 月 1 日凌晨，张勋身着朝珠蟒服，头戴红顶花翎，率领刘廷琛、康有为等 50 余人乘车进宫，跪叩朝拜。早已做好准备的溥仪，即在养心殿召见张勋等人，表示接受"奉还大政"、立即"复位"的要求，宣布复辟大清帝国。

当天，溥仪就一连下了由康有为事先拟好的《复辟诏》等 19 道伪谕，主要内容为：一、下诏即位，改民国六年为宣统九年。二、赐封张勋为忠勇亲王，徐世昌、康有为被封为弼德院正、副院长。三、恢复宣统初年官制，张勋任首席内阁议政大臣、直隶总督兼北洋大臣，梁敦彦、张镇芳、雷震春、朱家宝、王士珍分别为外务、度支、陆军、民政、参谋各部尚书。四、各省督军改称巡抚。通电各省改挂龙旗，一切恢复旧制。

末代皇帝溥仪

7 月 1 日这天，张勋派梁

鼎芬逼迫黎元洪在"奏请归还大政"的奏折上签字。黎严词拒绝，当天晚上，驱车避入东交民巷日本驻华使馆，并于次日电请副总统冯国璋代理总统职务，重新任命段祺瑞为国务总理，率兵讨逆。

二、南下护法

张勋复辟的倒行逆施，遭到全国人民的强烈反对，全国各地掀起声讨张勋复辟的强大舆论，痛斥张勋叛国复辟罪行。上海、两广、两湖等地各界人士以及海外华人纷纷集会，发表通电，愤怒声讨复辟罪行。

1917 年 7 月 1 日，孙中山于张勋复辟的当天，在上海环龙路 63 号住宅召集军政要员及革命党人会议，讨论政局并制订兴师北伐的计划。7 月 3 日，孙中山与唐绍仪、章太炎、程璧光及海陆军军官会商，决定通电全国，南下护法，讨伐叛逆。之后，又令各省革命党人出师讨逆；同时，致电广西、广东、湖南、云南、贵州、四川 6 省督军及各界，希望"火速协商，建设临时政府"，并商请海军总长程璧光派舰两艘到秦皇岛接黎元洪南下就职，但日本公使以"叛军布满"为由，拒绝奉送。

7 月 4 日，上海房地产大亨、英籍富豪哈同，在哈同花园宴请孙中山，主动捐赠五大麻袋钞票，作为赞助孙中山南下护法的经费。孙中山表示拟作为借款，哈同说捐助此款出于诚意，不必作为借款。他诚恳地说："中国已经大乱，非先生莫能为力，若中国衰亡，我在上海亦不能立足。现在先生财政有困难，我愿助一臂之力。"

广东省省长朱庆澜派人到上海会见孙中山，表示同意以广州为护法根据地，组织护法政府。陈炯明也来到上海，表示愿意服从孙中山的领导。7 月 6 日，孙中山偕同廖仲恺、朱执信、许崇智、胡毅生、章太炎、陈炯明等乘"海琛"号军舰，由上海赴广州，南下护法。

这时，躲在天津的段祺瑞，在梁启超、梁士诒等策动下，决心利用张勋复辟这一时机东山再起。他马上联合冯国璋，积极运动驻天津马厂的第八师李长泰部和驻廊坊的第十六师混成旅冯玉祥部，还有保定的曹锟，组织了讨逆军。段祺瑞为总司令，段芝贵为西路讨逆军总司令，曹锟为东路讨逆军总司令。

7 月 3 日，冯国璋发表通电，宣布张勋"祸国殃民，复辟帝制"的罪行；

"彼恃京师为营窟，挟幼帝以居奇，手握主权，口含天宪，名器由其假借，度支供其虚糜，化文明为野蛮，委法律于草莽，此而可忍，何以国为！"

7月4日，讨逆军5万大军在马厂誓师出发，辫军不堪一击，顷刻瓦解。7月12日，讨逆军攻进北京，张勋连夜逃入荷兰使馆。溥仪再度宣布退位，这场复辟丑剧仅12天即告流产。

7月14日，段祺瑞抵北京，以"再造民国"功臣自居，继续充任国务总理。8月1日，冯国璋入京，就任代总统。

代总统冯国璋

冯国璋，字华甫，1859年生于直隶河间西诗经村。1889年毕业于北洋武备学堂第一期，辅佐袁世凯在天津小站编练新军，历任北洋督操营务处帮办兼步兵学堂监督，北洋速成武备学堂和将弁学堂督办，正黄旗蒙古副都统，兼陆军贵胄学堂督办，与王士珍、段祺瑞并称"北洋三杰"。武昌起义爆发后，任第二军总统，攻占汉口、汉阳，被封为"二等男爵"、禁卫军总统。民国建立后，授宣武上将军，先后任直隶督军兼民政长、江苏督军，联合五将军通电反对袁世凯称帝。袁世凯死后，被选为副总统。张勋复辟，受黎元洪委托代理总统。

冯国璋上任后，将王士珍、段祺瑞请进府来，叙"北洋三杰"之谊。冯极为亲切地说："咱们老兄弟三个连枝一体，不分总统、总理、总长，只求合力办事，从今而后再也不会有什么府院之争了。"

段祺瑞个性刚愎自用，非常看不起冯国璋。他独揽军政大权，拒绝恢复《临时约法》和国会，召集临时参议院，下令对德宣战。8月28日，通过财政部部长梁启超向日本银行团借款1000万日元，名为用于"经济开发"和"参加欧战"，实则为了扩大皖系势力用于准备内战。又通过日本顾问西原龟三向日本政府先后借款达5亿日元，附加了种种丧失主权的政治条件。

7月17日，孙中山一行到达广州。广东省省长朱庆澜、广东督军陈炳焜等到黄埔江岸迎接。当晚，在黄埔公园开欢迎会。孙中山在会上发表了护法演说，指出："中国共和垂六年，国民未有享过此共和幸福，非共和之罪也。执共和国政之人，以假共和之面孔，行真专制之手段也。""今日变乱，非帝政与民政之争，非新旧潮流之争，非南北意见之争，实真共和与假共和之争。""非得强大之海陆军，为国民争回真共和，无以贯彻吾人救国救民之宗旨。"他希望各界"即日联电，请海军全体舰队来粤，然后即在粤召集国会，请黎大总统来粤执行职务"。

7月19日，孙中山出席广东省议会欢迎会，并发表演说，提出国会在粤开会以决大计的建议，得到绝大多数与会者的拥护和赞同。孙中山遂通过上海、天津各报馆电邀国会议员南下护法。同一天，广东省议会和省长朱庆澜也发电，欢迎国会议员来粤。

7月22日，海军总长程璧光与海军第一舰队司令林葆怿联合通电，发表海军护法宣言，并于当日率海军第一舰队九艘军舰由吴淞口南下，开赴广州。23日，旅沪国会议员发表公告，宣布不承认段祺瑞非法政府。

7月24日，孙中山致电护法各省将领，望协力支持在粤召集国会。电称："国法之所以荡然，由国会之不存在。不复国会，无由合法之行为。故文于日前请国会议员来粤，自行集会，将来一切措施皆当本此而出，基础既立，是非自明，庶几真共和可以苾致。"8月11日，云南都督唐继尧通电护法，黎元洪亦派代表黄大伟赴粤，请孙中山极力斡旋大局，打破伪共和。

北京政府通电各省，声称国会业已明令解散，"断无重行召集之理由"。北京政府虽然极力阻挠，但国会议员仍联袂南下。至8月18日，到广州的议员已达150余人。孙中山在黄埔公园宴会各位议员，商讨有关组织护法政府的问题。大家认为，段祺瑞把持北京政府，准备向护法各省用兵，对外发表对德宣战，为了与之进行斗争，必须尽快组织护法政府。目前议员虽不足法定人数，可先召开非常会议。

8月19日，国会议员在广州举行会议，会议由议长吴景濂主持，议定召开国会非常会议，并推选人员起草军政府组织大纲。25日，国会在广州召开非常会议，讨论组织新政府等重要事项，孙中山列席会议，并在开幕式上致贺词。29日，非常国会通过《国会非常会议组织大纲》，31日，通过《中华民国军政府组织大纲》。

9月1日，国会非常会议举行第四次会议，依《中华民国军政府组织大纲》，选举孙中山为中华民国军政府海陆军大元帅，选举唐继尧、陆荣廷为元帅。当天下午，国会议长吴景濂、副议长王正廷及国会议员数十人，持《国会非常会议致大元帅书》，乘舞凤舰至黄埔公园，举行大元帅授印礼。孙中山接受大元帅印后致答词，并发表了简短的就职宣言："文谨受职，誓竭真诚执行国会非常会议所授予之任务，勉副国会代表国民之期望，并告我邦人。"并电请黎元洪来粤组织正式政府。

陆荣廷原任两广巡阅使，在"府院之争"发生后，他宣布两广"自主"，以"老帅"自居，操纵着陈炳焜、莫荣新等形成桂系集团。陆荣廷虽响应护法，但反对孙中山组织革命政府凌驾于其上，担心军政府取代他在广东的势力，采取了消极排挤的态度。非常国会选出大元帅的第二天，陆荣廷复电广东非常国会，主张"黎元洪总统复职"，公开反对另组政府，通电声明"对军政府一切活动概不负责"。

9月6日，陆荣廷和广东督军陈炳焜，设法挤走了拥护孙中山护法的广东省省长朱庆澜，派桂系将领李耀汉取代其职，但广东省议会却于是日推选胡汉民为省长。陈炳焜恼羞成怒，派警卫军一营移驻省议会附近，夺走省长印，并以督军名义接管省长公署警卫军二十营。陈炳焜公开声称："我不能表示赞成的态度，也不愿采取干涉的态度，但是广东人民不能担负军政府和非常国会的经费开支。"

1917年9月10日，孙中山正式就任中华民国军政府海陆军大元帅典礼时的合影

9月10日，军政府在广州河南士敏土厂成立，孙中山在非常国会上正式就任中华民国军政府海陆军大元帅职，发表受任宣言，表示"当竭股肱之力，攘除奸凶，恢复约法"。陆荣廷未来军政府就元帅职，桂系的广东省省长李耀汉、督军陈炳焜也都没参加军政府成立典礼。原云南将军唐继尧，在护国战争结束后便控制了云南、贵州两省，成为滇系军阀的头目，他也不支持孙中山组织的护法政府，因而不愿离开云南到广州就元帅职。陆荣廷与唐继尧串通一气，主张只反对段祺瑞，不反对北京政府，并且想联冯反段。

任中华民国军政府海陆军大元帅时的孙中山

军政府成立的当天，非常国会选出各部总长。内务总长孙洪伊、外交总长伍廷芳、陆军总长张开儒、海军总长程璧光、交通总长胡汉民、财政总长唐绍仪。孙中山以大元帅名义任命李烈钧为参谋总长、林葆怿为海军总司令、方声涛为卫戍总司令、李福林为亲军总司令、章太炎为秘书长、许崇智为参军长、李耀汉为筹饷总办，廖仲恺协助管理财政。

北京政府国务总理段祺瑞与代总统冯国璋对西南军政各派势力存在着"战"与"和"的不同方针，段祺瑞鹰扬虎视，主张用武力征服南方，消灭敌对势力；冯国璋主张承认和维持西南军阀地位和势力地盘，以取得他们对政府的承认，达到"和平统一"。段祺瑞决定用武力解决问题，计划先控制西南各省门户湖南，然后进攻两广。他挤走与护法势力有联系的湖南省省长兼督军谭延闿，任陆军次长傅良佐为湖南督军。同时收买和撤换了一批湘军师旅级干部，任王汝贤、范国璋为湘南军正副司令率军南下作战。

9月18日，拥护谭延闿的零陵镇守使刘建藩，第一师第二旅旅长林修梅，在零陵、衡阳宣布自主。段祺瑞下令讨伐，并把第八师、第二十师等北洋精锐部队运往湖南准备开战。

孙中山与大元帅府职员合影。前排左起：周应时、蒋介石、邹鲁、冯自由、徐谦、宋庆龄、孙中山、林森、黄大伟、邵元冲、胡汉民、廖仲恺

　　9月20日，蒋介石在上海为孙中山的护法政府制订了北伐作战的《对北军作战计划》。他分析了南北双方的实力情况，认为"敌军之动员，合计不过七师，而我军乃在十师以上，其总员几倍于敌军"，作战方案是"吾军以长江沿岸为主战地，先克武昌，决定南京，击攘敌军长江一带之势力，再图直捣北京"。10月，蒋介石又制订了一个《滇粤两军对闽浙单独作战之计划》，建议北伐军以东南沿海一带作为战场，以海军为主力，扫除闽浙敌军，再袭取淞沪，然后以吴淞为基地，封锁长江之门户，即可占据东南。蒋介石的这些作战方案得到了孙中山的重视。

　　10月6日，北洋军第八师、第二十师等部队，向湘南发起进攻，护法战争正式开始。北洋军相继攻占衡山、宝庆，计划由湘南进攻两广，由四川进攻云南、贵州，准备用武力统一西南。在这种情况下，陆荣廷改变了对军政府的态度。11月10日，桂系与军政府联合召开了一次军务会议。出席会议的有孙中山的代表胡汉民、桂系首领陆荣廷、广东省省长李耀汉、海军总长程璧光、外交次长王正廷等人。

　　会上，胡汉民向陆荣廷指出了陈炳焜劫夺省长亲军等损害军政府的不合作态度，陆荣廷表示愿将原省长公署警卫军二十营约8000人交给军政府指挥。会议决定，推陆荣廷为两广巡阅使兼任广东督军、陈炳焜为讨龙（济光）军总司令、程璧光兼任讨闽军陆海联军总司令、林葆怿为讨闽海军总司令、陈炯明为粤军总司令、方声涛为滇军总司令。计划由陈炯明、方声涛率部进兵福建，开辟第二战场，主力部队进兵湖南与北洋军交战。陆荣廷称病退居武鸣山，派广惠镇守使莫荣新代理广东督军职。

护法战争开始后，段祺瑞政府命令直系军队进入湖南与护法军作战，企图借直系力量消灭护法军，又可以利用护法军削弱直系势力，使双方消耗兵力，坐收渔翁之利。直系部队对段祺瑞向西南用兵的决策，表面敷衍，暗中掣肘。10月14日，王汝贤、范国璋受冯国璋指使，突然从前方来电请停战议和，并自动退守岳阳，傅良佐惊惶中弃长沙而逃；入川的皖系北洋军吴光新部也受创溃败。接着，直隶曹锟、江苏李纯、江西陈光远、湖北王占元等督军相继发表主和通电。段祺瑞的"武力统一"政策被北洋政府内部的直系挫败，被迫于11月16日辞去国务总理和陆军总长职务。

10月30日，冯国璋任命王士珍继任国务总理、陆军总长职。江苏督军李纯在冯国璋的授意下，提出南北和议建议。11月18日，李纯和湖北督军王占元等联名发电主张停战。

孙中山把民国元年制定的约法，看作民权的保障，把国会看成人民执政的标志，这两样东西，是民国政治的精髓和共和国的象征，他认为这是大是大非的政治原则问题，不恢复《临时约法》和国会，决不会妥协。11月19日，孙中山发表宣言指出："近以西南将士用命，克奏肤功，傅逆潜逃，段贼解职。于是有主张调和以解决大局者。惟此次西南义举，既由于蹂躏约法，解散国会，则舍恢复约法及旧国会外，断无磋商之余地。"

11月20日，孙中山的侄儿孙昌奉命乘船押送军饷赴黄埔慰劳卫士队，由于事先未同海军联系，误入海圻舰警戒线，致遭海军炮击，坠入江中，以身殉职。孙昌是孙中山唯一的侄儿，1910年就加入同盟会，跟随孙中山革命。参加护法运动后，任海陆军大元帅府别动队司令，职叙陆军中校，时年34岁。孙中山闻噩极为悲痛，命安葬于黄埔公园，并亲手为之题写横幅"为国捐躯"四字，刻石于墓前。

12月25日，冯国璋发布"弭战布告"，要求南北两军"于军事上先得各方之结束，于政治上乃徐图统一之进行"。桂系对北京政府的态度是首鼠两端，只要不用武力进犯两广，就可与其相安。所以，陆荣廷一直和冯国璋鱼雁频通，目的是联冯制段。对军政府采取有"联"有"挤"的态度。在与军政府的联合中，又不愿军政府势力坐大。广东财政由桂系把持，军政府无从挹注，各项经费只能靠借债和募捐来维持。财政部次长廖仲恺为此竭尽了心力。军政府人员无薪可发，不分职级，每人每月只能领到食宿费20元，生活都很艰苦。

孙中山为了联合桂系护法，对他们做了许多让步和忍耐。但这些姑息和迁就，反使桂系对军政府的限制活动更加猖獗。他们不经与军政府商议，就直接与西南各省实力派暗地组织"护法各省联合会"，与军政府抗衡，呼应议和，企图保住各自的地盘。

孙中山为了编练一支军政府直接管辖的军队，以军政府的名义建立了"招抚局"，组织一批人员到广东各县征募民军。代理督军莫荣新接到各县报告后，通令各县将招兵人员以"土匪"罪名一律枪决，只增城一县就有69名招兵人员被枪杀。他们还拘捕了大元帅府警卫部队的连排长及新招的卫兵几十人，也以"土匪"罪名加以杀害。统治潮安、梅县一带的地方军人、潮汕镇守使莫擎宇制造叛乱，进攻东江，孙中山命邹鲁组织潮梅军进行讨伐，该军第一支队司令金国治也被桂系将领沈鸿英诱杀。

桂系将领莫荣新代理广东督军把持着广东的军政大权，他滥收捐税，赌场、大烟店比比皆是，土匪猖獗，搞得民不聊生。广东各界群众团体及知名人士纷纷集会，选出代表15人到大元帅府向孙中山请愿，要求惩办莫荣新。

鉴于桂系军阀对军政府各项措施的蛮横阻挠和莫荣新的倒行逆施，孙中山决定对他们予以武力惩治。他密令海军舰只做好战斗准备，令陆上各部队闻海军发炮后响应。1918年1月3日黄昏，孙中山亲自率永丰、永翔、楚豫三舰驶至大沙头，对准督军署、观音山及桂军驻地发炮轰击，一连发50多弹。莫荣新连忙给海军总长办公室打电话向程璧光报告情况。程璧光当即派海珠舰前往制止。军政府的武装力量除游击司令李安邦率兵舰向长堤的桂军江防司令部机枪扫射外，陆上的滇粤军闻海军炮响后没有响应，陈炯明也在惠州会馆粤军总部袖手旁观。

第二天，莫荣新来到大元帅府假装请罪，孙中山对他说："我为什么要用大炮轰你，因你执掌广东军政大权，弄得民不聊生，国家的主人，就是人民，你将主人如此虐待，实在违法乱纪至极，你知道吗！现在广东同胞有代表来见我，要求将你从严处罚。"

莫荣新毕恭毕敬地回答："是我的错，我办得不好，我回去定要大加整顿。"

孙中山命参军祁耿寰向莫荣新说明军政府的困难情况，让他从广东的财政收入中拨出一部分给军政府使用。莫荣新当场表示："大元帅有命，我一定服从。"

于是，由参军蔡公时、庶务陆华轩随莫荣新到督军署提取了一笔款子。后来，莫荣新用港币500元并答应事后升任团长为条件，买通大元帅府卫兵连长胡新，令他刺杀孙中山，幸被副官马湘及时发觉。

炮轰广东督军署之后，孙中山向桂系提出了五项条件：一、承认军政府为护法各省的最高领导机构；二、承认大元帅有统帅军队全权；三、承认广东督军由广东人选任，必要时大元帅得加以任免；四、被捕民军代表，交军政府处理；五、广东外交人员由军政府任命。

1月9日，孙中山在大元帅府会见各界人士，向大家说明炮击观音山的原因：由于地方当局不合作，使军政府"形同虚设，贻误讨逆戎机"。陈炳焜督粤时，公然要听任军政府"自生自灭"，"今则愈逼愈紧，只许自灭，不许自生"。炮击督署，"实所以表公道，伸不平，而使军政府自辟其生路"。但在事变中，莫督军既未抗击，事后又能接受各项条件，"军政府没有其他苛求，为了减轻广东人民的负担，即准备督师北伐"。经过必要的斗争，桂系对军政府曾一度就范，出现了粤军、滇军、桂军同时出师分途讨伐北洋军的形势。

1月26日，粤军在总司令陈炯明、副司令邓仲元、许崇智的率领下，从汕头出发，开赴福建；滇军改称靖国军，在总司令方声涛率领下，移防潮州，准备在福建开辟第二战场，与桂系军队在湖南的攻势相呼应；桂军沈鸿英、林虎两部西进，抵御龙济光部进攻。由于桂系军阀在财力上限制军政府，使粤军缺乏饷械供应。为此，孙中山派廖仲恺多次设法筹款接济，甚至两次派廖仲恺把其上海莫利爱路29号的楼房拿出来做抵押，一次得款20000元，一次得款25000元，由廖仲恺亲自送往漳州，给驻闽的粤军作为军费，并派蒋介石到汕头任援闽粤军总司令部作战科主任。3月9日，孙中山发布《鼓励义军作战电》，号召各省义军努力讨贼。电文指出："非法政府始终弁髦大法，毫无悔祸之诚，近且公然宣布伪国会组织法及伪参众两院选举法。重袭袁氏造法故智，积极违法，颠覆国宪，厥有常刑，凡我国民，人人得而致讨。乃逆军犹敢逞其暴力，迷行南犯，虽涂炭生灵，牺牲国家而不惜。今复启衅岳州，以重兵相凌，和平已属绝望。祸非我启，罪有所归，我义军将士，实迫处此，不能不谋正当之对待。尚望本厥初志，一致进讨。"

4月17日，孙中山向各国驻华公使馆发出通告，说明："军政府于约法未恢复前，实为中华民国行政权之唯一政府，易言之，则为约法上行使统治权执存亡绝续之机关。现在本军政府行使昔时北京政府之职权，与昔时北京政府无异，并非新发生之别一建设。诚恐友邦各国尚未了解。自应即日通告各友邦，各邻国。"同日，冯国璋复任段祺瑞为国务总理。

4月底，当桂系与吴佩孚在衡阳取得和解，湖南战事平息，两广威胁解除后，他们又反过手来，拆军政府的台，图谋排挤孙中山，并派人刺杀了拥护孙中山的海军总长程璧光。在唐继尧、刘显世等的鼓动下，他们串通政学系和益友社两派系的议员与众议院议长吴景濂、副议长褚辅成，想通过议会的手段来颠覆孙中山的政权，取消大元帅制，改为总裁合议制。孙中山洞悉桂系军阀的政治阴谋，准备亲往武鸣山面斥陆荣廷，被同志们劝止。

5月4日，非常国会通过了所谓"修正军政府组织法案"的议案。在讨论过程中，争议非常激烈，吴景濂还请了地方当局派兵对议员进行监视。陆军总长张开儒认为，在护法省区内发生武力干涉国会，强迫改组合法政府，是不能容忍的事。张开儒严肃指出："如此护法，不如投降段祺瑞。"

孙中山于5月4日当天，向非常国会提出辞去大元帅职，并于5月5日发表辞职通电，斥责桂系军阀们说："吾国之大患，莫大于武人之争雄，南与北如一丘之貉，虽号称护法之省，亦莫肯俯首于法律及民意之下。故军政府虽成立，而被举之人，多不就职，即对于非常会议，亦莫肯明示其尊重之意。"

5月16日和19日，段祺瑞通过驻日公使章宗祥与日本外务大臣本野一郎签订的《中日陆军共同防敌军事协定》和《中日海军共同防敌军事协定》分别正式生效。根据协定，将东北置于日本的控制之下，东北的矿山、森林主权出卖给日本，承认日本继承德国在山东的权益。段祺瑞政府签订的这些卖国条约，激起了全国人民的强烈反对。

5月20日，滇、桂两系操纵下的非常国会，根据所谓军政府组织法修

正案，选举唐继尧、陆荣廷、岑春煊、伍廷芳、林葆怿、唐绍仪、孙中山7

人为军政府政务总裁，岑春煊为主席总裁。孙中山拒绝就职，于 5 月 21 日偕朱执信等离开广州赴上海。途中，专程到汕头援闽粤军总司令部驻地河坝视察，会见了总司令陈炯明、参谋总长邓仲元和各支队司令及蒋介石等人。孙中山勉励大家将粤军建成革命的武装力量，以待将来北出长江、问鼎中原、打倒军阀、统一中国。孙中山还亲临前线视察，粤军官兵备受鼓舞。

6 月 3 日，孙中山离开汕头，取道日本，于 6 月 26 日回到上海。第一次护法运动遂宣告失败。

三、二次护法

孙中山在第一次护法失败回到上海后，正式迁居法租界莫利爱路 29 号新居，潜心著书立说，撰写《建国方略》，先后完成了《孙文学说》和《实业计划》两部著作。在总结经验教训和规划未来的同时，仍然关注着局势的发展。

他首先着力于"整理党务，先固实力"，并命在闽南的粤军将领邓仲元、许崇智等加紧训练军队，准备继续战斗。

蒋介石感到在援闽粤军中工作阻力很大，军队中地方派系观念很强，难有所作为。他曾对邓仲元说："我入幕，系为服从中山先生革命而来，并非为帮陈炯明而来。"7 月 31 日，他给陈炯明写了个辞呈，拂然而去。8 月 18 日，从香港回到上海。23 日晚，他前往莫利爱路 29 号孙中山寓所，向孙中山汇报了辞职的理由：因为陈炯明纵容部下诋毁先生，所以愤然去职。孙中山劝他回去，陈炯明也连续给蒋介

孙中山和宋庆龄在上海寓所

333

石写来 3 封信，参谋总长邓仲元也来信劝蒋回到军中。直至 9 月 18 日，粤军攻克了北洋军阀在闽南的根据地漳州后，蒋才又回到粤军中，升任第二支队司令官，驻守距漳州市北 30 里的长泰镇。蒋介石在上海期间，除了到交易所活动之外，有时也去探望孙中山。他常向别人提起，"孙先生是我的老师，我经常去向他领教"，"受教弥久，慕道益笃"，以此来表明他与孙中山关系亲密。

1918 年 10 月 4 日，段祺瑞指使亲信王揖唐为首的"安福俱乐部"收买政客，操纵国会选举，以冯国璋代总统期满，选举徐世昌为总统。不久，冯国璋离京回到河间故里，曹锟、吴佩孚成为直系头目。10 月 10 日，徐世昌就职总统。当月，段祺瑞因签订卖国条约《中日军事协定》遭到全国各界的谴责而辞去国务总理职务，专任参战督办，在幕后继续操纵北京政府。钱能训暂代总理职务。

1918 年 11 月，第一次世界大战结束，以同盟国的失败而告终。1919 年1 月，第一次世界大战战胜国在法国巴黎召开所谓的"和平会议"，中国作为协约国之一，参加了会议。中国代表在和会上提出废除外国在中国的势力范围、撤退外国在中国的军队和取消"二十一条"等正义要求，但巴黎和会不顾中国也是战胜国之一，拒绝了中国代表提出的要求，竟然决定将德国在中国山东的权益转让给日本。消息传入国内，激起广大爱国学生和全国人民的强烈抗议，从而引发了轰轰烈烈的五四爱国运动。

孙中山对五四运动给予了热情关注和支持。五四运动爆发后的第二天，兼任《民国日报》总编辑的复旦大学国文教师邵力子，于 5 月 5 日夜接到北京电报，及时在《民国日报》上报道了北京学生游行示威的爱国运动，并用电话向孙中山报告。孙中山当即指示："《民国日报》要大力宣传报道北京学生开展的反帝爱国运动，立即发动上海学生起来响应，首先是复旦大学要带头。"

5 月 6 日清晨，邵力子带着刚出版的《民国日报》来到复旦大学，敲响了钟声，叫上海学联总干事、上海复旦大学学生自治会主席朱仲华紧急集合全校同学，亲自上台宣读当天报上的头条新闻，并慷慨激昂地演讲，号召同学们说："北京学生有这样的爱国热忱，难道我们上海学生没有？！"

全体同学群情激奋，当场决定联合上海各校通电营救北京被捕学生，从速组织上海学生联合会。经过各校紧急会商，上海学生联合会于 5 月 11

日正式成立，会长何葆仁、总干事朱承洵。随后，上海也掀起了反帝爱国运动。

5月8日，陈汉明上书孙中山，报告南京华侨学生代表大会决议电请各方争回青岛，维护国权，请予支持。孙中山复函表示说："对诸君爱国热忱，极表同情，当尽能力之所及以为诸君后盾。""尚望诸君乘此时机，坚持不懈，再接再厉，唤醒国魂。民族存亡，在此一举，幸诸君勉力图之。"

在北京参加爱国学生运动的学生有30多人被当局逮捕，孙中山亲自接待了来上海串联争取声援的北京学生代表许德珩等学生运动领袖，在其住所同他们进行谈话，支持他们的爱国行动。孙中山对北京政府镇压学生运动、逮捕爱国学生表示了极大的愤慨，即"致电徐世昌责以不能为卖国者庇护，且不能妨碍学生与各界之爱国运动"，并由宋庆龄代表孙中山起草了"学生无罪"的援救电给北洋军阀段祺瑞，要他从速释放被捕学生。在社会各界的强烈声援下，被捕学生很快得到释放。

5月26日，孙中山约请上海学生联合会会长何葆仁到西藏路老金龙菜馆会面，热情鼓励学生们的爱国行动，赞扬他们的"这种爱国运动很好"，并建议"要唤起民众，与各界联合起来"。6月2日，孙中山再次在莫利爱路寓所接见上海学联会长何葆仁及总干事朱承洵和复旦大学学生会主席朱仲华，认真、详细地询问此次上海学运情况与有关问题。他听了介绍后，非常兴奋地赞扬了学生反帝爱国斗争的精神，还特别对上海学生粉碎圣约翰校长卜舫济破坏爱国运动的阴谋活动表示赞许，说："你们能攻破上海这个帝国主义顽固堡垒，是很了不起的胜利！"

孙中山还先后3次应邀到全国学生联合会评议部会议、上海青年会、上海环球中国学生会等发表演讲，宣传革命思想。他在上海环球中国学生会演讲时说："试观今次学生运动，不过因被激而兴，而于此甚短之期间，收绝伦之巨果，可知结合者即强也。如使诸君即时以正当方法结合，要求在国会政治之下，回复诸君自己之权，吾敢断言诸君之必成功也……若诸君于此举足轻重之际，来助我主张，予信北京政府从此不能更拒绝吾人也。如此，则真正最后之和平，可得而致。"

8月1日，孙中山指派胡汉民在上海创办了《建设》杂志，孙中山任社长，胡汉民为总编，由戴季陶、朱执信、廖仲恺等主编。孙中山亲自为《建设》杂志撰写了《发刊词》，阐明了创办这一刊物的原因及目的。他指出：中华民国成立"八年以来，国际地位犹未能与列强并驾，而国内则犹是官僚舞弊，武人专横，政客捣乱，人民流离"，这是由于"革命破坏之后，

孙中山与宋庆龄的亲友合影

而不能建设也，所以不能者，以不知其道也"。所以他要创办这杂志来"鼓吹建设之思潮，展明建设之原理，冀广传吾党建设之主义，成为国民之常识，使人人知道建设为今日之需要，使人人知建设为易行之事功，由是万众一心以赴之，而建设一世界最富强最快乐之国家，为民所有，为民所治，为民所享者，此《建设》杂志之目的也"。

　　1919 年 10 月 10 日，孙中山在上海将中华革命党改组为中国国民党，确定党的宗旨是"巩固共和，实行三民主义"，并公布了中国国民党规约。按照规约规定，"本党设本部于上海，总理全党事务"，本部设总务、党务、财务三部，指定居正为总务部主任、谢持为党务部主任、廖仲恺为财政部主任。

　　为了再次开辟革命根据地，收复广东，接济在福建漳州、厦门一带陈炯明所率二十营部队，孙中山在海外华侨中进行筹款，从 1919 年秋到 1921 年夏，多次派朱执信、廖仲恺到福建漳州与陈炯明商讨粤军西进讨伐桂系，并与广惠镇守使李福林、警察厅厅长魏邦平和国民党旧部以及民军等联络以响应粤军的反攻事宜。

第一次世界大战结束后，段祺瑞以边防督办身份操纵着北京政府，把参战军改为边防军，任亲信徐树铮为边防军总司令，不惜出卖国家主权向日本借款，扩充皖系实力。英美帝国主义则公开支持直系，曹锟、吴佩孚利用全国人民反对卖国政府的情绪，积极部署反段。1920年5月，吴佩孚由湖南前线带兵北撤并联合奉系张作霖，提出解散皖系政治工具"安福俱乐部"，罢免徐树铮，向皖系发动挑战。

徐世昌为曹、吴所迫，于7月2日下令免除徐树铮边防军总司令职务。段祺瑞调动军队进行威胁，把边防军改称定国军，自任总司令，任命徐树铮为总参谋长，段芝贵为第一路总司令，曲同丰为第二路总司令，并逼迫徐世昌于7月9日下令免去曹锟、吴佩孚的职务。双方互不让步，剑拔弩张。

7月14日，直皖战争在涿州、高碑店、杨村爆发，激战四天，皖军一败涂地，曲同丰被俘，徐树铮、段芝贵丧师逃走。段祺瑞电辞边防督办，安福俱乐部被徐世昌下令解散。9月，曹锟任直鲁豫巡阅使，吴佩孚为副，张作霖为东三省巡阅使。从此，直奉两系控制了北京政府。

1920年8月，美洲华侨致电孙中山，要求讨伐桂系和北洋军阀，并表示"愿竭全力，为公后盾"。8月12日，粤军在漳州公园誓师。当日，兵分三路，向广东进军，以洪兆麟为第一路司令，许崇智为第二路司令，陈炯明兼第三路司令。不到20天，连克潮安、汕头、海丰、陆丰等地，北江、西江民军纷纷响应。

8月中旬，孙中山派朱执信回粤策动旧部反正。朱执信由上海到香港，虎门要塞司令邱渭南派周之贞来会见，邀请朱执信到虎门会晤，并派船来接。9月21日上午，朱执信抵虎门调停虎门驻军与东莞民军的冲突，企图制止即将爆发的混战，不幸被乱枪击中牺牲。

朱执信是孙中山的得力助手，他的牺牲，是革命事业的一大损失。孙中山在上海得知朱执信遇难，深为悲痛地说："执信牺牲，我们付出的代价太大了！我党失此长城，我也失去了左右手。"他通告国民党员集款抚恤其遗族，并在广州设立了执信学校以资纪念。孙中山亲自出席了朱执信的葬礼并致辞。陈独秀撰写挽联："失一执信，得一广东，得不偿失；生为人敬，死为人思，死犹如生。"

9月27日，广州警察厅厅长魏邦平、广惠镇守使李福林宣布独立，响应粤军回师广东。10 月 19 日，粤汉铁路工人和广九铁路工人罢工支援粤军讨伐桂系军阀。20 日，广州各校学生罢课声援。10 月中旬，粤军连占惠州、石龙等地，并向广州推进。24 日，岑春煊、陆荣廷、林葆怿、温宗尧，宣布撤销军政府。26 日，莫荣新宣布广东取消"自主"，投降北京政府，企图以此取得直系对他的支援。27 日夜，莫荣新弃城逃走。28 日，粤军攻克广州。陆荣廷、莫荣新等桂系残部退踞广西。粤军将领许崇智等，请孙中山回广州主持政局。

11 月 22 日，孙中山在上海莫利爱路 29 号寓所召集伍廷芳、唐绍仪等军政要员举行会议，决定到广州重组军政府。25 日，偕同夫人宋庆龄和伍廷芳、唐绍仪等乘永翔舰离开上海，28 日到广州，重组军政府。

1921 年元旦，孙中山在军政府举行的南京临时政府成立纪念集会的讲话中指出："此次军政府回粤，其责任固在继续护法。予观察现在大势，护法断断不能解决根本问题，吾人从今日起，不可不拿定方针，开一新纪元，巩固中华民国基础，削平变乱。方针维何？即建立正式政府是也。盖护法不过矫正北方政府之非法行为，即达目的于中华民国亦无若何裨益。"表明孙中山这次组织军政府，不仅是恢复国会与民元约法，而在于"扫除污秽不堪之北京政府，建设良好干净之正式政府"。

此时，上海、北京的国会议员先后到广州者达 220 余人。1 月 12 日，国会在广州开会。孙中山在会上建议，取消总裁合议制的军政府，选举总统，建立正式政府。4 月 4 日，孙中山在宴请国会议员时，提出新政府的组织计划。与此同时，国内外要求成立正式政府的呼声也越来越高，英属、美属、荷属各埠华侨纷纷发来电报，请求选举总统；国内各社团召开会议，拥护组织正式政府。

民国参议院原有议员 200 余人，众议院议员 500 余人。根据《总统选举法》，须有三分之二以上议员出席，并获得出席人数四分之三以上票数，方能当选。当时南下广州的议员仅 220 余人，不能选举正式总统；但根据规定，只要有 14 个省以上的议员出席，就可召开非常会议，选举非常总统。

1921 年 4 月 7 日，国会非常会议参政两院联合会在广州举行，出席会议的国会议员共 220 人。会议由参议院议长林森主持，审议通过了《中华民国政府组织大纲》，孙中山以 218 票当选为中华民国非常大总统。

四、西征北伐

1921 年 5 月 5 日，非常大总统就职典礼在广州市隆重举行，国会议长林森授予孙中山非常大总统当选证书并授印。孙中山在观音山南麓总统府宣誓就职，并发表了《就大总统职宣言》。他说："文受国会付托之重，膺中华民国大总统之选，兹当就职。际此拨乱反治之始，事业万端，所望全国人才，各尽所能，协力合作，共谋国家文化之进步。文誓竭志尽诚，以救国民，破除障碍，促成统一，巩固共和基础。凡我国人，幸共鉴之。"

这天，广州全市悬旗结彩，阅兵典礼结束后，工农商学各界团体和市民群众几十万人游行欢庆，锣鼓喧天，旗帜如林。各会馆武术会表演舞狮和武术，有的来到总统府表演。孙中山看到十分高兴，还叫副官黄惠龙和马湘两人登台即兴表演武术。黄惠龙表演了九节钢鞭，马湘表演了八卦剑，孙中山称赞说："你们二人的国术都练得不错，革命军人应该学习这些武术。"

孙中山就职后，任命陈炯明为内务总长兼陆军总长，伍廷芳为外交总长，唐绍仪为财政总长，徐谦为司法部部长，汤廷光为海军总长，李烈钧为参谋总长，马君武为总统府秘书长，廖仲恺为财政次长，伍朝枢为外交次长。陈炯明借口患风湿性关节炎，需要休养一段时间，请辞陆军总长和内政总长的职务，并托病不来参加非常大总统就职典礼。孙中山驳回了陈炯明的辞职请求，责令他休整一段时间以后，加速西进，务必要彻底打垮桂系军阀。

孙中山就任非常大总统后，便着手整顿内政，先后制定、颁布了一系列改革吏治、保障人民权利、发展经济的法令和措施。鉴于广东"财力疲困"，他主张裁员减政，号召大家"少做官，多做事"，并制定了文武官吏任职宣誓条例，要求官员正职供职，不得受贿，希图借以形成勤政廉洁的新风尚。

这时，孙中山的外甥程炳坤从海外来到广州，想在军政府中谋职，孙中山不允所请，以其擅长缝纫，令其在广州南门外开一裁缝店为业。程炳坤很不高兴，孙中山告诫他说："天下者，天下人之天下，非一二人所独占……倘若为私，则人心不服。"

孙中山上任非常大总统后，生活仍十分简朴，吃的是四角钱左右的鸡血、豆芽一类的菜。他曾对卫士说："这两种菜很有营养的。"在穿着上也很注意节约，孙中山不喜欢穿长袍马褂，有人建议他穿西服，他说："不成，不成，穿西服就得用外国的衣料，那样就要花我们本国的钱，使我们的白银外流。"

孙中山感到西装不大适应当时中国人民在生活、工作等方面的实用要求，而传统的旧式服装大襟式长衫等，既不能充分表现当时中国人民奋发向上的时代精神，在实用上也有类似西装的缺点。于是主张以当时在南洋华侨中流行的"企领文装"上衣为基样，借鉴日本学生服和英式军装等优点，在企领上加一条反领，以代替西装衬衣的硬领。这样一来，一件上衣便兼有西装上衣、衬衣和硬领的作用；又将"企领文装"上衣的 3 个暗袋改为 4 个明袋，下面的两个明袋还裁制成可以随着放进物品多少而涨缩的"琴袋"式样。孙中山说，这样改革衣袋，为的是要让衣袋放得进书本、笔记本等学习和工作的必需品，衣袋上再加上软盖，袋内的物品就不易丢失。

一日，孙中山拟检阅军队，欲服元帅装，则嫌其过于隆重不适于时，西服亦无当意者，就找来曾在越南经营过服装店的华侨黄隆生，要求他设计一套方便实用的中式服装。黄隆生，广东台山人，原在河内保罗巴脱街开设隆生洋服店。1902 年 12 月，孙中山先生到河内筹组兴中会，偶入其店购物，相与攀谈。黄隆生获悉面前顾客即为革命党领袖孙中山先生，大为倾倒。恳切要求参加兴中会，并成为同盟会会员。1923 年，黄隆生随孙中山在大元帅府任事，他根据孙中山的意图要求，设计制作了第一套中山装。

当孙中山穿上这套新装时说："这种服装好看、实用、方便、省钱，不像西装那样，除上衣、衬衣外，还

身着中山装的孙中山

要硬领，这些东西多是进口的，费事费钱。"这种服装由于具备好看、实用、方便等优点，一经孙中山试穿，就获得广大群众的欢迎，很快成为当时的一种流行时装。因这种服装系孙中山亲自设计、试穿，遂被称为"中山装"。

自桂系势力被粤军驱逐出广东后，陈炯明开始野心膨胀，把军政府视为眼中钉。孙中山主张北伐，陈炯明想独霸广东。他暗中与湘军总司令赵恒惕相约，湘粤联防自治互不侵犯，与孙中山的北伐计划背道而驰。

1921年6月，蒋介石的母亲因病去世，便回到老家奉化溪口为母守灵。7月20日，孙中山致电蒋介石让他来广州。直到9月13日，蒋介石才回到广州，孙中山派其到广西南宁去和陈炯明筹划北伐事宜。蒋介石在与陈炯明的商谈中，发现陈炯明竟然反对孙中山北伐的主张。他回到广州后，向孙中山报告了陈炯明的情况，又回到奉化溪口为其亡母选择墓地去了。

桂系投降北京政府后，陆荣廷被任为粤边防务督办，谭浩明为广西督军，李静城为广西省省长。陈炯明为巩固自己的地盘，也想与桂系建立粤桂联防协议，密电谭浩明"各守边防毋相侵犯"。但陆荣廷从北京政府得到饷弹接济后，一心想夺回广东，他命陈炳焜出兵西江，申葆藩等取高、雷、钦、廉四州。在这种情况下，陈炯明被迫反击自卫，接受了孙中山委任的援桂军总司令职务，与许崇智、李烈钧兵分三路在北江、西江及钦、廉一带迎敌。

这次讨桂战争得到了广东人民的大力支持，宋庆龄和何香凝也都参加了支持活动。他们在广州发动妇女组织"出征军人慰劳会"，宋庆龄亲自任会长，何香凝担任总干事。广东各界妇女团体十分踊跃地报名参加。他们率会员们四处奔走，宣传西征，筹集经费，慰问伤员，还亲赴梧州前线慰问部队，给了官兵们很大的鼓舞。

1921年6月26日，桂将领刘震寰响应粤军独立，桂系失利。粤军乘胜占领梧州，桂军守将陈炳焜仓皇逃走。孙中山任刘震寰为桂军第一师师长。8月4日，粤军占领南宁。8月13日，占领桂林。用短短3个月的时间，便统一了两广。

9月6日晚，孙中山在广州总统府宴会厅，宴请凯旋的粤军将领及准备北伐的滇、黔、赣军各路将领们。席间，孙中山容光焕发，高擎酒杯，不断为将士们祝庆功酒。孙中山说："今天的宴会，是为伐桂凯旋的将士们举办的，也是为我们即将进行的北伐而举办的，讨伐桂系的成功，表现了国民革命的伟大力量，说明了反动军阀并不可怕。目前，我们在广东、广

341

1921 年 7 月 24 日，孙中山与宋庆龄在广州"出征军人慰劳会"开会前留影

西已经奠定了稳固的基础，国民政府已经成了中国的唯一合法政府。在我就位大总统时，有人说我是广东的总统，有人要逼我下台，北方的军阀们不承认我这个总统和我们的政府，外国的洋人也不愿意承认我们这个政府，这是因为我们要实行的主义是尽快使我们的国家强大起来，不再做帝国主义列强的附庸，我们是要拯救老百姓于水火之中，而不能再让列强和反动军阀们在中国任意胡为！这是我们建党的宗旨之所在，但这却是那些反动军阀们所不愿意看到的！"

顿了一顿，孙中山接着说道："辛亥革命胜利、中华民国政府成立已经十年，可是革命仍然处在徘徊之中，军阀仍然统治着中国的大片土地，中国仍然是贫穷，经济仍然是落后，资源得不到开采，交通仍然闭塞，外面的信息传不进来，人民仍然处在愚昧落后之中，这样的现实使我孙文食不甘味、寝不安枕！解决这一现状的根本措施是统一中国，而统一中国的手段又非出兵北伐不可！所以，今天请诸君来此，一是为伐桂凯旋的将士们接风，而更主要的目的，是号召北伐！诸君如无异议，请干了此杯！"

孙中山慷慨激昂地说完这一席话之后，带头干了一杯酒。将军们齐声响应："愿跟随大总统北伐，统一中国！"说完一齐干了杯中的酒，宴会尽欢而散。

9月30日，粤军攻克桂系最后一个据点龙州，陆荣廷、谭浩明逃往越南，桂军大部投降，广西回归护法政府的管辖范围。孙中山本拟任命陈炯明为广西总司令，但陈因实力在广东，拒不接受，只好改任陈炯明为广西善后督办，马君武为广西省省长。统一两广后，孙中山决定出师北伐，实现统一全国的计划。10月8日，孙中山提请非常国会通过了北伐案。

10月15日，孙中山乘军舰出巡广西，准备出师北伐。10月下旬，经梧州、桂平到南宁。南宁工农学商各界开欢迎大会，孙中山发表了演讲，他指着大家的衣服说："各位穿的衣服都这样破烂，多数还没有鞋穿，原因是什么呢？就是陆荣廷、谭浩明一班军阀剥削你们，弄得你们生活这样困难，革命就是要使工人农民以及各界人士都过好生活。现在广西的军阀，已经打倒，马君武做广西省省长，必定要负起这个责任，使人人都丰衣足食。你们是主人，省长是仆人，仆人必定要做到使主人满意才是一个好省长。"孙中山演讲了3个多小时，大家听了都很兴奋，不断高呼："大总统万岁！"

广西平定后，孙中山决定出师北伐，但陈炯明想占据两广，借口"保境息民""联省自治"，反对北伐。他暗中与驻洛阳的吴佩孚，驻长沙的赵恒惕相勾结，以"联省自治"为名，企图各据一方。孙中山一再电促其出兵北伐，而陈逗留不进，声言须俟半载准备。孙中山窥知其意，在赴桂林之前，专程绕道来南宁做其工作。

10月23日晚，孙中山夜宿陈炯明军第，向陈炯明反复说明北伐的意义，表示此次决心讨贼，义无反顾，再三向他说明"各省军阀利害不能相安"

孙中山在粤、滇、赣三省军人欢迎会上作题为《军人精神教育》的演讲

的道理，陈炯明还是不愿赴前线指挥。于是，孙中山派他回广州筹办后勤供应，并语重心长地对他说："吾北伐而胜，在事势上固不能回两广；北伐而败，且尤无颜再回两广。两广请兄主持，但毋阻我北伐，及切实接济饷械而已。"

12月4日，孙中山沿漓江北上，带着一个警卫团到桂林组织大本营，任命朱培德为滇军总司令，谷正伦为黔军总司令，彭程万为赣军总司令，许崇智为粤军第二军军长，李烈钧为大本营总参谋长，胡汉民为秘书长，共约4万大军。设北伐大本营于桂林独秀峰山麓的王城，准备翌年春天正式出师北伐。

当时，桂林郊外尚有武装团伙盘踞山上，经常下山劫掠，妨害地方治安。地方官员主张对他们实行"痛剿"，孙中山说："彼等与我辈都是同胞，何必'剿灭'，以戕害我种族，可持我名片一张，邀他们下山，共同北伐。"这些人闻知，被孙中山的诚意所感动，说："孙大元帅如此豁达大度，诚意待人，敢不心悦诚服，供其驱使。"于是，这些武装团伙都投入了革命军，参加北伐。

12月7日，桂林党政军学各界76个团体开欢迎会，孙中山在会上讲述了三民主义和建设国家的关系。12月10日，孙中山又召集驻桂林的滇、赣、粤军所有的团级以上的军官千余人开会，作了题为《军人精神教育》

的演讲。

　　孙中山首先简要讲了革命的目的，他说："我们革命的目的，是要实现我们的三民主义。所谓的三民主义，就是民族主义、民权主义、民生主义。民族主义的达到，就是中华民国国家进入独立的地位。我们当前的国家，虽然已推翻了清王朝的统治，但这并不是民族主义的完成。中国现在仍然是处在分裂、动荡之中，北洋军阀所鼓吹的'汉、藏、回、满、蒙五族共和'完全是欺人之谈！我们只有实行北伐、统一中国，才是真正地实现了民族主义。所谓民权主义，可以称之为众民政治，是说政治上的一切权力完全在人民的手中。而所谓的民生主义，就是要打破当前的不平等的生活现状，现在社会上的富豪阶级拥有无数的财产，而老百姓却穷得没有立锥之地，这正是我们要革命的。"

　　接着，又着重阐述了军人的精神。他说："作为一个革命的军人，要有一种精神，古人要求军人要有大智大勇、大仁大义，什么叫智？智在于明辨是非，分别利害，认清时势，在对敌作战中要能知彼知己，这就是军人的智；什么叫仁？仁，不是一种小恩小惠，仁的目的在于救国，在于为人民的仁；所谓的勇不是单纯的不怕死，要能懂得生与死的大道理，要能立定决心，从事革命，为了革命而不怕死，这才是真正的勇。作为一个立志于中华革命的军人，就要有为革命而必死的决心，这就必须有一种革命的精神来支持着我们。"

　　孙中山又说："今天的革命与古代的革命是不同的，今天的革命是为人民的革命，革命事业的完成要有一种革命的精神来支撑。在北方，我们的近邻——俄国的军人就有一种可贵的精神，他们处在列强的重重包围之中，可是他们就是为主义而坚强地挺了下来。他们的军人能与工农结合而创造出一个崭新的国家，我们的军人，只要有主义及革命的目的和决心，那么我们改造中国的效果，一定不会在俄国之下的。"

　　孙中山慷慨激昂地演讲了一个半小时，一次次被军官们雷鸣般的掌声打断。

　　1921 年 12 月 23 日，被列宁派到中国工作的共产国际执行委员和民族殖民地委员会秘书马林在中共党员张太雷陪同下，来到大本营会晤孙中山。双方会谈了 9 天，马林还向军政府的官员们做了关于俄国革命的报告，向孙中山提出了关于组建新政党和创办军校等建议，希望与孙中山的革命政府建立联盟关系。孙中山欣然接受了这些建议，并表示愿与苏俄建立非正式联系，以免招致列强的干涉。

直奉两系控制北京政府后，为争夺地方与中央权力，矛盾日益尖锐。1921 年 12 月，由张作霖推荐，徐世昌命亲日派梁士诒组阁。梁士诒企图出卖山东权利，与日本密商借款，并起用被罢职的曹汝霖等人，引起公众的愤慨。以吴佩孚为首的直系将领们，纷纷电斥梁士诒媚日卖国，实际上把矛头指向奉系张作霖。张作霖调兵入关，进逼直系。

1922 年 4 月 29 日，直奉两系在京汉铁路的长辛店和津浦路的马厂一带发生大战，第一次直奉大战爆发。不到一个星期，奉军失败撤回关外。徐世昌免去了张作霖东三省巡阅使的职务，北方出现直系独霸北京政府的局面。张作霖回东北后，被东三省议会推为东三省保安总司令，并宣布东北独立，重整旗鼓，准备与直系再战。

为了对付共同的敌人，奉系军阀张作霖与皖系军阀段祺瑞结成同盟，密谋策划推翻直系军阀，并且先后派代表到桂林谒见孙中山，表示愿意与孙中山合作，南北呼应，打倒直系军阀。段祺瑞派徐树铮秘密到桂林谒见孙中山，商讨北方奉皖两系与北伐军三路出兵的问题，逐步形成了共同对付直系的三角联盟。张作霖也建议"三角联盟"推翻直系后召开南北统一会议，恢复法统和旧国会。孙中山出于斗争策略的灵活性，同意了暂时与他们合作，共同推翻北洋政府。北伐的时机已经成熟。

正当孙中山在桂林准备北伐的时候，陈炯明与吴佩孚进一步勾结，进行多方面的破坏活动，指使湖南督军赵恒惕拒绝北伐军过境。3 月 21 日傍晚，陈炯明的族弟陈达生和一个营长陈少鹏买通奸细，在广州大沙头广九车站将孙中山的得力干将、粤军总司令部参谋长兼第一师师长邓铿杀害。噩耗传来，孙中山异常悲痛，以大总统名义，追赠其为陆军上将，葬于黄花岗七十二烈士墓侧，并为其亲书墓碣。

蒋介石将亡母安葬后，在孙中山的一再电催下，才赶来桂林北伐大本营，被孙中山任命为第二军总参谋长。陈炯明杀害邓铿后，蒋介石断定陈炯明必定叛变。在桂林的一次军事会议上，他主张先讨伐陈炯明，然后再进行北伐，但孙中山还是想争取陈炯明支持北伐。蒋介石曾提醒孙中山，要对陈炯明保持警惕，他说："先生之于竞存，只可望其宗旨相同，不超范围；若望其见危受命，尊党攘敌，则非其人，请先生善诱之而已。"

陈炯明除了采用挑拨、谋杀等手段破坏北伐外，还从经济上限制和刁难，曾长达半年之久，不给军政府调拨一弹一粟。孙中山屡次电催，他照

1922年5月，孙中山偕宋庆龄赴韶关督师北伐

样不予理睬。孙中山从广东省银行借的纸币200万元用完后，已是粮饷尽竭，迫不得已，只好于4月21日免去陈炯明的内务总长、粤军总司令、广东省省长3项职务，粤军部队改由大本营直辖。孙中山因"念其前功，不忍其恝然离去"，仍留任他为陆军总长；命伍廷芳兼广东省省长，魏邦平为广州卫戍总司令。

陈炯明在解职当天，率领总司令部和省长公署部分人，回到故乡惠州西湖百花洲，继续操纵其部下蓄谋叛变。4月22日晚，蒋介石在三水谒见孙中山，建议进攻惠州、石龙，消灭陈炯明的势力，以除北伐后顾之忧。

但孙中山认为北伐时机不容错过，他说："奉直战争方炽，不可失此良机。若按兵不动，坐视成败，则与拥兵自卫者何异？"

由于湖南当局多方阻遏，孙中山在桂林召开紧急军事会议，决议班师回粤，改道赣南北伐。4月23日，孙中山偕蒋介石回到广州，还想争取陈炯明参加北伐，便派程潜前往惠州催促陈炯明回广州；但此时的陈炯明正在暗中策划反叛部署，密令叶举率军回兵广州。蒋介石欲回老家祭奠其母去世周年，到广州的当天，便提出辞去第二军总参谋长职务，回到了故乡溪口。

北伐的各路队伍集中到了韶关。5月6日，孙中山偕宋庆龄、胡汉民、许崇智等从广州赴韶关，并在韶关设立北伐大本营。5月8日，孙中山发布进军令，李烈钧、许崇智、朱培德、李福林、黄大伟、梁鸿楷各率所部分3路向江西进军。到5月下旬，北伐军连占南安、新城、崇义、信丰、虔南、龙南等县。

直系军阀于5月4日战胜奉系后，曹锟、吴佩孚为了进一步控制北方政府，又玩弄起政治骗局。5月中旬，他们以恢复旧国会为由，把黎元洪重新抬出来担任总统，装潢一下北京政府，使南方护法政府立于无名。6月1日，由吴景濂、王家襄为首的旧国会议员203人发表宣言，宣布由国会行使职权。6月2日，把徐世昌赶下了台。

6月3日，孙中山发表声明，反对黎元洪在北京政府复任总统职，明确指出广州护法政府是继承法统的合法政府。6月5日，江苏公团联合会等组织相继致电孙中山，反对黎元洪复职，要求广州政府兴师北伐，并表示"誓为义军后盾"。

6月8日，广州非常国会通电反对黎元洪复职，并宣布黎元洪毁弃《临时约法》、背叛民国的罪状；但黎元洪仍于6月11日在北京恢复了总统职务。

五、避难永丰舰

在江西前线，北伐军节节胜利，攻克赣州，进逼吉安，前锋直指江西省会南昌。正当北伐军长驱直入之时，陈炯明的部将、粤桂边防督办叶举率领50多营军队窜入广州，通电要求恢复陈炯明的各项职务，免除胡汉民、廖仲恺等人的职务，并以索饷为由纵兵到军政府闹事。

5月25日，蒋介石致电胡汉民、廖仲恺、汪精卫、许崇智，针对"陈党盘踞省城，逆命作乱"的情况，提出"先巩固后方，再图北伐"的建议。6月1日，蒋介石再次写信给许崇智，指出："非从速回兵解决广州根本，决无安全和平之道，果能先发制人，则无论其集中东江或盘踞省城，不难一网打尽，否则犹豫不决，迁延隐忍，必致有束手无策、噬脐莫及，不可挽救之一日。"

为了不影响北伐大局，孙中山做了一些让步，同意让陈炯明署理两广军务，并电令叶举立即率领所部兵力奔赴原驻防处。为了稳住后方，他决定冒险回到广州，解决北伐后顾之忧。

6月1日，孙中山只带了少数卫队由韶关回到广州。当火车到新街站时，从广州赶来迎接的人群中，有一个华侨邓三伯报告说："陈炯明在惠州召集他的部下，频频开会，有谋乱企图，不可直到黄沙，改由其他车站下车，免受陈炯明暗算。"

在旁的人也这样劝说，孙中山仍不以为然地说："不要紧，不要紧，我对陈炯明一直以诚相待，他怎么也不会害我的。"

孙中山按原定计划由黄沙站下车，登上海防司令陈策派来的兵舰到天字码头，改坐汽车，回到了总统府。

第二天，孙中山带着卫士马湘、黄惠龙、杨仙逸，从粤秀楼往震武楼、文澜阁各处巡视，看到许多士兵在这一带来来往往，对着粤秀楼的墙上还凿了许多枪眼，即派侦缉队长李天德调查了总统府附近驻军的人数、番号和军官姓名。6月2日，孙中山给蒋介石发电："粤局危急，军事无人负责，无论如何，请兄即来助我，千钧一发，有船即来，至盼。"

为了感化陈炯明及其部属，孙中山再次致电陈炯明，要他"火速赶到总统府共商北伐大计"，又在总统府举行盛大宴会，宴请陈家将，可是陈家将们却一个都没来参加宴会。陈炯明回电敷衍说：现在军队已经不听我的命令了，我本来是想回到广州去的，可是现在我不能回去了。

孙中山接到陈炯明的回电后，误认为陈炯明的话是真的，决定通过对陈家将施加压力，迫使陈家军撤离广州，重返北伐前线。6月12日，孙中山在广州财政厅举行记者招待会，在会上愤怒地谴责陈家军不听指挥。孙中山说："以叶举、洪兆麟为首的军队，擅自从广西全部撤回，现驻扎在白云山附近，拒不听从政府的命令。此次自韶个人返省，与陈家将当面解释一切。而彼不与我会面，只终日索饷，欲陷省城于危险，吾岂无法治之？

不过恐地方之糜烂，有所不忍。自今观之，时时可以内乱，刻刻可以开战。而陈氏今且不能返省，因系失驾驭之力耳。假如我把正在进攻江西的北伐军调回广州，把这些违抗军令的官长逮捕，是易如反掌的，但这样我便放弃了江西，岂不可惜？因此，我现时被迫采取另一办法，就是把他们从广州赶跑。现在我得向你们全体提出请求：请你们在十天内，以统一口径对他们发出警告，告诫其撤到距离广州三十里以外地区。他们如果胆敢不从的话，我就会用武力来压服他们。人称我孙大炮，以前我曾经炮轰过反动军阀陆荣廷，如果他们拒不服从政府命令的话，那他也就成了新军阀，我也用大炮去轰他们。我现在还不想这么做，今天请诸君来，是想请你们在舆论上造成一种压力，让陈家军们知难而退，只要他们还回到革命的队伍中来，我们还是欢迎的！"

6 月 14 日，陈炯明在石龙召集所部将领会议，密谋叛乱，推举叶举为总指挥。6 月 15 日下午，叶举在白云山郑仙祠召开军事会议，布置炮轰总统府的行动。会议决定 16 日凌晨 3 时进攻总统府，不论是普通士兵还是军官，凡是捉住孙中山者，赏大洋 20 万元；并发出通电，要求孙中山和徐世昌同时下野。

当日下午 5 点，罗翼群向孙中山报告了叶举召开军事会议的消息，说是要攻打总统府。孙中山不大相信，他说："我明天就要回韶关大本营去，直到刚才，竟存还和我有电报往返，表示他愿意支持北伐，叶举怎敢不听竟存的命令？"

当日傍晚，海军陆战队司令孙祥夫、总统府秘书长谢持先后来报告陈炯明有谋叛的迹象。孙中山还是不以为然，忙着派人往韶关给北伐军运送 10 万元军饷。当天夜里 11 点，广州卫戍司令魏邦平、海防司令陈策又接连用电话报告陈炯明谋叛动态，并说情况已十分紧急。孙中山仍不相信陈炯明会真的背叛他，在电话中说："无论如何我不离开，我只知为国家，为民族，从来不为个人谋利禄是人所共知的，陈炯明何至要谋反？"

到了半夜 12 点，林直勉、林树巍和陆志云又匆忙跑来报告陈炯明部队要在凌晨攻击总统府的消息，形势十分危急，劝孙中山赶快避开。孙中山回答："竟存纵然恶劣，料不至如此，即使竟存有不轨之谋，他的部下有不少是明理正直的人，他们很多人和我久共患难，岂肯尽听竟存之命？请各位无须过虑……我已将警卫调往韶关，即是表明我对他的信任。他对我虽有不利的阴谋，亦何须用兵？如果竟存胆敢称兵作乱，甘为叛徒，则人人都可以杀他。我身为大总统，负全体国民之托，有平叛责任。如果力量不足，被叛逆所害，正是我为国牺牲的机会，岂能临难苟免，贻笑中外，玷辱国家。"

到了深夜 1 点钟，在总统府附近已听到远处部队活动的嘈杂声和集合号声。林树巍、林直勉和陆志云 3 人，又急速跑来劝孙中山火速离开粤秀楼。面对叛逆者的武力威胁，孙中山毫不畏怯，说："竞存胆敢作乱，我便要负平乱之责，如力不足，惟有一死，以谢我四万万同胞。"

到了凌晨 2 时，在粤秀楼上已经能听到叛军的集合号声了，卫士们一齐来劝孙中山赶快离开总统府。孙中山就是不愿意，马湘和黄惠龙叫来几个人，强行给孙中山换上了一件白布长衫，戴上一副墨镜，提着一个药箱，装扮成医生的模样，两个卫士一边一个挽起孙中山的手，挟着他就要去。

孙中山只得答应了他们的要求，转身回到卧室，喊宋庆龄一起走。宋庆龄在睡梦中被惊醒，还不知道出了什么事情。孙中山对她说："陈炯明已经正式叛变了，我现在必须到军舰上去，到那里指挥平叛战斗，你快起来和我一起去！"

宋庆龄此时有孕在身，行动不便，担心一起走行动缓慢，容易被叛军认出来。为了孙中山的安全，执意让孙中山先走。她说："我和你一起走，目标太大，容易被叛军发现；再说我已经有了身孕，行动不方便，你还是一个人先走吧！"

孙中山还要坚持等宋庆龄一起走，宋庆龄果断地说："不！还是你先走。中国没有我宋庆龄可以，但是不能没有孙中山，请你赶快走！"

在宋庆龄和卫士的一再催促下，孙中山不得不先行一步；但命令马湘率 50 名卫兵全部留下，保护宋庆龄。临行时，孙中山又对宋庆龄交代："我到了军舰上后，就会率海军反击，你听到大炮的声音，就知道我已经脱险了。"

孙中山带着秘书林直勉和卫士林树巍二人离开粤秀楼，悄悄通过了总统府右侧的越秀街、莲花井、雨帽街、德宣路，到了惠爱路时，被叛军岗哨拦阻。跟随的人说他是医生，到病人家里去看急诊。他们看孙中山身着白布长衫，提着药箱，像个医生，才被放行。当穿过桂香街到靖海路时，又遇到叛军，他们几人态度从容自若，得以安然通过，穿过永汉路，来到天字码头。江海防司令陈策率宝璧舰来迎接他们。上舰后，孙中山亲拟电文，告各军陈炯明反叛，号召戡乱平难。

孙中山离开粤秀楼后不久，叛军一方面在广州市内各处张贴由粤军总指挥叶举署名的布告："国会恢复，护法告终，我军将士，一致赞同，促孙下野，以示大公，商民人等，幸勿惊恐。"另一方面分兵包围总统府和粤秀楼。洪兆麟部一个师的兵力占领了观音山，居高临下围攻总统府。

保卫总统府的兵力只有大本营警卫团的两个营，陈可钰任团长。以机枪营为第一营，营长薛岳，负责固守总统府后院；以工兵营为第二营，营长叶挺，负责固守总统府前院；张发奎的第三营，留守韶关大本营，此时兵力仅有八九百人。守卫孙中山官邸粤秀楼的是卫士队，大队长姚观顺，第一队长黄惠龙，第二队长马湘，总共只有50多名卫兵，负责宋庆龄的安全转移。

黎明时分，叛军由四面包围而来，机关枪、步枪交作，还不断发炮轰击总统府和粤秀楼。警卫团和卫士队官兵，与敌人展开浴血奋战，共击退叛军5次进攻。敌人死伤几百人，尸骸满山，卫士队伤亡三四十人。第二营营长叶挺亲临前沿指挥官兵抗击，并亲自督率战士填塞炮洞。卫士队第二队队长马湘更是勇猛过人，枪法百发百中，一连毙敌数十人。叛军将领叶举一边督战一边喊叫："如有拿获马湘的，领赏1000元！"

战至上午10时左右，卫士队子弹几乎用完。在总统府和粤秀楼之间，有个一里多长的天桥，越过下面的房屋和马路相连通。为了集中兵力，团

　　　　　　　孙中山、宋庆龄与总统府卫队官兵合影

长陈可钰决定，把守卫天桥的卫士和守卫粤秀楼的卫士集中起来，退守总统府，命令马湘负责掩护宋庆龄转移。

马湘和守卫粤秀楼的卫士们负责断后掩护，姚观顺大队长和两位卫兵拥着宋庆龄，弯着腰从天桥上向总统府撤退。叛军见天桥上有人，立即大声喊叫着对天桥上开枪开炮，有两三次，子弹呼啸着从宋庆龄的鬓发上擦过。刚刚过了天桥，突然一声震天动地的巨响，一发炮弹击中了天桥，整个天桥垮塌下来。

宋庆龄头戴草帽，身上披着孙中山的雨衣，在姚观顺大队长和两位卫兵的掩护下，随着混乱的人群脱险而出。姚观顺在突围中中弹负伤，另一名卫兵牺牲。当叛军拥过来时，他们趴在地上装死。叛军过去后，爬起来又跑，进了一个小巷，躲入民宅。宋庆龄化装成一村妪，剩余的一卫兵扮作贩夫，趁夜离开，躲入岭南大学校长钟荣光家中，宋庆龄在转移途中不幸流产。

当孙中山和宋庆龄先后离开总统府时，总统府前的战斗仍在激烈地进行着，叛军不断地缩小包围圈，并用猛烈的炮火轰炸，总统府被炮火击中起火。警卫团长陈可钰决定分兵突围，率警卫团从前门突围而去，掩护卫队从后面的小巷子里撤离了总统府。

粤秀楼亦被叛军炮火焚毁，孙中山积年所著未发表的稿件和珍贵书籍被付之一炬。尤其令人痛惜的是，孙中山与列宁和苏维埃政府来往的电文，以及孙中山多年关于政治经济等方面的著述手稿，其中有继《建国方略》之后所写的关于"民族主义""民权主义""民生主义"3部著作的手稿，也都在总统府和粤秀楼内化为灰烬。

6月16日下午，广州卫戍司令魏邦平约外交总长伍廷芳，一起来到永丰舰谒见孙中山。孙中山指责他说："你是卫戍司令，对广州地区负有保卫之责，弄至这般田地，如何卫戍呢？"

魏邦平红着脸，羞愧地说："叛军炮轰总统府的时候，也包围了我的司令部，我出不来。"

孙中山挥挥手说："过去的话就不要再分辩了，我已经将海军的舰队都集中到黄埔了，明天出动反击。你马上回去部署，配合海军攻击，早日戡平叛乱！"孙中山还命令伍廷芳通告各国驻广州领事，希望他们严守中立，勿助叛军。

17日早晨，孙中山下令各舰炮击省河沿岸一带叛军，以配合魏邦平部队反击。海军司令温树德座驾永翔舰，率永丰、楚豫、同安、豫章等舰只，江防司令陈策座驾宝璧舰，率广庚、广玉、广亨、广贞等舰只，十来艘军舰浩浩荡荡地从黄埔出发，分头沿着省河前进。首先向车歪炮台猛烈开炮，然后又直驶白鹅潭，向占据沙河、瘦狗岭、沙头、观音山等地的陈军发动了猛烈的炮击，接着，又向驻有叛军的无线电局、江防司令部、市政厅等处炮击。陆上的叛军也向舰艇开炮还击，战斗进行得异常激烈。但在炮击叛军过程中，海军司令温树德坐镇的永翔舰一弹未发，岸上魏邦平部队仍按兵未动，坐观中立。当舰队驶到沙面时，孙中山只好命令返航，舰队经中流砥柱炮台返回黄埔，在二沙头集结。

回到黄埔以后，孙中山知道海军司令温树德已不可靠了，于是命令江海防司令陈策火速给韶关大本营发电，命胡汉民立即亲赴江西赣州，向许崇智说明广州陈炯明叛变经过，命令许崇智迅速率领所部北伐军回师广州，平定叛乱，廓清后方，再图北伐。

事变当天，何香凝在广州市内，不知孙中山和廖仲恺的下落，就只身深入叛军指挥部，见到陈炯明的部下洪兆麟、李云复、叶举等，要求他们允许她去找孙夫人。被获准放行后，她坐着汽车，车上插着通行旗号，在枪林弹雨中驱驰。18日，在黄埔永丰舰上见到孙中山，把廖仲恺被陈炯明囚禁的事，告诉了孙中山。之后，她又去岭南大学找到了宋庆龄。廖仲恺于兵变前，被陈炯明电约赴惠州商谈要事，诱至石龙扣留，用锁链锁在石井兵工厂。何香凝只身深入虎穴，严词责问陈炯明，廖仲恺才免遭毒手。

19日上午，岭南大学校长钟荣光送宋庆龄到黄埔，在长洲要塞司令部见到孙中山。孙中山兴奋地拉着宋庆龄的手，端详了好一会儿，激动不已。当他得知宋庆龄已经流产了的时候，心中非常难过。为了让妻子好好养病，他要求宋庆龄离开军舰到陆地上去，最好是到上海去休养一段时间。宋庆龄想留下来与孙中山共患难，在孙中山的坚持下，只好同意回到上海去养病，旋即由外籍顾问那文陪同，经香港转赴上海。

外交总长兼广东省省长伍廷芳因陈炯明叛乱，忧愤成疾，于23日病逝。孙中山听到消息后难过地落下了泪，对大家说："陈逆叛乱，祸国殃民，伍总长忧劳过度，遂至不起，我们后死者自应同心勠力，戡平叛乱，然后可以慰伍总长之英灵，完成革命大业。"

　6月18日，孙中山电告正在宁波的蒋介石："事紧急，盼速来。"蒋

孙中山、宋庆龄在永丰舰上与海军官兵合影

介石接到电报后，于 6 月 25 日从上海启程赴广州，29 日来到永丰舰。孙中山见到蒋介石后很高兴，对前来采访的外国记者说："蒋君一人来此，不啻增加二万援军。"并将海上作战的指挥权交给了蒋介石。陈炯明闻之，惊慌地说："他在孙中山身旁，必定出许多鬼主意。"

7 月 1 日，魏邦平来永丰舰表示愿为双方和解效力，孙中山当即严词驳斥，说："本总统主张北伐，完成革命，而陈炯明反对北伐，叛变革命。你认为双方都是朋友，以中间人自居，则正义何在？你居心革命还是不革命？"魏邦平赧颜而退。陈炯明指使他的亲信、省议会议长钟声等，举行所谓省议会和有关团体的联席会议，通过所谓"赞成统一，欢送孙中山下野，迎接陈炯明回省"的决议，并电请孙、陈"停止战争"。

7 月 5 日，陈炯明托岭南大学校长钟荣光带函到永丰舰向孙中山"求和"，在信里假惺惺地表示自己的委屈，想使孙中山主动退出大总统的位子，逼孙中山下野。孙中山看过信，当即正言回答："如真能悔过，可前来相见，办法就是如此。"

陈炯明软硬兼施，一面严令钟景棠率部攻占长洲对面的牛山、鱼珠二炮台，利用陆上的炮兵力量对水面上的军舰形成威胁；同时，又利用海军司令温树德的弱点，对其威胁利诱，让他率所属舰队投降。7 月 8 日，温树德接受陈炯明26万元巨款，率海圻、海琛、肇和三舰离开黄埔，驶出莲花山河面。鱼珠炮台为掩护叛军渡河，向长洲炮台轰击，长洲要塞司令部被击中。马伯麟、李安邦、李天德、徐树荣率所部向渡河叛军猛击，扼住叛军的进攻。

7月9日下午，驻长洲炮台的海军陆战队司令孙祥夫率部附逆，长洲炮台失守，北伐军各舰只受到陆上叛军炮击的威胁。当日傍晚，孙中山召集各舰长和陆上部队指挥官等在永丰舰开会，研究当前形势和今后的作战计划。会议决定北伐军在回师广州途中孙中山仍驻广州，以激励官兵讨逆决心；永丰舰转移到白鹅潭附近停泊，因此处接近外国人租界范围，叛军不敢进犯；陆军部队由宝璧、广玉、广贞、广庚、广亨、舞凤六舰载运，进攻江门，另建根据地。

7月10日凌晨，孙中山乘永丰号座舰，率楚豫、豫章、舞凤、宝璧、广玉、广贞、广庚、广亨等舰离开黄埔，下令各舰驶入黄埔背后一条小河悄悄转移。各舰指挥官认为此河从无较大轮船航行，兵舰怕无法通过，但孙中山非常自信地说能过，他们只好试着驶入，果然都顺利通过，舰队经三河口到了长洲要塞后方的新造村河面。原来，孙中山在撰写《实业计划》时，曾细心研究过此处河流水深等方面的情况。

从新造村河面驶进白鹅潭有一段必经之路，是个险恶的作战地带，不仅河面狭窄，而且河中心的车歪炮台和附近阵地的南石头、东荗三处都驻有叛军的野战炮队，舰队很难冲过。面对敌人炮火的威胁，孙中山勉励官兵们奋勇前进。他沉痛地对大家说："如果我要贪生怕死，则将何以对为民国奋斗而牺牲的同志，则将何以继承先烈而示范未来！即为自己计，我也决计不污我十一年来庄严灿烂的历史，而辜负奔走三十年效忠国家民族的初心。"

7时许，舰队到达三山口河面。孙中山登上驾驶台探望，接近车歪炮台时，敌军从车歪炮台、南石头、东荗三处纷纷发炮，各舰发炮还击，顿时硝烟蔽天。孙中山身先士卒，站在驾驶台上指挥。军官们请他回舱室，他仍是站在驾驶台上不肯离去，众人只好连劝说搀扶把他拉进了舱室。

各舰只同时用强大火力向敌人炮位轰击，给叛军以沉重打击。永丰舰成为叛军炮击的主要目标，先是左舷旁被击中一弹，射穿钢板，随即起火。舰长冯肇宪立即命令一边救火，一边继续战斗。接着，永丰舰又中3弹，情况十分危急。孙中山依然指挥若定，在枪林弹雨中到舱面抢救受伤战士，为他们包扎伤口。他勉励大家说："作为革命党人，就有万死一生的危险，但是不要灰心。"经过一场激战，敌人的炮位多被击中，炮火渐渐稀疏下来，舰队胜利通过河面，驶入白鹅潭，在芳村近处下锚。

舰队进驻白鹅潭的当天，英国领事派驻粤海关税务司的夏利士来到永丰舰，对孙中山说："这里是通商口岸，濒临租界，万一发生战斗，将会危及外国人的安全，这样会引起麻烦。请孙先生考虑这一后果，最好不要在这一带避难。孙先生如果要走的话，我们可以提供方便。"

还没等洋人的话说完，孙中山怒不可遏地怒斥道："此为我之领土，我可往来自由，岂可谓之来此避难？汝言何意，令人不解所谓！此非汝之所应言者！吾生平不畏暴力，不畏强权，绝不受无理之干涉！"英国代表无言可答，只好灰溜溜地退下。

陈炯明的叛乱激起了广州人民和社会各界的愤怒，中国共产党发表宣言，声讨陈炯明的罪行；海军官兵亦通电讨伐陈炯明；全国各界联合会致电孙中山，要求北伐军回师讨伐陈炯明。7月11日，广州电力工人、自来水工人、铁路工人举行联合罢工，通电全国，支持孙中山，谴责叛军，要求陈炯明叛军撤出广州，恢复北伐行动。

孙中山抵驻白鹅潭后，陈炯明想打又不敢打，不打又不甘心，就与其部下多方谋袭永丰舰。其军务处长张酥村从香港请来一个鱼雷专家，还购买快艇数十艘，准备袭击永丰舰。19日上午10点多钟，各舰在退潮掉头时，忽听轰隆一声巨响，距永丰舰儿丈远的地方有水雷爆炸，激起一丈多高的水柱，舰身不停地晃动、摇摆。

蒋介石听到水雷的爆炸声，立即跑进船舱中去看孙中山受伤了没有，等他匆匆忙忙跑来时，却见孙中山正在安静地看报纸。见蒋介石这么慌张地跑下来，孙中山问："什么事这么紧张？"

蒋介石惊魂未定地说："报告大总统，有人在水面上对永丰舰放鱼雷，很危险！"

孙中山沉着地说："战争时期，放几个鱼雷有什么可怕？你去看看是怎么回事不就行了嘛！"

各舰长也因防范不严，深感内疚，前来看望孙中山并致歉。孙中山勉励他们："要坚定革命精神，战胜当前的困难，迎接革命的胜利。要提高警惕性，守卫好河面，各舰只紧密联系，不要再发生意外事件。"

北伐军在陈炯明叛变之前，已攻下赣州，进逼吉安。江西督军陈光远仓皇逃走，北伐军势如破竹，南昌指日可下。正在这时，胡汉民从韶关赶来，报告陈炯明在广州发动兵变。许崇智、李福林、朱培德、黄大伟当即回师讨贼，李烈钧留守赣南御敌。

北伐军自南雄、始兴至韶州，7月9日与叛军发生激战。由于叛军据有粤汉铁路运输之便，又在韶州、翁源一带集中全部兵力，北伐军饷弹不继，且连续作战已经3个月，疲惫不堪，7月29日，韶关战斗失利，全线退却。8月6日，分途向江西、湖南边境转移。

8月8日，程潜从大本营辗转来到白鹅潭，向孙中山报告了北伐军回师失败的消息，力劝孙中山早日离开这危险的境地。孙中山便召集各舰长开会研究对策，大家认为，南雄失守，北伐军已被截为数段，失去联络，再收集残兵，保存实力，既有困难，也没有力量再回师讨贼。即使大总统仍然驻节省河，也于事无补，不如暂时离开广州，徐图戡平叛乱。孙中山听取了大家的意见，命通知各国驻沙面领事，说明北伐军回师讨贼未能成功，决定离开广州。

9日下午，孙中山偕蒋介石、陈策、陈群、陈煊等离开永丰舰，乘英国摩汉号炮舰，由广州赴香港，各舰长也跟随同行。10日，孙中山一行抵香港，当天乘俄罗斯"皇后"号邮船赴上海。14日上午到上海吴淞港时，风雨交加，来欢迎的各界人士达几千人。

8月15日，孙中山在上海发表宣言，将陈炯明叛乱的经过公布全国，并在宣言中大声疾呼："在我党中，凡是忠于民国者，我将以他为忠实的朋友；凡是不忠于民国者，我将把他当作敌人。对于民国的敌人，我将竭尽我之所能，全力以赴地讨伐他！"

由于陈炯明的叛乱，"二次护法"再度失败。

第九章

国共合作

一、联俄联共

二次护法失败后，孙中山终于认识到，依靠一派军阀打倒另一派军阀，不可能完成民主革命；要使革命彻底胜利，必须寻求新的途径和力量。正在他陷于困境之时，得到了苏联和中国共产党的帮助，从而走上了联俄、联共、扶助农工的革命道路，开始了他一生的伟大转变。

1917 年 11 月 7 日，以列宁为首的布尔什维克领导俄国工农群众举行十月革命，创立了世界上第一个无产阶级专政的国家，成为一次划时代意义的伟大革命。十月革命胜利后的第三天，孙中山领导下的《民国日报》，就首先以《突如其来的俄国大政变》的醒目标题，报道了十月革命的情况。

十月革命一声炮响，开辟了人类历史的新纪元，给中国送来了马克思主义，也给孙中山以极大的鼓舞，他真诚地欢迎十月革命，把它看成是人类的伟大希望。1918 年元旦，《民国日报》发表了"吾人对于此近邻之大改革，不胜其希望也"的社论，并开始大量宣传十月革命。

1 月 28 日，孙中山在广州军政府讲话中指出："此后我国形势，应注重于西北，若俄国现在之革命政府能稳固，则我可于彼方期大发展也。"随后，孙中山派王焌闻前去考察俄国革命的详情，并准备继续派人去苏俄学习，特指定廖仲恺、朱执信、李章达先学俄语，还请了一个俄文老师，每天在廖仲恺的寓所教授俄语。

1918 年 5 月，正当苏维埃政权被帝国主义四面围攻的时候，孙中山致电列宁和苏维埃政府，祝贺十月革命的胜利，并表示："中国革命党，对贵国革命党所进行的艰苦斗争，表示十分钦佩，并愿中俄两党团结共同斗争。"这是新生苏维埃收到的第一份贺电，充分体现了孙中山对十月革命的向往和敬意，从而建立了与列宁的联系和友谊。

孙中山和列宁，两人虽然从未见过面，但在两国的革命活动中，这两位革命领袖彼此互相倾慕已久。早在辛亥革命后不久，列宁曾在俄国《涅瓦明星报》及《真理报》上，发表过《中国的民主主义和民粹主义》《新生的中国》《中华民国的巨大胜利》《落后的欧洲和先进的亚洲》等文章，对孙中山和中国革命给予充分肯定。他曾评价说："孙中山的纲领的字里行间都充满了战斗的、真诚的民主主义……是真正伟大的人民的真正伟大的思想"，高度赞扬孙中山是一位"充满崇高精神和英雄气概的革命民主主义者"。

8月1日，列宁接到贺电后，极为欣慰，认为"这是东方的光明未来"，立即委托苏俄外交人民委员契切林复函孙中山表示感谢，要求与中国争取解放的力量建立联系，表示愿意帮助中国革命。信中说："人民委员会给予我一个光荣任务，向您——尊敬的导师，在几个月前代表南方国会致工农政府的贺词一事，表示感谢。"并呼吁"在这个艰难的时刻，俄国劳动阶级就向他们的中国兄弟呼吁，号召他们共同进行斗争。因为我们的胜利就是你们的胜利。"

此后两年多的时间，在孙中山的指导和影响下，国民党人利用相当大的力量宣传马克思主义和十月革命。孙中山亲自指导创办的《建设》《星期评论》和《民国日报》副刊《觉悟》成为宣传马克思主义的重要阵地。其中"在《建设》上刊登的涉及马克思主义的文章，不仅在当时全国的期刊中最为突出，甚至为同一时期的《新青年》所不及"。据统计，仅1919年8月至1920年4月该杂志刊登宣传马克思主义的文章就达20多篇。五四运动前夕，《民国日报》连续20多天刊载了《劳农政府治下之俄国——实行社会共产主义的俄国真相》，以赞同的态度最早报道并全面介绍了苏俄革命后的社会主义建设情况。这些宣传，为马克思主义在中国的迅速传播、社会主义思想形成运动起到了推波助澜的作用。

1919年冬，列宁派一苏俄海军中将来到中国南方，表示愿意帮助中国革命。同行的人还有朝鲜籍、瑞士籍同志。由于帝国主义特务监视，孙中山派廖仲恺、朱执信、陈其尤负责接待。为了保护苏俄客人的安全，他们以漳州教育局为招待所，局内几位参加服务的职员都是进步分子，分别化装为服务员、厨师等送茶做饭。苏俄友人将列宁的信交给他们，并传达了苏俄愿意帮助中国革命的信息。廖仲恺等向客人说明革命势力目前还没有占有一个海口，如果有了出海口，即请苏俄进行协助。朱执信用英文给列宁写了一封回信，并由廖仲恺亲自打字。随后，他们派人送苏俄代表由厦门取道香港，经海参崴回国。这是苏俄政府第一次向中国派出使者。

1920年1月，孙中山在上海寓所会见了苏俄左派民主分子马特维也夫·博特雷等人，表达了对俄国革命和俄国革命领袖列宁的钦佩和尊重，并表示"准备在中国和苏维埃国家之间建立起深刻的国际主义的友好联系"。

1920年10月31日，苏俄外交人民委员契切林致函孙中山，建议苏俄和中国间恢复贸易往来，并鼓励说："你们的国家正在取得决定性的发展，你们的人民将会走上与帝国主义的世界性压迫进行斗争的道路。中国兄弟们，行动起来吧！你们将会取得巨大的成绩！那种压迫你们的力量将一天天衰落下去。不用多长时间，你们就会成功。但是，要不失时机，在我们之间当很快地建立起贸易联系，不应错过任何一种机会，愿中国能坚决地走上与我们进行友好合作的道路。"

共产国际成立后，为了与中国革命势力建立直接的联系，先后派遣维经斯基和马林等前来中国，协助中国共产党建党工作和组织革命统一战线工作。受列宁和共产国际的委托，他们都先后去拜访了孙中山。

1920 年 11 月 20 日，孙中山在上海莫利爱路寓所二楼会客室，秘密会见了共产国际使者、东亚书记处临时执行局主席维经斯基，用英语畅谈了两个多小时，详细询问了俄国革命的情况，介绍了中国革命的现状，探讨了怎样使中国南方的斗争与遥远的俄罗斯的斗争结合起来，能否在海参崴或者满洲建立一座大功率电台，以便双方取得联系等问题。

1921 年 7 月 23 日，中国共产党第一次全国代表大会在上海召开，中国共产党正式诞生了。这是开天辟地的大事，中国革命的面貌从此焕然一新。正在痛苦中摸索的孙中山，看到了光明和希望。

1921 年 8 月，孙中山在复苏俄外交人民委员契切林函中热情地表示："我希望与您及莫斯科的其他友人获得私人的接触，我非常注意你们的事业，特别是你们苏维埃的组织，你们军队的教育的组织"，并表示向"列宁以及所有为人类自由事业而有许多成就的友人们致敬！"

1921 年 12 月 23 日，共产国际执行委员和民族殖民地委员会秘书马林作为共产国际代表，在中共党员张太雷陪同下，经由湖南，来到桂林北伐大本营会晤孙中山。由张太雷担任翻译，在 9 天的时间里，双方进行了 3 次长谈，孙中山向马林介绍了中国革命的情况和国民党的历史。马林向孙中山介绍了俄国革命的情况和共产国际关于民族革命的政策，并向孙中山提出了关于中国革命的两点建议：一、要有一个能联合各阶层尤其是工农群众的政党；二、要有革命的武装核心，要办军官学校，以培养军事干部。

孙中山欣然接受了这些建议，并向马林表示，国民党与苏俄的联盟在北伐吴佩孚的战争胜利结束后即可以实行；目前愿与苏俄建立非正式联系，以免招致列强的干涉。

这次会晤使孙中山非常高兴，他很赞赏列宁的新经济政策，对廖仲恺说："此种新经济政策，其精神与余所主张之民生主义不谋而合，余深喜苏俄能先实行与余之主义相符之政策，益信余之主义切合实行，终必能成功。"

1922 年 1 月，共产国际邀请中国革命团体到苏俄参加远东各国共产党及民族革命团体第一次代表大会（即远东劳动人民代表大会），共同策划东亚的反帝革命运动。出席会议的有中国、朝鲜、日本、蒙古及其他远东国家的代表。中国代表团有 37 人参加，团长为张国焘，瞿秋白、任弼时、王尽美、邓恩铭、高君宇、王翔千、于树德、柯庆施、林育南、萧劲光等共产党员和社会主义青年团员分别以各地区、各团体代表的身份出席大会，国民党的代表张秋白、王乐平等受孙中山委托出席了会议。

张秋白将随身携带的孙中山给苏俄外交人民委员契切林的信交到了契切林手中，信中对列宁和苏俄政府表示敬意，并表示要与契切林和莫斯科友人建立联系。契切林与张秋白进行了长时间的会谈，讨论了关于将来相互关系等问题，并给孙中山写了回信。信上说："列宁同志曾以极大的兴趣拜读了阁下的信，并热烈地同情和关注着阁下的活动。"

1 月 21 日，远东劳动人民代表大会在莫斯科克里姆林宫开幕。在代表大会上，共产国际执行委员会主席季诺维也夫和该会东方部部长萨法罗夫先后以《第三国际与远东民族问题》和《华盛顿会议的总结》为题做了报告。大会根据列宁的民族和殖民地革命理论，指出远东各被压迫国家人民面临的首要任务，是进行反对帝国主义、封建主义的民族民主革命，在民族革命运动初期可以联合本国的资产阶级势力及其领导的民族运动。

1 月 26 日，列宁亲自致函契切林："您还记得曾给我送来一封孙中山的信吗？他在信中还说了一些对我友好的话，您还曾问我认不认识他。那封信是写给您的还是写给我的？您保存的文件中还有那封信吗？如果有，能否给我送来？"契切林在回信中说："外交人民委员会将派威连斯基到中国担任驻北京政府的裴克斯使团的顾问，同时负责同广州的孙中山和国民党联系。"

会议期间，列宁专门接见了中国代表张国焘、张秋白，关切地询问了张秋白"中国国民党和中国共产党是否可以合作"的问题，并向国共两党代表表示，两党不妨携手合作。

参加远东各国共产党和民族革命团体第一次代表大会的代表张国焘、瞿秋白等人回后，向中共中央传达了列宁和共产国际关于民族民主革命的基本思想，使中国共产党人开始认识到中国现阶段的革命不可能是社会主义革命，只能是民族民主革命，在中国建立革命联合战线是必要的。

1922 年 7 月，中国共产党第二次全国代表大会在上海召开，会议的中心议题是进一步讨论和确定党在民主革命时期的纲领问题。通过讨论，提出了党的最高纲领和最低纲领。最高纲领是"建立工农专政的政治，铲除私有财产制度，渐次达到一个共产主义的社会"；最低纲领是"打倒军阀……推翻国际帝国主义的压迫"，使中国成为"真正民主共和国"，成为一个符合中国实际的反帝反封建的民主革命纲领。大会还通过了《关于民主联合战线》的决议，提出要同孙中山为首的国民党合作，组织民主联合战线。

7 月 18 日，共产国际执委会决定，要在中国实行马林关于支持孙中山和促成国共合作的意见，并指示中国共产党把总部移到广州。8 月，共产国际又在给共产国际执委会驻华南代表的指示中，明确指出"国民党是一个革命的政党，中国共产党人应该在国民党内进行工作。"

8 月 17 日，中共中央在杭州西湖召开特别会议，进一步讨论同孙中山领导的国民党建立统一战线问题。参加这次会议的有陈独秀、李大钊、蔡和森、张国焘、张太雷及共产国际驻中国代表马林等。马林在会上传达了共产国际于当年 7 月 18 日做出的关于中国共产党和国民党合作的决定。经过两天激烈的讨论，有条件地接受了马林关于共产党员和社会主义青年团员以个人名义加入国民党、实现国共两党合作的建议，并委派李大钊和林伯渠专程赴上海会见孙中山，公开中国共产党的主张，商讨建立统一战线问题。

第二次护法斗争失败后，孙中山于 8 月 14 日回到上海。8 月 25 日，共产国际代表马林与孙中山在上海再次会面。马林告诉孙中山，共产国际已经通知中国共产党人参加国民党，支持孙中山的民族革命。孙中山告诉马林：我现在感到与苏俄建立一个更紧密的联系是绝对必要的；并决定派张继秘密前往北京与越飞会谈。

8 月底，李大钊来到上海孙中山的寓所，和孙中山讨论了如何"振兴国民党，以振兴中国"的问题，两人谈话"畅谈不倦，几乎忘食"。孙中山对李大钊极为敬重，认为李大钊是他"真正的革命同志"。孙中山希望李大钊加入国民党，李大钊说他是第三国际的党员。孙中山说："这不打紧，你尽管一面做第三国际党员，一面加入本党帮助我。"

李大钊同意了孙中山的提议，随即由张继做介绍人，由孙中山亲自主盟，加入了国民党。之后，陈独秀、张太雷、蔡和森等也由孙中山主盟加入了国民党。

8 月，苏俄政府副外长越飞来华与北京政府商谈外交、商务等事宜的同时，于下旬秘密派代表携函到上海，在林伯渠、李大钊陪同下会见了孙中山，孙中山当即在楼上与之会谈。孙中山对这次会见极为重视，吩咐马湘："无论何人，都不予通传和不许登楼。"越飞的代表介绍了苏俄国内状况和越飞与北京政府谈判的情况；孙中山介绍了中国革命局势并请求苏俄进行援助。孙中山还就代表所问的远东大局问题及解决方法——回答，并请越飞派随同来华的军事工作人员先来上海，以便详细了解有关军事问题。宋庆龄、林伯渠、李大钊也参加了会谈。

这次会谈一连进行了 6 天，详细探讨了双方关心的问题。之后，越飞与孙中山直接通信，从 8 月至 12 月，二人直接往来信件 7 次。越飞向孙中山报告了苏维埃共和国国内与国际的状况和他与北京政府建交谈判等问题；孙中山向越飞说明了中国政治形势和军事计划等问题。当年 12 月，孙中山又派张继到北京会见越飞，邀请他前来会晤。

12 月 12 日，越飞撰文论述苏俄对华政策，文中指出："孙中山领导的国民党为一纯正的党，它组织完整，团结巩固，在中国具有无比的重要性，可借以联络民族主义与革命。"

在共产国际和中国共产党的帮助下，孙中山着手进行改组国民党的准备工作。9 月 4 日，他邀集了包括共产党领导成员在内的上海国民党人 53 人开会，研究改进国民党的问题，马林也应邀参加了这次会议。9 月 6 日，成立了改进案起草委员会，委员包括共产党人在内共 9 人，有陈独秀、覃振、张秋白、吕志伊、田桐、管鹏、陈树人、丁惟汾、茅祖权，共同草拟了国民党党纲和总章。

从 1922 年 9 月至 12 月，孙中山在上海三次召集会议，筹备改组国民党工作。1923 年 1 月 1 日，孙中山在上海召开国民党改组大会，公布了《中国国民党党纲》和《中国国民党总章》，阐明了三民主义的基本内容及原则，宣布以三民主义、五权宪法为建国纲领。随后发表了《中国国民党宣言》，提出反帝、反封建、改善工农生活等新方针：一、修改不平等条约，恢复中国在国际上自由平等的地位；二、实行普选制度，使群众"直接行使创制、复决、选举、罢免各权"；三、确定人民有结社、集会、言论、出版、居住、信仰的自由权；四、制定工人保护法以改良劳动者的生活状况，改良农村组织，增进农民生活，确认妇女与男子地位之平等；五、由国家规定土地法、使用土地及地价税法。宣言中的一些内容是过去历次宣言中所没有的，说明孙中山在苏联和中国共产党的影响和帮助下，思想上已经有了很大的发展和突破。

1923 年 1 月 1 日，苏维埃社会主义共和国联盟正式成立。1 月 4 日，苏共中央政治局做出决议："全力支持国民党"，并责成托洛茨基、加米涅夫等人仔细研究援助孙中山的要求。1 月 12 日，共产国际执委会通过了《关于中国共产党与国民党的关系问题的决议》，对国共合作进行了肯定。《决议》认为："中国唯一重大的民族革命团体是国民党"；"而工人阶级尚未完全形成独立的社会力量，所以，共产国际执委会认为，国民党与年青的中国共产党合作是必要的"，"在目前条件下，中国共产党员留在国民党内是适宜的"。

1 月 17 日，苏联政府特命全权大使、副外长越飞来到上海，到莫利爱路孙中山寓所访问孙中山。孙中山设晚宴招待越飞及其夫人一行，然后与越飞进行了会谈。从晚上 6 时一直谈到 22 时 30 分，深入探讨了改组国民党、建立革命军队、援助中国革命等问题。1 月 20 日，越飞再次到孙中山寓所，倾谈颇久；孙中山还派陈友人到越飞住处回访洽谈。

1 月 23 日，越飞在上海东方大旅馆宴请孙中山。孙中山表示，愿意派遣一个军事代表团到苏维埃俄国去学习，考察党和政府机关的组织和功能，并就帮助中国革命一事进行谈判，希望能从苏联获得财政和专家顾问等方面的援助。越飞答应将他们会谈的情况报告给莫斯科，要孙中山相信，他的要求会得到满足的。双方初步达成了一项协议，苏联政府将给予孙中山精神上、财政上的支持。

在会谈中，越飞还告诉孙中山，俄国革命的胜利，是由于有很好组织的红军和政党，因此，中国的主要任务是组织好革命的政党。建议孙中山重新解释三民主义，使之具有反帝的内容、群众路线，并建议同苏联和共产党合作。

孙中山与越飞的频繁接触引起英租界侦探的怀疑和监视，只好派廖仲恺为代表与越飞到日本具体洽谈。廖仲恺的哥哥廖凤书是北洋政府驻日公使，他们以公使馆的有利条件做掩护，后来也被日本东京"特高课"发觉，越飞就以治疗足疾，廖仲恺以女儿廖梦醒养病为由，先后转移到热海温泉继续会谈。研究确定了中苏联合反对帝国主义、苏联帮助中国建立军校、打倒军阀、完成中国的统一、苏联废弃帝俄时代所订不平等条约、支持中

1922 年 8 月，孙中山委托廖仲恺到日本与苏俄代表越飞会谈合作问题。图为廖仲恺等人在日本时的合影。

国共产党员加入国民党等问题，完成了具有重要历史意义的中苏友好会谈。

1 月 26 日，孙中山与越飞在上海签署了"联合宣言"。宣言中说："中国最要最急之问题，乃在民国的统一之成功，与完全国家独立之获得。关于此项大事业，越飞君并确告孙博士，中国当得俄国国民最挚热之同情，且可以俄国援助为依赖也。""俄国政府准备且愿意根据俄国抛弃帝政时代中俄条约（连同中东铁路等合同在内）之基础，另行开始中俄交涉。"

《孙文越飞宣言》的发表，标志着联俄政策的正式确立。

二、改组国民党

1922 年 10 月 12 日，北伐军李福林、许崇智等部攻克福州，成立了革命政府，林森任福建省省长、建立了新的根据地。孙中山开始致力于收复广东根据地的工作，派胡汉民、邹鲁、魏邦平等人分别向驻在福建的许崇智、李福林各部，驻两广边境的杨希闵、刘震寰各部，驻湘、粤、桂边境的谭延闿、朱培德、沈鸿英各部，以及西江一带的粤军联络，准备讨伐陈炯明逆军。

1922 年 10 月 18 日，北伐军改名为讨贼军，孙中山先后任许崇智为东路讨贼军总司令，蒋介石为参谋长；沈鸿英为讨贼军桂军第一路总司令，刘震寰为讨贼军桂军第二路总司令，杨希闵为讨贼军滇军总司令。12月6日，杨希闵、刘震寰召集各军代表，在广西藤县大湟江白马庙举行会议，研究讨陈战略。

12月10日，滇桂军分别由西江南北岸进攻梧州。由于梧州粤军将领邓演达、陈济棠、莫雄、吕春荣等策应倒戈，讨贼军顺利占领了梧州。1923年1月2日，又连占封川、德庆、悦城等县。1月8日，长驱直入肇庆，直逼广州。陈炯明叛军部将纷纷反正，仅用35天的时间，陈炯明势力就被瓦解。16日，讨贼军收复了广州，陈率残部退到惠州、潮梅、汕头一带和琼崖各地苟延残喘。

讨贼军各将领屡次致电或派人请孙中山回粤主持政局。孙中山于2月15日偕陈友仁、谭延闿等由上海启程，17日到香港，受到热烈欢迎。港督爱德华设宴款待，香港知名人士、各商行和香港大学，先后召开大会欢迎。孙中山每次莅会都是演说数小时。

2月20日，孙中山应香港大学同学会邀请，至港大礼堂作演讲，首先由港大校长告罗·司芬致欢迎词。港大学生会主席何世俭在介绍孙中山时说："任何语言用来介绍孙先生都没有必要，他的名字是中国的同义字；

1923年2月20日，孙中山在香港大学演讲后与师生合影

他的经历，如果用书来记载下来，无疑是最吸引人的事迹之一。如果爱好自由是伟大的考验，那么中山先生将与伟大共存。现在在我们面前的，就是这一位中国伟大的人，一个真正的绅士和一个胸怀广阔的爱国者。"

孙中山在香港大学欢迎会上用英语演说："从前有人问我，你在何处及如何得到革命思想？吾今直言答之、革命思想，系从香港得来。""我在香港读书时，中国人不懂得西医，更可以说中国没有西医。我学医不是谋个人的利益，而是志在救世，更借行医以暗中进行革命，推翻清朝帝制，恢复中华。"他勉励同学们，"各位无论研究何种科学，学成之后，首先要以济世为目的，为国家为民族效力"。

在孙中山演讲的过程中，会场不断爆发出热烈的掌声。散会时听众一齐拥过来，把他高高地抬起来，从大礼堂抬到休息室。孙中山亦揭帽答礼，欢声震天。

2月21日，孙中山到达广州，就任陆海军大元帅，第三次在广东建立革命政权。这次孙中山以大元帅的名义复职，不再称总统。他说："今次回广东来，是要统一滇桂粤诸军，造成统一的中华民国。"22日，孙中山召集各军将领在大元帅府举行会议，明确当前军事方针是先廓清军政府周围的地方军阀，与北京维持现局，看北方政府有无和平统一诚意，再行定夺。

23日，划定各军部的防地，孙中山命沈鸿英为桂军总司令，驻防肇庆及西江北岸，杨希闵为滇军总司令，在北江驻防；刘震寰改任西路讨贼军总司令，驻石龙、东莞、虎门等地；命东路讨贼军第四师师长吕春荣在罗定一带驻防，并规定各路，"非奉大元帅命令，不得擅自移动，致滋纷扰"。自是日起，孙中山连下6道嘉奖令，表彰滇、桂、粤军及海军讨陈功绩。

3月1日，孙中山建立海陆军大元帅大本营，任谭延闿为内政部部长，伍朝枢为外交部部长，廖仲恺为财政部部长，邓泽如为建设部部长，徐绍桢为广东省省长，胡汉民为总参议，蒋介石为大元帅府行营参谋长，程潜为军政部部长。

孙中山还十分重视航空建设，早于二次护法时期就在广东大沙头设立直属大元帅府的航空局。1923年3月2日，任命杨仙逸为航空局局长，随杨从美国归来的黄光锐、林伟成分别被任命为第一、第二飞机队队长，时有陆上飞机6架，水上飞机2架，还聘请了两个美国航空工程师偕中国工程师卢维溥等，在大沙头飞机装配厂自己制造飞机。孙中山偕宋庆龄参加了试飞典礼，宋庆龄主动请求乘机试飞。试飞成功后，孙中山亲笔题写了"航

孙中山与宋庆龄在飞机前合影

空救国"4个字，并以宋庆龄求学时的英文名字的译音，命名这架飞机为"乐士文第一号"。

4月上旬，陈炯明从惠州、石龙一带进扰军政府。桂军总司令沈鸿英在吴佩孚的支持下起而响应，于4月16日命令驻北江和韶关一带的部队向广州移动，同时指使李易标部由白云山进攻广州城区。孙中山亲自到农林试验场督师，偕杨希闵率滇军"进剿"叛军，并调刘震寰部回援广州；命滇军军长范石生率部防守北部、大北门、越秀山、小北门一带。

当沈鸿英叛军在广州北郊石井圩一带向广州急进时，孙中山率领副官黄惠龙、马湘和几十名卫士渡过珠江，乘汽车直上越秀山，上到五层楼，沿途看到小北门、越秀山一带的滇军并没有作战准备，连守卫和岗哨都没有布置。孙中山进入第五层楼后，见范石生正躺在床上吸鸦片，3个勤务兵一齐动手装斗烧烟，孙中山气愤地说："范军长，我已命你警戒这一带地区，现在敌人已迫近了，你不但全无准备，并绝无察觉，如此将置军法于何地？"

范石生见孙中山到来，慌慌张张地爬起来，立正敬礼，身子不住地颤动。孙中山高声说："马湘，你立即率领各卫士拿这里的机枪去布置阵地，听我指挥。"

马湘随即取了范石生部的轻机关枪3挺、重机关枪2挺，到五层楼西边至大北门一带城墙上，选择了地形和射界，布置好阵地，等候命令。孙中山步出五层楼，在城墙上用望远镜探视，黄惠龙和几个卫士挎机枪保卫，范石生跟随在后。此时范石生的部队已知大元帅孙中山先生和范军长在亲自督战，迅速做好战斗准备。

叛军沈鸿英的先头部队有两三百人，快步推进到了距大北门约七八百米处纷纷蹲下，乱放了一轮步枪。孙中山见敌人蹲下，迅即卧倒。这时，敌人的子弹从头上呼啸掠过。孙中山沉着地用望远镜观察敌情，当敌人进至相距四五百米时，他突然站起来大喊："快放！"

于是，5挺轻重机关枪、20多挺手提机枪，一齐噼噼啪啪响起来，滇军的步枪、机枪也接着开了火。孙中山的卫士个个都是一等射手，弹无虚发，一阵猛烈的火力，很快压倒了敌人。几百个敌人死的死、伤的伤、逃的逃，但逃不到几十步也被击毙了。敌军后续部队纷纷溃退，队伍大乱。

孙中山当机立断，高声命令："范石生，你立即率部追击，不许敌人有喘息机会，一定把敌人消灭！"

范石生振奋精神回答："我尽力去干，不敢再负委任！"他对部属做了简单的训话，便带领卫弁和千名官佐、士兵，从大北门向三元里急追。

孙中山在城墙上不时用望远镜细心观察战况。不到两小时，敌人已败退20余里。不久，范石生用军用电话报告：石井圩已克复，俘获敌兵、敌械不计其数，现正向残敌穷追。孙中山遂率领卫士们返回大元帅府。

到5月8日，革命军先后收复了沈鸿英叛军所占的白云山、新街、韶关、肇庆等地。5月中旬，反正的陈炯明旧部杨坤如、翁式亮等在东江，尹骥在闽南又先后叛变。孙中山任程潜为东江讨贼军总指挥，并亲赴东莞县石龙、增城县石滩一带督战，击退了叛军的进攻。至6月中旬，广州局势才稳定下来。

1923年6月，中国共产党第三次全国代表大会在广州召开，会议的中心议题是讨论全体共产党员加入国民党，建立国共合作统一战线的问题。会议传达了共产国际关于国共合作的指示，分析了建立革命统一战线的必要性和可能性。在讨论中，张国焘等人反对全体党员加入国民党，尤其反对产业工人加入国民党。经过激烈争论，大会批评了怀疑国共合作的"左"倾观点和"一切工作归国民党"的右倾主张，通过了《关于国民运动及国民党问题的议决案》，决定采取共产党员以个人身份加入国民党的形式实现国共合作，同时保持共产党在政治上、思想上和组织上的独立性。出席大会的有陈独秀、李大钊、瞿秋白、张太雷、毛泽东、蔡和森、邓中夏、向警予、谭平山、张国焘等。陈独秀被选为中央委员会书记。

12月25日，中国共产党中央执行委员会发出《通告十三号》，要求共产党员全体加入国民党，努力进行国民党的改组工作，并力争每省有一名国民党中的共产党员当选为国民党第一次代表大会代表，同时帮助国民党左派当选。

1923年5月，越飞致电孙中山，转告苏维埃政府对他们在上海所讨论的问题的答复，"我们准备向您的组织提供达二百万金卢布的款额，作为筹备统一中国和争取民族独立的工作之用。""但遗憾的是，我们的物质援助数额很少，最多只能有八千支日本步枪，十五挺机枪，四门炮和两辆装甲车。如您同意，则可利用我国援助的军事物质和教练员建立一个包括各种兵种的内部学校。"孙中山复电越飞，感谢苏联对援助的允诺，并告以将派代表赴苏。

1923年8月16日，孙中山委派蒋介石率领"孙逸仙博士代表团"，赴苏联考察党务、政治、军事等方面的工作，洽谈苏联援助事宜。蒋介石任团长，成员有沈定一、张太雷、王登云。访问团在苏联考察了3个月，先后参观了苏联红军，海军、空军的军事院校等单位，还出席了十月革命纪念活动和共产国际执行委员会会议，分别会见了苏联中央执行委员会主席加里宁、联共中央书记鲁祖塔克、苏联革命军事委员会主席托洛茨基和红军总司令加米涅夫等领导，就援建军校问题达成了合作意向。

陈炯明盘踞在惠州及东江一带，仍在伺机反扑。孙中山认为"我不灭敌，则为敌灭"，决定亲率滇、粤各军至东江讨伐陈炯明逆军。8月23日，他乘大南洋号轮到石龙设大本营。次日到博罗前线，与东路讨贼军总司令许崇智会晤。许崇智劝他回大本营，说："敌将接近，帅座不宜冒险至此。"

第二天，孙中山回到石龙大本营去筹措粮弹，并派人回广州敦促滇军、闽军兴师东讨。29日，他又回博罗督战，命令兵站把虎门炮台15英寸的巨炮运至博罗对岸的梅湖炮兵阵地，亲自登飞鹅岭，指挥向盘踞在惠州城的叛军轰击，并亲发5炮。但因军饷困难，战斗失利，讨贼军发动多次进攻，仍然没能攻克叛军占据的惠州城。

1923年6月，直系军阀直鲁豫三省巡阅使曹锟急于爬上总统宝座，指使一些军阀、政客策动内阁辞职，军警索饷请愿，围困黎元洪的住宅，用断水停电等手段，把黎元洪逼下台。但因国会议员纷纷离京，选举无法进

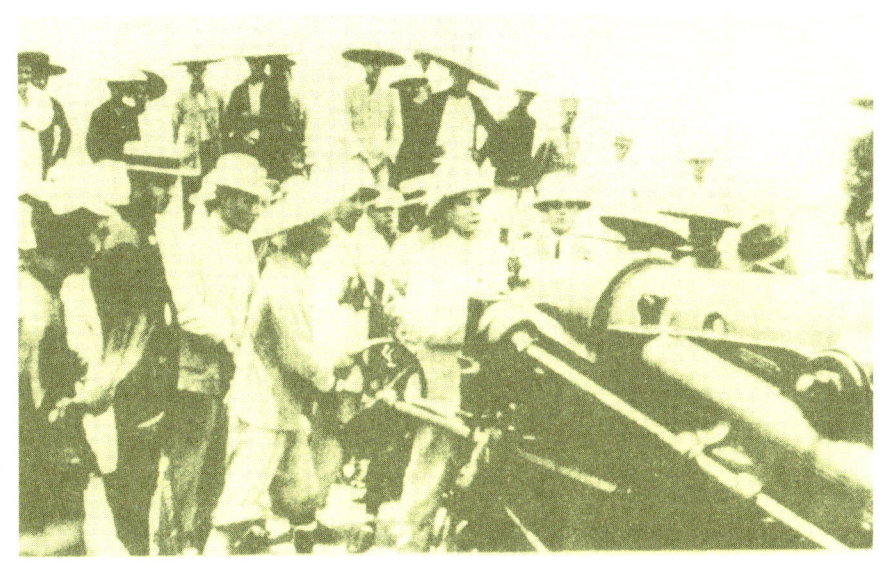

1923 年 9 月 23 日，孙中山在飞鹅岭亲自发炮轰击在惠州的陈炯明部

行，就在北京甘石桥设立议员俱乐部作为选举运动机关，规定出席选举的议员每人赠送 5000 元支票。10 月 5 日，参加贿选的国会议员 590 人，曹锟以 480 票购选为总统。这些议员被舆论称之为"猪仔议员"。6 日，由北京到上海的参众两院议员 171 人联合发表宣言，声讨曹锟购选。全国学生联合会发布宣言，敦请孙中山重组政府，出任总统。

10 月 8 日，孙中山在大元帅府召开会议，决定下令讨伐曹锟，通缉购选议员，并通告各国使团否认曹锟为总统。他在《讨伐曹锟令》中指出："伪巡阅使曹锟贿诱议员，迫以非法，僭窃中华民国大总统，其背叛民国，罪迹昭著。"号召"全国爱国将士，无问南北，凡能一致讨贼者，悉以友军相视，共赴国难，以挽垂危之局"。当日，孙中山还致电段祺瑞、张作霖、卢永祥，要他们起兵讨贼。

10 月 10 日，曹锟在北京就职总统。13 日，广州各界 68 个团体代表召开国民大会，商议声讨曹锟购选罪行事宜。22 日，广州各界举行示威，并派代表赴大元帅府请愿，要求北伐及组织革命政府。与此同时，在全国掀起了声讨曹锟购选、反对直系军阀的大规模运动，各大中小城市市民举行游行示威。孙中山一面继续指挥击退陈炯明等叛军对广州的进扰；一面准备组织北伐，推翻直系的反动政权。

1923 年 10 月 6 日，苏联政府派遣的高级顾问鲍罗廷来到广州，孙中山

孙中山宴请苏联顾问

召集政府官员及各将领开会欢迎，并聘鲍罗廷为国民党组织教练员，具体指导和帮助国民党改组。苏联外交使团团长加拉罕还给孙中山写了介绍信："鲍罗廷同志是参加俄国革命运动多年的我党资格最老的党员之一。您不但可把鲍罗廷同志视为政府代表，而且可以视为我的私人代表，您可以像和我一样和他友好交谈。"

10月24日，设立改组国民党的执行机构——临时中央执行委员会，委员有廖仲恺、谭平山、胡汉民、林森、杨庶堪、吴铁城、孙科、陈树人、邓泽如9人；候补委员有李大钊、汪精卫、古应芬、许崇清、谢英伯5人，聘请鲍罗廷为顾问。

10月25日，国民党改组特别会议在广州政府财政厅召开，参加者有100多人，由廖仲恺主持会议，讨论了改组的必要性和工作计划。28日，临时中央执行委员会正式成立。11月8日，增任林直勉、谢良牧、冯自由、徐苏中、林云陔5人为候补委员。委员们加紧进行改组的各项准备工作：起草宣言、党纲、党章；办理各地支部登记；建立广州市、区党部；建立讲习所、培养各区支部执行委员；从30多万党员中产生代表等工作。

11月12日，临时中央执行委员会发表了《中国国民党改组宣言》，指出：一、要改变"中国今日政治不修、经济破产、瓦解土崩之势已兆，贫困剥削之病已深"的现实，"必赖乎有主义、有组织、有训练之政治团体，

1923 年 10 月 16 日，孙中山在广州主持国民党党务讨论会时同与会者合影

本其历史的使命，依民众之热望，为之指导奋斗"。二、在改组工作中"先由总理委任九人，组织临时中央执行委员会，以始其事；行将召集海内外全党代表会议，以资讨论"。三、"党纲章程之草定，务求主义详明，政策切实，而符民众所渴望"。四、"而于组织训练之点，则务使上下互通，有指臂之用；分子淘汰，去恶留良，吾党之奋斗之成功，将系乎此"。

但国民党内一些资深党员对改组国民党持怀疑甚至反对意见。11 月 29日，国民党右派邓泽如等 11 人以国民党广州支部名义上书孙中山，反对国民党改组，反对国共合作。孙中山在回信中对他做了严肃的批评，指出国民党组织法及党章党纲等草案，"为我请鲍君所起，我加审定，原为英文，廖仲恺译为汉文……切不可疑神疑鬼"。"我国革命向为各国所不乐闻，故常助反对我者，以扑灭吾党。故资本国家，断无表同情于吾党。所望为同情，只有俄国及受屈之国家受屈之人民耳。"

国民党右派张继、冯自由、刘成禺、胡毅生、李石曾、戴季陶等人也公开反对国民党改组。孙中山十分生气地对他们说："你们怕共产党，不赞成改组，可以退出国民党呀！你们不赞成改组，那就解散国民党，我个人可以加入共产党。"

在第一届国民党中央委员会的名单中，本来有孙科，因为他发表了反苏反共的言论，不支持改组，孙中山亲自把他的名字给勾掉了，并说："留

1923年10月23日，孙中山与鲍罗廷在虎门沙角炮台视察

给真正赞成改组的老同志。"

为了统一思想，在会议召开之前的一个多月，孙中山曾连续对国民党员做了3次讲演，表示他改组国民党和学习苏联的决心。他说："吾等欲革命成功，要学俄国的方法、组织和训练，方有成功的希望"，并明确指出："吾党之改组，乃以苏俄为模范。"

临时中央执行委员会自成立后，在短短两个多月的时间里，共开会28次，做出决议案400余件，起草了《中国国民党党纲草案》《中国国民党章程草案》。在孙中山的亲自主持下，临时中央执行委员会完成了国民党第一次全国代表大会的各项筹备工作，决定于1924年1月召开第一次全国代表大会。

为了解决军政府在财政上的困难，孙中山于当年11月23日命外交部部长伍朝枢照会北京外交团，要求将两广海关税余款拨还广州政府，否则将自行提取。两广海关税收每年支付庚子赔款总数达1000万元，余数约14万元，是清政府留下来的压在中国人民头上的不平等条约。而北京外交团总税务司安格联却答复说：只能服从北京政府命令。12月1日，北京外交团又令广州领事警告广州政府说："倘若如此，当以强硬手段对付。"

12月5日，孙中山令伍朝枢覆照北京外交团，指出："中国海关始终为中国国家机关，本政府辖境内各海关，自应遵守本政府命令。且关税之汇交北京，不啻资助其战费，以肆其侵略政策。"因此，截留关余"乃完全中国内政问题，无与列强之事"。

孙中山深知对付帝国主义丝毫不能示弱，决心采取强硬措施。但外交部部长伍朝枢、粤海关监督傅秉常等担心发生事变，不主张采取强硬方式解决。国民党中少壮干部罗桂芳闻讯当即谒见孙中山，自告奋勇说："请给十支驳壳枪，我便把粤海关接收过来，何况关余！"在座官员哑然失笑，孙中山却断然从其请，并任他为粤海关监督，派兵10人，使其前往就职接收海关。海关外籍税司慑于兵威，不敢抵抗，罗桂芳顺利接收了海关。

沙面外国领事团闻讯，即声言以舰炮袭元帅府相威胁。12月7日，英、美、法、葡等国竟调集18艘军舰驶入珠江沙面，卸下炮衣，将炮口指向大元帅府。英国200名武装水兵，在沙面登陆，出现了剑拔弩张的严峻形势。

面对帝国主义的炮舰恫吓，孙中山凛然无畏，表示："即使难胜外舰联队"，"虽败犹荣"，当即令广东交涉员前往传话："如果外舰胆敢开炮，我即命陆军占领沙面，收回主权，使逞强者无立足之地"，并向英美水兵宣传英美政府的非正义行为。他亲自用英文起草了一批传单，称赞美国独立战争时，人民在波士顿港口把英国强迫他们接受的印度茶倒入海中的正义斗争。英国领事为此到大元帅府抗议，受到孙中山的严词驳斥。

帝国主义的炮舰威胁，激怒了广州市民的爱国热情。16日，广州各界举行了争回关税主权、抵制英美商货的示威游行，并派代表到大元帅府请愿。孙中山接见了代表，对他们说："我自有收回关税办法，决定3日后，用正式手续提取关余。"

面对中国人民的英勇斗争，沙面领事团感到气馁。1924年1月3日，北京公使团派美国公使舒尔曼到广州出面调停，孙中山在大元帅府大厅里接见他。孙中山本来能说非常流利的英语，此时却用中国话严肃地和他对话，由伍朝枢担任翻译。舒尔曼表示：外国无意干涉中国内政。孙中山驳斥说："今日有六国之战舰泊于广州港内，阻吾人利用应得之关余。而将此关余付诸北京，乃犹言不干涉内政，实则不干涉内政其名，外交团控制中国为一殖民地，则事实也。"

由于孙中山坚持抗争，决不妥协，北京外交团不得不于4月1日作出决定，"允许大元帅政府扣留应得关余"，将粤海关关余拨给广州政府，这次与帝国主义的关税斗争取得了完全胜利。

三、召开一大

　　1924 年 1 月 20 日上午，中国国民党第一次全国代表大会在广州高等师范大礼堂开幕，到会代表共 165 人，每省代表名额 6 人，由孙中山指派 3 人，各省推选 3 人。海外总支部、支部约 12 人。主持大会的主席团由 5 人组成，李大钊被指定为成员之一。毛泽东、谭平山、林伯渠、张国焘、李立三、瞿秋白、王尽美、李维汉、詹大悲、沈定一、于树德、于方舟、夏曦等 26 名共产党员代表也参加了大会。

1924 年 1 月 20 日，中国国民党第一次代表大会召开

　　孙中山以国民党总理身份担任大会主席，并主持开幕式。他在开幕词中指出："此次国民党改组有两件事：第一件……要把国民党再来组织一个有力量有具体的政党；第二件就是用政策的力量去改造国家。"

　　当天下午，孙中山在会上做了《中国之现状及国民党改组问题》的报告，指出："我们秉政时的南京政府，只得 3 个月，到了北京政府的时候，政权都归于反革命手内。此后，革命党在政治上就没有建设的机会。""中国之革命党，经验不多，遂令反对派得尽其技，没有俄国那种好方法，以防范反革命派使其不能从中破坏，故俄国虽迟我6年革命，而已成功，我虽早6年革命而仍失败。""由今日起，将13年前种种可宝贵最难得的教训和经验来办以后的事，以前有种种力量来创设民国，以后便有种种力量改造政府。""我国人民身受13

孙中山在一大主席台上讲话的情景

年的痛苦，吾党此次应在最短时期内解救之，将国家障碍完全消灭。"

会上，提出了《中国国民党第一次全国代表大会宣言》案交付审查，孙中山又做了关于《组织国民政府案》的说明，将大元帅府改组为国民政府，经大会审议通过。

1月21日，大会听取了宣言审查委员会的报告后，孙中山就一些国民党人和海外同志对联俄联共政策提出的疑问，加以说明。关于联俄政策，他说："近来俄国内政进步之神速，与前大不相同。本党与之联合，将来必能得中俄互助之益，决无大害。"关于联共政策，他说："本党既服从民生主义，则所谓社会主义、共产主义与集产主义，均包括其中。共产主义与民生主义毫无冲突，不过范围有大小耳。诸君既能明白民生主义之真义，则新旧同志因误会、怀疑而生之暗潮，从此便可打消。"

1月22日，代表大会提出党章草案交付审查，并通过"纪律问题"及"收回海关权益问题"两项决议。1月23日，大会通过了《中国国民党第一次全国代表大会宣言》。宣言分三部分：第一部分是"中国之现状"。在总结辛亥革命以来斗争教训的基础上，批判了立宪派、联省自治派、和平会议派和商人政府派等政治流派的错误主张。指出只有实行国民党的三民主义，进行国民革命，才是中国唯一之生路。

宣言第二部分提出了"国民党之主义"，重新解释了三民主义，即新三民主义。新三民主义中的民族主义，"有两方面之意义：一则中国民族自求解放；二则中国境内各族一律平等"，即对外"反对帝国主义"，对内"诸民族宜可得平等之联合"。革命胜利后，"组织自由统一的各民族自由联合的中华民国"。

民权主义，以实行普遍平等的民权为主要内容。"国民党之民权主义，于间接民权之外，复行直接民权，即为国民者不但有选举权，且兼有创制、复决、罢免诸权也。""近世各国所谓民权制度，往往为资产阶级所专有，使成为压迫平民之工具。若国民党之民权主义，则为一般平民所共有，非少数者所得而私也。"

民生主义，"其最要之原则，不外二者：一曰平均地权；二曰节制资本。""平均地权"就是"由国家规定土地法、土地使用法、土地征收法及地价税法。私人所有土地，由地主估价呈报政府，国家就价征税，并于必要时以报价收买之"。对于农民，凡"缺乏田地沦为佃户者，国家当给以土地，资其耕作"。"节制资本"，就是"凡本国人及外国人之企业，或有独占的性质，或规模过大为私人之力所不能办者，如银行、铁道、航路之属，由国家经营管理之，使私有资本制度不能操纵国民之生计"。对于工人，"国民党之主张，则以为工人之失业者，国家当为之谋经济之道，尤当为之谋劳工法，以改良工人之生活。此外如养老之制、育儿之制、周恤废疾者之制、普及教育之制，有相辅而行之性质者，皆当努力以求其实现"。

宣言重新解释的三民主义，不仅提出"对内各民族一律平等，对外反对帝国主义"的主张，而且还提出了"节制资本""耕者有其田"的主张，使三民主义包含了反帝、反封建、反官僚资本主义的内容，不仅与当时的革命任务相结合，而且具有鲜明的反帝反封建的革命性，同中共二大制定的反帝反封建的民主革命纲领基本上一致，因而成为国共两党和各个革命阶级的统一战线的政治基础。

宣言的第三部分是"国民党之政纲"，包括对外政策7条，对内政策15条。主要内容：一、"一切不平等条约，皆当取消"。二、确定人民有参政、集会、结社、言论、出版、信仰等方面的自由权。三、"确认男女平等之原则，助进女权之发展"。四、"制定劳工法，改良劳动者之生活状况，保障劳工团体，并扶助其发展"，"改良农村组织，增进农人生活"。

大会通过宣言后，孙中山又对宣言的主旨做了说明。他说："此次我们通过宣言，就是重新担负革命的责任，就是计划彻底的革命。终要把军阀来推倒，把受压迫的人民完全来解放，这是关于对内的责任。关于对外的责任，要反抗帝国侵略主义，将世界受帝国主义所压迫的人民，来联络一致，共同动作，互相扶助，将全世界受压迫的人民都来解放。"

毛泽东曾对这篇宣言评价说："这篇宣言，区分了三民主义的两个历史时代……只有这种三民主义，才是新时期的革命的三民主义。""这种三大政策的三民主义，革命的三民主义，新三民主义，真三民主义，是新民主主义的三民主义，是旧民主主义的发展，是孙中山先生的大功劳，是在中国革命作为社会主义世界革命一部分的时代产生的。只有这种三民主义，中国共产党才称之为'中国今日之必须'，才宣布'愿为其彻底实现而奋斗'。"（毛泽东：《新民主主义论》，发表于《解放》，1940年，第九十八、第九十九期合刊）

1月24日，孙中山在大会上宣读了苏联驻北京代表加拉罕致大会的贺电，并于当天签发了复加拉罕的电文，说明这次大会的宗旨是："继续并完成一九一一年所开始的革命，以求中国之复兴，使其摆脱军阀和资本主义之压迫。""而统一了的，解放了的中国则是亚洲和全世界和平的最好保证。"他希望"中俄两国人民应当沿着自由和正义的道路携手并进"。

1月25日，孙中山从苏联代表处惊悉列宁于1月21日逝世的噩耗后，向国民党第一次全国代表大会提议致电莫斯科，对列宁逝世表示沉痛哀悼，并在大会上做了演讲，赞扬列宁"是一个革命之大成功者，是一个革命中之圣人，是一个革命中最好的模范"。

孙中山说："列宁先生之思想魄力奋斗精神，一生的功夫，全结晶在党中；他的身体虽不在，他的精神却仍在……本党此次改组就是本总理把个人负担的革命重大责任，分之众人，希望大家起来奋斗，使本党不要因为本总理个人而有所兴废，如列宁先生于俄国革命党一样。""现在有俄国的方法以为模范，虽不能完全仿效其办法，也应仿效其精神，才能学得其成功。"他通令各机关下半旗3日致哀，并休会3天，以志哀悼。

当天，孙中山又以个人的名义向苏联驻北京代表加拉罕发出唁电，电文是："当伟大的列宁离开苏俄朝气蓬勃的生活之际，我请求您向您的政府代达我的深切的哀悼。然而，他的名字和对他的纪念，将永世长存，人们将继续珍视他那种造成最高度的政治家和创造力的领袖的英雄品质。他的著作也将永存，因为他的著作是建立在一定会掌握和统治未来人类的思想和希望的这样的社会观念上的。"

1月28日，大会在讨论《中国国民党章程草案》时，国民党右派方瑞麟提出，要在党章中规定"本党党员不得加入他党"，并诬蔑共产党加入国民党是一种"阴谋"，黄季陆等十余人附议。李大钊严正驳斥说："我们加入本党，是为有所贡献于本党，以贡献于国民革命的事业而来的"；"我

孙中山步出国民党一大会场

们来参加本党而兼跨固有的党籍，是光明正大的行为，不是阴谋鬼祟的举动"。并指出："对于共产党员的这种猜疑防制，实为本党发展前途的障害，断断乎不可不于本党改造之日，明揭而扫除之。"经过讨论，大会通过了共产党员和社会主义青年团可以个人资格参加国民党的决议，并通过了《中国国民党章程草案》。

国民党右派张继还在会上大闹、捣乱，结果被孙中山软禁了一个晚上，并准备开除他的党籍。孙中山怒斥他们："反对中国共产党就是反对共产主义，反对共产主义即是反对本党的民生主义，即是破坏纪律，照党章应当革除党籍及枪毙。"

1月30日，举行代表大会第16次会议。廖仲恺对大会通过的国民党政纲中有关反对帝国主义、争取民族独立部分提出了三点补充意见："一、租界制度于二十世纪之今日，尚任其存在于中国，实为中国人民族之耻辱，应当由中国收回管理；二、外国人在中国领土内应服从中华民国之法律；三、庚子赔款当完全划作教育经费。"

廖仲恺发言之后，孙中山指示说："应将这三件大事大书特书……赶紧将这个意思加入政纲对外政策中。"大会经过讨论，通过了孙中山和廖仲恺的建议，反映出以孙中山为代表的革命派反对帝国主义的鲜明立场。

大会经过充分酝酿，选举产生了国民党中央执行委员和监察委员。执行委员24人，分别是：廖仲恺、李大钊、谭平山、于树德、柏文蔚、胡汉民、戴季陶、汪精卫、张静江、李烈钧、居正、林森、丁惟汾、石瑛、邹鲁、谭延闿、覃秋、石青阳、熊克武、恩克巴图、王法勤、于右任、杨希闵、叶楚伧。

候补委员17人，分别是：邵元冲、毛泽东、林伯渠、张国焘、瞿秋白、沈定一、韩麟符、于方舟、张苇村、傅汝霖、张知本、彭素民、李宗黄、白云梯、邓家彦、张秋白、茅祖权。其中，李大钊、谭平山、于树德、毛泽东、林伯渠、张国焘、瞿秋白、沈定一、韩麟符、于方舟等10人是共产党员，约占总数的1/4。

最后，孙中山致闭幕词。他要求党员"从今以后，大家一齐去奋斗。现在已经是民国十三年，就是国民党在各地方公开奋斗了十三年。因为见到从前的奋斗尚不充分，所以这次要开大会，把全党来改组。从前奋斗不充分的原因，是由于没有办法。从此以后，有了方法，就要诸君担负责任，拿这个办法去替国人发生一个新希望。我们从前革命，因为没有好办法，所以成功与失败各有一半。从今以后，拿了好办法去革命，便可以一往直前，有胜无败"。

1月31日，孙中山主持召开了中国国民党中央执行委员会和监察委员会第一次全体会议，会议推定廖仲恺、谭平山、戴季陶为常务委员，组成秘书处，负责处理中央的日常事务，并决定了中央党部的组织机构：组织部部长谭平山、宣传部部长戴季陶、青年部部长邹鲁、工人部部长廖仲恺、农民部部长林伯渠、军事部部长许崇智、妇女部部长曾醒、海外部部长林森。后来，又增设军事委员会，蒋介石等为委员。

由于广州偏于南部，一届一次会议还决定在上海、北京、汉口、哈尔滨、四川等地设立中央执行委员会执行部，以执行中央任务，随后分别成立了北京、上海、汉口3个特别区的执行部。其中，上海执行部设在环龙路44号，统辖江苏、浙江、安徽、江西、上海四省一市的党务，是除了广州中央党部之外，全国最大的核心组织。中央执行委员胡汉民、汪精卫、叶楚伧、于右任、张静江，候补执行委员毛泽东、邵元冲、沈定一、茅祖权、瞿秋白等都驻上海执行部工作。上海执行部又选出了各部部长、

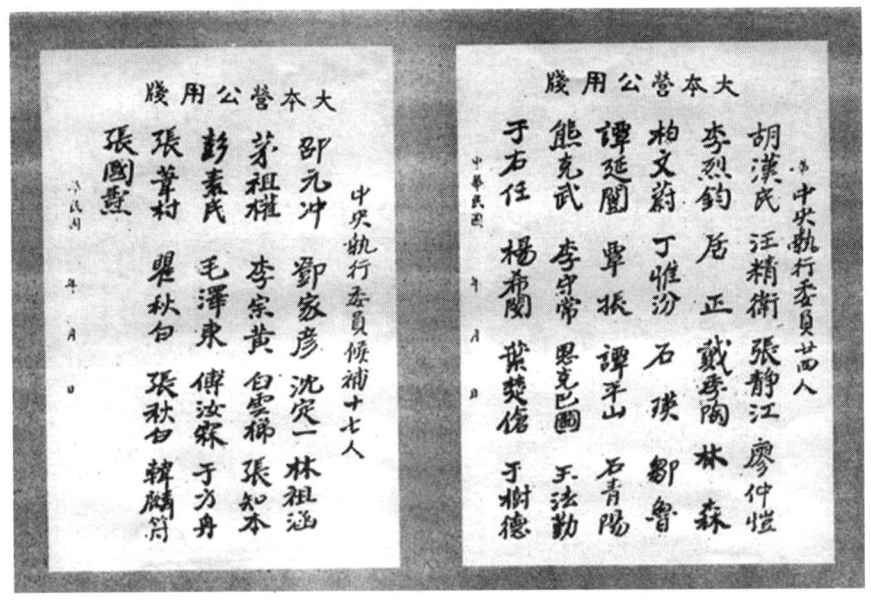

1924 年 1 月，孙中山手书的国民党中央执行委员和候补委员名单

秘书，组成常委。组织部部长胡汉民，秘书毛泽东；宣传部部长汪精卫，秘书恽代英；工农部部长于右任，秘书邵力子；青年妇女部长叶楚伧，秘书何世桢；调查部长茅祖权，秘书孙镜。各部主持实际工作的是秘书，其中很多干事是共产党人。

孙中山要求党员在大会闭幕之后，要在群众中进行政治宣传，"从事攻心之奋斗"。他亲自带头宣讲三民主义之奥义、五权宪法之要旨。从 1 月 27 日开始，在广州国立高等师范学校系统地讲述三民主义的由来、性质和任务，共讲了 16 次，每次 3 小时。其中，民族主义 6 讲；民权主义 6 讲；民生主义，因为准备北伐只讲了 4 次。为了使大家易于接受，他结合日常现象和一些历史故事，讲得深入浅出，风趣生动，内容极为丰富渊博。后来整理编辑为《三民主义》一书，成为其重要代表著作。

中国国民党第一次全国代表大会完成了国民党的改组任务，把国民党改组成为由工人阶级、农民阶级、小资产阶级和民族资产阶级参加的革命联盟，实现了第一次国共合作，标志着革命统一战线的正式形成，工农运动也蓬勃地开展起来。

根据国民党第一次代表大会宣言提出的"国民革命之运动必恃全国农夫工人之参加"的精神，农民部创办了广州农民运动讲习所，于 7 月 3 日开课，目的是培训发动和组织农民运动的干部，共产党员彭湃任该校主任。后来，由毛泽东任所长，萧楚女任教务长，周恩来、瞿秋白、吴玉章、彭湃、邓中夏等担任教员，讲授有关农民运动的各种课程；毛泽东还亲自讲授《中国农民问题》《农村教育》等课程，为中国革命培养出了一批重要的骨干。

8月21日，孙中山出席了农民运动讲习所第一期结业典礼，并发表了演说。他向结业的学员们提出："你们毕业之后，到各乡村去联络农民，首先便要一般农民知道对于国家有什么责任，农民所仰望于国家的有什么利益。这个革命政府，是想要做成一个人民为主体的国家。农民是我们中国人民之中的最大多数，如果农民不来参加革命，就是我们革命没有基础。国民党这次改组，要加入农民运动，就是要用农民来做基础。要农民来做本党革命的基础，就是大家的责任。大家能够担负这个责任，联络一般农民，都是同政府一致行动。不顾成败利钝，来做国家的大事业，这样我们的基础可以巩固，我们的革命便可以成功。"

在这次讲话中，孙中山还提出了耕者有其田的主张，他说："让耕者有其田。耕者有了田，只对于国家纳税，另外便没有地主来收租钱，这是一种最公平的办法，我们现在革命，要仿效俄国这种公平办法，也要耕者有其田，才算是彻底的革命。"

1924年5月5日，国民党上海执行部在孙中山寓所举行庆祝孙中山就任非常大总统3周年纪念会合影。前排左起：邓中夏、喻育之、孙铁人、茅祖权、张继、胡汉民、汪精卫、谢持，右一向警予；后排左二为毛泽东，左八恽代英

1924年1月至8月，孙中山在广州国立高等师范学校演讲三民主义

8月17日，广州工人代表大会召开。大会宣言中提出当前的任务是："对工人方面，提高工人的地位，增进工人的利益。对国家方面，要打倒国内军阀和外国帝国主义。我们更要与乡村的耕田朋友联合起来，携手前进，使革命进行中成为两大劲旅。"

妇女运动工作也在妇女部部长何香凝的主持下开展起来，得到了蔡畅、邓颖超的大力协助，举办了妇女运动讲习所，设立了女工学校。

这一时期，在国民党左派和共产党员的努力下，工人运动、农民运动、妇女运动等方面的工作，也迅速开展起来，广大工农群众和革命青年纷纷投身到革命热潮中来，掀起了轰轰烈烈的大革命运动，广州被誉为东方的"莫斯科"。东南亚许多国家都派人到广州来学习，在周恩来的主持下，还在广州成立了"民族解放大同盟"。国民党改组后的广东，不仅成为当时全国革命的中心，而且成了亚洲民族解放运动的策源地，对整个亚洲的反帝斗争起到了积极的推动作用。

毛泽东曾评价说："孙中山先生之所以伟大，不但因为他领导了伟大的辛亥革命，而且因为他能够'适乎世界潮流，合乎人群之需要'，提出了"联俄""联共""扶助农工"三大革命政策，对三民主义做了新的解释，树立了三大政策的新民主主义。"因此，要"纪念他在第一次国共合作时期，把旧三民主义发展为新三民主义的丰功伟绩"。（毛泽东：《纪念孙中山先生》，《人民日报》，1956年11月12日）

四、黄埔军校

国民党一大决定建立"中国国民党陆军军官军校"，校址设在广州东南的黄埔岛上。黄埔岛，位于广州市区东南 20 多公里处的珠江上，方圆约 10 平方公里，岛上筑有炮台多处，隔江与鱼珠、沙路炮台并峙，构成长洲军事要塞，是由海上沿珠江进入广州的重要门户。清朝末年，曾在这里创办过水师学堂和陆军学校。孙中山经过勘察，指定以此为校址，人们习惯称之为"黄埔军校"。

黄埔军校筹建时，初拟孙中山兼校长。孙中山因事务繁忙，提议让蒋介石负责具体筹建工作。1924 年 1 月 24 日，孙中山下令成立军校筹备委员会，任命蒋介石为委员长，王柏龄、李济深、沈应时、林振雄、俞飞鹏、宋荣昌、邓演达、张家瑞为筹备委员，聘请鲍罗廷为政治顾问，加伦将军为军事顾问。

蒋介石，名中正，字介石，1887 年 10 月生于浙江奉化。1907 年考入保定陆军速成学堂。1908 年保送赴日东京振武学校，加入同盟会，毕业后入日本陆军第十三师团士官候补生。辛亥革命爆发后，任沪军第五团团长，率敢死队百余人攻入浙江巡抚衙门，光复浙江。1913 年 10 月加入筹建中的中华革命党，1916 年 5 月任中华革命军东北军参谋长讨袁。1918 年，任粤军总司令部作战科主任、粤军第二支队司令。1920 年为粤军第二军参谋长、前敌总指挥，1922 年任东路讨贼军第二军参谋长。1923 年 2 月，任大元帅府大本营参谋长，8 月率"孙逸仙博士代表团"赴苏考察。1924 年 1 月，任陆军军官学校筹备委员会委员长兼粤军总司令部参谋长。

黄埔军校开办初期，既无经费，又缺教官，困难重重。2 月 21 日，蒋介石以"环境恶劣、办事多所掣肘"为辞，提出辞职，回到奉化老家。孙中山在辞呈上批示："革命工作在草创时期，总是有许多难以预料的苦难，务须任劳任怨，百折不回，从艰苦中去奋斗，务必将事业办成，故不准辞职，请立即回到任上，继续工作。"

孙中山一面催促蒋介石速回广东，同时委派廖仲恺代理委员长，负责筹建军校，并开始招生事宜。当时，除广东可以公开招生外，其他各省都在军阀控制下，只能秘密招生或动员革命青年到广东投考。参加国民党一大的代表回到各地后，进行了紧张的招生动员工作。中共中央也十分重视

孙中山同蒋介石（中）、何应钦（左）、王柏龄（右）
在黄埔军校合影

黄埔军校的创办，要求各地党、团组织认真选拔党团员和国民党左派分子报考军校，北京、上海、湖南、河南、河北、山西等地的共产党组织，在当地进行了秘密招生，一大批优秀的革命青年被推荐到黄埔军校学习。

3月27日，黄埔军校在广东大学、广东高等师范学校举行第一期新生入学总复试，4月28日揭榜。在1200多名考生中，录取正取生350人，备取生120人。在第一期录取生中，有共产党员、共青团员近60人，占学员总数的1/8。徐向前、陈赓、左权、蒋先云等共产党员被录取为第一期学员。

在孙中山和廖仲恺的催促下，蒋介石于4月21日返回军校。5月3日，正式任命蒋介石为黄埔军校校长，廖仲恺为党代表，孙中山亲自担任军校总理。军校直属国民党中央执行委员会，总理、校长、党代表组成校本部，校本部下设政治、教授、教练、管理、军需、军医部和总教官室。戴季陶、周恩来为政治部正、副主任，王柏龄、叶剑英为教授部正、副主任，李济深、邓演达为教练部正、副主任，何应钦为总教官。

5月5日，军校开始上课。6月16日，举行正式开学典礼。孙中山偕夫人宋庆龄乘"江团"号炮舰来到黄埔，在蒋介石、廖仲恺的陪同下，先后参观了教室、宿舍、办公室和图书馆，接见了各队教官和队长。

上午11时，在操场举行开学典礼，先请党旗、校旗就位，全体三鞠躬，再唱校歌。然后由胡汉民宣读孙中山的训词："三民主义，吾党所宗。以建民国，以进大同。咨尔多士，为民前锋。夙夜匪懈，主义是从。矢勤矢勇，必信必忠。一心一德，贯彻始终。"

随后，孙中山以国民党总理的身份致辞，发表了热情洋溢的长篇演说。他首先郑重宣布，创办黄埔军校的目的，"就是创造革命军，求挽救中国的危亡"。强调办军校要学习苏联经验，指出俄国革命之能成功，是"因为有了革命军做革命党的后援"。

孙中山在演讲中阐明了办校的起因和方向，指出："中国革命13年，一直到今天，只得到一个空名。所以中国13年的革命完全是失败，就是到今天也还是失败。""这个原因，简单地说，就是由于我们革命，只有革命党的奋斗，没有革命军的奋斗；因为没有革命军的奋斗，所以一般官僚军阀便把持民国，我们的革命便不能完全成功。"

接着，他指出了办校的目的和指导方针："我们今天要开这个学校，是有什么希望呢？就是要从今天起，把革命的事业重新来创造，要用这个

孙中山到黄埔军校视察

学校内的学员做根本，成立革命军。诸位学生就是将来革命军的骨干，有了这种好骨干，成了革命军，我们的事业便可以成功。"

孙中山兴致勃勃地演讲了一个多小时，多次被学生们的热烈掌声打断。中午，孙中山在军校食堂与全校师生共进午餐。下午3时，举行了隆重的阅兵式。军校学生们迈着正步，精神抖擞地从主席台前走过，接受孙中山的检阅，中国第一所培养革命人才的军事学校正式诞生了。

军校教学贯彻执行军事与政治并重、理论与实践相结合的方针。军事教育方面，除了借鉴日本士官学校的教练方法和保定军校的经验，主要讲授苏联红军的战略战术。苏联先后派来了40多人的顾问团和200人的教官团，分布在政治、炮兵、步兵、工兵、军需、交通、通信、卫生、交际等各个教学岗位上。苏联政府还在经费、军械上给予了大力援助，先后6次为军校运来步枪51000支、子弹57400万发、机枪1090挺等，援助办学经费250万卢布，保障了军校工作的顺利进行。

孙中山还在大沙头成立了新的航空学校，从黄埔军校第一期学生中选取王叔铭等8人，进行初期飞行训练。航校第二期学生也是8人，仍从黄埔军校中选拔。第三期增加到20多人，其中亦有黄埔军校的学生。这些学生，后来都成为空军骨干。

孙中山、宋庆龄与廖仲恺（左一）、蒋介石（左二）在黄埔军校检阅台上

1924 年 7 月 23 日，孙中山出席在东江牺牲的苏联军事顾问巴甫洛夫将军的追悼会

军校的政治教育借鉴苏联红军的建设经验，开办了内容丰富的政治课，教育内容着重于基本的革命理论和革命知识，特别是采取兼收并蓄的方针，允许在校内公开传布孙中山的三民主义和马克思主义。军校的政治教育大纲规定的政治课多达 26 门，其中包括社会主义、三民主义、帝国主义、工人运动、农民运动、学生运动、苏联研究等方面的课程。如：社会主义原理、中国农民运动、中国职工运动、军队政治工作、三民主义浅说、中国国民革命运动、帝国主义侵略中国史等。

不久，周恩来接任政治部主任，恽代英、萧楚女、叶剑英、聂荣臻、熊雄等共产党人先后任政治教官。鲍罗廷、毛泽东、刘少奇等都曾到军校讲演，向

周恩来任黄埔军校政治部主任时的留影

391

学生进行反帝反封建民主革命思想教育。

黄埔军校在广州培养学生近 5000 人，为国共双方培养了不少军事将领。其中徐向前、林彪、左权、陈赓、许光达、周逸群、萧克、刘志丹、罗瑞卿、黄公略、周士第、宋时轮、张宗逊等将帅都毕业于黄埔军校。

五、平息叛乱

孙中山的"联俄""联共""扶助农工"三大政策，引起帝国主义和国内反动派的仇恨。英帝国主义蓄谋把广州作为控制中国南方的殖民策源地，一方面以军械支援陈炯明叛军对广州革命政府进行窜扰；另一方面勾结直系军阀吴佩孚，运动已入英国籍的汇丰银行支行买办陈廉伯，利用广州买办商团发动军事叛乱，企图内外夹击，颠覆广东革命政权。

陈廉伯在英帝国主义的支持下，肆无忌惮地扩大商团武装组织，并与地方豪绅地主武装组织乡团勾结起来，形成帝国主义、买办阶级、地主阶级三位一体的反革命联盟。1924 年 8 月 4 日，陈廉伯募集百万巨款，通过粤汉铁路总理许崇灏骗得广州政府购枪执照，购买德制步枪上万支，手提机关枪 42 挺，大炮 2 门。8 月 10 日，由挪威轮"哈佛"号运达广州。

这时，孙中山获悉"陈廉伯确有谋为不轨之事，闻其中策划者有外国人，定期 8 月 14 日推翻政府，取而代之，以陈廉伯为广东督军，取消独立，投降北方"的情报，又发觉枪支运到日期有疑问，数目也与执照不符，于是下令将船扣留。12 日，陈廉伯组织商团 2000 余人，列队到大元帅府请愿，要求发还扣留枪支，声称"三天不散"。

8 月 14 日，孙中山冒着危险，到广场上亲自接见他们，对他们发表演讲，晓以大义，许多商人被说服，纷纷散去。第二天，陈廉伯又发动各县商团代表又到大元帅府请愿。孙中山答复商团说："陈廉伯私运军火，企图推翻政府。其中一部分由商人集资购买者，当令省长查明发还。"20 日，下令通缉陈廉伯。21 日，商团总部迁往佛山。陈廉伯躲在沙面，挑动唆使在全省总罢市，从 18 日到 22 日，全省有几十个城镇罢市。

8 月 24 日，孙中山下令调兵戒备，准备对付商团叛乱。这天，广州海员、机器、药材等工会组织 2 万多人在广州第一公园集会，声讨陈廉伯。决定组织商民维持会，作为政府后盾，并以 84 个团体名义发表宣言，反对罢市。

黄埔军校学生也表示誓与商团决一死战。

8月25日，在商团的胁迫和煽动下，罢市风潮蔓延到广州。8月26日，孙中山召开军政联席会议，讨论如何对付商团反革命谋乱活动。他主张以武力解决，强令开市。滇军将领范石生、廖行超等则主张调解。

8月28日，英舰9艘驶入省河，炮口对准监视商团武装根据地西关的永丰、广贞等广州政府军舰。当晚，领事团威胁廖仲恺说，如果广州政府炮击"商民"，各国决不袖手旁观。第二天，英国领事翟比南又向广州政府呈递公文，称："奉香港海军总司令训令，倘中国当局对市区开炮，所有一切可用之英海军军队，立即行动。"

就在同一天，广州工团军、农民自卫军等800多人到大元帅府请愿，要求讨伐商团。英舰的挑战，使孙中山更加认清帝国主义的本质。9月1日，他为英帝国主义支持商团叛乱事件发表对外宣言，指出："此项帝国主义的英国之挑战，其中殆含有更恶之意味，试观十二年来，帝国主义各强国于外交上、精神上即以种种借款，始终一致赞助反革命"，"今有对我政府之公然叛抗举动，其领袖为在华英帝国主义最有力机关之一代理人"。"从前有一时期，为努力推翻清朝，今将开始一时期，为努力推翻帝国主义之干涉中国，扫除完成革命之历史的工作之最大障碍。"

同日，孙中山又向英国麦克唐纳尔政府提出抗议，指出："中国反革命党既屡得英国历来政府之外交的及经济的援助"，"驻粤英领事今又称'如遇中国当道有向城市开火之时，英国海军即以全力对待'"，"对于最近此种帝国主义干涉中国内政之举，余特提出严重抗议"。

在孙中山的抗议和国际舆论的谴责下，英帝国主义不得不改变策略，把公开干涉变为暗中支持反革命势力。这时，北方政府也趁火打劫，企图配合商团叛乱。

曹锟贿选总统后，孙中山曾致电东三省巡阅使奉系张作霖、浙江军务督办皖系卢永祥，号召共同起兵讨贼。卢永祥宣布不承认曹锟为总统，张作霖继起响应，形成反直系三角联盟。直系军阀吴佩孚制定了反三角联盟的军事部署：留嫡系部队在北方防奉军，令江苏督军齐燮元、苏皖赣闽浙五省联军司令孙传芳进攻卢永祥，勾结陈炯明压制广东革命势力。齐燮元、孙传芳由福建、江苏、江西、安徽四面包围卢永祥。8月，孙传芳在建瓯组织了闽浙联军总司令部。卢永祥也在杭州组织了浙沪联军司令部。9月3日，双方在黄渡、长兴和闽边等地发生激战，江浙战争爆发。

1924 年 9 月 20 日，孙中山在韶关出席北伐誓师阅兵典礼

　　孙中山认为，"援浙即以存粤"，于是决定立即进行北伐。9 月 4 日，他在元帅府召开筹备北伐会议，命许崇智率粤军，胡思舜率滇军，蒋介石率黄埔学生军东征陈炯明叛军。由湘、赣、豫军和部分滇粤军组成北伐军，命谭延闿为北伐军总司令，在韶关设大本营，在广州设留守府。

　　9 月 9 日，孙中山致电卢永祥，表示将"躬率师旅，以为前驱，兴师偕作"，共同讨伐曹吴。9 月 12 日，令胡汉民留守广州，代行大元帅职，他亲赴韶关，在南华寺设北伐大本营。

　　9 月 18 日，孙中山发表《北伐宣言》，说明"此战之目的，不仅在覆灭曹吴，尤在曹吴覆灭之后，永无同样继起之人，以继续反革命之恶势力；换言之，此战之目的，不仅在推倒军阀，尤在推倒军阀所赖以生存之帝国主义。盖必如是，然后反革命之根株乃得永绝，中国乃能脱离次殖民地之地位，以造成自由独立之国家"。

　　9 月 20 日，北伐军在韶关举行誓师大会，旋即分兵两路向湖南、江西进发。孙中山令北伐军改称建国军。唐继尧、熊克武派但懋辛、石青阳持函到广东，表示愿率所部川滇军参加北伐，承担由湘西进攻鄂西的任务，在武汉与广东北伐军会师。孙中山极为嘉许，任唐继尧为副元帅兼建国军川、滇、黔三省联军总司令。

孙中山率北伐军离开广州后，商团反革命气焰日益高涨。10月4日，广东全省188个县、镇商团代表在佛山集会，要在双十节武装进城请愿。9日，又发出了第二次罢市通牒。胡汉民惊慌失措，与广州市市长兼全省民团统率处督办李福林，于10日清晨将扣留的4000支枪械由黄埔运回广州发还商团，使商团气焰更加嚣张。

当天下午，中共广东区委和国民党左派组织的工、农、兵、学、商等16团体5000多人在广州第一公园集会庆祝"双十"节，愤怒声讨商团和帝国主义的罪行。周恩来以民族解放协会代表身份在大会上讲话，他愤怒地指出："不论帝国主义者，军阀政客，官僚或是买办与洋货商人，他们都是革命的对头。辛亥革命的重大意义是要建立一个独立民主共和国，而这类反革命派，他们都是随着帝国主义来破坏中国独立的，反对中国民主的，永不愿实现中国共和的。我们为要使辛亥革命彻底成功，我们必须团结起全中国的革命民众向反革命派进攻，也就是团结起今日到会的革命的工人、农民、兵士、学生、商人向周围的反革命派进攻。"讲完后，周恩来振臂高呼："打倒帝国主义！打倒南北军阀！打倒一切反革命派！"并号召全场的革命民众："团结起来，冲出公园去向反动派做示威运动！"

当游行队伍途经太平路时，商团武装悍然向游行队伍开枪射击，在西濠口的商团军也随即拦路射击，游行群众被打死20余人，受伤及被捕者数十人。10月12日，广州商团继续煽动罢市，商团到处张贴"驱逐孙文""打倒孙政府"等反动标语。

盘踞在东江的陈炯明也与石龙的土匪勾结起来，向石滩进扰，准备进攻广州。在广州政府生死存亡的危急时刻，中国共产党在《向导》发表了周恩来以伍豪笔

1924年10月9日，孙中山决定成立革命委员会，自任会长。图为孙中山给蒋介石的信，指出中国革命"非以俄为师断无成就"

395

名撰写的《最近二月广州政象之概观》一文，向广州政府提出警告："立刻以少数的可靠的革命军力，向一切反革命的商团和军阀下总攻击，以决最后的死战。"

为"对付种种非常之事"，10月10日，孙中山在广州成立了革命委员会，孙中山任会长，廖仲恺、谭平山、蒋介石、许崇智、陈友仁为委员。聘鲍罗廷为顾问，并明确规定他"遇本会长缺席时，得有表决权"。

在革命委员会成立的前一天，蒋介石提议胡汉民、汪精卫也进入革命委员会。孙中山复函答复："汉民、精卫不加入未尝不可，盖今日革命非学俄国不可，而汉民已失此信仰，当然不应加入，于事乃为有济。若必加入，反多妨碍，而两失其用，此固不容客气也。精卫本亦非俄派之革命，不加入亦可。我党今后之革命，非以俄为师，断无成就，而汉民、精卫恐皆不能降心相从，且二人性质俱长于调和现状，不长于彻底解决。"

10月13日，孙中山电令革命委员会解散商团军并对他们进行缴械，还命令黄埔军校师生"立即起义杀贼，绝无反顾"。15日，工团军、农民自卫军、黄埔学生军与滇、桂、湘、粤各军分5路包围西关。商团凭借铁栅栏和高楼开枪抵抗。经过4个小时的战斗，革命军即将商团军粉碎。商团军首恶分子逃往香港，其余被缴械投降。平叛取得了完全胜利，帝国主义企图扶持反革命势力颠覆革命政府的阴谋遭到彻底失败。

第十章

北上救国

一、北京政变

江浙战争爆发后，奉系军阀张作霖乘机起兵向关内进发，讨伐直系，引发了第二次直奉战争。

1924年9月4日，张作霖通电响应卢永祥，并将17万奉军编为6个军，于15日兵分两路向山海关和热河出动。曹锟于17日下令讨伐张作霖，并任命吴佩孚为讨逆军总司令。吴佩孚命令彭寿莘、王怀庆、冯玉祥分任第一、第二、第三军总司令，分别向山海关、喜峰口、古北口三路迎敌，同时以曹瑛、胡景翼等分任十路援军司令，总兵力约25万人。

9月15日，奉军袭击热河朝阳。17日，两军主力在山海关一线开战，第二次直奉战争正式爆发。在热河前线，奉军先后占领开鲁、朝阳、凌源、平泉等地，10月7日，又攻克赤峰。在山海关方面，10月6日，奉军攻克九门口，进至石门寨。两军在山海关和石门寨一带激战，伤亡均甚重，直军已开始出现颓势。

9月12日，吴佩孚亲赴山海关督战，企图扭转局势。正在这时，奉军张作霖的代表马炳南来见冯玉祥，递交了张作霖的亲笔信："只要推翻曹、吴，奉方的目的即达到，决不再向关内进兵。"双方达成共同推翻曹、吴的协议，热河方面奉军转而南下冷口，给山海关直军以很大威胁。

冯玉祥，字焕章，安徽巢县人，1896年投淮军当兵，历任哨长、队官、管带等职。武昌起义爆发后，曾与孙岳等参与发动滦州起义，任北方军政府总参谋长，失败后被革职递解保定。北洋军阀时期，历任陆军第十六混成旅旅长，第十一师师长，陕西督军。第一次直奉战争后任河南督军，由于吴佩孚的反对，改任有名无实的陆军检阅使，率部驻防北京南苑。

冯玉祥原非曹吴嫡系，受到曹锟、吴佩孚的排挤，思想倾向革命。1918年2月，曾两次通电主张对南方停战，和平解决，因此受到孙中山的称赞。孙中山指示于右任、焦易堂、徐谦、丁惟汾等秘密与冯玉祥、胡景翼、孙岳进行联系，做了大量细致的争取工作；并赠送冯玉祥《三民主义》《建国大纲》和《建国方略》，还屡次派人和送信来，转达对冯的殷切期望，使冯玉祥的思想开始倾向广东革命势力。

江浙战争爆发后，老同盟会会员、第十五混成旅旅长兼大名镇守使、京畿警备副总司令孙岳和冯玉祥在北京南苑秘密会谈。冯玉祥向孙岳表露了反吴的意向，孙岳表示全力相助。孙岳又与驻喜峰口的老同盟会会员、陕西陆军第一师师长、第二路援军司令胡景翼接洽，胡也同意合作，于是在直系内部形成了一个倒曹灭吴联盟。

任国民军总司令时的冯玉祥

冯玉祥率部到达古北口后，段祺瑞通过黄郛敦促冯玉祥倒吴，同时派其亲信与冯玉祥联系，双方达成了推倒曹吴的协议，约定将来由孙中山主政，段祺瑞主军。张作霖亦派人来见冯玉祥，双方也达成了协议。张作霖同意事成之后，请孙中山北上主持大计和奉军不入关两个条件。冯玉祥则同意热河方面暂缓行动，以便奉军调兵加强山海关战线的主攻力量。

当直军山海关战线危急、吴佩孚将驻长辛店一带的第三师调往前线时，冯玉祥认为回师时机已到，遂于10月19日在滦平召集高级将领举行紧急会议，秘密宣布班师回京，推翻曹、吴。

10月21日，冯部旅长鹿钟麟派一营先头部队秘密回京做侦察工作，其他部队随即以日行百公里的急行军速度回师北京。先头部队与孙岳的守城部队取得联系，迅速包围了总统府，占领了火车站、电报局、电话局等主要部门和交通要道，截断了与外界的交通、通讯联系。鹿钟麟率部于22日午夜抵安定门时，守军即大开城门迎接入城。鹿分派部队守卫各要地，不费一枪一弹迅速控制了首都，缴了曹锟卫队的枪械，将曹锟软禁于中南海内的延庆楼，并将废帝溥仪驱逐出宫。

10月25日，冯玉祥与发动政变的将领王承斌、胡景翼、孙岳，还有参与密议政变的北京政府教育总长、老同盟会会员黄郛，在北苑举行军政会议，决定把部队改编为中华民国国民军。冯玉祥任总司令兼第一军军长，胡景翼、孙岳分别任副总司令兼二、三军军长。

10月28日，冯玉祥、胡景翼、孙岳、李石曾、鹿钟麟、邓宝珊等29名将领联名发出速开和平统一会议的通电，邀请孙中山北上主持大计，共商国是。电报中说："辛亥革命未竟全功，致令先生政策无由施展。今幸偕友军，勘定首都，此后一切建设大计仍希先生指示。万望速驾北来，俾亲教诲是祷！"

孙中山对这次政变极为肯定。他在复冯玉祥等人的电文中赞许说："义旗聿举，大憨肃清。诸兄功在国家，同深庆幸。建设大计亟应决定，拟即日北上，与诸兄晤商。"

10月26日，吴佩孚回师天津准备向北京进攻。同日，鄂督萧耀南发出讨冯通电。随后，直系长江各督通电讨冯。冯等决定请段祺瑞出山，以促使山东郑士琦和山西阎锡山出兵阻截直系援军北上。同日，冯玉祥、胡景翼、孙岳联名通电拥段为国民军大元帅。随后，张作霖、卢永祥等也联名通电拥段为反直联军统帅。段祺瑞致电孙中山："公元勋照耀，政想宏深；命驾北来，登高发响，此天下之所想望，尤南北合力统一之先声。"

吴佩孚回到天津后，将所率部队集中于北仓、杨村一带，准备进攻北京，同时向苏、浙、鄂、豫等省直系军阀求援。然而，在段祺瑞授意下，山东郑士琦和山西阎锡山均宣布中立，并分别出兵沧州和石家庄，截断津浦、京汉两线交通，使南方直军无法北上增援。11月2日，冯玉祥部攻占杨村和北仓，吴佩孚退至军粮城。奉军乘机进关，进至唐山、芦台附近，吴佩孚在东西两面夹击的形势下，被迫于11月3日率残部登舰南逃，贿选总统曹锟被迫辞职，第二次直奉战争结束。

当直军溃败之时，张作霖不顾奉军不入关的诺言，将奉军大批开入关内，占领天津后，又沿津浦线向南推进，并收编大量直军部队。冯、张矛盾尖锐起来，张作霖采取联段制冯的策略。11月1日，冯玉祥、胡景翼、孙岳联名致电孙中山，请求"早日莅都，指示一切，共策进行"。

11月4日，孙中山正式电告冯："承邀入都，义当就道。数日之后，即轻装北上，共图良晤。"当日，冯玉祥再次电请孙中山，敦促早日北上，并派马伯援前来迎接。8日，孙中山正式电告冯，准于13日由粤起行。

段祺瑞得知冯玉祥敦促孙中山北上的消息后，便电促冯玉祥、张作霖到天津开会，共商收拾时局的办法。11月10日，冯、段、张在天津举行会议。会上，段祺瑞既利用冯玉祥主和愿望，拒绝张作霖对南方用兵的主张，以笼络南方直系势力；又联合张以制冯，对冯施加压力。张作霖提出，在新政府产生之前，暂组临时执政政府，执政政府不设国务总理，而由临时执政召集国务会议，并推选段为临时执政。冯玉祥受到段、张的压力，于是采取妥协的态度，同意了张作霖的建议，并于15日与张作霖、卢永祥、胡景翼、孙岳联名通电，公推段祺瑞为临时执政。

段祺瑞，字芝泉，1865 年生于安徽合肥。天津武备学堂毕业后，赴德国柏林军校留学。历任新建陆军第三营统带、北洋武备学堂代理总教习、北洋军政司参谋处总办、北洋陆军第三镇、第四镇、第六镇统制，陆军行营军官学堂督办、江北提督、湖广总督。民国成立后，曾四任总理、四任陆军总长，系北洋军阀皖系首领。

临时执政段祺瑞

11 月 22 日，段祺瑞到达北京。23 日，黄郛临时内阁辞职。24 日，段祺瑞宣誓就职。同日，公布了《中华民国临时政府制》。按其规定，临时执政实际上是总统兼内阁总理，大权集于一身。25 日，段祺瑞组成了以安福系为核心的临时执政府。冯玉祥被排挤出京，赴察哈尔张家口就任西北边防督办，所部改称西北边防军 (简称西北军)。

二、抱病北上

北京政变发生后，孙中山为了实现全国的和平统一，不顾个人安危，毅然决定应邀北上。10 月 30 日，他由韶关北伐前线返回广州。31 日，在大元帅府主持会议，讨论应付北方时局的方针和办法。11 月 4 日，孙中山发布大元帅令，命令胡汉民留守广州代行大元帅职；建国军总司令谭延闿驻守韶关，全权负责北伐事宜。

11 月 10 日，孙中山发表《北上宣言》，全面陈述了北上的目的和反对帝国主义、反对军阀的政治立场。宣言指出："国民革命的目的，在造成独立自由之国家，以拥护国家及民众之利益。"为此，对外必须取消一切不平等条约，改变半殖民地的地位；对内实行国家统一，保障人民自由，发展经济文化，改善劳动人民生计。《宣言》还提出了解决当前时局的办法，

"召集国民会议，以谋中国之统一与建设"。国民会议由实业团体、商会、教育会、大学、各省学生联合会、工会、农会、反曹吴各军、政党 9 种团体代表组成。在会议召开之前赦免政治犯，保障各地方团体及人民有选举自由，有提出议案及宣传讲座的自由。

11 月 12 日，广州各界开欢送会，孙中山在会上发表了《北上之意义与希望》的演说，他勉励大家"同心协力，把广东的基础弄得很巩固，做一个革命的好策源地……要团结南方现在的力量，并且要把北伐军前进到武汉，和北方响应"。

《北上宣言》发表后，中共中央于 11 月 19 日发表了《第四次对时局的主张》，不仅重申了《第二次对于时局的主张》中提出的召开国民会议的主张，而且提出迅速召开国民会议预备会议等主张，支持孙中山先生北上。

11 月 13 日上午，孙中山偕宋庆龄、汪精卫、李烈钧、戴季陶以及秘书黄昌谷等 200 多人乘永丰舰启程北上，经黄埔时还检阅了军校学生的演习，并讲了话，勉励学员们"忍苦耐劳，努力奋斗"。

临行前，孙中山对前来送行的蒋介石说："余此次赴京，明知异常危险，将来能否归来尚不一定。然余之北上，是为革命，是为救国而奋斗，又何危险可言耶？况余年已 59 岁，虽死亦可安心矣。"

1924 年 11 月 3 日，孙中山视察黄埔军校，并做北上前的临别演说

11 月 14 日，孙中山一行到香港，转乘春阳丸轮赴上海。17 日，抵达上海，受到各界群众万余人的欢迎。

孙中山的联俄联共和反帝政策，引起帝国主义的恐慌和敌视。在孙中山将要到达上海时，他们叫嚷要阻止孙中山进驻上海。英国《字林西报》发表文章，反对孙中山进入上海租界，说"广州大元帅不应居于商业性租界区内"。美国《大陆报》也发表文章，扬言把孙中山驱逐出上海。法租界当局也声称："不得在租界内进行政治活动。" 17 日，孙中山在吴淞口登岸，赴码头欢迎的队伍通过法租界的金陵东路时，法租界巡警竟阻拦欢迎队伍通行，并捕去指挥游行的群众 4 人。

帝国主义的蛮横无理，引起孙中山的极大愤慨，他严厉驳斥道："《字林西报》社论主张拒绝余入上海租界，以外人而为此言，殊属不合。上海为中国领土，吾人分明是主人翁，彼等不过吾人之客也，试问岂有客拒主人入座之权利耶？若租界当局拒绝余之居留，余对之当采取坚决手段，现已有此觉悟，今也已达到彻底废除一切在华外国租界之时代，吾人为贯彻此目的，不惜一切之努力，中国国民已不能忍受外侨在中国领土内之跋扈矣。"

19 日，孙中山在寓所举行茶话会，招待新闻记者，重申了对内以召开国民会议来解决时局，对外废除不平等条约的主张。他指出："中国现在祸乱的根本，就是军阀和那援助军阀的帝国主义者。我们这次来解决中国问题，在国民会议席上，第一点就是要打破军阀，第二点就是要打破援助军阀的帝国主义者，打破了这两个东西，中国才可以和平统一，才可以长治久安。"

孙中山向与会的记者表明："这次单骑到北京，就是以极诚恳的意思去同全国人民谋和平统一。那些有大兵权的人……如果用军人的资格在会议席上专横，不让大家公平讨论，我便马上出京。我这次往北方去所主张的办法，一定是和他们的利益相冲突，大家可以料得我很有危险；但是我为救全国同胞，求和平统一开国民会议，去冒这种危险，大家做国民的人，便应该做我的后盾。"

同一天，中国共产党在《向导》上发表了对时局的看法，支持孙中山关于召开国民会议的主张，指出："挽救此迫在目前的危机之方法，不是各省军阀的和平会议或国是会议，也不是几头元老的善后会议，乃是本党去年北京政变（指黎元洪被直系赶下台）时所主张的及中国国民党现在所号召的国民会议，只有这种国民会议才可望解决中国政治问题，因为它是由人民团体直接选出，能代表人民的意思与权能。"

11 月 15 日，段祺瑞被推举为中华民国临时总执政。孙中山知道这个政情变化后，大失所望地说："看到北京的情况，便一天不如一天，似乎受了别种势力的牵涉，不像革命的运动。"此时，孙中山已感身体不适，但为了国家的和平统一，他不顾个人安危和国民党人的担心，仍然决定抱病北上。他说，"去看看近来的真情况"，也是"一次极好的宣传机会"。

11 月 22 日，孙中山乘上海丸离沪赴日，23 日抵日本长崎。他在船上接受了长崎新闻记者的采访。日本记者问道："现在外国对中国有强硬共管之说，会不会成为事实？"

孙中山态度坚决地回答："决不能成为事实，因中国国民更有强硬之抵抗。共管中国之说是外国人做梦！"

记者又问道："广东政府与俄国亲善，将来中国制度有没有改变？"

孙中山明确回答说："中国革命的目的同俄国相同；俄国革命的目的也和中国相同。中国同俄国革命都是走一条路，所以中国同俄国不只是亲善，照革命的关系实在是一家。至于说到国家制度，中国有中国的制度，俄国有俄国的制度，因为中国与俄国的国情，彼此向来不相同，所以制度也不能相同。"

11 月 24 日，孙中山抵神户，前来欢迎的日本政界、新闻界、旅日华侨、中国留学生 1000 多人。25 日晚，孙中山出席在神户大学礼堂举行的东京、大阪、神户各埠国民党人欢迎会，他在演说中指出："我们中国革命十三年，每被反革命的力量所阻止，所以不能进行做到彻底成功。这种反革命的力量就是军阀。为什么军阀有这个大力量呢？因为军阀背后，有帝国主义的援助。""要军阀绝种，便要打破串通军阀来作恶的帝国主义；要打破帝国主义，必须废除中外一切不平等条约。"

孙中山还讲了这次北上的目的："我这次到北京去的任务就是要废除中外不平等的条约。"如果"国民会议开得成，中国便可以和平统一，大家便可以享太平幸福；国民会议开不成，中国便还要大乱不已，大家便还要受兵灾的祸害"。这次演说长达 4 个小时之久，听众频频鼓掌，气氛十分热烈。

孙中山在神户住了 7 天，除了出席各种集会、做报告外，还与来访的客人谈话。要求会见他的客人达 5000 多人，一个星期的时间他会见了 200 多人，常常从早上 7 点开始忙到深夜，不得休息。

1924 年 11 月 30 日，孙中山、宋庆龄前往天津时与随行人员在船上合影

　　11 月 30 日，孙中山乘日轮北岭丸，由神户启程赴天津，到码头送行的各界人士和群众 5000 多人。12 月 1 日，经日本的门司，他在北岭丸上接见新闻记者时指出，这次北上的目的在于废除不平等条约，其中也包括日本同中国订的"二十一条"。

　　当记者提到现在北京有许多人要选举他做大总统时，他说："我的态度是决计推辞，中国一日没有完全独立，我便一日不情愿做总统……我先要处于国民地位，同各国再交涉废除从前不平等的条约，脱离奴隶的地位，到那个时候，才再可以同国民说做他们大总统的话。"

　　12 月 4 日，孙中山一行乘北岭丸到达天津。市民搭起牌楼，悬灯结彩，准备欢迎。法国租界当局宣布码头戒严，不许孙中山坐的船靠岸，但已有两万多工人、学生、市民举着旗子、标语牌在码头一带迎接。面对这样空前热烈的场面，法国巡捕只得溜走了。黄昏，当孙中山乘的船徐徐靠岸时，群众欢呼若狂，孙中山挥帽致谢。时任中共北京地委书记赵世炎亦前往迎接，并在群众欢迎会上讲了话。孙中山发表了简短的讲话，市民燃放鞭炮热烈欢迎。之后，孙中山坐汽车到了张家花园。

　　当天下午，孙中山偕随员往海河北曹家花园访张作霖。到了张的行辕门口，张作霖却摆起了架子，派张学良出来迎接。见面后，孙中山致谢说：

1924 年 12 月 4 日，孙中山在天津张园向各界人士致辞

"我昨天到了天津，承派军警前往迎接，对于这种盛意，非常可感，所以今天特来访晤，表示申谢。"接着又说："这次直奉之战，赖贵军的力量，击败了吴佩孚，推翻了曹、吴的统治，实可为奉军贺喜。"

张作霖趾高气扬地说："自家人打自家人，有什么大惊小怪的，更谈不上什么可喜可贺了。"接着又说："我是一个捧人的，可以捧他人，也可以捧你老。但我反对共产，如共产实行，我不辞流血。"

张作霖又劝孙中山对于废除不平等条约事，暂缓施行。孙中山表示不能同意。晤谈约一时许，张作霖举起茶杯请大家喝茶，孙中山明白这是意味着送客，就起身与张握手作别。

送别孙中山后，张作霖感叹不已，对儿子张学良说道："中山为人也，名不虚传，颇有容人之雅量。"

当天傍晚，张作霖又到张家花园回访孙中山，劝孙中山放弃联俄联共政策，并说各国公使都反对这个政策。同时，也不要反对外国人，因为外国人是不好惹的，他愿代孙中山疏通与外国人的感情，等等，并信誓旦旦地表示："只要抛弃联俄的主张，我张作霖包管教各国公使，都和孙先生要好的。"二人话不投机，谈了不久，张作霖即告辞。

由于长途跋涉，操劳不息，孙中山受了风寒，当晚就病倒了，体温高达 40 多摄氏度，于是留在天津治疗。孙中山在卧病期间，仍坚持工作，接见了不少来访者。在接见北大学生屈武时，嘱其前往山西宣传，说目前拯救国家的唯一办法，就是要实行有各省民意代表参加的国民会议，选出人民拥护的合法政府，由民众来管理国家大事。

12 月 18 日下午，孙中山在病床上接见段祺瑞派来的代表叶恭绰、许世英，在谈话中，他得知段祺瑞曾发表宣言，鼓吹"外崇国信"，奴颜婢膝地信守帝国主义强加给中国的不平等条约，很气愤地说："我在外面要废除那些不平等条约，你们在北京，偏要尊重那些不平等条约，这是什么缘故？你们要升官发财，怕那些外国人，要尊重他们，为什么还来欢迎我呢？"

孙中山义愤填膺，病情加重，电告段祺瑞暂缓进京。段接此电后，好像非常"关怀"似的，当即电复说："久违英姿，瞬经数载，正怀风采，忽奉电音，始知贵体违和，实以贤劳所致，吉人天相，调治得宜，定可早占勿药。不审近日所服何药？饮食如何？殊深系念。尚析为国珍重，保卫政躬，是所至盼！鹄候莅止，论道匡时，敬备蒲轮，以俟君子。专肃，抵颂痊安。"

经过 20 多天的治疗，孙中山觉得病情好了一点儿，于是在 1924 年的最后一天，抱病踏上了去北京的路程。

三、鞠躬尽瘁

12 月 31 日，孙中山扶病由天津乘专车入京。从前门车站到东长安街，欢迎的群众达 10 万多人，车站附近更是拥挤得水泄不通。人人手执一面小旗，有的是红色的，有的是绿色的，上面写着："首倡三民主义，开创民国元勋、中国革命领袖孙中山先生。"另外有两面大幅标语，一面写着"欢迎民国元勋革命领袖孙中山先生"，一面写着"北京各团体联合欢迎孙中山先生"，在欢迎的行列中迎风招展。

冯玉祥从张家口电话指示北京警备总司令鹿钟麟："孙先生到京后，一定要尽力保护，国民军的队伍就等于孙先生的队伍，应听从孙先生指挥。"

鹿钟麟担心秩序难以维持，便驱车来到永定门车站，想请孙中山在永定门提前下车以免发生意外。当火车在永定门车站停下来时，鹿钟麟上车谒见孙中山，报告了东站的情况，请孙中山在永定门车站下车。孙中山说：

"在永定门下车，那可使不得。我是为学生、为民众而来的，我不能只为了个人安全打算，而辜负学生和民众对我的这番热情。请不必担心，我要在前门车站下车，学生们和民众们即使是挤着我，也是不要紧的。"鹿钟麟只好随车到了东站。

当火车开进车站后，站在月台上的黑压压的欢迎人群，自动地把秩序整顿好了，每个人都严肃、恭敬地站在那里，恭候着孙中山先生的到来。北京国民党支部迎接小组马叙伦等，用藤椅把孙中山抬下了车。群众激动地挥动着彩旗，欢呼声和口号声持续不断。孙中山含笑着答礼，同欢迎的群众见了面，并在车站散发了简短的书面讲话："兄弟此来，不是为争地位，不是为争权利，是为特来与诸君救国的。"之后，乘车到了北京饭店。

当天，孙中山发表了《入京宣言》，重申北上入京的目的："此次来京，曾有宣言，非争地位权利，乃为救国。13年前，余负推倒满洲政府，使国民得享自由平等之责任。惟清朝虽倒，而国民之自由平等早被其售与各国，故吾人今日仍处帝国主义各国殖民地之地位。因而吾人救国之责，尤不容缓。至于救国之道多端，当向诸君缮述。惟今以抱恙，不得不稍俟异日。"

孙中山入京的第二天，是1925年元旦，段祺瑞派儿子段宏业和执政府秘书长梁鸿志到北京饭店向孙中山拜年，并邀请孙中山出席其操纵的善后会议。孙中山表示病体未愈，暂时不能与段会面。

　孙中山乘车赴北京饭店途经天安门时受到数万群众的热烈欢迎

在孙中山北上的整个过程中，中国共产党发动广大群众给予积极支持。11 月中旬，当孙中山抵达上海时，中共中央发出指示，要求各地党组织联络各地人民团体，组织国民会议促成会，向广大群众宣传，掀起大规模的示威运动。12 月，中共中央又发出指示，要求各地党组织加强对国民会议促成会的领导，统一促成会的组织和名称，使之成为有广泛代表性的群众团体。在中国共产党和国民党的密切合作下，声势浩大的国民会议群众运动蓬勃兴起。在各地共产党员和国民党员共同努力下，北京、上海、南京、天津、汉口、徐州、广州、济南、保定、太原、厦门、长沙、杭州等数十个地区先后成立了国民会议促成会。

段祺瑞被推为临时执政后，于 1924 年 11 月 21 日发表通电宣告，准备在一个月内召开善后会议。企图以召开善后会议对抗孙中山号召的国民会议。孙中山在天津患病期间，段祺瑞于 12 月 24 日抢先公布了善后会议条例，规定参加人员为：有大勋于国家者，讨伐贿选制止内乱各军最高首领，各省区及蒙、藏、青海军民长官以及有特殊之资望学术经验者。接着又公布了 123 人的邀请名单，其中除孙中山外，绝大多数是各省军阀头目和政客遗老。

段祺瑞公布善后会议条例后，国民党中央于 12 月 26 日发表通电表示反对善后会议。1925 年 1 月 10 日，中共中央发出的党内通告和 1 月 19 日中共中央政治局做出的决议，揭露了善后会议的危险性，指出段祺瑞悍然召集善后会议，是企图在国民会议之前巩固其势力，以对付孙中山和广大人民，强行卖国政策。通告还提出中国共产党的对策：坚决反对善后会议有议决国家根本大法及外交、军事、财政问题的权利；继续要求召开国民会议及其预备会议，行使人民当政的权利，倘若段祺瑞拒绝接受，当即组织罢工、罢市和罢课等示威运动，以示抗议。

孙中山带病对段祺瑞进行了坚决的斗争。1925 年 1 月 17 日，他发出《复段祺瑞电》，要求善后会议做两点改变：一是容纳人民代表；二是会议虽可涉及军制财政，但最后决定权应为国民会议。1 月 20 日，正在上海举行的中共第四次全国代表大会发表宣言，积极支持孙中山的要求，主张人民派代表参加善后会议，并号召全国人民赶快组织起来，制止军阀的阴谋，努力于国民会议之召集。1 月 29 日，段祺瑞复电孙中山，借口"时机已晚，只能变通办理"，拒绝了孙中山的两项要求。因此，中国共产党不再要求参加善后会议，国民党也下达了抵制善后会议的通知。

孙中山到北京后，先在北京饭店延医诊病，经协和医院医师会诊，决定以药针治疗。但经过 20 余日诊治，病情毫无起色。1 月 20 日以后，孙中山病势加重，体温高至 41 摄氏度。德国医生克礼建议外科手术治疗。1 月 26 日，转入协和医院施行外科手术。参加手术的医生有协和医院院长刘瑞恒、外科主任邰乐尔、德国医生克礼以及俄国医生等。当腹腔打开后，见肝部长有恶瘤，脓血甚多，确诊为肝癌晚期，无法割治，不得不重新将刀口缝合，改用镭射放疗，但仍无效验。

2 月 18 日，孙中山从协和医院移入铁狮子胡同 11 号行辕，改由中医治疗，京城名医陆仲安大夫表示亦回天乏术。

孙中山仍然关心着国家大事，每天都要阅读报纸，在病势沉重的时候，他自己不能阅读了，就由宋庆龄念给他听。这段时间，宋庆龄在病榻前日夜服侍，几乎没有正常睡眠。

在广州的革命同志，得知孙中山病情已重，焦急万分。廖仲恺因政务繁忙无法分身，特派何香凝到北京帮助护理。孙中山让何香凝转告廖仲恺，不要为他的病情分心，并说"广东现时十分重要，仲恺万不能离开广东"。

为应付时局，汪精卫、陈友仁在北京设立了国民党中央政治委员会，汪精卫、于右任、李大钊、李石曾、吴稚晖、邵元冲、陈友仁为政治委员会委员。苏联顾问鲍罗廷也到了北京，看望孙中山。政治委员会多次开会研究孙中山遗嘱草稿。2 月 24 日下午，医生提醒家属，孙中山的病情加重，不如趁他还清醒，请示遗言。汪精卫、孙科、宋子文、孔祥熙 4 人为代表进入病房。孙中山病情虽很重，但神志却清醒，见汪精卫诸人欲言又止，就问："你们有什么话要对我说，不妨说吧！"

汪精卫以委婉的语气小心答道："我们请求先生留下一点教诲，以资遵循。"孙说："你们要我说些什么？"汪说："我们已经预备了一份稿子，请先生核定，现在我念给先生听。"于是，汪精卫就把草拟好的稿子念给孙中山听。

第一篇是政治遗嘱，全文是：余致力国民革命凡 40 年，其目的在求中国之自由平等。积 40 年之经验，深知欲达到此目的，必须唤起民众，及联合世界上以平等待我之民族，共同奋斗。现在革命尚未成功，凡我同志，务须依照余所著《建国方略》《建国大纲》《三民主义》及《第一次全国代表大会宣言》，继续努力，以求贯彻。最近主张开国民会议及废除不平等条约，尤须于最短期间，促其实现，是所至嘱！

第二篇是家事遗嘱，内容是：余因尽瘁国事，不治家产。其所遗之书籍、衣物、住宅等，一切均付吾妻宋庆龄，以为纪念。余之儿女已长成，能自立，望各自爱，以继余志。此嘱。

孙中山听后感到满意，汪精卫本想请孙中山当场签字。这时，孙中山听见宋庆龄悲哀的哭泣声，便对汪精卫说："你且暂时收起来吧！我总还有几天生命的。"

此后，孙中山的病情不断恶化，全身浮肿，开始出现腹水。至3月10日，医生已束手无策。到了这种时候，孙中山还关心东征军的进展，指示电告东征军要遵纪爱民，"不可扰乱百姓"。

陈炯明乘孙中山病危，又在汕头策划进攻广州，分兵三路向广州进犯。广州革命政府决定组织东征军，讨伐陈炯明。东征军以黄埔学生军、教导团为主力，由粤军、滇军、桂军以及湘军配合。黄埔军校政治部主任周恩来和苏联军事顾问加伦将军也参加了这次东征。东征军于2月1日出发，所向披靡。4日攻克东莞县城；15日，攻下淡水；21日，攻下平山；27日，攻克海丰，占领陈炯明的"将军府"，击溃叛军5万余，第一次东征取得了胜利。当孙中山获悉东征军胜利的消息时，脸上露出欣慰的笑容，发布嘉奖东江前敌将士令。

3月11日上午，正在守候的何香凝见孙中山的瞳孔已经开始散光，就叫汪精卫把遗嘱拿来签字。孙中山的英文秘书陈友仁，又送上一份致苏联遗书。宋庆龄含着泪，抬起孙中山颤抖的手腕执笔在三份遗嘱上签字。

孙中山签完字，对身边的同志们说："我这次放弃两广来北京，是谋求和平统一，以国民会议建设新国家，务使三民主义、五权宪法实现。现为痼疾所累，行将不起。死生常事，本无足惜，但数十年为国奔走，所抱主义终未完全实现，这是不能无遗憾的。希望诸同志努力奋斗，使国民会议早日成立，达到实行三民主义和五权宪法的目的。那么我虽是死了，也是瞑目的。"

这时候，屋子里的气氛悲痛到极点。孙中山安详地对护士说："谢谢你，你的工作快完成了。"周围的人再也忍不住了，失声痛哭。孙中山把孙科、女婿戴恩赛叫到床前，告诉他们要"善待夫人"。又拉着何香凝的手，连叫两句"廖夫人"，叮嘱说："仲恺不可离广东，请勿来京。"何香凝立即表示："先生改组国民党的苦心，我是知道的，此后我誓必拥护孙先生

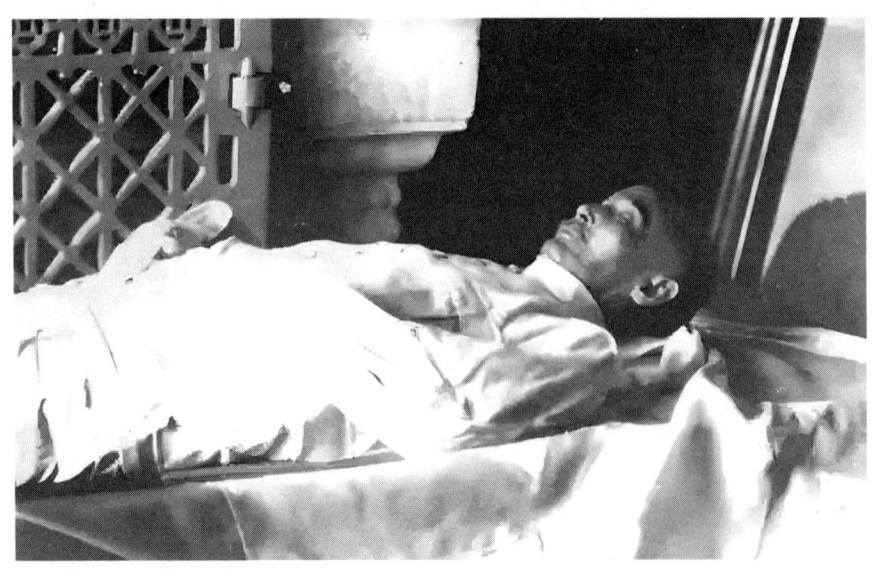

1925 年 3 月 12 日，孙中山先生在北京逝世

改组国民党的精神。孙先生一切主张，我会誓必遵守的；至于孙夫人，我也当尽我力量来爱护。"孙中山很吃力地说："谢谢你。"此时，站在旁边的宋庆龄已悲伤得泣不成声。

11 日晚，孙中山处于昏睡状态，半夜醒来后，见宋庆龄侧面垂泪，悲怆不已。孙中山安慰说："亲爱的，你不要悲哀，我之所有即你之所有。"宋庆龄哭道："我一切都不爱，爱的只有你而已。"众人听罢都忍不住垂泪。

12 日清晨，孙中山已处于昏迷状态，弥留之际还在用微弱的声音断断续续地说："和平，奋斗，救中国。"

1925 年 3 月 12 日 9 时 30 分，孙中山的心脏停止了跳动，享年 59 岁。

四、国葬大典

孙中山逝世后，国民党向海内外发出讣告，并迅速组建治丧机构，分头操办丧事。北京政府亦派柏文蔚及内务次长王耒为孙中山治丧之政府代表，协助办理丧事。治丧处决定长期保存遗体，将遗体在协和医院做了防腐手术，用楠木玻璃棺入殓，以供瞻仰。

3 月 14 日，段祺瑞政府召开非常国会会议，通过了为孙中山举行国葬的议案，通电全体国民停止宴会及娱乐，以示哀悼，并下半旗志哀。3 月15 日，大雪纷飞，天地同悲，吊唁者排成长队到医院吊唁，参议院非常国会、各团体代表及段祺瑞、梁启超、黄郛、杨度等社会名流前来吊唁。冯玉祥、张作霖、卢永祥、唐绍仪等致唁电，并派专员来京襄理丧事。

此后数日，驻京苏联大使加拉罕、美国公使马克谟，以及英国、法国、德国、比利时、丹麦、荷兰、瑞典、西班牙、葡萄牙等国公使或参赞，都亲临吊唁，不少国家的政府或友好人士发来唁电。3 月13 日，苏联共产党、第三国际分别给中国国民党发了唁电，苏联共产党中央委员会的唁电是："孙中山的伟大事业是不会随着孙中山一同死去的，孙中山的事业将活在中国工人和农民心中，使中国人民的敌人望而生畏。"共产国际在唁电中表示：孙中山"适死于其毕生事业甫生效果之际。无产阶级革命运动与被压迫民族之反帝国主义运动此时正渐趋于一轨，势力亦渐臻增进……深信共产国际之各支部皆竭力援助将完成孙逸仙大业的国民党，并深信与国民党合作之中国共产党亦能完成当前之伟大历史的事业。"

3 月15 日，中国共产党中央委员会向国民党中央发出唁电，号召国民党革命同志和全国民众，继承孙先生之事业，努力奋斗，以竟其志。同一天，中共中央发表了《中国共产党为孙中山之死告中国民众书》，指出："为中国民族自由而战的孙中山先生死了，自然是中国民族自由运动一大损失，然而这个运动是决不会随孙中山先生之死而停止。"号召全国人民加倍努力，一方面继续开展国民会议及废除不平等条约运动，反抗段祺瑞、张作霖对于这次运动的破坏；一方面保卫南方革命根据地广东。

3 月19 日，孙中山的灵柩从协和医院移至中央公园（今中山公园），在京的国民党员及孙中山生前友好分左右两路执绋送行。送殡队伍浩浩荡荡，前面有 300 名警察开路，接着是军乐队和全副武装的护卫队伍，随后是外国驻华代表、随员及孙中山亲属百余人。中间是灵柩和执绋人员，宋庆龄乘青色马车随柩行进。在京的国民党要员轮流为孙中山扶灵护灵，抬棺队伍分为三组，第一组有汪精卫、孔祥熙、林森、宋子文等，第二组有于右任、李大钊等，第三组有李烈钧、林伯渠等人。邓颖超也参加了送别，几万名各界代表走在后面。在前门马道上，每 5 分钟鸣礼炮一响，沿途上空有 4 架飞机缓慢飞行，空撒遗像，气氛庄严肃穆。

沿途送灵致哀的民众约 12 万人，从王府井、东长安街、天安门到中央公园社稷坛灵堂，两旁站满了迎灵的群众，只为送孙中山最后一程。灵柩

国民党要员为孙中山送行护灵

　　所到之处，沿途人群自觉脱帽鞠躬致礼，不少人流着眼泪默默哀悼这位伟大的革命先行者。

　　灵堂设于中央公园社稷坛拜殿正中，上悬孙中山遗像及"有志竟成"横匾，两旁悬挂"革命尚未成功，同志仍须努力"对联，棺上盖以青天白日旗。宋庆龄身穿黑礼服，佩戴黑纱，偕亲属孙科等在灵前守灵。

　　3月24日至4月1日为各界公祭日，每天都有成千上万的机关、团体、学生队伍及各界人士前来吊唁。3月27日以后，中央公园免票，市民可以入园吊唁，瞻仰遗容。前来吊唁签名者达746823人，机关团体1254个，发出白纸花1037000朵，敬献花圈7000余面，从五色土到停灵的拜殿道路两侧和灵堂内外，布满了花圈和挽联。各界赠送的挽联、哀词、祭文达6万余件。

　　宋庆龄送的挽联是：志在求大同，热爱黎民热爱我；星沉乱方寸，痛哭社稷痛哭君。

　　胡汉民送的挽联是：博爱无穷，革命造共和，尽瘁犹为民众死；知行不二，遗书遍天下，创垂自与昔人殊。

　　林森送的挽联是：一人千古；千古一人。

　　谭延闿送的挽联是：旭日丽中天，数千古英雄，孰堪匹敌；大星沉朔野，

宋庆龄和孙科为孙中山守灵

率三湘子弟，共哭元戎。

　　李烈钧送的挽联是：才逾汤武，功盖桓文，九万里震威名，天授如斯，前无古人，后无来者；持节疆场，运筹帷幄，二十年共患难，山颓安仰，上为国痛，下为私哀。

　　蒋介石送的挽联是：主义扬中外；精灵炳日月。

　　蔡元培送的挽联是：是中国自由神，三民五权，推翻历史数千年专制之局；愿吾侪后死者，齐心协力，完成先生一二件未竟之功。

　　伍朝枢送的挽联是：万岁三民，三民万岁；一人千古，千古一人。

　　吴玉章送的挽联是：为东亚造和平，拯斯民于水火；与列宁相伯仲，极世界之荣哀。

　　柳亚子写的挽联是：树弱小民族解放先声，列宁而还，公其健者；与帝国主义奋斗救世，斯人已往，谁其嗣之。

　　邵力子写的挽联是：举世崇拜，举世仇恨，看清崇拜或仇恨是些什么人，愈见先生伟大；毕生革命，毕生治学，倘把革命与治学分成两件事，便非吾党精神。

　　北京大学台湾同学会送的挽联是：三百万台湾刚醒同胞，微先生何人领导；四十年祖国未竟事业，舍我辈其谁分担。

孙中山的高尚品德和革命精神赢得了全国人民及国际友好人士的尊敬，许多爱国团体、华侨社团、社会贤达、外国友人以及黎元洪等都送了花圈和挽联，就连他的政敌陈炯明和北洋军阀段祺瑞、张作霖、吴佩孚、孙传芳等也敬献了花圈和挽联。

黎元洪挽孙中山联：江汉启元戎，仗公同定共和局；乾坤试四顾，旷世谁为建设才。

段祺瑞送的挽联是：共和告成，溯厥本源，首功自来推人世；革命勇往，无间终始，大年不假问苍天。

徐树铮寄的挽联是：百年之政，孰若民先，曷居乎一言而兴，一言而丧；十稔以还，使无公在，正不知几人称帝，几人称王。

梁启超写的挽联是：先生千古；民国万年。

陶行知送的挽联是：生为民有；死作国魂。

其中，李大钊撰写的挽联最长，长达214字：

广东是现代思潮汇注之区，自明季迄于今兹，汉种子遗，外邦通市，乃至太平崛起，类皆孕育萌兴于斯乡；先生挺生其间，砥柱于革命中流，启后承先，涤新涸旧，扬民族大义，决将再造乾坤；四十余年，殚心瘁力，誓以青天白日满地红旗，唤起自由独立之精神，要为人间留正气。

中华为世界列强竞争所在，由泰西以至日本，政治掠取，经济侵凌，甚至共管阴谋，争思奴隶牛马尔家国；吾党适丁此会，丧失我建国山斗，云凄海咽，地黯天愁，问继起何人，毅然重整旗鼓；亿兆有众，惟工与农，须本三民五权群策群力，遵依牺牲奋斗诸遗训，成厥大业慰英灵。

为纪念孙中山先生，1925年3月21日，中国国民党中央执行委员会决定将"永丰"舰改名"中山"舰，将香山县改名"中山县"。3月25日，东征军集会追悼孙中山，东征军总指挥蒋介石主持大会，总政治部主任周恩来宣读祭文。

3月30日，苏联政府特派专员多米诺将赠予的水晶棺运抵北京，但经协和医院专家检验后，"认为质料脆薄，其外皮为金属质，易于传热，不适于南方永久保持之用"。由于南京中山陵尚未开建，孙中山的灵柩拟暂厝于西山碧云寺金刚宝塔内。

沿途送葬的群众

　　4月2日上午9时30分，北京政府代表及阁员在灵堂行三鞠躬礼，敬献花圈，各界代表及孙中山亲属亦相继行礼。11时起灵，孙中山的灵柩从中央公园出发，以中华民国国旗为前导，国民军第一师手枪连护灵，航空署派三架飞机绕空护送。宋庆龄首障青纱，黑衣黑履，乘一辆马车，跟随在灵车之后。内务部鸣礼炮33响致敬，各机关下半旗致哀。沿途市民均肃立、脱帽，行注目礼。有30多万群众从中央公园恭送至西直门，其中有2万多人一直追随灵枢，从西直门步行到碧云寺，送别的人有不少是青年学生和工人。

　　1925年4月11日，宋庆龄亲赴南京紫金山勘察墓址，择定钟山中茅峰南麓为墓地。此处前临平川，后拥青山，西邻明孝陵，东毗灵谷寺，三峰并峙，气象雄伟。

　　1926年1月15日，中山陵破土动工，1929年5月竣工。主体建筑有广场、牌坊、陵门、墓道、碑亭、祭堂和墓室，全部用白色花岗岩构筑，中轴对称，古朴庄严。大门牌坊上有孙中山手书"博爱"金字，陵门上方镶有孙中山手迹"天下为公"石额。从牌坊到祭堂共392级石阶，象征当时全国三亿九千二百万人口。主体建筑祭堂处在山顶最高峰，融中西建筑风格于一体，屋顶为单檐歇山式，上覆蓝色琉璃瓦。祭堂拱门上方分别刻有民主、民权、民生，祭堂中央供奉4.6米高的白色大理石孙中山坐像，四周刻有反映孙中

奉安大典

山革命事迹的浮雕。祭堂内室为圆形墓室，门上方有孙中山手书"浩气长存"横额，中央是长形墓穴，上覆孙中山汉白玉卧像。

1929 年 6 月 1 日，国民政府在南京举行奉安大典。一代伟人孙中山，从此长眠于紫金山南麓的中山陵。

附录一

孙中山年谱简表

1866 年（清同治五年）　诞生

11 月 12 日，孙中山出生于广东省香山县翠亨村一个贫苦农民家庭。

1867 年（清同治六年）　一岁

9 月 5 日，赴美国当华工的叔父孙观成病逝。

1869 年（清同治八年）　三岁

10 月 9 日，孙中山的祖母黄氏病故。

1871 年（清同治十年）　五岁

孙中山哥哥孙眉出国赴檀香山做工。

1872 年（清同治十一年）　六岁

开始参加农业生产劳动，"早知稼穑之艰难"。

1875 年（清光绪元年）　九岁

入私塾读书。

1876 年（清光绪二年）　十岁

孙中山哥哥孙眉在檀香山开辟农场。

1877 年（清光绪三年）　十一岁

进村塾读书。

1878 年（清光绪四年）　十二岁

村塾结业。

1879 年（清光绪五年）　十三岁

5 月，孙中山随母赴檀香山。

6 月，至其兄孙眉在茂宜岛所开设的商店里协理店务。

9 月下旬，入火奴鲁鲁英国基督教监理会主办的意奥兰尼学校读书。

1882 年（清光绪八年） 十六岁

7 月 27 日，在意奥兰尼学校毕业。

秋，入火奴鲁鲁美国基督教公理会设立的奥阿厚学院读书。

1883 年（清光绪九年） 十七岁

7 月，孙中山自檀香山归国。

11 月，前往香港，入读香港基督教圣公会所办的拔萃书室。

1884 年（清光绪十年） 十八岁

4 月，入香港英国当局所开办的中央书院读书。

11 月，再赴檀香山。

1885 年（清光绪十一年） 十九岁

4 月，自檀香山经日本回国。

5 月 26 日，在翠亨村与卢慕贞结婚。

8 月，往香港中央书院复学。

1886 年（清光绪十二年） 二十岁

夏，在香港中央书院毕业，入广州博济医院附设南华医学堂读书。

1887 年（清光绪十三年） 二十一岁

9 月，孙中山转学香港西医书院。

1888 年（清光绪十四年） 二十二岁

3 月 24 日，孙中山的父亲孙达成病逝。

1890 年（清光绪十六年） 二十四岁

致书香山县退职官僚郑藻如，主张学习西方进行改良。

与陈少白、尤列、杨鹤龄三人志趣相投，被称为"四大寇"。

1891 年（清光绪十七年） 二十五岁

10 月 20 日，长子孙科出生。

1892 年（清光绪十八年） 二十六岁

7 月 23 日，在香港西医书院毕业。

秋，孙中山在澳门镜湖医院行医。

12 月 18 日，在澳门开设中西药局。

1893 年（清光绪十九年） 二十七岁

春，赴广州行医。

冬，与陆皓东、郑士良等 8 人集会于抗风轩，酝酿成立反满团体。

1894 年（清光绪二十年） 二十八岁

6 月，上书李鸿章，提出"人能尽其才，地能尽其利，物能尽其用，货能畅其流"的主张。

11 月 24 日，在檀香山创立中国第一个资产阶级革命团体"兴中会"。

1895 年（清光绪二十一年） 二十九岁

1 月，由檀香山赴香港，回国策划武装起义。

2 月 21 日，在香港成立兴中会分会，设立兴中会总机关。

3 月，在广州建立兴中会分会。

10 月 26 日，广州起义失败，孙中山逃出广州。

10 月 29 日，从香山经澳门至香港。

11 月 2 日，离开香港，流亡日本。

11 月 13 日，成立横滨兴中会分会

12 月，断发改装，离开日本赴檀香山。

是年，长女孙娫出生。

1896 年（清光绪二十二年） 三十岁

3 月 4 日，香港英国当局发布对孙中山的驱逐令。

4 月，在檀香山遇其老师康德黎，相约去英国。

6 月 18 日，由檀香山抵美国旧金山，在华侨中宣传革命。

9 月 23 日，由美国纽约赴英国，30 日到达英国利物浦。

10 月 11 日，被清朝驻英国使馆人员绑架，囚禁于使馆中。

10 月 23 日，在英国老师康德黎等人的营救下获释。

12 月以后，经常在大英博物馆图书室读书，探求救国真理。

是年，次女孙婉出生。

1897 年（清光绪二十三年） 三十一岁

1 月 21 日，孙中山著英文本《孙逸仙伦敦被难记》出版。

3 月 1 日，在伦敦《双周论坛》上发表《中国的现在和未来》一文，主张对中国进行根本性变革。

春夏，译《红十字会救伤第一法》。

6 月 30 日，在《东亚季刊》发表《中国之司法改革》一文。

7 月 2 日，离伦敦赴加拿大，11 日到达蒙特利尔，又赴温哥华、维多利亚等地，在华侨中进行革命活动。

8 月 16 日，离开加拿大，抵日本横滨。

9月，结识宫崎寅藏、平山周等日本人士，留居日本东京。

1898 年（清光绪二十四年）　三十二岁

在日本东京进行革命活动，并在长崎、神户、马关等地吸收华侨参加兴中会。

秋冬，戊戌变法运动失败，康有为、梁启超等赴日本，孙中山与康、梁多次会谈合作。

1899 年（清光绪二十五年）　三十三岁

春夏，往返于日本东京、长崎、横滨等地，宣传革命。

夏秋之间，与梁启超等在日本横滨就合作问题进行多次交谈。

11 月 26 日，清政府下令缉捕兴中会的重要成员及多名会党首领。

11 月，兴中会邀哥老会、三合会各会首领在香港集会，议定三会结成一个大团体兴汉会，公推孙中山为总会长。

1900 年（清光绪二十六年）　三十四岁

1 月 25 日，派陈少白主持的兴中会《中国日报》在香港发刊。

春夏之交，孙中山鉴于义和团运动在北方蓬勃发展，决定在广东策划起义。

7 月，孙中山亲手编绘的《支那现势地图》在东京出版发行。

8 月 22 日，自日本横滨秘密乘船经上海，赴台湾策划起义。

10 月 6 日，惠州起义爆发，孙中山在台湾筹备饷械。

10 月 22 日，起义军粮弹不继，被迫解散。

冬，总结此次失败的教训，在日本攻读军事著作。

1901 年（清光绪二十七年）　三十五岁

春，赞助留日的粤籍学生郑贯一、冯自由、李自重等组织广东独立协会。

1902 年（清光绪二十八年）　三十六岁

春，在日本横滨接待章炳麟，与章讨论改革土地、赋税制度等问题。

是年，孙中山在东京嘱留日学生刘成禹撰《太平天国战史》，充作反清宣传品。该书于 1904 年在东京发行。

12 月，由日本赴越南河内，建立兴中会分会。

1903 年（清光绪二十九年）　三十七岁

5 月，邹容所著《革命军》一书在上海出版，孙中山给予高度评价。

8 月，在东京青山练兵场附近秘密创办革命军事学校，聘请日本退役军官为教师，入学者约 40 人。

是月，接待来访的留日学生廖仲恺、何香凝等，畅论革命救国的道理和方法。

9月26日，离日本赴檀香山。

12月上旬，至火奴鲁鲁岛，到各戏院发表演说，反对保皇理论。

1904年（清光绪三十年）　三十八岁

1月11日，在檀香山加入洪门，并受"洪棍"之职。

1月，在檀香山组织中华革命军。在《檀山新报》上发表《驳保皇报书》。

2月15日，华兴会在长沙成立，黄兴被推为会长，入会者有刘揆一、宋教仁、陈天华、刘道一、谭人凤等500余人。

5月，在美国旧金山华侨中进行革命活动，鼓吹反清革命。

8月31日，在纽约报纸上发表《中国问题的真解决》。

12月14日，离开纽约赴英国伦敦。

12月中旬，由伦敦抵比利时布鲁塞尔，在中国留学生中建立革命组织。

12月下旬，赴法国巴黎，在留学生中建立革命组织。

1905年（清光绪三十一年）　三十九岁

4月中旬，离伦敦赴布鲁塞尔，访问第二国际执行局，请求接纳中国革命党为成员。

夏，自英国赴德国，在柏林向留德学生宣传革命，建立革命组织。

7月19日，由法国马赛返抵日本横滨。

7月下旬，与黄兴会晤于东京凤乐园，讨论兴中会与华兴会联合。

7月30日，在东京赤坂区召开中国同盟会筹备会议，全国有17省代表到会。孙中山主张各团体联合，将名称定为"中国同盟会"，以"驱除鞑虏，恢复中华，创立民国，平均地权"为宗旨。

8月13日，出席东京留学生欢迎大会。

8月20日，中国同盟会在东京召开成立大会。

9月1日，廖仲恺、胡汉民等6人加入同盟会。

10月7日，在越南西贡堤岸组成同盟会分会。

11月29日，中国同盟会机关报《民报》在日本东京创刊，在发刊词中提出"民族""民权""民生"三大主义。

1906年（清光绪三十二年）　四十岁

6月，离日本到新加坡，成立新加坡同盟会分会。

8月7日，离日本赴南洋，在吉隆坡设立同盟会分会。

秋冬间，与黄兴、章炳麟等人制定同盟会《革命方略》。

12月4日，同盟会会员刘道一、蔡绍南等与会党发动萍(乡)、浏(阳)、醴(陵)起义。

1907年（清光绪三十三年） 四十一岁

2月中旬，在河内设立指挥粤桂滇三省起义的领导机关。

4月，筹备在广东的潮、惠、钦、廉四府同时起义。

5月，先后发动潮、惠、钦、廉武装起义，均因实力悬殊而失败。

7月6日，光复会会员徐锡麟刺杀安徽巡抚恩铭，起义失败，被捕牺牲。

7月13日，同盟会会员秋瑾准备响应徐锡麟起义，被捕牺牲。

9月1日，发动钦州起义，失败后退至十万大山。

12月1日，发动镇南关起义，孙中山亲赴阵地参战，起义失败后退入越南。

1908年（清光绪三十四年） 四十二岁

1月27日，离开河内抵新加坡。

2月，清政府再加十万赏银，悬赏捉拿孙中山。

3月27日，发动钦、廉起义，后因弹尽援绝退往越南。

4月1日，在仰光建立同盟会分会。

4月30日，发动河口起义。

5月5日，委任黄兴为云南国民军总司令，命黄兴赴前线督师。

7月26日，湖北军队同盟会在武昌成立。

秋，在新加坡设立同盟会南洋支部，统一领导南洋各埠同盟会分会。

11月20日，在暹罗(泰国)组织同盟会分会。

12月7日，发动广州起义，因事泄流产。

1909年（清宣统元年） 四十三岁

5月上旬，同盟会南洋支部由新加坡迁至槟榔屿。

5月19日，由新加坡启程赴法国、比利时等国进行革命宣传和筹款。

8月7日，到伦敦。

10月，中国同盟会南方支部在香港成立，筹划国内武装起义。

10月30日，离伦敦赴美国，宣传革命和筹款。

12月31日，在美国纽约成立同盟会分会。

12月16日，由纽约至波士顿，在华侨中宣传革命和发动捐款。

1910年（清宣统二年） 四十四岁

1月21日，赴芝加哥，出席欢迎大会，并成立芝加哥同盟会分会。

1月29日，黄兴自日本抵香港，主持广州起义的准备工作。

2月12日，广州新军起义，因准备不周失败。

2月16日，建立旧金山同盟会分会。

3月28日，抵檀香山，改组兴中会组织为同盟会分会。

4月4日，在火奴鲁鲁出席美洲华侨欢迎大会，并发表演说。

6月，由檀香山秘密潜入日本，就近指挥革命。

7月11日，由日本抵新加坡。

7月19日，孙中山母杨氏病逝于香港。

11月13日，在槟榔屿召集黄兴等领导人商议，决定在广州再次组织起义。

12月6日，离槟榔屿赴欧美筹款。

1911年（清宣统三年） 四十五岁

1月18日，黄兴抵香港，主持广州起义筹备工作。

1月30日，同盟会会员蒋翊武在武昌成立革命团体文学社，联络新军起义。

4月27日，广州起义爆发，失败后收殓72名烈士遗体，合葬于黄花岗。

7月31日，中国同盟会中部总会在上海成立，南京、湖南、湖北、安徽、四川等省成立分会，准备在长江流域各省组织起义。

8月下旬，湖北文学社和共进会成立统一指挥机构，积极筹划起义。

10月10日，武昌起义爆发。

10月11日，起义军占领武昌，成立中华民国湖北军政府，推举黎元洪为都督。

10月28日，黄兴自香港经上海到武汉，出任革命军总司令，领导汉口保卫战。

11月11日，抵伦敦；11月21日，抵巴黎，进行外交活动，争取支持中国革命。

11月24日，由马赛乘船回国。

12月18日，民军议和全权代表伍廷芳与清内阁总理大臣袁世凯代表唐绍仪在上海举行首次议和会议。

12月26日，在上海召开同盟会高级干部会议，商定大总统人选。

12月29日，南京17省代表会议，选举孙中山为中华民国临时大总统。

1912年（民国元年） 四十六岁

1月1日，由上海赴南京，宣誓就任中华民国临时大总统。

1月3日，在南京成立中华民国临时政府。

1月5日，发布《孙大总统对外宣言》。

1月15日，致电南方议和代表伍廷芳，重申对议和及让位态度。

1月13日，中国同盟会在南京设立总部。

1月21日，主持临时政府第一次内阁会议。

1月28日，临时参议院成立。

2月12日，清帝溥仪宣告退位。

2月13日，向临时参议院辞临时大总统职，并推荐袁世凯代任。

2月14日，临时参议院开会，接受孙中山的辞职。

2月15日，临时参议院选举袁世凯为第二任临时大总统。

3月3日，中国同盟会本部在南京召开全体大会，选举孙中山为总理，黄兴、黎元洪为协理。

3月10日，袁世凯在北京宣誓就任临时大总统。

3月11日，公布《中华民国临时约法》。

3月31日，出席南京同盟会会员饯别会，并发表演说。

4月1日，正式解除临时大总统职，先后到上海、武汉、福州、广州等地参观、演讲。

4月2日，临时参议院正式议决临时政府迁往北京。

8月24日，应袁世凯邀请赴京，在京留居近1个月，与袁会谈13次。

8月25日，出席国民党成立大会，被推举为理事长。

9月11日，袁世凯特授孙中山"筹划全国铁路全权"。

9月17日，离开北京，赴山西、河北等地考察铁路。

9月26日，乘专车抵达济南视察，发表3次演讲。

9月28日，离开济南赴青岛考察。

10月3日，返抵上海。

10月14日至16日，在上海中国社会党本部发表宣传社会主义的演说。

11月14日，在上海开办中国铁路总公司。

1913年（民国二年） 四十七岁

2月10日，自上海启程赴日本各地考察。

3月20日，宋教仁被刺杀于上海车站。

3月22日，孙中山致电国民党本部，要求查明杀害宋教仁案真相。

3月25日，返抵上海，与黄兴等商讨对付"宋案"方法。

4月26日，与黄兴联名通电，呼吁对杀害宋教仁的凶手予以严办。

7月12日，李烈钧在江西宣布独立，"二次革命"爆发。

7月15日，南京宣布独立，黄兴任江苏讨袁军总司令。

7月22日，在上海发表讨袁宣言和通电。

8月2日，离沪赴粤，从福州转赴台湾。

8月9日，"二次革命"失败，再次流亡日本。

1914年（民国三年）　四十八岁

1月10日，派陈其美赴大连设机关，联络东北各省力量讨袁。

5月，致函第二国际国际局，希望把中国建成世界首个社会主义国家。

5月10日，《民国》杂志创刊于东京，后成为中华革命党机关刊物。

6月21日，中华革命党在东京召开会议，孙中山被选为总理。

7月8日，中华革命党在东京举行成立大会，孙中山正式就任总理。

9月1日，发表《中华革命党宣言》，宣布中华革命党成立。

9月20日，在东京主持召开制定中华革命党《革命方略》讨论会。

10月10日，派朱执信、邓铿策划在广东发动反袁武装斗争。

秋，发布《中华革命军大元帅檄》文，痛斥袁世凯卖国等罪行。

1915年（民国四年）　四十九岁

2月11日，孙中山之兄孙眉病逝于澳门。

3月10日，指示党务部发布第八号通告，揭露"二十一条"真相，号召革命党人进行反袁斗争。

4月4日，袁世凯下令，通缉"中华革命党在国内的革命活动"。

夏末，决定组织中华革命军，令陈其美、居正、胡汉民、于右任等在上海、青岛、广州、陕西等地筹设中华革命军东南军、东北军、西南军、西北军4个总司令部。

10月25日，与宋庆龄在东京结婚。

11月15日，委居正为中华革命军东北军总司令，许崇智为参谋长，在青岛设立司令部，开展反袁军事斗争。

12月17日，李烈钧、熊克武等赴云南，酝酿起兵讨袁。

12月25日，唐继尧、蔡锷等通电，宣告云南独立，护国战争开始。

1916年（民国五年）　五十岁

1月1日，袁世凯称帝。

4月27日，从日本启程回国，就近指挥讨袁斗争。

5月5日，中华革命军东北军占领潍县、周村及周围10余州县。

5月9日，在上海发表二次讨袁宣言。

5月18日，陈其美在上海被暗杀。

6月6日，袁世凯病卒，黎元洪继任总统。

6月9日，发表《规复约法宣言》。

7月25日，指示中华革命军停止军事行动。

8月16至25日，赴杭州、绍兴、宁波及舟山视察。

10月31日，黄兴在上海病逝。

1917年（民国六年） 五十一岁

2月21日，在上海写成《民权初步》。

3月30日，中华革命党改用中国国民党名称，向党员发出通告。

6月14日，派胡汉民赴粤联络讨逆护法力量。

6月23日，在上海积极运动海军护法。

7月3日，就张勋复辟事，通电全国，南下护法，讨伐叛逆。

7月4日，致电参众两院议员，号召南下护法。

7月6日，乘"海琛"号军舰到广州南下护法。

7月20日，在驻粤的滇军欢迎会上发表演说，揭露复辟真相。

8月5日，海军总长程璧光率领舰队南下抵黄埔，孙中山在全省欢迎大会上发表演讲，阐述护法的意义。

8月25日，国会非常会议在广东省议会举行开幕式，孙中山到会并致辞。

9月1日，国会非常会议选举孙中山为中华民国军政府海陆军大元帅。

9月10日，军政府在广州成立，孙中山就任中华民国军政府海陆军大元帅。

10月6日，南北两军战于湘南衡山、宝庆一带，护法战争开始。

1918年（民国七年） 五十二岁

1月1日，发出元旦布告，勉励全国军民奋发前进，勘定内乱，恢复和平。

1月15日，命援闽粤军总司令陈炯明率部开赴闽粤边境。

3月23日，通告各国驻华公使，痛斥北方政府的罪行。

4月17日，军政府向日、美、法、意、俄、英、葡等16国发出通告，要求各国承认军政府为中华民国之合法政府。

5月4日，向非常国会辞大元帅职，并发表通电。

6月26日，抵达上海，迁住莫利爱路29号寓所。

5 月，电贺列宁和苏维埃政府，表示愿意使中俄两党团结起来共同斗争。

8 月 1 日，列宁接到贺电后，委托苏俄外交人民委员契切林复函孙中山表示感谢，并希望共同进行斗争。

12 月 30 日，撰成《孙文学说》序。

1919 年（民国八年）　五十三岁

1 月 9 日，被军政府推选为出席巴黎和会的代表。

2 月 7 日，拒绝出任巴黎和会代表的职务。

5 月 4 日，五四运动爆发，孙中山多次接见北京、上海学生代表，支持五四运动。

5 月 26 日，约见上海学生联合会会长何葆仁，鼓励学生们的爱国行动。

6 月 2 日，接见上海学联会长何葆仁、总干事朱承洵和复旦大学学生会主席朱仲华，赞扬学生反帝爱国斗争的精神。

5 月 28 日，在沪发表《护法宣言》。

7 月 18 日，致电广东军政府，要求释放被捕工学界代表。

8 月 1 日，创办《建设》杂志，并担任社长。

8 月 7 日，致电广州非常国会辞去政务总裁职务。

10 月 8 日，在上海中国青年会举行的武昌起义 8 周年纪念会上发表演说。

10 月 10 日，中华革命党正式改组为中国国民党。

10 月 18 日，在上海寰球学生会发表"救国之急务"演说。

1920 年（民国九年）　五十四岁

5 月 1 日，为《新青年》题词"天下为公"。

6 月 2 日，在上海与唐继尧、伍廷芳、唐绍仪等举行会议，讨论应付时局的办法。

6 月 3 日，四总裁发表声明，谴责军政府为桂系军阀所把持，主张恢复南北议和。

6 月 18 日，旅俄华工联合会第三次代表大会在莫斯科开幕，选举孙中山和列宁为大会的名誉主席。

7 月，完成《实业计划》一书。

8 月 12 日，粤军在漳州公园誓师，奉命回粤讨桂。

9 月 21 日，朱执信为调停虎门驻军与东莞民军的冲突，在虎门牺牲。

10 月 29 日，粤军攻克广州，桂军逃往广西。

11 月 4 日，在上海中国国民党本部会议上做修改章程的报告。

11月9日，在上海国民党本部会议上发表演说。

11月10日，委任陈炯明为广东省省长兼粤军总司令。

11月20日，在上海会见共产国际使者魏金斯基。

11月28日，经香港抵达广州，在广东省署宴会上发表讲话。

11月29日，在广州重组军政府。

12月1日，四总裁发表声明，宣布军政府继续执行职务。

1921年（民国十年）　五十五岁

1月1日，在军政府举行的南京临时政府成立纪念会上发表演说，主张建立正式政府。

1月21日，军政府发布命令，声明决定收回海关管理权。

2月1日，在广东省中国国民党支部成立会上讲话，阐述三民主义。

2月18日，改组广州市政府，由军政府直辖。

3月6日，在中国国民党本部特设办事处发表演讲，论述三民主义的内容。

3月16日，与军政府各总裁联名通电，反对北方违法选举总统。

4月7日，国会非常议会参众两院联合会在广州举行，通过《中华民国政府组织大纲》，选举孙中山为非常大总统。

5月5日，就任非常大总统，并发表就职演说。

5月28日，命粤、赣、滇、黔各军准备讨伐陆荣廷。

6月27日，正式下令讨伐陆荣廷。

7月，中国共产党在上海成立。

7月，在广东教育会上发表演讲，阐述三民主义要旨。

8月4日，粤军占领南宁，陆荣廷逃往龙州。

8月13日，滇、粤、赣各军攻克桂林。

8月28日，复信俄国外交人民委员契切林，提出要和俄国保持联系的意见。

10月15日，乘军舰出巡广西，准备取道湖南北伐。

11月7日，列宁收到孙中山来函后，指示应与孙中山建立紧密联系。

12月4日，在桂林设立北伐军大本营。

12月10日，在桂林对滇、粤、赣三军军官做《军人精神教育》的讲话。

12月21日，宋庆龄率红十字会会员到达桂林。

12月23日，在桂林会见共产国际代表马林。

1922 年（民国十一年）　五十六岁

1 月 21 日，远东各国共产党及民族革命团体第一次代表大会（即远东劳动人民代表大会）在莫斯科举行，孙中山派张秋白代表中国国民党出席。会议期间，列宁接见国共两党代表，正式提出国共合作问题。

2 月 3 日，以大元帅名义发动员令，令各军分路出师北伐。

2 月 12 日、20 日，张作霖、段祺瑞分别派人到广东，商讨合作讨伐直系。

2 月 27 日，在桂林主持北伐誓师典礼。

3 月 16 日，赵恒惕拒绝北伐军过湘，北伐计划受阻。

4 月 8 日，大本营由桂林迁回广东，孙中山指令各军集中梧州待命。

4 月 12 日，陈炯明调动军队，企图阻止北伐军回师广州。

4 月 16 日，在梧州召开军事会议，决定北伐军改道出师江西。

4 月 21 日，下令免除陈炯明广东省省长、粤军总司令及内务部部长职务。

4 月 27 日，在广州会见少共国际代表、苏俄全权代表达林，与苏俄政府建立联系。

5 月 1 日，第一次全国劳动大会在广州举行，孙中山接见与会代表。

5 月 4 日，以大元帅名义声讨徐世昌，并下令北伐。

5 月 6 日，赴韶关督师北伐，北伐军分三路向江西进攻。

6 月 1 日，从韶关返回广州。

6 月 13 日，北伐军占领赣州。

6 月 14 日，廖仲恺应陈炯明邀请前往惠州，至石龙被扣押兵工厂囚禁。

6 月 16 日，陈炯明叛变，炮轰总统府，孙中山避难永丰舰。

6 月 27 日，北伐军回粤讨伐陈炯明。

7 月 2 日，北伐军进入广东，决定攻取韶关。

7 月 5 日，陈炯明托人上永丰舰求和，孙中山严词拒绝。

7 月 29 日，北伐军在韶关失利，全线退却。

8 月 9 日，离开广州赴香港；8 月 14 日，到上海。

8 月 15 日，在上海发表宣言，揭露陈炯明叛乱经过。

8 月 17 日，发表对外宣言，提出和平统一中国的计划。

8 月 23 日，李大钊到上海，与孙中山进行多次交谈。

8 月 25 日，会见苏俄全权大使越飞的代表马林。

9 月 4 日，在上海召开改进国民党会议。

12 月 16 日，再次召开会议，审查国民党改进案宣言和党纲党章。

12 月 30 日，滇、粤、桂联军会师梧州，誓师讨陈。

1923 年（民国十二年） 五十七岁

1 月 1 日，发表《中国国民党宣言》。

1 月 2 日，公布《中国国民党党纲》，次日公布《中国国民党总章》。

1 月 12 日，共产国际通过《关于中国共产党与国民党关系的决议》，认为国共合作是必要的。

1 月 14 日，滇桂联军进入广州，陈炯明逃往惠州。

1 月 21 日，任命中国国民党各部部长。

1 月 26 日，与苏联代表越飞发表《孙文越飞宣言》。

2 月 15 日，离上海赴广州，经香港时受到热烈欢迎。

2 月 21 日，从香港抵广州，就任大元帅职。

3 月 1 日，正式成立陆海军大元帅大本营。

6 月，中国共产党在广州举行第三次全国代表大会，确定与国民党建立统一战线的方针。

8 月 16 日，派蒋介石率孙逸仙博士代表团赴苏联考察。

8 月，苏联代表鲍罗廷到达广州，被聘为国民党顾问。

10 月 7 日，中国国民党发表宣言，揭露曹昆贿选总统。

10 月 25 日，国民党改组特别会议在广州举行，讨论改组的必要性和计划。

11 月 12 日，国民党临时中央执行委员会发表《中国国民党改组宣言》。

11 月 19 日，陈炯明分 4 路进攻广州，被击退。

11 月 29 日，国民党右派分子邓泽如、林直勉等人上书反对改组国民党。

12 月 3 日，宣布将收回广州关税。

12 月 8 日，在大元帅府召开会议，决定积极筹备北伐。

1924 年（民国十三年） 五十八岁

1 月 4 日，在大本营召开会议，决定出师北伐。

1 月 20 日，中国国民党第一次代表大会在广州开幕。

1 月 23 日，大会通过《中国国民党第一次全国代表大会宣言》。

1 月 25 日，获悉列宁逝世，大会休会 3 天以示哀悼。

1 月 27 日，在国立广东高等师范学校礼堂开始系统讲述三民主义，共 16 讲。

1 月 28 日，通过《中国国民党章程草案》。

1 月 30 日，中国国民党第一次全国代表大会闭幕。

1 月 31 日，《中国国民党第一次全国代表大会宣言》正式发表。

2 月 4 日，饬令将国立广东高等师范学校、广东公立法科大学、广东公立农业专门学校等三校合并，改名国立广东大学，后改为中山大学。

2 月 6 日，设立黄埔军校筹备处。

2 月 24 日，出席国民党追悼列宁大会，并手书"国友人师"祭帐。

4 月 6 日，下令滇、粤、湘、桂各军分三路总攻惠州，未克。

5 月 1 日，出席广州市工人代表大会并发表演说，号召工人做国民的先锋。

5 月 2 日，任命蒋介石为黄埔军校校长。

6 月 13 日，任命廖仲恺为广东省省长。

6 月 16 日，出席黄埔军校成立典礼，并发表演说。

6 月 24 日，批准国民党中央执行委员会农民部拟定的《农民协会章程》。

7 月 15 日，派陈友仁到广州沙面与领事团交涉，支持沙面工人罢工斗争。

7 月 28 日，出席广州农民联欢会并发表《农民大联合》演说，号召农民做国家的主人翁。

8 月 9 日，命令黄埔军校，派军舰查缉商团走私的枪支。

8 月 20 日，主持国民党中央政治委员会第六次会议，通过《国民党内之共产派问题》和《国民党与世界革命运动之联络问题》两个草案。

8 月 21 日，出席广州农民运动讲习所第一届毕业典礼，并发表演说，提出耕者有其田的主张。

9 月 3 日，主持中国国民党中央政治委员会会议，讨论北伐问题。

9 月 4 日，江浙战争爆发，在大元帅府召开筹备北伐会议。

9 月 18 日，中国国民党发表《北伐宣言》。

9 月 20 日，在韶关举行北伐誓师典礼。

10 月 1 日，以大元帅名义公布《工会条例》。

10 月 10 日，广东各界举行大会，纪念武昌起义，广东商团悍然对群众开枪，当场打死 20 余人，造成"双十惨案"。

10 月 11 日，组织革命委员会，并兼任会长，聘任鲍罗廷为顾问。

10 月 12 日，广州商团举行罢市，孙中山致电蒋介石，令其平息商团叛乱。

10 月 15 日，商团叛乱被平定。

10 月 25 日，冯玉祥发动北京政变，电请孙中山北上共商国是。

11 月 2 日，孙中山决定北上。

11 月 3 日，到黄埔军校辞别，发表讲话论述北上的目的。

11 月 7 日，出席广州各界庆祝苏联十月革命七周年大会并发表演说，阐述庆祝十月革命成功的意义。

11月10日，发表《北上宣言》，重申反对帝国主义和反对军阀的政治立场。

11月13日，偕宋庆龄乘永丰舰北上。

11月17日，到上海，受到上海群众数万人的欢迎。

11月21日，乘"上海丸"号轮船取道日本转赴天津。

11月30日，从日本神户乘"北岭丸"赴天津。

12月4日，到天津，受到天津群众两万余人的热烈欢迎。

12月5日，同来访的张作霖、卢永祥等会晤。

12月18日，接见段祺瑞的代表叶恭绰、许世英等。

12月31日，带病入京，受到北京各界群众的欢迎。

1925年（民国十四年）五十九岁

1月7日，陈炯明再次进犯广州，大本营决定东征。

1月17日，复电段祺瑞，反对包办善后会议。

1月26日，入协和医院接受手术，确诊患肝癌。

2月1日，东征军誓师出发，讨伐陈炯明叛军。

3月11日，在遗嘱上签字。

3月12日上午9时30分，在北京逝世。

附录二

主要参考书目

1. 《孙中山全集》，中华书局 1986 年版。

2. 《孙中山选集》，人民出版社 1981 年版。

3. 中共中央党史研究室著：《中国共产党历史》，中共党史出版社 2002 年版。

4. 全国政协文史委员会编：《辛亥革命回忆录》，中华书局 2010 年版。

5. 全国政协文史委员会编：《亲历辛亥革命——见证者的讲述》，中国文史出版社 2010 年版。

6. 全国政协文史委员会编：《文史资料存稿选编精选》，中国文史出版社 2006 年版。

7. 中国第二历史档案馆编：《中华民国史档案资料汇编》，江苏人民出版社 1981 年版。

8. 中国国民党中央委员会党史委员会编：《总理全书》，台北 1951 年版。

9. 中国国民党中央党史史料编纂委员会：《总理年谱长编初稿》，中国国民党中央党史史料编纂委员会编印 1932 年版。

10. 民革中央宣传部：《爱国、革命、不断进步——中山精神读本》，团结出版社 2006 年版。

11. 民革中央宣传部：《孙中山画传》，团结出版社 2006 年版。

12. 民革中央宣传部：《民革前辈与辛亥革命》，团结出版社 2012 年版。

13. 胡汉民编：《总理全集》，上海民智书局 1930 年版。

14. 陈旭麓、郝盛潮主编：《孙中山集外集》，上海人民出版社 1990 年版。

15. 罗家伦主编：《国父年谱》，中国国民党中央党史史料编纂委员会 1985 年版。

16. 陈锡祺主编：《孙中山年谱长编》，中华书局 1991 年版。

17. 宋庆龄：《宋庆龄选集》，人民出版社 1966 年版。

18. 何香凝：《我的回忆》，《人民日报》1961 年 10 月 7 日。

19. 吴玉章：《辛亥革命》，人民出版社 1961 年版。

20. 于右任著：《孙文历史》，民权书局 1926 年版。

21. 罗香林著：《国父家世源流考》，商务印书馆 1942 年版。

22. 孙中山研究学会编：《孙中山和他的时代》，中华书局 1989 年版。

23. ［日］宫崎寅藏著：《三十三年之梦》，东京国光书房 1902 年版。

24. ［英］康德黎（James Cantlie）著：《孙逸仙与新中国》，民智书局 1930 年版。

25. ［苏］齐赫文斯基著：《孙中山》，国际关系出版社 1964 年版。

26. ［美］史扶邻（H.Z.Schiffrin）著：《孙中山传》，中共中央党校出版社 2000 年版。

27. ［德］海法特（H.Herrfahrdt）著：《孙中山传》，台湾商务印书馆 1968 年版。

28. 范文澜著：《中国近代史》上册，人民出版社 1962 年版。

29. 胡绳武、金冲及：《辛亥革命史稿》，上海人民出版社 1991 年版。

30. 金冲及主编：《孙中山研究论文集》，四川人民出版社 1986 年版。

31. 尚明轩、王学庄、陈崧编：《孙中山生平追忆录》，人民出版社 1986 年版。

32. 尚明轩主编：《孙中山的历程》，解放军文艺出版社 1988 年版。

33. 尚明轩著：《孙中山传》，西苑出版社 2013 年版。

34. 吴相湘：《孙逸仙先生传》，台北远东图书公司 1982 年版。

35. 施湟著：《孙中山评传》，云南人民出版社 1996 年版。

36. 李凡著：《孙中山全传》，北京出版社 1991 年版。

37. 王俯民著：《孙中山详传》，中国广播电视出版社 1993 年版。

38. 李守鹏、汪鹏生、倪三好著：《孙中山全传》，江西人民出版社1996年版。

39. 何虎生著：《孙中山传》，中华书局1998年版。

40. 张磊著：《孙中山评传》，广州出版社2000年版。

41. 茅家琦等著：《孙中山评传》，南京大学出版社2001年版。

42. 张磊、张苹著：《孙中山传》，人民出版社2011年版。

43. 黄宇和著：《三十岁前的孙中山》，三联书店2012年版。

44. 杨博文著：《孙中山大传》，团结出版社2016年版。

45. 陈廷一著：《青年孙中山》，中国社会出版社2004年版。

46. 沈渭滨著：《孙中山与辛亥革命》，上海人民出版社2011年版。

47. 白寿彝主编：《中国通史》，上海人民出版社出版1999年版。

48. 安作璋主编：《中国史简编》，山东教育出版社1986年版。

49. 邹鲁编著：《中国国民党史稿》，中华书局1960年版。

50. 鹿钟麟：《回忆中山先生》，1956年11月11日《天津日报》。

51. 尚明轩、唐宝林：《宋庆龄传》，北京出版社1990年版。

52. 尚明轩著：《何香凝传》，民族出版社2004年版。

53. 余华心著：《传奇将军冯玉祥》，学苑出版社2007年版。

54. 陈旭麓主编：《宋教仁集》，中华书局2011年版。

55. 朱信泉编著：《蔡锷与护国群英》，团结出版社2011年版。

56. 沙铁军著：《袁世凯传》，湖北人民出版社2010年版。

57. 徐忱、徐彻著：《黎元洪全传》，中国文史出版社2013年版。

58. 山东省政协文史资料委员会：《辛亥革命在山东》，山东人民出版社2011年版。

59. 赵尔巽主编：《清史稿》，中华书局1998年版。

60. 戚其章著：《甲午战争史》，上海人民出版社2014年版。

61. 国家档案局明清档案馆编：《戊戌变法档案史料》，中华书局1958年版。

62. 周溯源编著：《孙中山全书》，红旗出版社2013年版。

63. 陈漱渝、梁雁著《宋庆龄》，中国青年出版社2024年2月第1版。

64. 孙继业：《孙中山与社会主义》，《团结》1991年第12期。

65. 孙继业：《再论孙中山的社会主义思想》，《纪念辛亥革命九十周年论文集》，陕西旅游出版社 2002 年版。

66. 孙继业：《与时俱进是孙中山最可贵的精神品质》，《民革中央纪念孙中山诞辰 140 周年学术研讨会中国的开放学术研讨会论文集》，《团结》2006 年增刊。

67. 孙继业：《孙中山的开放主义思想》，《孙中山与近代中国的开放学术研讨会论文集》，《团结》2008 年增刊。

68. 孙继业：《辛亥革命与山东》，《团结报》2011 年 7 月 28 日。

69. 孙继业：《中山先生齐鲁行》，《联合日报》2011 年 8 月 13 日。

70. 孙继业：《孙中山与山东》，《联合日报》2016 年 5 月 21 日。

71. 孙继业：《孙中山传略》，《联合日报》2016 年 8 月至 10 月。

72. 孙继业：《第一次国共合作的历史背景》，《团结》2021 年第四期。

73. 孙继业：《伟人之爱》，2023 年 2 月 2 日《团结报》。

74. 孙继业：《甲午之殇》，《春秋》2024 年第 5 期。

75. 孙继业：《黄埔军校的创办及贡献》，中国新闻网 2024 年 6 月 9 日。

后　记

　　《伟人孙中山》出版之后，承蒙读者厚爱，已连续加印 7 次，成为爱国主义教育普及读物，被全国政协列入委员读书活动荐读书单。在孙中山先生逝世 100 周年及诞辰 160 周年即将到来之际，根据最新史料和研究成果略作修订，谨以此纪念孙中山先生逝世 100 周年及诞辰 160 周年。

　　孙中山先生是中国民主革命的伟大先行者，也是一位杰出的爱国主义者和民族英雄。孙中山先生的一生，是为近代中国的民族独立、民主自由、民生幸福而无私奉献的一生，是为实现国家统一、振兴中华而殚精竭虑的一生，也是爱国、革命、不断进步的一生。孙中山先生追求真理的开拓进取精神和矢志不渝的爱国主义情怀，天下为公的博大胸怀和放眼世界的开放心态，生命不息、奋斗不止的坚强意志和鞠躬尽瘁、死而后已的高尚品德，是留给我们的宝贵精神遗产，在实现中华民族伟大复兴的新征程上仍然具有重要的启迪和教育意义。

　　一部孙中山，半部近代史。孙中山的一生，涉及许多重大历史事件和重要历史人物。在那个风云变幻的年代，历史人物必然有其多面性和时代局限性。但由于篇幅所限，书中只写与孙中山相关内容。本书按照时间顺序和历史事件，通过 10 章 60 余节，全面呈现了孙中山的生平事迹及时代背景。本书只述不论，坚持尊重历史，让历史说话，用事实发言，尽量通过历史事实展现人物本来面目，不掩过，不饰非，力求客观、真实、生动，融学术性、可读性为一体，图文并茂，雅俗共赏。

　　本书得到中央统战部、国家新闻出版署、民革中央大力支持，全国人大常委会原副委员长、民革中央原主席何鲁丽题写书名，全国人大常委会原副委员长、民革中央原主席周铁农作序，全国人大常委会副委员长、民革中央主席郑建邦为本书题词，全国政协副主席、民革中央常务副主席何报翔作了批示。著名历史学家安作璋先生题词指导，著名画家林建业先生创作封面油画《孙中山先生》，民革中央宣传部、团结出版社给予大力支持，孙中山纪念馆、中国历史档案馆以及孙中山先生后人孙穗芳、孙必达、孙伟勇等提供了大量资料和帮助，主要参考书目在书后列出，在此一并表示感谢。

孙志华、孙潇参加本书编写工作，本人负责主笔统稿。由于水平和资料所限，错误在所难免，恳请各位专家及读者提出宝贵意见，以备修订。

2024 年 11 月 12 日于泉城